CAMPING-INFERNO

Heike Kügler-Anger (oder H. K. Anger) verbrachte sämtliche Familienurlaube im elterlichen Wohnwagen und konnte während des Lehramtsstudiums auch ihren heutigen Ehemann für Campingreisen begeistern. Die reisefreie Zeit verbringt sie in ihrer Wahlheimat, dem hessischen Odenwald, wo sie Kochbücher und Krimis schreibt.
www.traumfaehrten.de

H.K. ANGER

CAMPING INFERNO

CAMPING KRIMI

emons:

Bibliografische Information der Deutschen Nationalbibliothek
Die Deutsche Nationalbibliothek verzeichnet diese Publikation in der Deutschen Nationalbibliografie; detaillierte bibliografische Daten sind im Internet über http://dnb.d-nb.de abrufbar.

MIX
Papier | Fördert gute Waldnutzung
FSC® C083411
FSC
www.fsc.org

Umschlaggestaltung: Nina Schäfer, unter Verwendung der Motive von shutterstock.com/ivector, shutterstock.com/Andrii_Malysh
Gestaltung Innenteil: DÜDE Satz und Grafik, Odenthal
Lektorat: Dr. Marion Heister
Druck und Bindung: CPI – Clausen & Bosse, Leck
Printed in Germany 2023
ISBN 978-3-7408-1812-8
Camping Krimi
Originalausgabe

1

»Na, wie findest du ihn?« Henrik Richtersen strich über das Revers des nachtblauen Sakkos und drehte sich vor dem Spiegel, um einen Blick auf seinen Rücken zu werfen. »Der Anzug sitzt wie angegossen, nicht wahr?«

Der Beagle, der in seinem Korb im Schlafzimmer lag, ließ sich dazu herab, das rechte Auge halb zu öffnen, gab ein Grunzen von sich und setzte sein Nickerchen fort.

»Hey, ein bisschen mehr Begeisterung hätte ich von dir schon erwartet«, rügte Henrik den Hund. »Schließlich hast du mich, wenn ich mich recht erinnere, noch nie in so feinem Zwirn gesehen.« Henriks Berufs- und Freizeitbekleidung bestand aus verwaschenen Jeans, T-Shirts und Sneaker. In einen Anzug hatte er sich seit seiner Konfirmation nicht mehr gezwängt. Damals hatte er sich mit Händen und Füßen dagegen gewehrt, eine Krawatte anzulegen. Heute zupfte er nachdenklich am Kragen des anthrazitfarbenen Hemdes. Wäre es an der Zeit, über den eigenen Schatten zu springen und sein neues Outfit stilecht zu komplementieren? Oder würde eine Fliege lässiger wirken? Zumal Henrik keine Ahnung hatte, wie man eine Krawatte band. Aber dafür würde er auf YouTube sicherlich eine Anleitung finden. Also gut, dachte er. Sobald er den Kastenwagen reisefertig gepackt hätte, würde er ins Hanseviertel fahren und das fehlende Accessoire kaufen. Wenn schon, denn schon. Für ihn stand viel auf dem Spiel. Es würde nicht nur darum gehen, in dem schicken Restaurant am Kaiserstuhl, wo er bereits für sich und seine Campingfreundin Kathrin Schäfer einen Tisch reserviert hatte, angemessen aufzutreten. Nein, es gab einen ganz besonderen Grund, warum er keine Kosten und Mühen gescheut hatte, sich in Schale zu werfen. Er hatte sich vorgenommen, Kathrin eine überaus wichtige Frage zu stellen, und wollte dabei nicht wie ein Dorftrampel rüberkommen. Schon jetzt fieberte er der Antwort entgegen, ihn plagten trotz seiner Vorbereitungen Zweifel.

»Kleider machen Leute«, murmelte er, um sich selbst Mut zuzusprechen, und straffte die in blaue Merinowolle gehüllten Schultern. In dem Augenblick klingelte sein Telefon. Nur widerwillig wandte er sich von seinem Spiegelbild ab und führte das Handy ans Ohr. Er hörte zuerst schweigend zu. Sein eben noch entspannter Gesichtsausdruck verdüsterte sich.

»Nein, das geht nicht«, sagte er schließlich mit Nachdruck in der Stimme. »Ich fahre übermorgen nach Süddeutschland, um mich dort mit einer Freundin zu treffen. Das haben wir schon vor Wochen vereinbart. Wir wollen es uns am Kaiserstuhl gut gehen lassen. Neuen Wein trinken und in vierzehn Tagen so viele Straußwirtschaften wie möglich abklappern. Mal zur Abwechslung die Füße hochlegen und nichts machen. Außer Urlaub, den habe ich mir verdient.«

Henriks Gesprächspartner schien mit seinen Plänen nicht einverstanden, redete unnachgiebig auf ihn ein. Nach ein paar Minuten gab er sich geschlagen.

»Wenn es unbedingt sein muss, Muttern, bin ich in einer halben Stunde bei euch.«

Mit Bedauern schlüpfte er aus dem Anzug und in eine an den Säumen ausgefranste Jeans. Das graue T-Shirt, das er im Anschluss über den Kopf zog, war verknittert, doch das kümmerte ihn nicht. Er wusste aus langjähriger Erfahrung, dass er seinen Eltern sowieso nichts recht machen konnte.

Eine halbe Stunde später parkte er seinen in die Jahre gekommenen Campervan im Schatten der am Straßenrand gepflanzten Ahornbäume und eilte die gepflasterte Einfahrt zu seinem Elternhaus hoch. Die 1905 erbaute Backsteinvilla mit den dunkelgrünen Fensterläden und einer imposanten Haustür in derselben Farbe lag nicht im begehrtesten und damit teuersten Viertel von Blankenese. Dennoch war sie, wie Henrik wusste, inzwischen ein Vermögen wert und eigentlich für seine Eltern im Alter zu groß. Aber weder er noch seine Schwester Maike, die vor Kurzem in Brisbane geheiratet hatte, verspürten den Wunsch, in den Schoß der Familie zurückzukehren. Henrik atmete einmal tief durch, um sich innerlich zu wappnen, und schickte sich an, den bronzenen Klingelknopf zu drücken. Seine Mutter hatte ihn schon bemerkt und öffnete die Tür. Ihr Gesicht war ernst.

»Lass uns in den Wintergarten gehen. Ich habe Tee aufgebrüht.«

»Wo ist Vattern?« Henrik folgte seiner Mutter durch den weitläufigen Flur hin zur Südseite des Hauses.

»Den habe ich mit einer guten Flasche Bordeauxwein zu Albert geschickt.«

»Zu seinem Schulfreund aus dem Treppenviertel?«

»Ja, genau der. Ich schätze, die beiden werden zusammen ein paar Runden Backgammon spielen und dabei die Zeit vergessen. Was mir recht wäre. Ich möchte nicht, dass dein Vater sich unnötig aufregt. Das würde seinem Bluthochdruck nicht guttun, in unserem Alter muss man vorsichtig sein.«

Henrik musterte seine Mutter verstohlen, während sie Tee in hauchdünne Porzellantassen goss und aus einem Kännchen einen Schuss Sahne hinzugab. Ihre Wangen waren rosig, die Augen klar, und die Frisur saß perfekt. Alle Handgriffe wirkten routiniert, er konnte kein Zittern oder Zaudern ausmachen. Nur um die Mundwinkel hatten sich Fältchen gebildet, die früher nicht dort gewesen waren.

»Was ist los? Warum sollte ich unbedingt kommen?« Henrik nahm seiner Mutter gegenüber Platz.

Sie nippte kurz an ihrem Tee und stellte die Tasse auf die Untertasse zurück. »Erinnerst du dich an Onkel Stefan?«

»Ja klar. Ich habe noch immer seine Karikatur, die er mir zum Abi geschenkt hat. Sie hängt bei mir im Schlafzimmer. Ich mag es, wie er mich als Winkeladvokat mit wehender Robe, Dollarzeichen in den Augen und dieser leicht verschlagenen Mimik porträtiert hat. Er wusste lange, bevor ich es mir selbst einzugestehen getraute, dass die Juristerei nichts für mich ist.«

»Du wärest ein sehr guter Jurist geworden«, erwiderte seine Mutter spitz.

Henrik verzichtete darauf, das leidige Familienstreitthema wieder aufzunehmen. »Was ist mit Onkel Stefan? Ich habe ihn bestimmt seit zwanzig Jahren nicht mehr gesehen. Nachdem er aufs Land gezogen ist, haben wir den Kontakt verloren.«

»Er ist tot«, sagte Enna Richtersen.

»Was?« Henrik war geschockt. »Aber er war doch gar nicht so alt, Mitte sechzig, oder?«

»Siebenundsechzig«, präzisierte seine Mutter. »Trotzdem kein Alter, um zu sterben.« Sie straffte die Schultern und reckte das Kinn, als wollte sie dem Schicksal signalisieren, dass es bloß nicht wagen sollte, bei ihr mit unlauteren Absichten anzuklopfen.

»War er krank? Er wirkte auf mich immer wie das blühende Leben, war voller Optimismus und stets gut gelaunt. Aber es ist lange her, dass wir uns das letzte Mal getroffen haben. Oder hatte er einen Unfall?«

»Das weiß ich nicht«, sagte Henriks Mutter. »Es ist ein bisschen seltsam: Gestern stand urplötzlich ein mir fremder Mann vor der Tür, behauptete, der Nachbar von Stefan zu sein. Er hat mir zwei Briefe in die Hand gedrückt, einen für mich und den zweiten für dich. Und dann war er auch schon wieder verschwunden.« Sie erhob sich, ging zur Anrichte, griff nach einem Briefumschlag aus Recyclingpapier und reichte ihn ihrem Sohn.

»Was hat er dir geschrieben?«, wollte Henrik wissen.

Seine Mutter setzte sich wieder. »Nicht viel. Nur, dass ihm unser Streit von vor ein paar Jahren leidtut und dass ich unbedingt dafür sorgen soll, dass du den an dich gerichteten Brief liest.«

Henrik schob den Daumen unter den Falz, öffnete den Umschlag und zog die Briefbögen hervor. Es waren, wie er schätzte, insgesamt zehn oder zwölf, zum Teil mit dem Computer, zum Teil von Hand geschrieben. Bevor er sich daranmachte, sie zu lesen, wandte er sich erneut an seine Mutter. »Ich wusste gar nicht, dass ihr Streit hattet.«

»Nun ja.« Seine Mutter war mit einem Mal sichtlich verlegen. »Wir haben es damals nicht an die große Glocke gehängt. Nachdem Stefan seinen Job als Versicherungskaufmann hingeschmissen hatte, um sich ganz seiner Kunst zu widmen, hatte er Geldsorgen. Wir haben ihm etwas geborgt, damit er über die

Runden kommt. Er ist immerhin mein Cousin ersten Grades. War mein Cousin«, verbesserte sie sich.

»Hat er sich geweigert, euch das Geld zurückzuzahlen?«

»Nein, er hat von Anfang an beteuert, seine Schulden so schnell wie möglich begleichen zu wollen. Als er dann wieder flüssig war, gab es jedoch eine heftige Diskussion um die genaue Summe. Stefan meinte, wir hätten ihm deutlich weniger geliehen, als wir zurückforderten. Und dein Vater pochte darauf, dass er obendrein die Zinsen beglich. Du weißt ja, wie er ist.« Seine Mutter verzog die sorgfältig blassrosa geschminkten Lippen zu einer entschuldigenden Grimasse. »Zum Schluss ergab ein Wort das andere, bis wir an dem Punkt angelangt waren, an dem zwischen uns keine Kommunikation mehr möglich war. Dein Vater behauptet selbst heute noch, dass Stefan ein Schurke ist, dem man nicht trauen kann.«

»Nein, so war er nicht«, protestierte Henrik. »Aber habt ihr das Geld letztlich zurückbekommen?«

»Ja.« Seine Mutter nickte. »Samt der Zinsen. Stefan hatte es geschafft, sich in Kunstkreisen einen guten Ruf zu erarbeiten. Nach den ersten sehr mühsamen Jahren ging es stetig bergauf. Die Sommermonate verbrachte er meist auf Sylt, wo er sich vor Aufträgen kaum retten konnte. Das Finanzielle hatten wir also bald geregelt, doch unser freundschaftliches Verhältnis war für immer zerstört. Ich habe Stefan ebenfalls seit Jahren nicht mehr gesehen.«

»Und jetzt ist er tot. Ich kann es nicht fassen.« Henrik griff nach den Briefbögen und begann zu lesen. Seine Mutter ließ ihn schweigend gewähren. Ein paar Minuten später blickte er auf. »Hättest du wohl einen Schnaps für mich?«

»Einen Schnaps?« Henriks Mutter zog die grauen, schmalen Augenbrauen hoch. »Du trinkst doch kaum Hochprozentiges.«

»Das stimmt«, gab ihr Henrik recht. »Aber jetzt brauche ich was, um das alles hier zu verdauen.«

»Was hat er dir geschrieben? Was will er von dir?«

»Erst den Schnaps«, forderte Henrik.

Seine Mutter stand kopfschüttelnd auf und eilte in die Küche, aus der sie mit einer Flasche eisgekühltem Aquavit und zwei Schnapsgläschen zurückkam. Henrik kippte das erste Glas auf ex hinunter und schenkte nach.

»So schlimm?« Enna Richtersen klang alarmiert.

»Wie man's nimmt«, antwortete Henrik. »Dem Brief ist eine notariell beglaubigte Kopie seines Testaments beigefügt. Darin hat mich Onkel Stefan zu seinem Erben bestimmt. Außerdem bittet er mich, im Falle seines Ablebens im Haus nach dem Rechten zu sehen. Was wohl bedeutet, dass ich seinen Hausstand auflösen soll. Und ich soll mich, wie er schreibt, ein bisschen bei ihm in der Gegend umschauen, mich für die Vergangenheit interessieren.«

»Für die Vergangenheit interessieren?« Henriks Mutter goss sich selbst vom Aquavit ein. »Was meint er damit?«

Henrik zuckte mit den Schultern. »Keine Ahnung. Dieser Teil des Briefes ist eher vage gehalten. Sein handschriftliches Geschreibsel ist an manchen Stellen nur schwer zu entziffern, klingt ein bisschen weinerlich, so als ob es ihm beim Schreiben nicht gut gegangen wäre. Ich kann mir, ehrlich gesagt, keinen rechten Reim darauf machen.«

»Und? Was gedenkst du jetzt zu tun?«

Henrik wandte seinen Blick zum Fenster und starrte stumm in den Garten, wo die Rosen seiner Mutter sogar Mitte September noch in voller Blüte standen. Er wurde von widersprüchlichen Gefühlen erfasst. Einerseits sehnte er sich nach dem wohlverdienten Urlaub, nach unbeschwerten Tagen mit Kathrin. Seit Monaten hatte er fast Tag und Nacht durchgearbeitet, fühlte sich ausgepowert und erschöpft. Sein Körper verlangte dringend nach einer Auszeit. Er dachte an seinen schicken neuen Anzug und an die Gelegenheit, bei der er ihn tragen wollte. Sollte er auf all das verzichten? Nur, weil ein entfernter Verwandter gestorben war, mit dem er seit Ewigkeiten nicht mehr gesprochen hatte? Nein, fahr hin zum Kaiserstuhl und iss so viel Flammkuchen und trink so viel Wein, wie du nur verdrücken kannst, sagte sein Herz. Stopp, protestierte sein Kopf. Du darfst dich nicht vor deinen Pflichten drücken, den letzten Willen deines Onkels nicht ignorieren. Das gehört sich nicht. Du musst dich kümmern, ob es dir nun passt oder nicht.

»Henrik?«, drängte seine Mutter.

Er schob das Schnapsglas zur Seite, um nicht der Versuchung zu erliegen, aus Frust und Enttäuschung einen weiteren Aquavit zu trinken. »Ich werde«, verkündete er und schaute nochmals auf den Brief, »in dieses Sandstedt an der Weser fahren und erledigen, was zu erledigen ist.«

»Bist du sicher?« Seine Mutter musterte ihn nachdenklich.

Henrik stand auf. »Ja. Ich muss vorab ein paar Kleinigkeiten abklären, aber ich werde mich spätestens morgen Nachmittag auf den Weg machen.«

»Die Angelegenheit bleibt fürs Erste unter uns?«, bat seine Mutter. »Ich möchte deinen Vater aus alldem heraushalten.«

»Von mir erfährt er nichts«, versprach Henrik, küsste seine Mutter zum Abschied auf die Wange und ging flotten Schrittes zurück zu seinem Kastenwagen. Dort hieb er mit der flachen Hand auf das Lenkrad ein. »So ein elender Schlamassel«, schimpfte er. Doch er wusste, dass er die richtige Entscheidung getroffen hatte.

2

»Fahr du mit deinem Wohnmobil schon mal voraus«, hatte er zu Kathrin Schäfer am Telefon gesagt. »Wir treffen uns spätestens nach dem Wochenende auf dem Kirschenhof am Kaiserstuhl. Ich werde das Notwendigste in die Wege leiten, und dann ziehen wir den Urlaub wie geplant durch. Die Organisation für die Beerdigung und das bisschen Bürokratie werde ich in drei, höchstens vier Tagen erledigt haben.«

Als Henrik das Ortseingangsschild von Sandstedt an der Unterweser passierte, war er guten Mutes, dass er sein Versprechen würde einhalten können. Langsam fuhr er die beinahe schnurgerade Hauptstraße entlang, schaute nach rechts und links und entdeckte norddeutsches Kleinstadtidyll: Häuserfassaden aus rotem Klinkerstein, das eine oder andere Reetdach, das sich optisch angenehm von den vorherrschenden Ziegeldächern abhob, eine Fahrschule, Dachdeckerei, Bäckerei und ein Metzger, ein paar Hinweisschilder auf Ferienwohnungen und eine Backsteinkirche mit einem seltsam verdrehten Turm. Hinter alldem erhob sich der mächtige Weserdeich. Er fragte sich, was auf der anderen Deichseite lag, doch sein Navigationssystem ließ ihn kurz vor dem Deichübergang rechts abbiegen. Weil ihm ein Pulk Radfahrer entgegenkam, verringerte er nochmals die Geschwindigkeit und tuckerte die Weserstraße im Schritttempo entlang. Jenseits des Deichfußes und vor dem Siel hatten sich schmucke Häuser angesiedelt, von denen einige, wie er vermutete, Ferienhäuser waren. Für einen Moment überfiel ihn Wehmut, weil er an seinen wohlverdienten Urlaub denken musste. Er riss sich zusammen und überlegte, wo sich das Haus seines Onkels befand, er hatte ihn ja nie dort besucht. Kurz nachdem er das rotweiße, hoch über den Deich hinausragende Leuchtfeuer passiert hatte, dirigierte ihn sein Navi in eine schmale Schotterstraße, an deren Ende zwei Einfamilienhäuser standen. Der Garten des ersten erstrahlte sogar nach dem langen trockenen Sommer in sattem Grün, und der weiße Zaun, der das Grundstück einfasste, wirkte frisch gestrichen. Das Haus dahinter machte einen weniger gepflegten Eindruck: Brombeergestrüpp wucherte an den Grundstücksrändern, und die vereinzelt gepflanzten Sträucher und Stauden ließen ermattet die Blätter hängen, standen kurz vor dem Verdursten. In den Dachrinnen spross Moos, an den Fenstern blätterte die Farbe ab, und der Kamin wirkte auf Henrik ebenso schief und verdreht wie der örtliche Kirchturm. Mit dem Unterschied, dass sich der Turm in einem wesentlich besseren Allgemeinzustand befand. Henrik hoffte inständig, dass es sich beim ersten Haus um das seines Onkels handelte, doch die neben der Tür angebrachte Hausnummer nahm ihm die Illusion. Mit einem unguten Gefühl fuhr er ein paar Meter weiter, parkte seinen Kastenwagen am Straßenrand und stieg aus. Sein Beagle Leo war auf den Beifahrersitz gesprungen und blickte erwartungsvoll aus dem Fenster, das Henrik halb heruntergelassen hatte.

»Du bleibst im Auto. Ich muss erst schauen, wie ich an den Schlüssel komme.« In seinem Brief hatte der Onkel verabsäumt zu erwähnen, wie Henrik ins Haus gelangen sollte. Und er selbst hatte bei seinem überhasteten Aufbruch vergessen, sich darum zu kümmern. Er nahm an, dass er gleich wieder umdrehen und zurück nach Hagen im Bremischen fahren müsste, wo der Notar, bei dem sein Onkel das Testament hatte aufsetzen lassen, seine Kanzlei hatte. In dem Augenblick erschien ein Mann, der etwa im Alter seines Onkels sein musste, am weiß getünchten Gartenzaun.

»Moin. Kann ich Ihnen helfen?«

Henrik ging auf ihn zu. »Mein Name ist Richtersen. Ich bin der Neffe von Stefan Krüger.«

»Ich habe Sie schon erwartet.« Der Mann, der einen Stroh-Gärtnerhut auf dem Kopf trug und eine Rosenschere in der Hand hielt, nickte. »Ich war derjenige, der Ihre Mutter benachrichtigt hat. Der Stefan hatte mich darum gebeten, für den Fall der Fälle. Dass der nun so plötzlich eintritt, damit hatten wir beide nicht gerechnet. Ich bin fest davon ausgegangen, dass der

Stefan mich überlebt. Wissen Sie, ich hab's mit dem Herzen. Meine Pumpe zickt öfter mal ordentlich rum.«

»Das tut mir leid«, fühlte sich Henrik bemüßigt zu sagen.

Der Mann zuckte lakonisch mit den Schultern. »Nun, wie heißt es so schön: Hier kommt keiner lebend heraus. Früher oder später müssen wir alle abtreten und die Reise nach oben antreten.« Er wies mit dem Daumen zum Himmel. »Ist trotzdem ein Jammer, dass den Stefan so ohne Vorwarnung der Schlag getroffen hat. Er wird auch in unserer Doppelkopfrunde fehlen.«

»Mein Onkel hatte einen Schlaganfall? Das habe ich nicht gewusst.«

»Ja, das hat der Notarzt festgestellt. Aber um das zu erkennen, musste man kein Arzt sein. Der Stefan hatte das Gesicht so komisch verzogen und wurde von Krämpfen geschüttelt. Über Kopfschmerzen hat er geklagt und sich erbrochen. Kein schöner Anblick, sage ich Ihnen.«

»Sie haben ihn gefunden?«

»Ja, wir waren zum Kartenspielen verabredet, wollten zusammen nach Rechtenfleth in unsere Stammkneipe fahren. Donnerstagabends ist dort traditionell Herrenrunde, schon seit über dreißig Jahren. Erst essen wir Spiegeleier mit Bratkartoffeln, und dann spielen wir Doppelkopf. Ich habe hier am Zaun auf ihn gewartet. Da er nicht aus dem Haus kam, bin ich reingegangen und habe ihn auf dem Küchenboden liegend gefunden.«

»Sie haben einen Schlüssel?«, fragte Henrik hoffnungsvoll.

»Ja, obwohl Stefans Haustür eigentlich nie verschlossen war. Da konnte jeder kommen und gehen, wie es ihm behagte. Stefan hat gemeint, er hätte nichts zu verbergen, seine Tür stände allen offen. Früher hatte er häufig Besuch, doch in den letzten zwei, drei Jahren nicht mehr. Er hatte sich enorm verändert, das kam bei den meisten nicht gut an. Aber man soll ja nicht schlecht über die Toten reden. Daran werde ich mich als sein Freund und Nachbar halten.«

»Als Sie ihn gefunden haben, war er da noch ansprechbar?«

»Zum Teil. Er jammerte wegen der Kopfschmerzen und machte auf mich einen verwirrten Eindruck. Kurz bevor der

Arzt kam, blieb ihm die Luft weg, sein Atem klang plötzlich rasselnd, das hörte sich echt gruselig an. Dann hat er sich ein letztes Mal aufgebäumt, ist in sich zusammengesackt, und das war's. Der Arzt konnte nichts mehr ausrichten, außer den Totenschein auszustellen.« Der Mann schluckte schwer, schwieg einen Moment, bevor er sich räusperte und fragte: »Können Sie schon sagen, wann die Beerdigung sein wird?«

Henrik hob abwehrend die Hände. »Nein, dafür ist es zu früh. Ich muss mir zuerst einen Überblick verschaffen, schauen, was alles anliegt. Mein Onkel war ja nicht so der Familienmensch, wir haben lang nicht mehr miteinander gesprochen. Ich weiß, ehrlich gesagt, überhaupt nicht, was mich da drinnen erwartet.« Er wies mit dem Kinn auf das Haus.

Der Mann wirkte auf einmal verlegen. »Tja, da kommt eine Menge Arbeit auf Sie zu. Wie ich schon sagte, beim Stefan lief es in den letzten Jahren nicht mehr wie früher, er ist ein bisschen tüdelig geworden. Mag sein, dass es am Grünkohlschnaps lag, von dem er gern ein paar Pinnchen runtergekippt hat. Und das nicht nur mit Kohlwurst und in der Grünkohlsaison. In letzter Zeit stand bei ihm immer eine angebrochene Flasche im Kühlschrank.«

»War er Alkoholiker?«

»Das kann ich nicht beurteilen«, sagte der Mann. »Doch durch den Schnaps ist bei ihm mit Sicherheit das eine oder andere liegen geblieben.«

Henriks flaues Gefühl im Magen verstärkte sich. »Hatte er vielleicht eine Freundin oder Lebenspartnerin? Ich meine jemanden, der besser als ich dazu geeignet wäre, sich um den Nachlass zu kümmern? Ich kenne mich hier nicht aus, und wir waren uns nicht wirklich nahe.«

»Früher gab es mal eine Frau, die ihm viel bedeutet hatte. Aber die Beziehung ist wohl recht schnell in die Brüche gegangen, danach war er eher ein Einzelgänger. Nur mit den Jungs von unserer Doppelkopfrunde hat er sich stets prima verstanden. Auf die ließ er nichts kommen, und umgekehrt verhielt es sich ebenso.«

»Vielleicht möchte ja einer von denen ihm einen letzten Freundschaftsdienst erweisen und die Abwicklung übernehmen? Gemeinsam mit Ihnen, Sie waren doch ebenfalls sein Freund«, schlug Henrik vor und hatte gleichzeitig wenig Hoffnung, dass der Mann auf seinen Vorschlag eingehen würde.

Tatsächlich wiegelte er sofort ab: »Meine Aufgabe als Stefans Freund war es, Sie und Ihre Mutter zu informieren. Das habe ich getan. Der Rest geht mich nichts an, das ist eine interne Familienangelegenheit.«

»Also gut«, musste Henrik sich geschlagen geben. »Wenn Sie mir den Hausschlüssel überlassen, werde ich mich an die Arbeit machen.«

»Bin gleich zurück«, versprach der Mann und eilte trotz seines Herzleidens zügigen Schrittes auf die eigene Haustür zu.

Henrik musterte nochmals die heruntergekommene Behausung seines Onkels. Wie würde es drinnen wohl aussehen? Und wie lange würde es dauern, bis er endlich den langersehnten Urlaub antreten konnte? Er schickte ein stilles Stoßgebet zum Himmel, dass er die unliebsame Verpflichtung möglichst bald erledigt hätte.

Eine knappe Stunde später saß er in seinem Kastenwagen, hatte die Ellbogen auf dem Lenkrad abgestützt und den Kopf in den Händen vergraben.

»Ich fasse es nicht«, murmelte er, während ihn der Beagle mit der kalten, feuchten Nase anstupste. »Was für eine Sauerei! Wie kann ein normaler Mensch nur so leben? Das ist absolut widerlich!«

Der Beagle winselte leise. In dem Augenblick signalisierte ihm das Handy, dass ein Anruf einging. Wenn es Muttern ist, kann sie mich mal kreuzweise, dachte er trotzig. Doch die auf dem Display angezeigte Nummer war die seiner Campingfreundin Kathrin Schäfer. Sie hatten sich auf einem Campingplatz in Rotenburg an der Fulda kennengelernt, als sie beide, ohne es zu ahnen, auf der Suche nach demselben Mann waren: Kathrins verschollenem Ehemann Peter. Und obwohl die Angelegenheit für Kathrin tragisch ausgegangen war, hatten sie es nach ein paar Irrungen und Wirrungen geschafft, Freunde zu werden und zu bleiben. Ihre Verbundenheit reichte inzwischen so weit, dass Kathrin ihn oft auf seinen Ermittlungstouren begleitete und ihm mit Rat und Tat zur Seite stand. Sie besaß einen ausgezeichneten Instinkt, konnte tüchtig mit anpacken und hatte ein feines Gespür für zwischenmenschliche Schwingungen. Auch jetzt schien sie seine wachsende Verzweiflung selbst über die Entfernung hinweg wahrgenommen zu haben, denn ihre Stimme klang besorgt.

»Du hast dich den ganzen Tag nicht gemeldet. Ich wollte mal hören, wie es bei dir läuft. Bist du gut an der Unterweser angekommen?«

»Ich stehe gerade vor dem Haus meines Onkels und überlege, ob ich eine Bombe reinschmeiße. Oder ein paar Molotowcocktails, damit alles innerhalb von Sekunden in Flammen aufgeht«, gestand Henrik.

»Oje, so schlimm?«

»Schlimmer«, stöhnte Henrik. »In meiner Zeit als Privatermittler habe ich bis jetzt ja einiges gesehen, doch das hier ist echt der Gipfel der Abscheulichkeit. Du glaubst nicht, wie es im Haus aussieht.«

»Liegt dein toter Onkel etwa noch da drin?«, fragte Kathrin alarmiert.

»Nein, der ist längst im Beerdigungsinstitut, wo ich spätestens am Montag vorbeischauen muss. Ich sage dir, *er* hat verdammtes Glück, denn *er* hat inzwischen alles hinter sich. Im Gegensatz zu mir. Ich muss nun schauen, wie ich den ganzen Müll, den er angehäuft hat, weggeräumt bekomme.« Henriks Stimme klang verbittert.

»Willst du damit sagen, dass er so eine Art Messie war?«

»Er war der Obermessie.« Henrik zog eine angewiderte Grimasse. »Du kannst dir nicht vorstellen, was er alles in die Räume reingestopft hat. Vom Fußboden bis zur Decke stapeln sich alte Zeitungen, Zeitschriften und Bücher, Klamotten, Kisten, die vor Zeug nur so überquellen, und Müll. Ein Durcheinander sondergleichen. In manchen Zimmern ist kaum Platz, zwischen dem ganzen Kram durchzugehen. Nur in der Küche und im Schlafzimmer sieht es ein wenig besser aus. Da kann man sich halbwegs bewegen.«

»Und von alldem hast du nichts gewusst?«

»Nein, als ich ihn das letzte Mal in Hamburg getroffen habe, wirkte er auf mich völlig normal. Aber ich war ja nie zuvor hier, habe ihn nie in seinem Haus besucht.«

»Ach, der Arme«, sagte Kathrin mitfühlend. »Er muss sehr unglücklich gewesen sein. Leute wie dein Onkel versuchen oft, ihre innere Leere mit zwanghaftem Sammeln auszufüllen.«

»Wieso innere Leere?«, protestierte Henrik. »Er hatte doch ein tolles Leben, war ein angesehener Künstler, der sich seinen Lebenstraum erfüllt hat. Es gibt keinen Grund für dieses Chaos.«

»Irgendetwas Negatives muss ihm trotzdem widerfahren sein«, beharrte Kathrin. »Sonst hätte er nicht unter diesen Umständen gelebt. So was macht man doch nicht freiwillig.«

»Wie dem auch sei«, brummte Henrik. »Ich besorge gleich morgen einen Tatortreiniger. Das sind Fachleute, sie sind für solche Aufgaben geschult, können damit besser umgehen als ich. Sie sollen sich ihre Schutzkleidung überziehen und Tabula rasa machen.«

»Hast du eine Ahnung, was das kosten wird? Wie groß ist denn das Haus deines Onkels?«

»Höchstwahrscheinlich zu groß, als dass ich mir ihre Dienste leisten kann«, musste Henrik einräumen. »Mein Kastenwagen hatte vor Kurzem einen Getriebeschaden, und seitdem herrscht bei mir auf dem Konto Ebbe.«

»Vielleicht hat dein Onkel dir ja Geld vermacht, von dem du das Entrümpeln und Säubern bezahlen kannst.«

»Da muss ich beim Notar nachfragen. Aber wenn ich sehe, wie er gehaust hat – nein, mein Onkel hatte sicherlich nicht viel auf der hohen Kante. Ich habe keine Ahnung, was er durch den Verkauf seiner Bilder verdient und vor allem, was er im Laufe der Jahre damit gemacht hat. Ins Haus hat er die Kohle jedenfalls nicht gesteckt. Himmelherrgott, warum musste er ausgerechnet mich dazu bestimmen, den Dreck wegzuräumen, den er produziert hat?«

»Ich nehme an, er hatte dafür einen guten Grund. Du wirst womöglich beim Aufräumen darauf stoßen.«

»Worauf ich gut verzichten kann.«

»Was willst du denn jetzt machen?«

»Wenn ich's nur wüsste«, stöhnte Henrik. »Ich bin fest davon ausgegangen, in zwei bis drei Tagen mit allem durch zu sein, doch das ist inzwischen frommes Wunschdenken. Ich werde Wochen brauchen, bis die Müllberge verschwunden sind und ich das Haus ordnungsgemäß dem Vermieter übergeben kann.«

»Er hatte das Haus gemietet? Es war nicht seins?«

»Ich hatte auch gedacht, er hätte es gekauft. Aber ich habe auf dem Küchentisch einen Brief vom Hausbesitzer gefunden, in dem er eine Mieterhöhung bekanntgibt.«

»Oje, dann stehst du zu allem Unglück noch unter Zeitdruck, du willst den Mietvertrag sicherlich so schnell wie möglich kündigen.«

»Ja. Außerdem weiß ich nicht, wo ich schlafen soll. Mein Plan war, für die paar Tage im Gästezimmer meines Onkels zu nächtigen. Doch das kann ich getrost vergessen.«

»Warte mal, ich hab eine Idee«, sagte Kathrin. »Du bist mit dem Kastenwagen dort, nicht wahr?«

»Klar, ein anderes Auto habe ich ja nicht.«

Kathrin schwieg eine Weile, dann rief sie erfreut: »Ha, ich liebe Apps. Du glaubst nicht, was sich direkt hinter dem Deich befindet.«

»Ein Schnellboot, mit dem ich abhauen kann?«, antwortete Henrik zynisch. »Oder ein schnuckliges kleines Hotel, das in Not geratenen Privatermittlern, die am Rande des Wahnsinns stehen, einen Sonderrabatt gewährt?«

»Quatsch. Da ist ein Campingplatz. Und der sieht auf Google Maps richtig nett aus, er liegt direkt am Wasser und hat viel Grün.«

»Viel Bier wäre mir momentan lieber«, konnte sich Henrik nicht verkneifen.

Kathrin lachte. »Auch da werden Sie geholfen. Ich scrolle gerade durch die Fotos vom Platz. Am Platzeingang steht so ein Vierundzwanzig-Stunden-Kioskautomat, wo man Lebensmittel und Getränke kaufen kann. Da bekommst du dein Bier.«

»Okay, auf dem Campingplatz stehe ich über Nacht sicher besser als hier auf dem Gehweg vor dem Haus. Ich werde versuchen, dort für ein paar Tage unterzukommen. Zum Glück ist schon Nebensaison.«

»Sieh zu, dass du zwei nebeneinanderliegende Plätze buchst.«

»Zwei nebeneinanderliegende Plätze? Wieso das?« Etwas in Kathrins Stimme ließ Henrik aufhorchen.

»Ich werde mich mit Töfftöff in spätestens einer Stunde auf den Weg machen. Du weißt doch, ich bin flexibel: Statt in den Süden, geht es halt in den Norden. Dort war ich seit einer Ewigkeit nicht. Wird Zeit, dass ich mir den frischen Wind um die Nase wehen lasse und dich nicht nur moralisch am Telefon unterstütze.«

»Bei dem Muff im Haus meines Onkels wirst du mehr als eine steife Brise brauchen, um die Nase wieder freizubekommen«, warnte Henrik.

»Also dann bis morgen Abend«, verabschiedete sich Kathrin. »Vorher werde ich es nicht schaffen, mein Oldtimer-Wohnmobil ist schließlich kein Porsche. Und ich werde unterwegs noch ein paar Grillwürste und Salat besorgen. Damit du nicht vom Fleisch fällst.«

»Danke«, sagte Henrik leise und beendete das Gespräch. Mit einem Mal war ihm wesentlich leichter ums Herz. Nur schade, dass er seinen schicken neuen Anzug nicht eingepackt hatte.

3

Henrik fuhr auf der Weserstraße zurück in Richtung Ortsmitte und erreichte bald den breit geteerten Deichübergang. Von der Deichkrone aus bot sich ihm ein phantastischer Blick über die Weser und auf den Seehafen Brake mit dem Niedersachsenkai, wo Frachtschiffe vor Anker lagen. Die orange-weiß lackierte Schnellfähre legte gerade am Fähranleger Sandstedt an. Das Schiff war wegen des Feierabendverkehrs voll besetzt, Lkws und Pkws setzten sich in Bewegung, fuhren über die sanft ansteigende Rampe hoch zur Bundesstraße. Henrik ließ den Kastenwagen im Standgas den Deich hinunterrollen und erreichte den gelben Radarturm und den Naturhafen, wo Sportboote am Steg vertäut waren. Die Wellen der auflaufenden Flut plätscherten leise gegen das Ufer und den kleinen Sandstrand. Auf dem lang gezogenen asphaltierten Gelände hinter dem Sielfleth standen mehrere Imbissbuden, von denen ihm ein verführerischer Duft nach geröstetem Fleisch und Backfisch in die Nase stieg. Ihm lief das Wasser im Mund zusammen. Er musste sich zusammenreißen, um nicht auf der Stelle anzuhalten und sich ein Wurstbrötchen auf die Faust zu gönnen. Auch der Beagle hatte das Grillgut erschnuppert und winselte vorwurfsvoll.

»Abendessen gibt es, wenn wir angekommen sind«, verkündete Henrik mit fester Stimme und drückte beherzt aufs Gaspedal, um nicht doch der Versuchung zu erliegen. Hinter dem Sportplatz mit dem frisch gemähten Fußballfeld entdeckte er den dem Campingplatz vorgelagerten separaten Wohnmobilstellplatz. Hätte er beabsichtigt, nur ein, zwei Nächte hier zu verbringen, wäre der Platz für ihn optimal gewesen. Da er jedoch davon ausging, dass sein Aufenthalt an der Weser länger als eigentlich geplant dauern würde, fuhr er weiter geradeaus, bis er die Bundesstraße erreichte. Am Parkplatz vor dem Fähranleger hielt er sich links und gelangte zum Eingang des Campingplatzes. Vor der Einlassschranke blieb er stehen und blickte sich um. Neben einem kleinen Containergebäude war eine hellblaue Harley aufgebockt, die, wie er einem Schild entnahm, stundenweise zu mieten war. Cool, dachte er. Er hatte schon seit Jahren nicht mehr auf einem Motorradsattel gesessen. Vielleicht würde er trotz des Stresses ja die Zeit finden, eine kleine Spritztour zu unternehmen. Mit Kathrin als Sozius. Der Gedanke brachte ihn zum Schmunzeln. Ein Mann in Jeans, dunkelblauem T-Shirt und mit einer Schirmkappe in derselben Farbe auf dem Kopf eilte zur Schranke, tippte einen Code ein und gab Henrik durch Winken zu verstehen, dass er passieren konnte.

»Moin«, sagte er, nachdem Henrik erneut angehalten hatte.

»Moin«, erwiderte Henrik den Gruß. »Haben Sie noch freie Plätze? Ich habe mir gedacht, ich schaue mal spontan bei Ihnen vorbei.«

»Kein Problem«, versicherte der Mann. »Nach Ende der Sommerferien wird es bei uns deutlich ruhiger. Sie können sogar einen Platz mit direktem Blick auf die Weser haben. Die meisten davon sind zwar von Dauercampern angemietet, aber ein paar sind extra für Kurzreisende wie Sie vorgesehen.«

»Gibt's von den Plätzen am Wasser vielleicht zwei nebeneinanderliegende?«, erkundigte sich Henrik. »Eine Freundin von mir wird morgen hier mit dem Wohnmobil ankommen.«

»Sie haben Glück«, sagte der Mann. »Heute früh sind zwei Gäste gefahren. Sie können deren Stellplätze übernehmen.«

»Was ist mit Hunden?« Henrik wies auf den Beagle, der aufgeregt hechelnd aus dem Fenster schaute.

»Sind bei uns gern gesehen. Unsere Chefin hat selbst drei. Alle aus dem Tierschutz adoptiert, die Chefin hat ein großes Herz für Tiere in Not.«

Wie auf Kommando heulte der Beagle herzzerreißend auf. »Lass das, dir ist es in deinem Leben bis jetzt nicht einen einzigen Tag schlecht ergangen.« Henrik zog Leo mahnend am linken Schlappohr. Das Heulen verstärkte sich.

Der Platzwart grinste. »Begnadeter Schauspieler, Ihr Hund, oder?«

»In der Kategorie ›Mitleid einheimsen‹ hätte er glatt einen

Oscar verdient«, antwortete Henrik. »Aber sein Protest ist zum Teil berechtigt, er hat heute viele Stunden im Auto verbracht, so langsam wird er ungeduldig. Was muss ich machen, um einzuchecken?«

»Kommen Sie kurz in den Container, da regeln wir die Formalitäten, und dann können Sie sich mit Ihrem Hund voll aufs Relaxen konzentrieren.«

Schön wär's, dachte Henrik und beneidete alle, die sich den Luxus leisten konnten, hier einfach nur Urlaub zu machen. Scheiß-Familie, fluchte er innerlich, riss sich aber dann zusammen. Es wäre unfair, seine miese Laune am Platzwart auszulassen.

Eine halbe Stunde später starrte Henrik missmutig auf eine Dose Erbseneintopf, die er aus dem Küchenschrank gefischt hatte. Zwar hatte er vor der Abfahrt daran gedacht, seinen Bordproviant aufzufrischen, und der Kühlschrank war proppenvoll, doch er war zu erschöpft, um sich etwas Ordentliches zu kochen. Also blieb ihm nur fade Dosenkost. Mit einem Seufzen legte er den Dosenöffner zur Seite. Nein! Nach den Strapazen des heutigen Tages benötigte er eine kleine Aufmunterung, sozusagen eine kulinarische Wiedergutmachung. Dazu ein kühles Bier. Er schnappte sich die Hundeleine und steckte das Portemonnaie in die Gesäßtasche der Jeans. Der Beagle, der damit beschäftigt war, sein Abendessen zu verdauen, schaute ihn verdutzt an.

»Schluss mit Faulenzen, wir machen einen Spaziergang«, verkündete Henrik und öffnete die Schiebetür des Kastenwagens. Der Beagle sprang heraus und zog ihn von der Parzelle weg hin zum Strand. Dort saß ein Pärchen im Seniorenalter auf einer Bank, das freundlich grüßte. Zwei junge Mütter hatten ihre Buggys am grasbewachsenen Rand des Strandabschnittes abgestellt und bauten in der Nähe des neuen Unterfeuers mit ihren drei quietschvergnügten Kindern Sandburgen. Henrik lief weiter in Richtung Hafen, der feine weiße Sand knirschte unter seinen Schuhen. Nachdem sie das Clubhaus des Wassersportvereins passiert hatten, zog Leo heftig an der Leine, vermutlich, weil er am Geruch erkannt hatte, wohin der Weg führte. Henriks Magen schien es ebenso eilig zu haben, er gab gurgelnde Geräusche von sich. Er befestigte die Hundeleine an einem der hüfthohen Poller, die den Fußgängerbereich abgrenzten, und eilte auf die Imbissstände zu. Nur wenige Minuten später ließ er sich auf eine der auf dem Gelände aufgestellten Sitzbänke fallen und nahm den ersten Bissen von der Bratwurst. Beim Kauen gab er ein wohliges Stöhnen von sich. Die Wurst war genau das, was er jetzt brauchte! Aus den Augenwinkeln sah er, wie ein älteres Ehepaar auf die Bank zusteuerte. Kurz darauf nahmen sie mit etwas Abstand neben ihm Platz.

»Moin«, sagte der Ehemann zum Gruß.

Henrik nickte stumm, weil er den Mund voll hatte.

»Die sind so lecker, dass man davon fast nicht genug bekommen kann, nicht wahr?« Die Frau mit den grauen, dauergewellten Löckchen wies auf die zwei Würste, die neben einem großen Klecks Senf noch auf dem Pappteller lagen.

Henrik schluckte und antwortete ein wenig schuldbewusst: »Ja, die sind klasse, und an der Hafenkombüse gab es ein Sonderangebot. Ich möchte nicht gierig wirken, aber ich bin in aller Frühe aus Hamburg losgefahren und den ganzen Tag nicht zum Essen gekommen.«

»Ihr Hund wohl auch nicht«, sagte der Mann mit einem Schmunzeln. Der Beagle hatte die rechte Vorderpfote auf Henriks Knie gelegt und ließ die Würste nicht aus den Augen.

»Nein, das stimmt nicht«, widersprach Henrik. »Leo hat seine zwei Mahlzeiten bereits intus. Aber er ist chronisch verfressen.«

»Wir hatten früher auch immer Hunde«, sagte die Frau mit einem wehmütigen Lächeln. »Den letzten, unseren Fritzi, mussten wir vor vier Jahren in den Hundehimmel ziehen lassen. Seitdem fühlt es sich zu Hause und im Wohnwagen seltsam leer an. Doch mein Mann hat es mit der Hüfte und ich mit den Knien. Wir können einem Hund nicht mehr das bieten, was er braucht.«

»Das tut mir leid«, sagte Henrik.

»So ist das Leben, alles hat mal ein Ende«, meinte die Frau

philosophisch. »Dem Himmel sei Dank, dass wir es nach wie vor schaffen, hierherzukommen, den Wohnwagen und unsere Parzelle in Schuss zu halten. Das ist seit vielen Jahren unser größtes Glück.«

»Ach, Sie stehen mit Ihrem Wohnwagen auch auf dem Campingplatz?«

»Ja, wir sind Dauercamper, seit 1975«, sagte der Mann mit Stolz in der Stimme.

»Inzwischen sind wir beide in Rente. Da halten wir uns von Anfang April bis Mitte Oktober so gut wie nie in unserer Wohnung in Jade auf. Wir sind lieber draußen auf dem Platz und am Wasser«, erklärte die Frau.

Henrik hielt Leo den Wurstzipfel vor die Nase, den er gierig verschlang. Er putzte sich die Hände an einer Papierserviette ab und nahm einen Schluck vom Flaschenbier, das er ebenfalls gekauft hatte. »Da kennen Sie sich in der Region bestimmt gut aus«, vermutete er. »Es ist ja Ihr zweites Zuhause.«

»Unsere Kinder sind auf dem Platz groß geworden und danach die Enkelkinder. Als wir noch jung waren, haben wir hier an den Wochenenden viel Spaß gehabt«, sagte die Frau mit einem Augenzwinkern. »Der Platz war ja lange Jahre fast nur von Dauercampern belegt. Da kannte jeder jeden, wir waren eine verschworene Gemeinschaft.«

»Was haben wir an den Wochenenden gefeiert«, erinnerte sich der Mann. »Bis Sonnenaufgang haben wir oft zusammengesessen.«

»Und getanzt haben wir«, sagte die Frau und deutete mit dem Oberkörper eine Schunkelbewegung an. »Vor allem, nachdem dieser amerikanische Film bei uns in die Kinos gekommen war. Da haben wir den Mambo einstudiert, wollten wie Jennifer Grey und Patrick Swayze sein.«

Henrik überlegte kurz. »Sprechen Sie von ›Dirty Dancing‹?«

»Ja, so hieß der Film«, stimmte die Frau zu. »Wir hatten hier auf dem Platz sogar eine Camperin, die der Grey ein bisschen ähnlich sah. Sie hatte dieselbe Figur und eine wuschelige Lockenfrisur. Obwohl sie deutlich älter war. Doch mit den Hüften schwingen und einen kessen Mambo hinlegen, das konnte sie perfekt, da war sie beinahe filmreif.«

»Aber sie ist nur einen Sommer bei uns geblieben«, warf ihr Mann ein. »Noch vor Saisonende hat sie ihren Wohnwagen plötzlich vom Platz gezogen und ist nicht wiedergekehrt. Warum, weiß niemand.«

»Ja, sie kommen und sie gehen«, sagte seine Frau mit einem Schulterzucken. »Das trifft auch auf die Platzbetreiber zu, da gab es öfter einen Wechsel. Beim letzten ging zum Schluss manches drunter und drüber. Aber der neue ist zum Glück anders, er hängt sich rein und hat große Pläne, wie man hört.«

»Er weiß, wovon er redet, er ist ja selbst Camper, kommt oft mit dem eigenen Wohnmobil hierher«, fügte ihr Mann hinzu. »Und er mag Rotwein, wir haben mal bis spät in die Nacht zusammengesessen, ein Fläschchen geleert und über Gott und die Welt philosophiert.«

Henrik nippte grüblerisch am Bier. Wenn alles wie geplant gelaufen wäre, würde er jetzt auf einem Stellplatz am Kaiserstuhl vor seinem Kastenwagen sitzen und sich ebenfalls ein Glas Wein genehmigen. Die Ruhe und das süße Nichtstun genießen. Doch das blieb ein Wunschtraum, stattdessen musste er sich morgen wieder in das Chaos stürzen, das sein Onkel hinterlassen hatte. Wie hatte er nur so leben können? Es war für Henrik unverständlich. Ob das ältere Ehepaar eine Antwort wusste? Sie waren schon so lang vor Ort, vielleicht war ihnen ja etwas zu Ohren gekommen.

Mit einem einnehmenden Lächeln wandte er sich an die Frau: »Sie haben eben erzählt, dass Sie seit Jahrzehnten die Sommermonate hier an der Weser verbringen. Da könnte ich mir vorstellen, dass Sie meinen Onkel gekannt haben. Meinen kürzlich verstorbenen Onkel«, präzisierte er nach einer kurzen Pause.

»Kann sein«, sagte die Frau. »Wie heißt denn Ihr Onkel?«

»Stefan Krüger.«

»Nein! Der Steff? Der Steff ist tot?«, rief der Mann aus. »Das tut mir aber leid. Das hatte ich noch nicht gehört.« Er war sichtlich erschüttert.

»Sie kannten ihn tatsächlich?«

»Klar kennen wir den Steff«, beeilte sich der Mann zu versichern. »Er hatte ja im Laufe der Jahre mehrere Ausstellungen in der Burg zu Hagen. Gleich nach der ersten war ich ein Fan von ihm. Ich mag seinen Humor und dass er über sich selbst lachen kann. Seine Karikaturen sind intelligent und fröhlich zugleich.«

»Die letzten aber nicht mehr«, widersprach seine Frau. »Die wirkten auf mich eher düster.«

»War der Steff krank? Wie ist es denn passiert?«, fragte der Mann.

»Das weiß ich leider nicht so genau«, bedauerte Henrik. »Wir hatten uns aus den Augen verloren. Sein Nachbar, der ihn gefunden hat, hat mir berichtet, dass er an einem Schlaganfall gestorben ist.«

»Wie schrecklich. Für den Steff und für Sie«, sagte die Frau mitfühlend.

»In letzter Zeit war es um den Steff ruhig geworden«, erinnerte sich der Mann. »Man munkelt, er hätte ein paar Scherereien.«

»Haben Sie eine Ahnung, um was für Schwierigkeiten es sich handelte?«, hakte Henrik sofort nach.

»Nein, so präzise funktioniert der Buschfunk hier leider nicht«, antwortete der Mann. »Vielleicht hatte er Stress mit jemandem. Oder er ist mit dem Alter nicht klargekommen. Der Steff war ja mal ein gut aussehender Kerl und hier in der Region ziemlich beliebt, besonders bei den Frauen. Er hatte so eine charmante Art, und seine Karikaturen waren wahnsinnig ausdrucksstark, er war ein Meister seines Faches. Doch wir werden alle nicht jünger, müssen mit den Veränderungen und den Gebrechen zurechtkommen, die das Alter mit sich bringt.« Der Mann zog die Mundwinkel nach unten, wirkte verbittert.

Die Frau kraulte dem Beagle nachdenklich das rechte Schlappohr. »Ich hatte immer den Eindruck, dass Ihr Onkel nicht wirklich glücklich war. Oder anders gesagt, dass das Leben ihm das Glück, nach dem er sich sehnte, beharrlich verweigerte. Er hatte so eine tragische Aura. Trotz seines Erfolges.«

Der Mann verdrehte die Augen zum Himmel. »Du und dein esoterisches Gedöns.«

»Ich spüre halt, was ich spüre«, konterte die Frau unbeirrt.

»Haben Sie mit meinem Onkel darüber gesprochen?«, fragte Henrik.

Die Frau hob abwehrend die Hände. »Oh nein, dafür standen wir einander nicht nahe genug. Ich kannte den Steff von den Ausstellungen, habe ihn beim Metzger oder Bäcker oder auch mal in unserer Lieblingskneipe in Rechtenfleth getroffen. Er mochte wie wir gebratene Stinte mit Kartoffelsalat so gern, beides bereiten sie dort frisch zu. Wir haben ab und an ein paar Worte miteinander gewechselt, dabei ist mir diese seltsame Traurigkeit aufgefallen. Es kam mir so vor, als ob ein schwarzer Schatten über ihm lag. Aber ich habe mich nie getraut, ihn danach zu fragen. Das war seine Privatsache.«

»Haben Sie eine Ahnung, was diesen schwarzen Schatten verursacht haben könnte?«, drängte Henrik.

»Nun ja, ich glaube ...«, begann die Frau.

Der Mann, dem Henrik ansehen konnte, dass das Gespräch eine Wendung genommen hatte, die ihm nicht behagte, berührte kurz den Arm seiner Frau. »Es ist schon Viertel vor sieben, Heidrun. Wir sollten schauen, dass wir schleunigst zurück zum Wohnwagen kommen. Du möchtest sicherlich nicht die TV-Nachrichten im Zweiten verpassen, die sind dir doch immer wichtig.« Er kam ein wenig umständlich auf die Beine.

Seine Frau warf ihm einen irritierten Blick zu, widersprach aber nicht und stand ebenfalls auf. »Es war nett, Sie kennenzulernen«, sagte sie. »Werden Sie und Leo noch ein paar Tage bleiben?«

»Mindestens bis Montag«, antwortete Henrik. Wahrscheinlich sogar deutlich länger, fügte er im Stillen hinzu.

»Kommen Sie doch mal auf einen Kaffee oder ein Glas Wein bei uns auf der Parzelle vorbei«, sagte die Frau. »Für Leo habe ich sicherlich auch ein Stück Wurst im Kühlschrank.«

»Danke für das Angebot.« Henrik lächelte und schaute den beiden hinterher, wie sie mit trippelnden Schritten das Hafengelände verließen. Nachdenklich genehmigte er sich den letzten Schluck aus der Bierflasche. Er glaubte nicht an Auren oder an geheimnisvolle Ausstrahlungen, die nur bestimmte, vermeintlich in der Hinsicht besonders begabte Menschen deuten konnten. Sein Metier war es, präzise zu beobachten, Fakten zu sammeln und durch geschicktes Kombinieren und das Ziehen der richtigen Schlussfolgerungen die Wahrheit zu ermitteln. Was seinen Onkel betraf, da wusste er nichts über dessen Gefühlsleben, hatte keinen blassen Schimmer, was ihn geängstigt oder beglückt hatte. Es war ihm im Prinzip auch egal. Doch dem Zustand des Hauses nach zu urteilen, war es sonnenklar, dass irgendetwas im Leben seines Onkels nicht rundgelaufen war. Er fragte sich, ob er sich die Mühe machen sollte, herauszufinden, was es gewesen war.

»Vergiss es«, murmelte er. Er hatte schon genug damit zu tun, die Beerdigung zu organisieren und das Haus zu entrümpeln. Aber durfte er die Vergangenheit seines Onkels wirklich komplett ignorieren? Hatte sein Onkel nicht extra in seinem Brief darauf hingewiesen, dass er sich diesbezüglich kümmern sollte? Ein Gefühl, das Henrik liebend gern ignoriert hätte, machte sich neben den Bratwürsten und dem Bier in seinem Magen breit. Er stand abrupt auf und zog den überraschten Beagle hinter sich her.

»Zeit für einen flotten Deichspaziergang«, verkündete er. Die Bewegung würde ihn auf andere Gedanken bringen.

4

»Puh, ich kann nicht mehr«, stöhnte Kathrin Schäfer und fuhr sich mit dem Unterarm über die verschwitzte Stirn. Ihre Hände steckten in Einmalhandschuhen. Sie war wie versprochen am Vorabend an der Weser angekommen und hatte es sich nicht nehmen lassen, gleich am nächsten Morgen mit anzupacken.

»Für Mitte September ist es außergewöhnlich warm«, stimmte Henrik zu. »Ich bin auch fix und foxi. Komm, wir machen für heute Schluss.«

»Ist das dein Ernst?« Kathrin schaute sich zweifelnd in der Küche um. »Viel haben wir bis jetzt nicht geschafft.« Wenn sie ehrlich zu sich war, konnte sie in dem Durcheinander, das sie umgab, kaum einen Unterschied zum Vormittag feststellen. Es gab noch so viel zu tun. Sie hatten Stunden damit verbracht, den gröbsten Müll in stabile Plastiksäcke zu stopfen und den Kühlschrank und die Tiefkühltruhe auszuräumen, in denen die Vorräte Schimmel angesetzt hatten. »Weißt du, ob es hier in der Nähe eine Mülldeponie gibt? Wir müssen das Zeug schleunigst entsorgen.«

»Keine Ahnung.« Henrik zuckte mit den Schultern. »Ich werde morgen den zuständigen Abfallverwerter anrufen und eine Mulde oder einen Bauschuttcontainer anfordern. Wahrscheinlich wird der Container ein paarmal geleert werden müssen, bis wir mit allem durch sind.«

»Wir sollten versuchen, private Abnehmer für die Möbel zu finden«, schlug Kathrin vor. »Die meisten sehen recht teuer aus und sind noch in gutem Zustand. Aber zuerst müssen wir den ganzen Kram ausräumen und gründlich durchputzen. Sonst traut sich hier niemand rein.«

Henrik stopfte einen leeren Pizzakarton, ein verflecktes T-Shirt und einen zusammengeknüllten Socken, der unangenehm nach Schweißfuß müffelte, in einen Abfallsack. »So, das war's, mir reicht's für heute. Ich halte das keine Minute länger aus.«

»Meinst du, wir könnten die Fenster über Nacht offen lassen? Dann verflüchtigt sich vielleicht etwas von dem üblen Geruch.«

»Von mir aus können wir die Haustür ausbauen«, antwortete Henrik sarkastisch. »Wer sollte hier schon einbrechen wollen?«

»Freiwillig bestimmt niemand«, musste Kathrin ihm recht geben. »Aber es könnte jemand auf dumme Gedanken kommen und Spaß daran finden, zu zündeln oder Randale zu machen.«

»Ach was, wir sind hier auf dem platten Land. Das sind alles friedliche Leute. Hat zumindest der Platzwart behauptet«, konterte Henrik.

»Und ausgerechnet du glaubst ihm das?« Kathrin zog spöttisch eine Augenbraue in die Höhe.

»Ich habe mir gestern die Kriminalstatistik der Region angesehen. Ist so eine Gewohnheit von mir«, gestand Henrik. »Das Straftatenaufkommen im Cuxland ist seit ein paar Jahren rückläufig.«

»Na denn.« Kathrin streifte die Handschuhe ab und warf sie mit Schwung in einen Müllsack. »Ich freue mich schon jetzt auf eine entspannende Dusche.«

»Ich auf ein kühles Bier.«

»Wollen wir zum Abendessen grillen?«

»Hast du einen Grill dabei? Ich habe so etwas nicht an Bord.«

»Ach herrje, so ein Mist«, fluchte Kathrin. »Jetzt weiß ich, was ich vergessen habe. An die Würste und die Steaks habe ich gedacht, aber der Grill steht noch bei mir im Keller.«

»Eine Pfanne wird es auch tun.«

»Sicher. Doch mir ist gestern Abend, als ich über den Platz geschlendert bin, diese hübsch angelegte Feuerstelle mitten auf der Zeltwiese aufgefallen. Sogar Brennholz liegt dort bereit. Da können wir unsere Würste grillen. Und vielleicht kommen wir dabei ja mit ein paar netten Leuten ins Gespräch. Ich kann ein bisschen Abwechslung von dem hier«, sie beschrieb mit der ausgestreckten Hand einen Halbkreis, »gut gebrauchen.«

»Also dann: Abmarsch!« Henrik setzte sich in Bewegung. Kathrin holte Leo, der den Tag in einem schattigen Teil des Gartens verschlafen hatte, zum Auto. Der Beagle schnüffelte kurz an Henriks Jeans und bekam einen Niesanfall. Kathrin lachte.

»Ich würde mal sagen, du bist ebenfalls reif für die Dusche.«

»Erst ein Bier und dann das Großreinemachen meiner Person. Heute Abend setze ich Prioritäten.«

»Prima, so habe ich mehr Zeit für mich«, meinte Kathrin pragmatisch und ließ sich mit einem Seufzen auf den Sitz des Kastenwagens fallen. Sie glaubte, jeden einzelnen Muskel zu spüren.

In ihrem Oldtimer-Wohnmobil, das sie liebevoll Töfftöff getauft hatte, schlüpfte sie in Shorts und T-Shirt, schnappte sich ein Badetuch und ihren Kulturbeutel und machte sich in Flipflops auf den Weg zu den Sanitäranlagen. Dort traf sie auf eine Mutter mit ihren beiden noch nicht schulpflichtigen Kindern, die soeben aus der Dusche gekommen waren. Die Mutter räumte hastig ein paar Kleidungsstücke und die nassen Duschtücher zur Seite, die sie auf dem lang gestreckten Waschtisch ausgebreitet hatte.

»Entschuldigung, dass wir uns hier so häuslich eingerichtet haben«, sagte sie mit einem schiefen Lächeln.

»Ist schon in Ordnung«, versicherte Kathrin. »Ich bin gleich in der Dusche verschwunden, da können Sie sich in Ruhe anziehen.« Sie hängte ihre Handtücher an einen der Haken in der Duschkabine und legte ihren Kulturbeutel auf die Ablage. »Ich muss eh noch kurz auf die Toilette.« Sie trat über die Schwelle des Duschgebäudes und stutzte. Obwohl vom Fluss her eine leichte Brise wehte, lag Brandgeruch in der Luft. Sie drehte sich zu der anderen Camperin um. »Riechen Sie das auch?«

Die Frau kam an ihre Seite und schnupperte. »Da lässt jemand seine Würstchen auf dem Grill verkohlen.«

»Ich glaube eher, da verschmort irgendetwas aus Kunststoff«, widersprach Kathrin mit einem Stirnrunzeln.

Die beiden nur mit Slips und T-Shirts bekleideten Kinder liefen auf die gegenüberliegende Seite des zum Schutz vor Hochwasser auf einem künstlich aufgeschütteten Hügel errichteten

Sanitärkomplexes. »Schau mal, Mama, da ist Rauch«, rief das ältere Mädchen aufgeregt.

Die Mutter und Kathrin eilten zu ihr und blickten in die Richtung, in die das Mädchen zeigte.

»Oh mein Gott, da hinter der Hecke ist ein Feuer.« Kathrin merkte, wie ihr das Herz in die Hose rutschte. »Wenn da ein Wohnwagen oder ein Vorzelt brennt, kann das wegen der Gasflaschen übel ausgehen.«

»Ich hab mein Handy dabei, ich ruf die Feuerwehr«, sagte die Frau und spurtete zurück in den Duschbereich.

Kathrin rannte, so schnell es die Flipflops zuließen, auf den zum Himmel aufsteigenden Rauch zu und schrie: »Feuer! Feuer!«

Ein älterer Camper steckte neugierig den Kopf aus der Wohnwagentür. »Wo?«

»Da vorn hinter der Hecke, wo die hohe Kiefer steht.«

»Scheibenkleister.« Der Mann trat aus dem Wohnwagen, besann sich dann aber eines Besseren und kehrte um. »Ich hab einen Feuerlöscher.«

»Machen Sie schnell!«, drängte Kathrin. »Wenn sich das Feuer ausbreitet und die Gasflaschen explodieren, steht hier in Kürze alles in Flammen. Der Rasen ist knochentrocken, und der Wind treibt die Funken vor sich her.«

Der Mann mühte sich im Laufen ab, den Feuerlöscher zu entsichern. Inzwischen waren mehr Leute auf den Brand aufmerksam geworden und hatten sich um die Brandstelle versammelt. Zwei junge Männer hatten einen Gartenschlauch an der nächstgelegenen Wasserzapfstelle eingestöpselt und bespritzten mit dem Wasserstrahl die Flammen, die aus einem Vorzelt loderten. Andere Camper eilten mit Eimern heran, in denen Wasser schwappte. Der Mann aus dem Wohnwagen näherte sich dem Brandherd, drückte den Auslöseknopf des Feuerlöschers und richtete den Schlauch mit dem Pistolengriff auf das Feuer. Unter dem Löschstrahl erstarb ein Teil der Flammen, doch der Brand hatte bereits die linke Vorzeltwand und die Decke erreicht.

»Hat noch jemand einen Feuerlöscher?«, rief der Mann verzweifelt. »Meiner allein reicht nicht aus.«

In dem Moment sprang der Platzwart aus seinem Golfcart und richtete ebenfalls die Düse eines Feuerlöschers auf das brennende Vorzelt.

»Wo bleibt die Feuerwehr? Warum dauert das so lang?«, klagte eine Frau.

Kathrin spürte, wie sich eine Hand auf ihre Schulter legte und sie nach hinten zog.

»Geh zurück«, schrie Henrik und rannte selbst auf die Flammen zu. »Wem gehört der Wohnwagen? Wo sind die Gasflaschen untergebracht?«, rief er.

Niemand antwortete, der Besitzer war anscheinend nicht vor Ort. Henrik stürmte auf den Bug des alten Comtesse-Wohnwagens zu, wo sich der Flaschenkasten befand. Der Deckel war zum Glück nicht verschlossen, ließ sich mühelos öffnen. Kathrin sah, wie Henrik die erste der beiden grauen Elf-Kilogramm-Gasflaschen zudrehte, den Druckregler löste und die Flasche aus dem Kasten zog. Ein anderer Camper nahm sie ihm ab und brachte sie in Sicherheit. Henrik schaffte es, auch die zweite Flasche aus dem Gefahrenbereich zu entfernen.

Er blickte schwer atmend in die Runde. »Weiß jemand, ob sich im Vorzelt noch eine Gasflasche befindet?«

Eine grau gelockte Frau war an seine Seite getreten. In ihren Augen schimmerten Tränen, und ihre Hände zitterten so heftig, dass sie die Einkaufstasche aus Stoff, die sie umklammert hielt, fallen ließ. Nur mit sichtlicher Mühe brachte sie es fertig, zu antworten: »Nein, ich koche immer im Wohnwagen. Im Zelt sind nur ein Tisch und Stühle und unsere Campingliegen. Aber die sind wie das Zelt wohl nicht mehr zu retten.« Ihre Stimme erstarb.

Eine junge Frau drückte Henrik einen Feuerlöscher in die Hand. »Hier, machen Sie! Ich habe ihn noch nie benutzt, ich weiß nicht, wie er funktioniert.«

Henrik tat wie ihm geheißen. Mittlerweile hatten auch andere Camper Feuerlöscher aus ihren Fahrzeugen geholt und bekämpften damit die Flammen. Aus drei Schläuchen prasselte Wasser auf die Brandstelle. Nach fünf oder sechs Minuten, die Kathrin wie eine Ewigkeit vorkamen, war das Feuer gelöscht. Von hinter dem Deich konnte sie die Sirene eines sich nähernden Einsatzfahrzeuges vernehmen.

»Endlich, de Saanster Löschdüvels rücken an«, sagte eine Camperin, die neben Kathrin stand.

»Viel zu löschen gibt es ja nicht mehr«, bemerkte eine andere spitz.

Ein rotes Tanklöschfahrzeug näherte sich ihnen trotz der engen Zufahrt in hohem Tempo und stoppte dann abrupt. Zwei Männer und eine Frau in Einsatzkleidung sprangen heraus.

»Wir waren bis eben bei einem Grasbrand am Deich«, entschuldigte sich der Ortsbrandmeister.

»Unsere Camper haben großartige Arbeit geleistet«, sagte der Platzwart mit gerötetem, schweißnassem Gesicht. »Wir konnten das Feuer selbst löschen.«

»Wir schauen trotzdem besser nach, ob noch Glutnester vorhanden sind«, sagte der Brandmeister, und die Löschtruppe setzte sich in Bewegung.

Kathrin drehte sich um und sah, dass Henrik die Besitzerin des Wohnwagens in die Arme geschlossen hatte und ihr beruhigend über den Rücken streichelte. Die Schultern der alten Dame bebten. Kathrin ging auf die beiden zu.

Henrik hob den Kopf und fragte in die Menge: »Könnte jemand bitte einen Stuhl für Frau Söller bringen?«

Die Nachbarcamper schleppten in kürzester Zeit gleich mehrere Campingstühle an, auf denen Henrik und die alte Dame Platz nahmen. Eine Frau beugte sich zu Frau Söller hinunter und reichte ihr ein Glas Wasser. Henrik nickte.

»Trinken Sie, das wird Ihnen guttun.«

Das Wasser schwappte über den Rand, doch Frau Söller schaffte es, ein paar kleine Schlucke zu nehmen, und stellte das Glas auf dem Boden ab. Henrik griff nach ihrer Hand, die trotz der Wärme eiskalt war, und rieb sie zwischen seinen Fingern.

»Ich muss Sie das jetzt fragen, Frau Söller, weil ich mir Sorgen mache. Ihr Mann war nicht mehr im Wohnwagen, oder?« Er sah, wie die Feuerwehr das verkohlte Zelt und das rußgeschwärzte Gestänge vom Wohnwagen wegzog und zum asphaltierten Weg schleppte.

Frau Söller brauchte eine ganze Weile, bis sie antworten konnte. »Der Hermann«, sagte sie schließlich mit belegter Stimme, »der Hermann ist mit seinem neuen E-Bike zum Indiekkanal gefahren. Er wollte angeln, weil er meinte, dass die Fische heute gut beißen. Wir haben uns auf leckeren Bratfisch zum Abendessen gefreut. Und jetzt«, sie wandte das Gesicht zum Wohnwagen, »ist alles kaputt.« Sie schluchzte auf.

»Der Wohnwagen ist ja größtenteils unversehrt«, versuchte Henrik, sie zu trösten. »Die paar Brandspuren lassen sich sicherlich mit einem Reinigungsmittel und einem Schwamm entfernen. Im schlimmsten Fall muss die Vorderseite neu lackiert werden.«

»Wir haben den Wohnwagen seit so vielen Jahren. Und nun das.« Frau Söller war untröstlich.

»Wir helfen dir, alles wiederherzurichten, Heidrun.« Eine Camperin, die etwas jünger als Frau Söller war, zog einen Stuhl für sich heran. »Wir schmeißen das verkohlte Zelt auf den Müll und besorgen euch neue Sitzmöbel und einen Tisch. Damit ihr bei schönem Wetter draußen sitzen könnt.«

»Haben Sie eine Hausratsversicherung?«, erkundigte sich Henrik.

»Ich glaube, ja.« Frau Söller nickte. »Um so etwas kümmert sich der Hermann.«

»Das Zelt lässt sich leicht ersetzen«, unternahm die jüngere Camperin einen weiteren Anlauf, Frau Söller aufzuheitern. »Jetzt im September, zum Ende der Hochsaison, gibt es immer günstige Sonderangebote, weil die Ware vor dem Winter aus den Lagern muss. Du wirst sehen, ihr habt ruck, zuck ein neues Vorzelt.«

»Wäre ich bloß nicht zum Kiosk gegangen«, jammerte Frau Söller mit gesenktem Kopf. »Wir hatten keine Eier mehr. Und die Butter war mir auch ausgegangen. Und die brauche ich doch zum Braten – ich meine, falls der Hermann Fische mitbringt.

Und dann habe ich auf dem Rückweg die Dörte getroffen, und wir haben ein bisschen geredet. Ihr Mann, der Karl-Heinz, hatte vor Kurzem eine Herz-OP, bei der sie ihm ein paar Stents eingesetzt haben. Ich wollte wissen, wie er es überstanden hat, wie es ihm jetzt geht. Wir sind ins Plaudern gekommen, und da habe ich die Zeit vergessen. Aber wie hätte ich auch ahnen sollen, dass es ausgerechnet bei uns zu brennen anfängt?«

Henrik rang mit sich, ob er die Frage, die ihm auf der Zunge lag, stellen sollte oder nicht. Er wollte die nette alte Dame, die er vorgestern am Hafen kennengelernt hatte, nicht unnötig aufregen oder gar demütigen. Aber er konnte nicht anders, er musste die Wahrheit erfahren.

»Frau Söller«, sagte er ernst. »Als Sie zum Kioskautomaten aufgebrochen sind: Hatten Sie da im Vorzelt irgendetwas in Betrieb, das das Feuer verursacht haben könnte? Eine elektrische Herdplatte oder einen Wasserkocher? Oder hatten Sie eine Kerze angezündet?«

Frau Söllers Kopf ruckte hoch, und auf ihren blassen Wangen erschienen zwei rote Flecken. »Natürlich nicht. Für wie dumm halten Sie mich?«, empörte sie sich.

»Ich halte Sie überhaupt nicht für dumm«, versicherte Henrik. »Es ist uns allen doch schon mal passiert, dass wir in Eile waren und wir dadurch etwas vergessen oder übersehen haben.«

Frau Söller straffte die Schultern. »Wie ich eben schon sagte, koche ich ausschließlich im Wohnwagen. Da ist ja auch der Wasserhahn mit direktem Wasseranschluss.«

»Okay.« Henrik nickte.

»So einen neumodischen elektrischen Wasserkocher besitze ich nicht. Ich habe einen Flötenkessel, den ich auf den Gasherd stelle. Und«, sie blickte Henrik nun direkt an, »warum sollte ich am helllichten Tage eine Kerze anzünden?«

»Ich dachte an eine Duftkerze, die die Mücken vertreibt«, erwiderte Henrik lahm.

»Gegen Mücken hilft ein ordentliches Mückenspray. Nicht so ein Kokolores wie Kerzen oder diese Dinger, die man in die Steckdose stöpselt«, entrüstete sich Frau Söller.

»Dann gab es bei Ihnen im Vorzelt also nichts, das sich hätte selbst entzünden können?«

»Nein, nichts.«

»Haben Sie einen Kühlschrank dort stehen?«

»Der ist im Wohnwagen.«

»Wie steht es mit einem Heizlüfter? Wenn es draußen mal frisch ist?«

»Brauchen wir nicht, da nutzen wir die Heizung im Wohnwagen.«

»Aber Sie haben doch sicherlich einen Fernseher und ein Radio.«

»Nicht im Vorzelt. Der Fernseher steht auf der Anrichte neben der Eingangstür und das Radio vorne auf der Ablage vom Bett.«

»Benutzen Sie eine Mikrowelle?«

»Kommt mir nicht ins Haus«, sagte Frau Söller mit Nachdruck.

»Wo befindet sich denn die Kaffeemaschine?«

Frau Söller wirkte zunehmend verärgert. »Worauf wollen Sie eigentlich hinaus, junger Mann?«

»Ich will herausfinden, was das Feuer ausgelöst hat.«

»Also meine Unachtsamkeit war es mit Sicherheit nicht. Ich lasse mir nichts in die Schuhe schieben.«

»Die Heidrun und der Hermann sind immer supervorsichtig«, mischte sich die jüngere Camperin in das Gespräch ein. »Die haben nicht nur einen, sondern gleich zwei gefüllte Wassereimer neben dem Holzkohlegrill oder der Feuerschale stehen, wenn sie sie benutzen.«

»Wir haben jahrzehntelange Campingerfahrung«, betonte Frau Söller. »Wir wissen um die verschiedenen Gefahren und verhalten uns dementsprechend. Wir sind nicht wie diese Grünschnäbel, die seit der Corona-Pandemie unterwegs sind. Ich meine solche, die ihre Fünfzig-Meter-Kabeltrommel unter dem Fahrzeug liegen lassen, ohne das Elektrokabel komplett abzurollen. Oder solche, die draußen normale Mehrfachstecker wie in der Wohnung verwenden.«

»Ich glaube Ihnen, Frau Söller«, beeilte sich Henrik zu versichern. »Es spricht vieles dafür, dass es irgendwo im Zelt zu einem Kurzschluss gekommen ist. Der zu einem Schmorbrand geführt hat, durch den sich die Zeltplanen entzündet haben. So etwas passiert leider immer wieder, da ist man im Prinzip machtlos.«

»Ja, das ist wohl einfach nur Pech.« Frau Söller schien ein wenig besänftigt. »Ich mache mir nur Vorwürfe, dass ich nicht hier war, als es zu brennen anfing. Da hätte ich die Flammen vielleicht noch löschen können.«

In dem Augenblick kam ihr Mann mit dem E-Bike angefahren. Er bremste abrupt ab, stieg vom Rad und starrte ein paar Sekunden regungslos auf die Brandspuren am Wohnwagen und die verkohlten Reste des Vorzeltes. Dann schien ein Ruck durch ihn zu gehen, er lief, so schnell es seine lädierte Hüfte zuließ, auf seine Frau zu. »Um Himmels willen, Heidrun, ist dir was passiert?«

Henrik stand vom Stuhl auf. »Melden Sie sich bitte, wenn Sie Hilfe brauchen«, sagte er zu Frau Söller. »Ich bin noch ein paar Tage hier, ich unterstütze Sie gern.«

Frau Söller warf sich in die Arme ihres Mannes. »Es war ein Unfall, Hermann. Das Zelt ist durch einen Unfall kaputtgegangen.«

Ein Unfall, wiederholte Henrik nachdenklich beim Gehen und hatte doch Mühe, den eigenen Worten Glauben zu schenken. Irgendetwas, das er allerdings noch nicht hätte benennen können, kam ihm an dem Brand seltsam vor. Die Brandunfälle auf Campingplätzen, die er bis jetzt miterlebt oder über die er gelesen hatte, waren anders verlaufen. Den Söllers war kein Leichtsinn, keine Fahrlässigkeit, kein unsachgemäßes Hantieren mit leicht entflammbaren Stoffen vorzuwerfen. Auch die Gasflaschen, die er aus dem Flaschenkasten gezogen hatte, waren in gutem Zustand gewesen. Irgendetwas stimmte hier nicht. Henrik merkte, wie sich sein Puls beschleunigte. Er musste unbedingt mit Kathrin reden, sie war eine der Ersten am Brandort gewesen, hatte die Löscharbeiten von Anfang an mitverfolgt. In dem Moment tauchte vor seinem inneren Auge ein großes rotes Stoppschild auf, das weitere Gedanken rigoros abblockte.

»Mist«, fluchte er kaum hörbar. Um ein Haar hätte er es wieder getan, da hätte er erneut den Fehler begangen, das Berufliche nicht strikt vom Privaten zu trennen. Misch dich nicht ein, ermahnte er sich. Es ist nicht dein Fall. Du hast schon genug um die Ohren, als dass du dich auch noch um ein abgebranntes Vorzelt kümmern könntest. Das ist nicht deine Baustelle. Er schaute sich suchend um und entdeckte Kathrin in einem Pulk aufgeregt diskutierender Camper.

»Komm, lass uns zurückgehen«, bat er. »Wir hatten einen langen Tag und können hier eh nichts mehr ausrichten.«

Kathrin zögerte ein paar Sekunden, und er konnte ihr anmerken, dass sie nicht seiner Meinung war. Doch sie folgte ihm schließlich, ohne zu protestieren.

5

Am nächsten Morgen schlüpfte Henrik dem Anlass gemäß in eine schwarze Jeans und ein dunkelgraues Poloshirt und machte sich auf den Weg nach Hagen im Bremischen. Er parkte seinen Kastenwagen auf dem Wohnmobilstellplatz direkt an der Burg und ging in Richtung Kreisverkehr am Amtsdamm, wo das Beerdigungsinstitut in einer Seitenstraße seine Räumlichkeiten hatte. Das dezente Bimmeln eines Glöckchens kündigte sein Kommen an, als er die Tür öffnete. Ein Jugendlicher, den Henrik aufgrund der von Aknepickeln überzogenen Wangen auf vierzehn oder fünfzehn Jahre schätzte, kam mit feierlicher Miene auf ihn zu.

»Seien Sie gegrüßt, mein Herr. Mein Name ist Hans-Peter Aschbrenner, Bestatter in der vierten Generation. Womit kann ich Ihnen dienen?«

Henrik musste wegen des altertümlichen Sprachgebrauchs schmunzeln, brachte seine Gesichtszüge jedoch sogleich wieder in Ordnung.

»Ich habe um halb zehn einen Termin bezüglich«, er stockte einen Moment, um die richtige Formulierung zu finden, »der sterblichen Überreste meines Onkels, Stefan Krüger.«

Der junge Mann nickte ernst. »Ja, wir haben uns des Verblichenen angenommen. Ich nehme an, Sie möchten meinen Herrn Vater konsultieren.«

»Ich habe mit Enno Aschbrenner am Telefon gesprochen.«

»In der Tat, mein Herr Vater.«

»Lass gut sein, Hape.« Ein Mann, der das gleiche rotblonde, leicht gewellte Haar und die gleichen strahlend blauen Augen wie der Teenager hatte, betrat das Empfangszimmer und streckte Henrik die Hand entgegen.

»Moin, Enno Aschbrenner. Sie sind wegen des Steffs gekommen, nicht wahr?«

Henrik erwiderte den kräftigen Händedruck. »Ja. Mein Onkel hatte Sie in seinem Brief an mich benannt.«

»Gehen wir doch in mein Büro.« Enno Aschbrenner wies mit der Hand auf die offen stehende Tür, die in den hinteren Teil des Erdgeschosses führte. Kurz bevor er sich in Bewegung setzte, wandte er sich nochmals an seinen Sohn. »Wird es nicht langsam Zeit, dass du in der Schule bist?«

Hape zuckte nonchalant mit den Schultern. »Bei uns macht Magen-Darm die Runde. Wir haben bis einschließlich der vierten Stunde frei.«

»Auch das noch«, stöhnte Enno Aschbrenner. »Wenn du für keine Klausur zu lernen oder Hausaufgaben zu erledigen hast, könntest du dich im Lager nützlich machen, da herrscht Land unter.«

Hape zog eine Grimasse. »Nee, ich geh lieber noch mal den Text durch.«

»Kommen Sie«, sagte Aschbrenner zu Henrik. »Hier hinten haben wir mehr Ruhe.«

Henrik nahm auf dem Stuhl Platz, den Aschbrenner ihm anbot.

»Ich muss mich für das Auftreten meines Sohns entschuldigen«, sagte Aschbrenner. »Er geht auf die Waldschule gleich hier gegenüber und ist Mitglied der Theater-AG. Sie werden demnächst eine Kriminalkomödie aufführen, in der er den Bestatter mimt. Er nimmt seine Rolle sehr ernst.«

Henrik lachte. »Das merkt man. Ich hatte mich schon gefragt, ob Sie hier aus der Zeit gefallen sind.«

Aschbrenner erwiderte sein Lachen. »Ich kann Ihnen versichern, dass die meisten in der Region nicht von gestern sind. Unser Ort hat eine lange Tradition, doch wir sind prima in der Neuzeit angekommen, haben alles vor Ort, was es für ein gutes Leben braucht. Meine Familie fühlt sich hier zu Hause, obwohl wir ursprünglich aus Kiel stammen.« Er ließ sich auf den Schreibtischstuhl fallen. »Aber um das zu hören, sind Sie nicht gekommen.«

»Nein«, stimmte Henrik zu. »Ich kümmere mich um die Hinterlassenschaften meines Onkels. Und natürlich um die Beerdigung.«

»Bei Letzterem kann und werde ich Sie unterstützen«, sagte Aschbrenner. »Was das Haus betrifft, da habe ich gehört, dass es wohl ein paar Probleme gibt.«

»›Ein paar Probleme‹ ist die Untertreibung des Jahres. Dort herrscht das pure Chaos.« Henrik ballte unbewusst die Hände zu Fäusten.

»Früher war der Steff die Ordnung in Person, da sah es selbst in seinem Atelier wie geleckt aus. Meine Frau hat bei ihm mal einen Zeichenkurs gemacht, deshalb kann sie es beurteilen.«

»Das Atelier ist inzwischen genauso vermüllt wie der Rest. Ich befürchte, ich werde Wochen brauchen, um das auf die Reihe zu bekommen.«

»Schrecklich, dass es so enden musste.« Aschbrenner wirkte bedrückt. »Ich kannte den Steff vom Frühschoppen und habe mitgeholfen, den Ausstellungsraum in der Burg herzurichten, wo er seine Karikaturen präsentiert hat. Unsere Familie ist Mitglied im Kultur- und Heimatverein, wir haben mit angepackt, als die Burgallee neu gestaltet wurde. Vor allem die Jugend war mit Feuereifer dabei, um die Geschichte der Burg durch die Mediensäulen an der Burgallee erlebbar zu machen. Der Steff hat damals übrigens einen ordentlichen Batzen Geld gespendet, wofür wir sehr dankbar sind.«

»Haben Sie eine Ahnung, warum er sich so verändert hat?«

»Meine Frau meint, es hätte was mit seiner Jugend zu tun. Dass da plötzlich wieder was hochgepoppt sei, das ihn aus der Bahn geworfen hat.«

»Wissen Sie Näheres?«

»Nein, ist nur so eine Vermutung von ihr, aber ich kann mir das ebenfalls gut vorstellen. Vielleicht ist er über eine verflossene Liebe oder das Ende einer Beziehung nicht hinweggekommen, da werden manche Leute im Alter depressiv. Oder er war enttäuscht, weil sein Leben nicht so verlaufen ist, wie er es sich erträumt hatte. Womöglich hatte er das Gefühl, etwas verpasst zu haben oder für sein lebenslanges Schuften nicht genug Geld kassiert zu haben. Sie glauben nicht, was mir die Leute hier im Büro so alles erzählen, wenn sie durch den Tod eines Angehörigen eh emotional angeschlagen sind. Hundertprozentig im Reinen mit sich ist kaum einer.«

Henrik kam das Gespräch mit seiner Mutter in den Sinn. »Ich weiß, dass mein Onkel früher mal Geldsorgen hatte. Doch ich bin davon ausgegangen, dass er sie überwunden hat. Er war lange Jahre recht gut im Geschäft. Finanzielle Probleme können daher wohl nicht der Auslöser für sein ungewöhnliches Verhalten gewesen sein, oder?«

»Nun ja, auch wenn ich mich wie vorhin mein Sohn anhöre: Ich befürchte, der Steff hat das Geheimnis, warum er so geworden ist, mit ins Grab genommen.«

»Apropos Grab«, sagte Henrik, »deswegen bin ich ja eigentlich hier. Was muss ich für die Beerdigung tun?«

Aschbrenner tippte auf die Tastatur seines Computers ein und warf einen kurzen Blick auf die auf dem Bildschirm angezeigten Daten. »Im Prinzip so gut wie nichts. Ihr Onkel war schon vor anderthalb Jahren bei mir und hat alles im Voraus geregelt.«

»Also war er doch krank? Daher der Schlaganfall?«

»Soweit ich weiß, nein. Er wollte rechtzeitig vorsorgen, weil er alleinstehend war«, widersprach Aschbrenner. »Er hat damals alles genau festgelegt, die Abläufe bestimmt und die Kosten vorab beglichen. Zu dem Zeitpunkt herrschte in seinem Kopf noch absolute Klarheit, da war nichts von Chaos oder Konfusion zu spüren.«

Henrik war baff. »Damit hatte ich jetzt nicht gerechnet.«

»Ich habe mich eins zu eins an die Wünsche und Vorgaben Ihres Onkels gehalten«, sagte Aschbrenner. »Die Einäscherung ist in der letzten Woche erfolgt, und ich habe veranlasst, dass die Urne an einen Kollegen in Emden gesandt wird, der die Bestattung vornehmen wird. Bleibt nur die Frage, ob Sie den Termin mit ihm abstimmen wollen, damit Sie anwesend sein können. Und ob weitere Angehörige und Freunde teilnehmen möchten.«

Henrik glaubte, seinen Ohren nicht zu trauen. »Mein Onkel ist bereits eingeäschert?«

»Ja, gemäß seinem Wunsch. Und wir müssen uns ja an die

länderspezifischen Gesetze beziehungsweise Fristen halten. Sie haben nun sechs Monate Zeit, die Asche beizusetzen.«

Henrik schwieg, dachte angestrengt nach. »Ich würde mich gern zuerst auf die Haushaltsauflösung konzentrieren«, sagte er schließlich. »Und mit meiner Familie reden, ob nicht doch jemand Abschied nehmen möchte. Es gab da einiges an bösem Blut und einen Streit, aber in einem solchen Fall ...« Er verstummte.

Der Drucker fing an zu surren. »Ich gebe Ihnen die gesamten Unterlagen mit, dann können Sie in Ruhe entscheiden. Von meiner Seite und der des Emdener Kollegen besteht keine Eile.« Aschbrenner reichte Henrik einen kleinen Stapel DIN-A4-Blätter.

Henrik griff mit spitzen Fingern danach. »Okay, vielen Dank für Ihren Service, und ich melde mich, wenn ich so weit bin.«

Aschbrenner stand auf. »Haben Sie sich eigentlich schon um den Wohnwagen Ihres Onkels gekümmert? Ich könnte mir vorstellen, dass er inzwischen ein kleines Vermögen wert ist.«

»Welcher Wohnwagen?« Henrik schaute den Bestatter verblüfft an.

»Der Steff hat mir mal beim Frühschoppen erzählt, dass er sich vor Jahren so einen USA-Kultwohnwagen als rollendes Atelier zugelegt hat. Mit dem war er in Südfrankreich und auf Sylt, hat dort wohl ziemliches Aufsehen erregt, weil der Wohnwagen ein echter Hingucker ist. Ich kenne mich mit Campingfahrzeugen nicht aus. Doch ein Freund von mir wollte sich vor Kurzem auch so einen Trailer anschaffen, musste sein Vorhaben aber aufgeben, weil die Preise exorbitant in die Höhe geschossen sind. Diese Wohnwagen erfahren gerade eine irre Wertsteigerung.«

»Sprechen Sie etwa von einem amerikanischen Airstream? So eine silberfarbene, zigarrenförmige Landyacht?« Henrik konnte es kaum fassen, war vor Begeisterung aus dem Häuschen, hielt sich aber zurück, dies vor Aschbrenner offen kundzutun.

»Ja, Sie könnten recht haben, ich erinnere mich, dass der Name Airstream gefallen ist. Doch ich habe keinen blassen Schimmer, um welches Modell es sich handelt und wie alt er ist.«

»Wo ist der Airstream denn jetzt? Auf dem Sandstedter Campingplatz? Dort ist er mir nicht aufgefallen.«

»Ich habe keine Ahnung, wo er ist«, musste Aschbrenner eingestehen. »Kann sein, dass der Wohnwagen auch mal auf dem Campingplatz gestanden hat. Die meiste Zeit war er wohl in einer Halle oder Scheune untergebracht. Wenn ich geahnt hätte, was passiert, hätte ich beim Steff nachgehakt. So muss ich leider passen.«

»Wo könnte ich mich diesbezüglich denn erkundigen?«

Aschbrenner rieb sich grübelnd das Kinn. »Schwer zu sagen. Vielleicht beim Campingplatzbetreiber. Oder bei dem Wirt, wo wir unseren Frühschoppen abhalten. Wenn Sie möchten, kann ich ebenfalls ein bisschen herumfragen, gut möglich, dass jemand aus meinem Bekanntenkreis was gehört hat.«

»Ich wäre Ihnen wirklich dankbar, wenn Sie Näheres für mich in Erfahrung bringen könnten.«

»Ich melde mich«, versprach Aschbrenner.

Tief in Gedanken versunken lief Henrik zu seinem Kastenwagen zurück. Sein Aufenthalt hier an der Unterweser gestaltete sich ereignisreicher, als er angenommen hatte. Und jetzt stand auch noch ein Airstream – seit Jahren sein absoluter Traumwohnwagen – im Raum beziehungsweise in irgendeiner Scheune, die er erst finden musste. Henrik fragte sich, welche weiteren Überraschungen ihn bei der Abwicklung der Hinterlassenschaften seines Onkels erwarten würden.

Sobald er wieder auf dem Campingplatz angekommen war und seinen Wagen auf der Parzelle abgestellt hatte, ging er direkt zu Kathrin, die schon ungeduldig vor ihrem Oldtimer-Wohnmobil auf ihn wartete.

»Der Campingplatzbetreiber hat mich vor einer halben Stunde angesprochen. Er ist heute früh mit seinem Wohnmobil angereist und steht da vorn.« Sie zeigte auf ein großes Alkovenwohnmobil, das ein Stück weiter geparkt war.

»Was wollte er von dir? Haben wir was Falsches gemacht?«

»Nein, es ging um das Feuer«, beruhigte ihn Kathrin. »Er

hatte vom Platzwart gehört, dass ich eine der Ersten vor Ort war.«

»Hast du ihm erzählt, was passiert ist?«

»Ja, ich habe ihm meine Sicht der Dinge geschildert, und er hat sehr genau zugehört. Seitdem er hier ist, wird er ständig auf den Brand angesprochen. Die Leute machen sich Sorgen, haben Angst, dass es nochmals geschehen könnte.«

»Das kann ich verstehen. Ich habe gestern auch einen ordentlichen Schreck bekommen.«

»Soll ich Kaffee kochen?« Kathrin nahm ihm die Brötchentüte ab, die er in der Hand hielt. »Oder möchtest du erst rübergehen und mit ihm sprechen?«

Henrik schaute sie verblüfft an. »Warum sollte ich mit ihm sprechen wollen?«

»Ach, das hatte ich vergessen zu erwähnen«, entschuldigte sich Kathrin mit einem schiefen Grinsen. »Er hat mich gebeten, dir auszurichten, dass er mit dir ebenfalls ein paar Worte wechseln möchte.«

»Ach nee, ich hab Hunger«, maulte Henrik. »Und ich muss schauen, dass ich zum Haus komme. Mir fehlt jetzt schon der halbe Vormittag.«

»Wir fahren gleich gemeinsam rüber und machen da weiter, wo wir gestern aufgehört haben.«

»Vielleicht waren in der Nacht ja ein paar Heinzelmännchen tätig und haben mir den Schlamassel abgenommen?«, versuchte sich Henrik an einem müden Scherz.

»Nein, das gibt es nur im Märchen.«

»Leider.« Henrik rang mit sich, was er tun sollte.

»Geh sofort rüber, dann hast du's hinter dir. Heute Abend wirst du auch keine Lust haben«, mahnte Kathrin.

»Ich weiß nicht …« Henrik beäugte sehnsüchtig die frischen Bäckerbrötchen. Als er sie gekauft hatte, waren sie noch warm gewesen.

»Nun mach schon«, drängte Kathrin und gab ihm einen sanften Schubs. »Er scheint ein netter Typ zu sein, wirkt auf mich ziemlich pragmatisch.«

»Wenn du meinst …«

Henrik gab sich einen Ruck und stiefelte los. Vor dem Wohnmobil, auf das Kathrin gezeigt hatte, stand ein dunkler Land-Rover-Geländewagen mit dem Campingplatzlogo auf den Türen. Ein hochgewachsener Mann war gerade dabei, in den Wagen einzusteigen.

»Moin, Sie wollten mich sprechen.«

Der Mann stoppte und rückte die braune Schirmkappe zurecht, die er auf dem Kopf trug.

»Ich stehe da vorn mit meinem Kastenwagen, neben dem Oldtimer-Wohnmobil meiner Bekannten«, erklärte Henrik, der gemerkt hatte, dass der Mann ihn nicht recht zuordnen konnte.

»Ah, richtig.« Der Mann ließ die Autotür ins Schloss fallen. »Sie sind der Privatermittler aus Hamburg.«

»Woher wissen Sie das?« Henrik war verblüfft.

»Es gehört zu meinem Job, gut informiert zu sein«, sagte der Betreiber mit einem Grinsen. »Um meine Plätze ordentlich zu führen, muss ich Augen und Ohren offen halten, muss den Geschehnissen bestenfalls immer einen Tick voraus sein. Dasselbe gilt für mein Team.«

»Da haben wir was gemeinsam«, stellte Henrik fest.

»Dennoch konnten wir den gestrigen Brand nicht verhindern«, sagte der Campingplatzbetreiber betrübt. »Das wirft kein gutes Licht auf unseren Betrieb. Hoffentlich hagelt es jetzt nicht negative Bewertungen auf den verschiedenen Online-Plattformen. Wir müssen alles daransetzen, dass die Camper trotz des bedauerlichen Vorfalls in der nächsten Saison wiederkommen. Und dass wir neue dazugewinnen. Wissen Sie, wir haben diesen Platz und den Schwesterncampingplatz in Rechtenfleth ja erst vor Kurzem übernommen, wohl wissend, dass ein riesiger Renovierungsstau auf uns wartet. Wir geben unser Bestes, die Plätze auf Vordermann zu bringen, sie auch unter ökologischen Gesichtspunkten zu modernisieren. Doch dazu brauchen wir eines am wichtigsten: zufriedene und zahlende Gäste.«

»Ich würde jetzt nicht in Panik verfallen«, meinte Henrik.

»Auf Campingplätzen entstehen wie im Haushalt öfter Brände, von denen die meisten durch technische Defekte ausgelöst werden. Ich schätze, so war es auch bei den Söllers. Das kann man Ihnen nicht anlasten.«

»Nein, wohl nicht. Aber irgendetwas bleibt immer hängen.«

»Wie sagt man so schön: *Shit happens.* Dagegen sind wir machtlos.« Henrik zuckte mit den Schultern und hoffte, dass das Gespräch damit zu Ende war, er sich wieder um seine eigenen Belange kümmern konnte. Er wollte da nicht mit hineingezogen werden, es war nicht sein Problem.

Der Betreiber schaute sich nervös um. »Ich befürchte, bei uns verhält es sich anders. Es wäre besser, wenn wir drinnen, ich meine im Wohnmobil, weitersprechen.«

Der Gesichtsausdruck des Mannes verriet Henrik, dass die Lage ernst war, dass womöglich mehr dahintersteckte, als er angenommen hatte. »Okay«, sagte er trotz seines Vorsatzes, sich nicht einzumischen.

»Kommen Sie rein!« Der Betreiber entriegelte die Aufbautür, und Henrik betrat nach ihm das Alkovenwohnmobil.

»Hier kann man es aushalten«, sagte er anerkennend.

»Das Womo ist mein rollendes Büro samt Küche und Schlafzimmer. Ich fahre damit zu Firmenprojekten, oft ist meine Familie mit dabei«, sagte der Betreiber und räumte hastig einen Stapel Papiere vom Tisch. In einer Ecke der Sitzgruppe entdeckte er einen angenagten Kauknochen, den er mit spitzen Fingern entfernte. »Sorry, den hat wohl einer unserer Hunde da versteckt. Wir waren am letzten Wochenende beruflich im Breisgau, und die Hunde durften mit.«

»Eigentlich wäre ich jetzt auch in Süddeutschland«, tat Henrik wehmütig kund. »Aber eine dringende Familienangelegenheit ist mir dazwischengekommen.«

»Ich habe schon gehört. Der Steff Krüger war Ihr Onkel. Tut mir leid. Ich habe ihn zwar nicht persönlich gekannt, doch ich weiß, dass er früher hier Gast war. Manchmal wohl auch mit dem eigenen Camper.«

»Camper ist ein gutes Stichwort«, sagte Henrik. »Steht auf

einem Ihrer Plätze vielleicht ein amerikanischer Airstream-Wohnwagen?«

»Ein Airstream?« Der Betreiber schaute ihn verwundert an. »Nein, der wäre mir sofort aufgefallen. So etwas sieht man hierzulande nicht alle Tage.«

»Schade.« Henrik seufzte. »Der Airstream gehört zum Vermächtnis meines Onkels, wie ich eben erfahren habe. Doch leider kann mir niemand sagen, wo er abgeblieben ist.«

»Er kann sich ja nicht in Luft aufgelöst haben.«

»Nein. Aber mein Onkel hat ihn angeblich irgendwann in eine Halle oder Scheune gebracht und sich dann, aus welchen Gründen auch immer, nicht mehr darum gekümmert. Der Bestatter, bei dem ich gerade war, hat mich darauf aufmerksam gemacht, konnte aber leider nichts Näheres dazu sagen. Ich hoffe, es stellt sich nicht als Gerücht heraus. So ein echter Airstream könnte mir gut gefallen, davon habe ich schon als Junge geschwärmt.«

»Ja, die sind total klasse«, stimmte der Betreiber zu. »Ich würde mir da an Ihrer Stelle aber keinen Kopf machen. Sollte der Airstream tatsächlich irgendwo hier in der Gegend untergestellt sein, spricht sich das herum. Fragen Sie bei den Landwirten und den Schäfern im Bremischen nach. Ein solches Luxusfahrzeug sticht doch ins Auge. Außerdem haben Sie, wie man mir versichert hat, eine ausgezeichnete Spürnase.«

»Oh ja, die habe ich.« Henrik grinste. »Der Spürsinn ist mir in die Wiege gelegt worden. Ich habe schon als Kind gern Rätsel gelöst, Geheimnisse aufgedeckt.«

Der Campingplatzbetreiber wies mit der Hand auf die Kaffeemaschine, die auf der Küchenzeile stand. »Möchten Sie eine Tasse Kaffee? Oder ein Glas Wasser?«

Henrik lehnte dankend ab. Die Uhr tickte für ihn, er zog es vor, gleich zur Sache zu kommen. »Worüber wollten Sie mit mir sprechen?«

»Es ist so.« Der Betreiber nahm die Schirmkappe ab und fuhr sich mit der Hand über das müde aussehende Gesicht. »Der Vorfall von gestern war nicht der erste seiner Art.«

»Ach, tatsächlich?« Henrik war ganz Ohr.

»Wir hier an der Weser sind lange verschont geblieben, doch bei einigen Kollegen in Ostfriesland hat es bereits mehrmals gebrannt. Die Vorfälle häufen sich.«

»Wollen Sie damit andeuten, dass es sich gestern um Brandstiftung gehandelt haben könnte? Dass ein Feuerteufel sein Unwesen treibt?«

»Ich möchte es nicht ausschließen. Die Spur des Brandstifters zieht sich an der Küste entlang, quasi von Ost nach West. In den letzten Wochen sind Campingfahrzeuge am Jadebusen, in den Siel-Orten vor den Ostfriesischen Inseln bis hin zur Emsmündung durch Feuer beschädigt worden. Besonders hart hat es Neuharlingersiel getroffen, dort kam es gleich zu mehreren Bränden hintereinander. Bei denen liegen die Nerven blank.«

»Das kann ich gut verstehen. Ich nehme an, die Polizei ist eingeschaltet?«

»Selbstverständlich. Leider bislang ohne Erfolg, sie tappen diesbezüglich noch im Dunkeln.«

»Wenn es sich tatsächlich um Brandstiftung handelt, scheint der Täter geschickt vorzugehen.«

»Ja, der Gedanke und die Sorge, dass es jederzeit wieder bei uns passieren könnte, haben mich in der letzten Nacht um den Schlaf gebracht und werden mich, wie es aussieht, weitere Nächte kosten.« Der Betreiber klang verzweifelt. »Meiner Frau ergeht es ebenso.«

»Das tut mir leid. Ich weiß allerdings nicht, wie ich Ihnen da helfen könnte.«

Der Betreiber beugte sich vor, so als wolle er die Dringlichkeit unterstreichen. »Ich habe heute lang mit ein paar der betroffenen Kollegen telefoniert, und wir sind zu einem Entschluss gekommen: Die Polizei allein reicht uns nicht mehr aus, wir möchten die Sache beschleunigen. Deshalb würden wir Sie gern engagieren. Ihre Referenzen sind ausgezeichnet, das habe ich vorher gecheckt.«

»Vielen Dank für die Blumen«, sagte Henrik mit einem schiefen Grinsen. »Aber ich befürchte, dass ich nicht für Sie tätig werden kann.«

»Am Geld soll es nicht scheitern, wir werden uns finanziell bestimmt einig werden«, versprach der Betreiber.

»Nein, es geht wirklich nicht«, beharrte Henrik.

»Haben Sie schon einen anderen Auftrag? Sind Sie bereits verplant?«

»Nein, das ist es nicht.« Henrik fühlte sich hin- und hergerissen. Einerseits reizte es ihn, sich des Falles anzunehmen. Außerdem hatte er Mitleid mit den Söllers, die noch immer nicht über den Schock hinweggekommen waren. Und der hochgewachsene dunkelhaarige Mann, der sich sichtlich um seinen Platz und seine Gäste sorgte, war ihm sympathisch. Doch wie sollte er sich um einen Brandstifter kümmern, vermutlich auf dessen Fährte von Ort zu Ort fahren, wenn er hier in Sandstedt mit dem Horrorhaus seines Onkels beschäftigt war? Nein, er sah keine Möglichkeit, beides gleichzeitig zu bewältigen. So schwer es ihm auch fiel – diesmal ging die Familie vor. »Ich muss mich um den Nachlass meines Onkels, die Haushaltsauflösung kümmern. Das duldet keinen Aufschub«, sagte er mit fester Stimme.

»Hm.« Der Campingplatzbetreiber rieb nachdenklich mit dem Daumen auf dem Tisch herum, im Bemühen, einen Kaffeefleck zu entfernen. »Ich hätte da vielleicht eine Idee«, sagte er schließlich. »Wissen Sie, ich gehe die Dinge gern pragmatisch an. Darüber hinaus habe ich eine recht gute Menschenkenntnis, komme auf diese Weise oft zu Ergebnissen, mit denen niemand gerechnet hätte.«

»Das mag sein«, sagte Henrik. »Doch an meinem Entschluss gibt es nichts zu rütteln.«

»Warten wir's ab.« Der Campingplatzbetreiber schmunzelte. »Ich habe Ihnen eben anmerken können, dass Sie in einem Interessenkonflikt stecken. Sie hätten schon Lust, auf mein Angebot einzugehen, nicht wahr? Doch Sie sehen sich gezwungen, Prioritäten zu setzen. Bei denen das, was Sie nur widerwillig tun, aus reinem Pflichtgefühl an erster Stelle steht.«

»Hut ab! Sie haben mein Dilemma auf den Punkt gebracht.«

»Gut, gut.« Der Betreiber nickte. »Wie wäre es, wenn ich Sie bei der Haushaltsauflösung unterstütze, Ihnen da den Rücken freihalte?«

In Henrik machte sich ein Hoffnungsschimmer breit, den er jedoch gleich wieder verwarf. »Ich fürchte, das kann ich nicht annehmen.«

»Warum nicht?«

»Das ist keine normale Haushaltsauflösung«, gestand Henrik. »Mein Onkel ist in seinen letzten Lebensjahren zum Messie mutiert. Sie können sich nicht vorstellen, wie es im Haus aussieht.«

»Sie können sich nicht vorstellen, was wir hier auf einigen Parzellen vorgefunden haben«, konterte der Betreiber. »Entweder lag dort haufenweise Unrat herum, oder sie waren eine willkommene Abladestelle für Bauabfälle. Sie ahnen nicht, wie viele dicke Betonbrocken, zerborstene Fensterscheiben, Kunststoffwannen mit hart gewordenem Mörtel, Steinplatten, Bewehrungsstahlmatten und sonstigen Schrott wir entfernen mussten. Danach ging es an den Grünschnitt, hier war ein riesiger Bereich total verwildert. Wie im Dschungel hat es teilweise ausgesehen.«

»Davon merkt man nichts mehr. Da haben Sie einen guten Job gemacht«, sagte Henrik anerkennend.

»Ja, zum Glück haben wir schon viel geschafft. Aber was ich eigentlich sagen wollte: In der Nebensaison gibt es Tage, an denen meine Mannschaft nicht mehr voll ausgelastet ist. Ich glaube, es wäre gut möglich, dass ich zwei, drei Leute abstellen könnte, die sich um das Haus Ihres Onkels kümmern.«

»Ist das Angebot tatsächlich ernst gemeint?«

»Ja. Aber nur unter der Voraussetzung, dass Sie sich schleunigst auf die Suche nach demjenigen machen, der die Brände legt. Die Taktrate, die der Brandstifter vorgibt, erhöht sich von Woche zu Woche. Gestern standen wir auf seiner To-do-Liste, vorgestern gab es einen ähnlichen Zwischenfall in Hooksiel. Wenn es in dem Tempo weitergeht, hat bald die gesamte Küstenregion einen schlechten Ruf weg. Ein paar meiner Kollegen haben die schwierigen Corona-Jahre noch immer nicht verdaut, sie stehen finanziell mit dem Rücken zur Wand. Wir müssen handeln. Sofort.«

»Also gut.« Henrik war zu einem Entschluss gekommen. »Wenn Ihre Leute mich entlasten, mache ich mich auf die Jagd nach dem Brandstifter.«

»Das nenne ich einen Deal.« Der Betreiber streckte ihm die Hand entgegen, die Henrik ergriff und schüttelte.

»Auf gute Zusammenarbeit.«

»Ich bin mir sicher, dass wir alle davon profitieren werden. Aber lassen wir das blöde Siezen, ist unter Campern eh nicht üblich. Ich bin Harry.«

»Wie der jüngere Sohn des britischen Königs?«

»Gott bewahre!« Der Betreiber hob die Hände. »Eher wie Harald Konrad Parkster, für meine Freunde Harry.«

»Henrik.«

»Okay, Henrik. Wann kannst du loslegen?«

»Im Grunde genommen sofort. Es gibt nur ein Problem: Ich bin nicht allein hier. Ich hatte meiner Campingfreundin Kathrin versprochen, mit ihr ein paar Tage am Kaiserstuhl zu verbringen. Dann kam uns der Tod meines Onkels in die Quere. Kathrin hat, ohne zu murren, ihre Pläne geändert und ist hierhergekommen, um mit anzupacken. Ich befürchte, sie wird es mir übel nehmen, wenn ich Knall auf Fall abreise. Das möchte ich ihr nicht antun.«

»Nimm sie doch mit, fahrt zusammen los! Das wirkt, wie ich finde, sogar authentischer, auf diese Weise erregst du bei deinen Erkundigungen weniger Aufsehen.«

»Kathrin hat mich in letzter Zeit schon öfter unterstützt. Sie ist mir eine große Hilfe, beruflich und privat.«

»Wenn das so ist, setze ich sie ebenfalls auf meine Payroll oder, besser gesagt, auf die von mir und meinen Kollegen. Als deinen Hilfssheriff.« Harry grinste verschmitzt.

Henrik erhob sich. »Es wäre wohl das Beste, wenn ich ihr das sofort beichte.«

»Ich habe zwar nur kurz mit ihr gesprochen, doch auf mich hat sie einen patenten Eindruck gemacht. Sie wird es verstehen.«

»Ich hoffe es.« Henrik war sich nicht völlig sicher.

Harry stand ebenfalls von der Sitzbank auf. »Ich habe gleich ein Meeting auf der Gemeinde und bin auch am Nachmittag terminlich eng durchgetaktet. Wie wäre es, wenn wir uns zum Abendessen treffen? Du, Kathrin und ich?«

»Können wir gern machen.«

»Mögt ihr Flammkuchen? Ich lasse uns welchen aus dem Pub im Ort kommen. Der ist mindestens so lecker wie der im Elsass.«

»Das klingt vielversprechend. Am Kaiserstuhl hätte ich bestimmt jeden zweiten Tag Flammkuchen verputzt.«

»Also abgemacht. Um acht bei mir hier im Wohnmobil. Da können wir alles in Ruhe bereden. Ich habe von meinen Kollegen einige Infos bekommen, die ich unbedingt an euch weitergeben muss.«

»Hört sich spannend an.« Henrik merkte, wie seine gute Laune, die im Haus seines Onkels verschüttgegangen war, mit einem Schlag zurückgekehrt war. Er verspürte unbändige Lust, dem feigen Brandstifter das Handwerk zu legen.

6

Als Henrik aus der Rezeption des Nordseecampings Hooksiel trat, tat er das, was viele Gäste in dem Moment taten: Er tätschelte den Kopf der Seehundsfigur aus Beton, die vor dem zweistöckigen Klinkergebäude die Gäste begrüßte. Der Blick der schwarzen Kulleraugen war einfach unwiderstehlich! Henrik musste über sich selbst schmunzeln und ging dann schnellen Schrittes zu seinem Kastenwagen, den er auf dem breiten Seitenstreifen der Einfahrtszone geparkt hatte. Kathrin stand vor ihrem Oldtimer-Wohnmobil und zeigte mit der Hand auf den Eingangsbereich.

»Wow, sieht das alles hier gepflegt aus!«

»Wie aus dem Ei gepellt«, gab Henrik ihr recht. »Und hundefreundlich sind sie auch. Die nette Dame an der Rezeption hat mir gleich erklärt, wo ich mit Leo meine Runden drehen kann. Da drüben ist eine Hundefreilaufwiese, und weiter hinten gibt es einen separaten Hundestrand.«

»Glaubst du, dass er sich ins Wasser traut?«

»Das bezweifele ich, Leo ist eine Frostbeule.« Henrik grinste.

»Nun ja, der Wind hat schon was Herbstliches.« Kathrin zog den Reißverschluss ihrer Fleecejacke hoch. »Ich habe zwar einen Badeanzug eingepackt, doch bei den derzeitigen Temperaturen vergeht mir die Lust, mich in die Nordseefluten zu stürzen.«

»Man hat mir gesagt, dass es im Ort ein Meerwasser-Hallenbad gibt.«

»Also das wäre schon eher meins. Aber wie wär's, wenn wir schleunigst auf unsere Parzellen fahren? Ich habe einen Mordshunger, das Frühstück ist eine halbe Ewigkeit her. Vielleicht finden wir hier in der Nähe einen Imbissstand, wo wir auf die Schnelle was essen können.«

»Prima Idee«, stimmte Henrik zu. »Doch zuvor gibt es ein kleines Problem.«

»Sind sie etwa ausgebucht?« Kathrin wirkte erstaunt. »Ich dachte, Harry hätte uns angekündigt.«

»Nun, es ist so«, Henrik vermied es, Kathrin anzusehen, »ab morgen findet hier eine Veranstaltung statt, und da werden viele Neuankömmlinge erwartet. Ich konnte leider nur noch Plätze ganz hinten ergattern.«

»Finde ich gar nicht so schlecht, dann sind wir weiter von der Straße entfernt und haben unsere Ruhe.«

»Ruhe schon, doch wir müssten uns eins zu eins an die Platzregeln halten. Der rückseitige Teil des Platzes ist für den Naturistenbund Wilhelmshaven Friesland reserviert.«

Kathrin brauchte ein paar Sekunden, um zu verstehen. »Willst du damit sagen, dass das ein FKK-Campingplatz ist?«

»Richtig, dahinten liegt ihr Vereinsgelände, sie verfügen dort über ein eigenes Sanitärgebäude, einen Aufenthaltsraum und Sportanlagen. Sie machen es zur Bedingung, dass der Freikörperkult bei jedem Wetter praktiziert wird. Der FKKler, den ich in der Rezeption getroffen habe, hat mir allerdings versichert, dass man sich ganz schnell daran gewöhnt. Der Körper stellt sich ruck, zuck um, und du spürst den Wind und den Regen so gut wie nicht. Nach spätestens drei Tagen sind wir FKK-Profis.«

»Drei Tage.« Henrik bemerkte, dass Kathrin Mühe hatte, ihre Gesichtszüge unter Kontrolle zu halten.

»Wenn wir Glück haben, geht es schneller«, konnte er sich nicht verkneifen.

Kathrin schluckte sichtbar. »Wenn das wirklich die letzten beiden freien Plätze sind, haben wir wohl keine andere Wahl, oder?«

Henrik brach in schallendes Gelächter aus. »Doch, haben wir! Wir werden auf dem separaten Wohnmobilstellplatz an der Ostdüne unterkommen. Es war ein Scherz. Tut mir leid, ich konnte der Versuchung nicht widerstehen. Du hättest dein Gesicht sehen sollen. Herrlich!« Henrik konnte nicht aufhören zu lachen, obwohl er versuchte, sich dazu zu zwingen.

»Dann stimmt das mit dem FKK überhaupt nicht?«, empörte sich Kathrin.

»Nur zum Teil. Auf dem Campingplatz gibt es tatsächlich einen separaten FKK-Bereich. Und ein Strandabschnitt ist für textilfreies Baden vorgesehen. Aber es wird von niemandem erwartet, dass er sich zu Tode friert.«

Kathrin schwieg.

So lange, bis Henrik sich unbehaglich fühlte, von einem Fuß auf den anderen trat.

»Ich könnte auf der Stelle umdrehen und nach Hause fahren«, meinte Kathrin schließlich.

»Ja, das steht dir frei«, musste Henrik kleinlaut eingestehen. »Die Frage ist nur, ob du es tun wirst.«

Kathrin schaute ihn streng an. »Ich bleibe. Aber nur unter zwei Voraussetzungen.«

»Die da wären?«

»Du lädst mich jeden Tag zum Essen ein.«

»Abgemacht, wir haben einen Deal«, beeilte sich Henrik, ihr zu versichern.

»Und wir machen gemeinsam einen Wasserskikurs.«

Henrik spürte, wie ihm nun die Gesichtszüge entglitten. »Wieso denn ausgerechnet Wasserski?«

Kathrin schmunzelte. »Ich weiß ja, dass du noch wasserscheuer als Leo bist, doch da musst du nun mal durch. Ich habe eben, während du in der Rezeption warst, ein bisschen gegoogelt, um zu sehen, was Hooksiel und die Umgebung zu bieten haben. Und dabei ist mir aufgefallen, dass es hinter der Schleuse eine Wasserskianlage mit einem Hinderniskurs gibt, wo man auch Anfängerkurse buchen kann. Sogar online. Ich werde das gleich für uns beide erledigen. Womöglich haben wir Glück und bekommen morgen in aller Frühe einen Termin.«

»Wenn du darauf bestehst«, brachte Henrik mühsam hervor und überlegte fieberhaft, wie er aus der Nummer wieder rauskommen könnte. Fast wünschte er, der Brandstifter würde jetzt sofort zuschlagen und er wäre gezwungen, sich zu kümmern. Tag und Nacht ohne Unterlass.

Kathrin öffnete die Wohnmobiltür und kletterte auf den Fahrersitz. »Fährst du vor? Du weißt, wo wir hinmüssen.«

»Mache ich.« Henrik eilte zu seinem Wagen und ließ den Motor an. Beim Blick in den Seitenspiegel bemerkte er, dass Kathrin sich über das Lenkrad gebeugt hatte und ihre Schultern bebten. Weinte sie etwa? Hatte er sie mit seinem dummen Scherz dermaßen verletzt? Das hatte er nicht beabsichtigt. Sie foppten sich öfter gegenseitig, und er hatte gedacht, sie könnte eine Menge einstecken. Hatte er sich geirrt? So lange waren sie ja noch nicht befreundet und sahen sich nur, wenn sie beide mit dem Wohnmobil unterwegs waren. Ich werde es wiedergutmachen, schwor er. Selbst wenn ich mich auf zwei Wasserskiern zum Affen machen muss. Beim Losfahren schaute er nochmals in den Seitenspiegel und sah, wie Kathrin sich mit dem Unterarm über die Augen fuhr. Doch auf ihrem Gesicht konnte er keine Tränen erkennen. Sie grinste breit von einer Backe zur anderen.

Zwei Stunden später war ihnen beiden das Lachen vergangen. Sie saßen im Büro von Torsten Meyer, dem Campingplatzleiter, und erfuhren, was in den letzten Wochen geschehen war.

»Eigentlich fing alles ganz harmlos an«, erzählte Meyer. »Zuerst hat es in einem der Abfallbehälter gebrannt, die wir überall vor den Sanitäranlagen aufgestellt haben, damit unsere Gäste ihre Kippen dort lassen. Da dachten wir noch, dass eine glimmende Zigarette auf eine Zigarettenschachtel oder anderes brennbares Material gefallen ist und das Feuer ausgelöst hat. Es konnte ja auch schnell wieder gelöscht werden.« Meyer machte dennoch keinen entspannten Eindruck. »Beim zweiten Mal«, fuhr er fort, »hat einer unserer Gäste, der seinen Müll auf dem Recyclinggelände vor der Eingangsschranke entsorgen wollte, bemerkt, dass aus einem der Papiercontainer Rauch aufstieg. Er hat gleich Alarm geschlagen, sodass auch diesmal nichts Ernstes passiert ist. Der Container war etwas angeschmort, das konnten wir verschmerzen. Im Laufe der Saison muss immer mal wieder der eine oder andere Müllcontainer ersetzt werden.«

»Damit war aber nicht Schluss«, vermutete Henrik.

»Leider nein«, stimmte Meyer sichtlich betrübt zu. »Letzte

Woche hätte es wirklich übel ausgehen können, da hatten wir eine Menge Glück.«

»Hat es in einem Wohnwagen oder einem Wohnmobil gebrannt?«, fragte Kathrin bang.

»Nein, in einem der Sanitärhäuser. Genauer gesagt unter der Treppe, auf der man zu den Duschen und Toiletten gelangt. Sie werden sicher schon bemerkt haben, dass wir die Anlagen erhöht gebaut haben, damit sie bei Sturmfluten, die uns meist ab Anfang, Mitte Oktober heimsuchen, nicht mit Nordseewasser volllaufen.«

»Ich kenne das von Campingplätzen in Flusstälern, von der Mosel und dem Main«, sagte Kathrin.

»Ja, die Kollegen dort haben mit ähnlichen Problemen zu kämpfen«, sagte Meyer. »Wasser kann viel Schaden anrichten.«

»Feuer ebenso«, meinte Henrik.

»Da sagen Sie was.« Meyer seufzte.

»Was ist denn vorige Woche passiert?« Henrik wollte wieder zur Sache kommen.

»Wissen Sie, es ist so«, begann Meyer. »An und für sich soll das Areal unterhalb der Treppenstufen stets frei von Müll oder unerlaubt dort abgestellten Dingen sein. Leider haben wir die Erfahrung machen müssen, dass sich da im Laufe der Saison trotzdem immer mal was ansammelt: Kartons, Plakate und alte Prospekte, die eigentlich in den Papiercontainer gehören. Ein Sonnenschirm oder Stühle, die vergessen wurden. Angebrochene Farbdosen und -eimer, die für die kleinen Reparaturarbeiten zwischendurch benötigt werden. Unser Personal ist angewiesen, ein Auge auf solche Schandflecken zu haben und gleich wegzuräumen, was da nicht hingehört. Aber meine Leute können nicht überall sein. Und wir sind in den Sommermonaten stets ausgebucht, da ist der Platz mit seinen gut tausendfünfhundert Einheiten rappelvoll. Hier geht es dann zu wie in einer Kleinstadt.«

»Da braucht es sicherlich eine straffe und gute Organisation«, meinte Henrik.

»Ja, wir geben uns alle Mühe, doch wir sind auch nur Menschen«, sagte Meyer mit einem entschuldigenden Lächeln. »Deshalb haben wir nicht sofort mitbekommen, dass ein Stapel Prospekte, der unter der Treppe lag, Feuer gefangen hat. Ich vermute, da hat jemand mit einem in Benzin getränkten Lappen oder Ähnlichem nachgeholfen. Als eine unserer Reinigungsfrauen die Flammen bemerkte, schlugen sie schon so hoch, dass sie an der Treppe züngelten. Die Frau hat sofort die Feuerwehr gerufen und bis zu deren Ankunft versucht, selbst mit Wasser zu löschen.«

»Es ist also niemand zu Schaden gekommen?«, versicherte sich Henrik.

»Nein, durch das schnelle Eingreifen konnte Gott sei Dank Schlimmeres verhindert werden. Stellen Sie sich mal vor, das Feuer hätte zuerst auf die Treppe und dann auf den Sanitärtrakt übergegriffen. Wenn Gäste durch die Flammen bedroht oder gar dort oben eingeschlossen gewesen wären. Ich mag es mir gar nicht ausmalen.«

»Zum Glück ist es nicht geschehen«, sagte Kathrin.

»Alles in allem sind wir glimpflich davongekommen, die Putzfrau hatte eine leichte Rauchvergiftung, aber ihr geht es inzwischen wieder besser.« Meyer lehnte sich im Stuhl zurück, so als ob ihn das Reden angestrengt hätte. Er nahm seine Brille ab, fischte ein Papiertaschentuch aus der Hosentasche und rieb die Gläser damit sauber. Mit seinem runden Gesicht und dem grau melierten, dicken Haar wirkte er auf Henrik wie ein müder, bedrückter Uhu. Er empfand Mitleid, wollte nicht in der Haut von Meyer stecken, die Verantwortung für so viele Menschen tragen.

»Gibt es irgendeinen Hinweis darauf, wer der Übeltäter sein könnte?«

»Nein. Wir haben gleich nach dem Vorfall alle Gäste befragt, die sich in der Nähe aufhielten. Ein paar davon meinten prompt, etwas bemerkt zu haben: Jemanden, der mit einem verdächtigen Gesichtsausdruck herumlief oder dessen Jackentaschen sich unnormal nach außen wölbten. Einen Camper, der den halben Tag vor den Sanitäranlagen herumlungerte, aber nicht hineinging. Angeblich ist ein Mann in der Camperscheune auffällig geworden. Hat herumgemosert, weil er sein Bier nicht schnell genug bekam, und gemeint, den Saftladen hier sollte man anzünden.« Meyer setzte die Brille zurück auf die Nase. »Langer Rede kurzer Sinn: Die mutmaßlichen Zeugenaussagen waren alle nicht zu gebrauchen, wir wissen de facto nichts.«

»Und Sie müssen damit rechnen, dass es nochmals passiert«, stellte Kathrin fest.

»Im Prinzip ja«, gab ihr Meyer recht. »Aber es versteht sich von selbst, dass wir umgehend Vorkehrungen getroffen haben, damit sich ein derartiger Vorfall nicht wiederholt. Ich habe einen Teil meiner Männer dazu abgestellt, auf dem Gelände Tag und Nacht zu patrouillieren, unauffällig Wache zu schieben. Der Rest unseres Teams ist in Alarmbereitschaft versetzt. Sollte sich der Brandstifter unseren Platz ein weiteres Mal für seine miesen Feuerspielchen aussuchen, werden wir besser gewappnet sein.«

»Ich hoffe nur, dass er Ihr Sicherheitssystem nicht unterläuft«, sagte Henrik.

»Das darf unter keinen Umständen geschehen!« Meyer war vor Erregung laut geworden. »Gerade jetzt, ein paar Wochen vor Saisonende, wäre ein weiteres Vorkommnis dieser Art katastrophal. Wir müssen um diese Zeit immer schauen, dass wir möglichst viele Vorabbuchungen für das nächste Jahr bekommen. Sollten die Camper der Küste fernbleiben, gucken eine Menge Leute, die vom Tourismus leben, in die Röhre. Das können wir uns nicht leisten.«

»Ich weiß«, sagte Henrik.

»Deshalb müssen wir alles daransetzen, den Kerl bald zu schnappen. Dabei sind wir für jede Unterstützung dankbar. Mein Kollege Parkster hat Sie in den höchsten Tönen gelobt, wir zählen auf Sie, Herr Richtersen.«

»Ich werde mein Bestes geben«, versprach Henrik. »Und meine Assistentin«, er lächelte Kathrin zu, »wird mir dabei behilflich sein.«

»Sagen Sie mir, was Sie brauchen, Sie haben selbstverständlich freien Zugang zu allem hier auf dem Platz. Wenn Sie mit meinen

Mitarbeitern sprechen wollen, trommele ich sie in der nächsten halben Stunde zusammen, kein Problem.«

»Vielen Dank für das Angebot. Aber ich würde mich zuerst gern ein bisschen inkognito auf dem Platz umhören«, bat Henrik. »Ich möchte mit den Leuten unauffällig ins Plaudern kommen.«

»Tun Sie das.« Meyer stand schwerfällig auf. »Je eher Sie was herausfinden, desto besser. Nicht nur ich werde von Tag zu Tag nervöser, die Brände machen uns allen zu schaffen.«

7

Am nächsten Morgen wirkte Kathrin ein wenig mitgenommen. Ihre Wangen waren blass, die Augen und Nasenspitze dagegen gerötet, und sie musste wiederholt husten. Henrik stoppte vor der Wohnmobiltür.

»Hast du schon einen Corona-Schnelltest gemacht?«

»Vor einer halben Stunde«, sagte Kathrin mit heiserer Stimme. »Er war negativ, wie ich vermutet hatte. Du kannst reinkommen, es ist nur wieder diese blöde Allergie.«

»Ich dachte, die würde an der Nordseeluft besser.«

»Dachte ich auch.« Kathrin schnaubte in ein Papiertaschentuch. »Doch ich habe gestern, als ich mit Leo gelaufen bin, dahinten auf der Wiese und im Dünenbereich Brennnessel, Beifuß und Strand-Wegerich gesehen. Ich nehme an, dass ich darauf reagiere.«

»Hast du Medikamente dabei, die dir helfen?«

Kathrin nickte und beförderte das Taschentuch in den Mülleimer. »Ja klar. Euphrasia-Augentropfen und meine Hausapotheke, die ich vor der Abfahrt zusammengestellt habe. Die Allergie nervt ein bisschen, aber es wird langsam besser, meine Globuli-Mischung zeigt Wirkung.«

»Wenn du es sagst, du bist die Fachfrau«, meinte Henrik. Im Allgemeinen hielt er nicht viel von Homöopathie und Naturheilmitteln, doch er musste sich eingestehen, dass Kathrin damit beachtliche Erfolge erzielte. Auch als Leo im Frühjahr mitten in den Reben von Sasbachwalden angeschossen und schwer verletzt worden war, war er dank Kathrins Unterstützung erstaunlich schnell wieder auf alle vier Pfoten gekommen.

»Trotzdem würde ich es heute gern ein bisschen langsamer angehen lassen«, bat Kathrin. »Ist es schlimm, wenn ich nicht wie verabredet mitkomme?«

»Überhaupt nicht«, versicherte Henrik. »Mach du es dir mit Leo gemütlich und kurier dich aus.«

»Ich werde mich vors Wohnmobil setzen und Schiffe gucken. Die Containerschiffe aus Wilhelmshaven und von der Weser tuckern hier an der Küste vorbei. Ich muss gar nicht an den Strand gehen, ich habe direkt vom Platz aus einen phantastischen Blick.«

»Ja, das ist besser als Fernsehen«, stimmte Henrik zu. »Ich habe gestern Nacht eine Weile draußen gestanden und die Lichter der Schiffe verfolgt, die vorbeizogen. Doch nun wird es höchste Zeit, dass ich mich auf den Weg mache, die Arbeit ruft.«

»Viel Erfolg. Und pass gut auf dich auf.«

Henrik entfernte sich schnellen Schrittes vom Wohnmobilstellplatz, nahm den Trampelpfad über die Wiese und eilte auf der breiten Zufahrtsstraße zum hinteren Bereich des Campingplatzes. Ihm war gestern Abend etwas zu Ohren gekommen, das er unbedingt abklären wollte. Er war so in Gedanken vertieft, dass er zuerst nicht mitbekam, wie ein splitterfasernackter Mann aus dem Sanitärhaus trat und direkt vor ihm seinen Weg kreuzte. Henrik blickte schuldbewusst an seinem T-Shirt und der Jeans hinunter, doch der Mann schien an seinem nicht FKK-gerechten Aufzug keinen Anstoß zu nehmen, er grüßte mit einem freundlichen »Moin«, das Henrik ebenso freundlich erwiderte. Dennoch war ihm nicht ganz wohl, er hatte sich vorab keine Gedanken gemacht, wie er mit der ungewohnten Situation umgehen sollte. Wäre es etwa angebracht, auf der Stelle alle Hüllen fallen zu lassen? Damit er als Gleicher unter Gleichen unterwegs wäre? Der Platzwart hatte ihm versichert, dass dies nicht nötig sei, doch Henrik überkamen Zweifel. Er atmete ein paarmal tief durch, um seine gewohnte Professionalität wiederzuerlangen.

»Reiß dich zusammen«, befahl er sich. »Du hast schon deutlich Schlimmeres erlebt. Dagegen ist das hier ein Kinderspiel.« Kurz entschlossen sprach er den erstbesten Passanten an, der ihm entgegenkam, sah tapfer über dessen Nacktheit hinweg.

»Entschuldigung. Man hat mir an der Rezeption gesagt, dass ich die erste Vorsitzende Ihres Vereins hier finden würde. Irgendwo auf Platzteil neun, ich habe dummerweise die Parzellennummer vergessen.«

»9-2-22«, antwortete der Mann prompt. »Aber da ist die Ella nicht. Ich habe sie eben am Ringtennisplatz gesehen. Sie ist Schiedsrichterin beim Damendoppel.«

»Okay.« Henrik schwante nichts Gutes. Wie sollte er bloß der geballten Damennacktheit begegnen, ohne wie ein elender Spanner zu wirken?

»Hinter dem Kinderspiel- und dem Bocciaplatz.« Der Mann wies mit der Hand nach rechts.

Henrik bedankte sich und stapfte los. Vor dem mit Sand bedeckten Spielfeld, in dessen Mitte ein etwa ein Meter fünfzig hohes Gitternetz gespannt war, blieb er kurz stehen, um den Frauen beim Spiel zuzusehen. Zu seiner Erleichterung trugen sie alle Shorts und T-Shirts, sodass er seinen Blick unverhohlen schweifen lassen konnte. Die vom Alter her nicht mehr ganz taufrischen, aber erstaunlich fit wirkenden Damen waren damit beschäftigt, einen handtellergroßen gelben Moosgummiring über das Netz zu werfen. Gelang es der Gegnerin auf der anderen Seite des Netzes nicht, ihn aufzufangen, und der Ring landete im Sand, brandete Beifall von den um das Spielfeld versammelten Zuschauern auf. Woraus Henrik schloss, dass es beim Spiel darum ging, den Ring so zu werfen, dass ihn der Gegner nicht zu fassen bekam. Er versuchte, am Rand des Sandplatzes eine Gestalt auszumachen, die wie eine Schiedsrichterin aussah. Nach kurzer Überlegung kam dafür nur eine hochgewachsene Frau mit einem über die Schultern reichenden grauen Flechtzopf in Frage. Sie hielt ein Klemmbrett und einen Stift in der Hand.

Er ging auf sie zu und fragte: »Frau Fischer?«

»Einen Moment«, bat die Angesprochene und wartete, bis der Ring erneut im Sand lag, und rief dann: »Ende, aus. Wiebke und Martina haben fünf Punkte erreicht. Das war's für heute.« Die ehemaligen Kombattantinnen gingen aufeinander zu und klopften sich auf die Schultern. Frau Fischer wandte sich Henrik mit einem Lächeln zu. Ihre kornblumenblauen Augen wirkten hellwach und fokussiert, obwohl sie, wie Henrik schätzte, die siebzig weit überschritten haben musste.

»Moin, wie kann ich dir helfen? Geht es um den Verein? Möchtest du Mitglied werden?«

»Eher nicht«, gestand Henrik mit einem schiefen Lächeln. »Ich bin nur ein paar Tage mit meinem Wohnmobil hier. Ich wohne in Hamburg.«

»Ach, da kommst du ja von gleich um die Ecke«, sagte Ella Fischer mit einem Augenzwinkern. »Da kannst du fast mit dem Fahrrad zu uns rüberstrampeln.«

»Ich bin nicht so sportlich wie ihr hier«, behauptete Henrik. »Von Hamburg nach Hooksiel sind es über zweihundert Kilometer. Das würde ich selbst mit dem E-Bike kaum an einem Tag schaffen. Nein, ich möchte kein Mitglied werden. Ich hätte ein paar Fragen. Würdest du sie mir beantworten?«

»Warum sollte ich das?« Ellas Lächeln verschwand, und sie musterte Henrik unverhohlen. »Bist du von der Presse? Willst du einen Artikel über Freikörperkultur schreiben? Dann maile mir vorab deine Fragen, und ich überlege, ob ich darauf eingehen werde. In letzter Zeit haben wir mit dem einen oder anderen Journalisten keine guten Erfahrungen gemacht.«

»Nein, ich bin nicht von der Presse.« Henrik hob abwehrend die Hände. »Ich bin hier, um meiner Mutter zu helfen.«

»Deiner Mutter? Wobei?« Ella schien ihre Skepsis nicht abgelegt zu haben.

»Meine Mutter befindet sich in einer ähnlichen Lage wie ihr vor ein paar Jahren«, flunkerte Henrik. »Ich meine, als die Gemeinde euren FKK-Strand Knall auf Fall abgeschafft hat. Meine Mutter ist Dauercamperin auf einem Platz an der Elbe, und dort soll demnächst dasselbe passieren, der FKK-Strandbereich soll bald der Vergangenheit angehören. Was meine Mutter mit ein paar Gleichgesinnten verhindern will. Vielleicht kannst du mir einen Tipp geben. Ihr habt es ja damals geschafft, euch erfolgreich zur Wehr zu setzen.«

»Oh ja, das haben wir.« Ella hob die geballte Faust zum Himmel. »Nicht mit uns, haben wir gesagt. Wir haben die Ärmel hochgekrempelt und eine Petition ins Leben gerufen. Innerhalb der ersten Woche hatten wir schon über tausend Unterschriften zusammen. Viele Naturistenfreunde, von denen einige seit dreißig Jahren gerade wegen des Strandes nach Hooksiel kommen, haben die Gemeinde angeschrieben und sich beschwert. Bis sie im Rathaus ein Einsehen hatten und alles rückgängig gemacht haben. Seitdem ist es wie vorher.« Sie wies mit der ausgestreckten Hand in Richtung Meer. »Dort drüben ist der Hundestrand, und daneben, am Strandhaus 3, schließt sich der FKK-Bereich an. Jetzt hat alles wieder seine Ordnung. Wir Frauen müssen uns nicht länger von irgendwelchen jungen Kerlen anpöbeln oder gar ungefragt fotografieren lassen, und die Hundebesitzer wissen auch, wo sie hingehören. Es herrscht wieder Frieden.«

»Das war sicherlich ein hartes Stück Arbeit.«

»Wir Friesen sind dafür bekannt, einen ordentlichen Dickkopf zu haben.« Ella schmunzelte.

»Aber so ganz ohne Gegenwehr ist es damals nicht abgegangen, oder?«, erkundigte sich Henrik. So langsam näherte er sich dem Thema, das ihn eigentlich interessierte.

»Nein, ein paar unserer Gegner haben uns ordentlich Knüppel zwischen die Beine geworfen. Ich bin mir sicher, dass es ihnen nicht nur um den Strand ging. Die wollten mehr, viel mehr.«

»Was denn zum Beispiel?«, hakte Henrik sofort nach.

»Sie waren auch auf unser Vereinsgelände scharf.«

»Aber euer Verein hat eine lange Tradition.«

»Das zählt für viele nicht. Sie behaupten, dass das, was wir hier betreiben und wofür wir andere begeistern wollen, nicht mehr zeitgemäß ist. Sie finden es unangemessen, wenn Menschen, egal, ob jung oder alt, groß oder klein, dick oder dünn, im Alltagsleben keine Kleidung tragen.«

»Was würden eure Gegner denn mit dem Gelände anstellen, sollte euch gekündigt werden?«

»Sie würden den Platz für normale Campingtouristen erweitern«, antwortete Ella wie aus der Pistole geschossen. »Was vor allem den Dauercampern zugutekäme. Jedes Jahr schreiben sich mehr auf der Warteliste ein.«

»Camping boomt.«

»Ja, die Plätze an der Küste kommen an ihre Grenzen. Kaum jemand will ins Hinterland.«

»Wenn es um den Urlaub geht, ist die Kombination aus Strand und Meer einfach unschlagbar«, gab Henrik ihr recht. »Und Camping ist, wie man so schön sagt, in der Mitte der Gesellschaft angekommen. Wir Camper sind längst keine Randgruppe mehr.«

»Stimmt.« Ella nickte. »Obwohl es in letzter Zeit, wie ich gehört habe, eine gegenläufige Bewegung gibt.«

»Wie meinst du das?«

»Es mehren sich Stimmen, die fordern, nicht nur unseren Campingplatz, sondern auch den Schwesternplatz in Schillig zu schließen. Auf dem Gelände sollen Ferienhäuser und Hotels errichtet werden.«

»Mit denen man mehr Geld verdienen kann.«

»So sieht es aus. Außerdem haben feste Gebäude den Vorteil, dass sie ganzjährig genutzt werden können. Für uns ist Mitte Oktober Schicht, da müssen wir alle den Platz räumen.«

»Haben solche Bestrebungen eine reelle Chance?«

»Nun ja, ich habe in der Regionalzeitung gelesen, dass ein paar Bauprojekte bereits in der Planungsphase steckten, dann aber überraschenderweise doch nicht genehmigt wurden. Die betroffenen Investoren suchen jetzt händeringend neue Flächen.«

»Da ist also ordentlich Druck auf dem Kessel«, stellte Henrik fest.

»Genau.« Ella beförderte den Zopf, der sich beim lebhaften Diskutieren nach vorn bewegt hatte, mit einer geübten Handbewegung wieder über die Schulter. »Das macht nicht nur mir Sorgen. Einige Camper, und ich spreche nicht nur von uns FKKlern, haben Angst, dass wir unseren Lieblingsplatz verlieren. Ich selbst komme seit zwanzig Jahren hierher, bin inzwischen in Rente. Ich wüsste gar nicht, wo ich sonst von Frühling bis Herbst hinsollte. Das wäre für mich eine Katastrophe. Schrecklich.«

»Besteht denn tatsächlich die Gefahr, dass der Platz geschlossen wird, um Raum für Ferienimmobilien zu schaffen?«

»Von offizieller Seite wird das verneint. Doch ich frage mich, was geschehen würde, wenn es plötzlich gute Gründe gäbe, den Platz dichtzumachen.«

»Welche könnten das denn sein?« Henrik wusste nicht, worauf Ella hinauswollte.

»Ach, so etwas hat es doch schon woanders gegeben, die Liste vermeintlicher Anlässe, einen Platz zu schließen, ist lang«, erklärte Ella. »Wenn zum Beispiel eine behördliche Satzung geändert und daraufhin festgestellt wird, dass Umweltbelange verletzt werden, ist schnell Schluss. Oder wenn Menschen durch irgendetwas, meist Unvorhergesehenes, zu Schaden kommen. Wenn man dem Betreiber dann noch einen Hauch von Nachlässigkeit oder ein Fehlverhalten vorwerfen kann, kippt die Stimmung im Nullkommanichts. Dann stehen die Investoren, die jetzt schon heimlich mit den Füßen scharren, ganz fix mit dem Bagger vor der Eingangsschranke und machen alles dem Erdboden gleich.«

»Diese Investorengruppe, von der du sprachst, hat die auch einen Namen?«

Ella runzelte nachdenklich die Stirn. »Klar. Mir fällt er nur gerade nicht ein.« Sie lächelte entschuldigend. »Ich glaube, sie heißen wie viele in dem Metier: Bau-Irgendetwas GmbH. Aber das ist im Moment doch nicht wichtig, lass uns zurück zu deiner Mutter und ihrem FKK-Strand kommen. Wie kann ich euch da behilflich sein?«

In dem Augenblick klingelte Henriks Handy. »Da muss ich ran«, entschuldigte er sich und wandte sich ab, um ungestört zu sprechen. Ihm kam die Ablenkung gelegen, so musste er nicht seine Lügengeschichte um die vermeintliche FKK-Begeisterung seiner Mutter weiterspinnen. »Kathrin, was gibt es?«, fragte er und lauschte mit wachsendem Unbehagen. Dann brach er das Gespräch ab. »Ich bin sofort bei dir«, versprach er.

Kathrin kam Henrik schon auf der Zufahrt zum Wohnmobilstellplatz entgegengelaufen. Sie hatte es nicht ausgehalten, untätig im Wohnmobil zu warten. Als Henrik nur wenige Meter von ihr entfernt war, blieb sie stehen, um zu Atem zu kommen.

Ihre Nase fühlte sich noch immer verstopft an, sie war nicht so schnell wie sonst. Außerdem klopfte ihr das Herz vor Schreck im Hals. Henrik fasste sie sanft am Arm.

»Wie geht es Leo?«

»Gut, er liegt bei mir im Wohnmobil auf seinem Kissen. Er hat von dem Drama ja kaum was mitbekommen.«

»Dem Himmel sei Dank, dass du so schnell reagiert hast.«

»Ich mag nicht daran denken, was geschehen wäre, wenn ich fest eingeschlafen wäre.« Kathrin schluckte, weil ihr die Kehle eng geworden war. »Ich hätte mir ewig Vorwürfe gemacht.«

»Es ist ja nichts passiert«, tröstete sie Henrik.

»Wer tut so was?« Kathrin stemmte wütend die Hände in die Hüften.

»Genau das werde ich herausfinden.« Henrik war ebenfalls fuchsteufelswild. »Wenn ich diesen feigen Kerl erwische …«

»Es kann auch eine Frau gewesen sein«, gab Kathrin zu bedenken.

»Stimmt«, räumte Henrik ein.

Kathrin drehte sich um. »Komm, lass uns zurück zum Wohnmobil gehen und dort weiterreden. Leo wird sich freuen, dich wiederzusehen. Ich habe es mir mit ihm verscherzt, weil ich ihn angebrüllt und ihm den vermeintlichen Leckerbissen aus dem Maul gerissen habe.«

»Das gibt sich wieder, er ist nicht nachtragend.«

Sie liefen schweigend nebeneinanderher. Kathrin schloss die Wohnmobiltür auf, und Henrik begrüßte seinen Hund, der fit und munter war. Leos Zorn auf Kathrin schien verraucht, er sprang aufgeregt an ihnen beiden hoch.

»Nein, unsere Gassirunde muss noch warten«, wehrte Henrik ihn ab. »Kathrin erzählt mir erst, was passiert ist.«

Kathrin ließ sich auf die Sitzbank der Mitteldinette plumpsen. »Ich hatte den Klappsessel und den kleinen Fußhocker vors Wohnmobil gestellt, weil ich aufs Meer blicken wollte. Leo lag auf einer Decke neben mir, ich hatte seine Leine am Sessel festgemacht. Unsere Nachbarn waren nicht da, sie sind mit dem Fahrrad in den Ort gefahren.«

»Es gibt also keine Zeugen?«

»Wahrscheinlich nicht. Es sei denn, jemand hätte von Weitem etwas bemerkt, wovon ich allerdings nicht ausgehe.«

»Was geschah dann?«

»Mir war ein bisschen kalt, weshalb ich eine Fleecedecke aus dem Wohnmobil geholt habe. In die habe ich mich gekuschelt und die Füße auf den Hocker gelegt. Es war so gemütlich, und da muss ich für einen Augenblick eingenickt sein.«

»Und dann?«

»Habe ich irgendetwas gespürt. Vielleicht war es auch eine Art siebter Sinn. Ich habe die Augen aufgerissen und gesehen, wie Leo dabei war, etwas vom Boden aufzunehmen. Das kam mir verdächtig vor, weil ich weder einen Kauknochen noch ein anderes Spielzeug mit nach draußen genommen hatte. Ich bin sofort zu ihm hin und habe ihm dieses …«, sie stockte kurz, »dieses widerliche Ding weggenommen. Hätte ich nur zwei, drei Sekunden später reagiert, hätte er es heruntergeschluckt.« Sie fuhr sich mit der Hand über die Augen.

»Wo ist der Köder jetzt?«

Kathrin stand auf und ging zum Kühlschrank, holte ein dick in Klarsichtfolie eingeschlagenes Fleischbällchen heraus und legte es auf den Tisch.

Henrik streifte sich Einweghandschuhe, von denen er immer ein Paar in der Hosentasche mitführte, über die Finger, öffnete die Folie, schnupperte kurz und betastete das Bällchen. »Das ist Hackfleisch. Vom Rind.«

»Ja, das ist allerbeste Qualität«, stimmte Kathrin zu. »Eine Delikatesse für jeden Hund. Aber schau ins Innere! Ich habe es wieder zusammengeklappt.«

Henrik teilte das Bällchen und stieß einen Pfiff aus. »Wie niederträchtig kann man bloß sein! Die Glassplitter sind messerscharf.«

»Ja, sie hätten bei ihrer Passage durch den Verdauungstrakt zu inneren Blutungen geführt. Ohne eine schnelle Operation überlebt ein Hund das nicht. Aber das ist nicht alles. Die rosa Körner sind wahrscheinlich noch gefährlicher.«

Henrik beäugte die Substanz, die im Fleisch verborgen war. »Mit Rattengift vermengte Weizenkörner.«

»Das habe ich auch vermutet.«

Henrik legte den Giftköder mit angewiderter Miene auf die Folie zurück. »Da wusste jemand sehr genau, was er tat. Und du hast vorher wirklich nichts bemerkt? Nichts gehört?«

»Leider nein.«

»Da muss jemand auf leisen Sohlen unterwegs gewesen sein. Leo hat ja auch nicht angeschlagen.«

»Ich nehme an, dass er oder sie sich hinter einem der Nachbarwohnmobile versteckt hat und das Bällchen zielgerichtet zu Leo hinübergeworfen hat.«

»Hast du noch mehr davon gefunden?«

»Nein. Ich habe Leo sofort ins Wohnmobil gebracht und mich kurz umgeschaut, konnte aber auf die Schnelle nichts entdecken. Trotzdem möchte ich nicht ausschließen, dass irgendwo weitere Köder versteckt liegen. Der hier«, sie wies auf den Tisch, »wurde ja direkt vor Leos Nase gekullert.«

Henrik schwieg einen Moment, und Kathrin konnte ihm ansehen, dass er angestrengt nachdachte. »Ich frage mich«, sagte er schließlich, »ob wir es mit einem Hundehasser zu tun haben, der es auf Hunde im Allgemeinen abgesehen hat, oder ob der Anschlag gezielt gegen uns beziehungsweise gegen Leo gerichtet war.«

Kathrin zuckte hilflos mit den Schultern. »Wenn ich es bloß wüsste.«

»Obwohl, wenn ich's mir richtig überlege ... Dass ausgerechnet wir gemeint waren, halte ich für ausgeschlossen«, korrigierte sich Henrik. »Warum sollte uns jemand auf dem Kieker haben? Uns kennt hier niemand. Für die anderen Gäste sind wir normale Touristen wie sie auch. Meyer und seine Mitarbeiter halten aus eigenem Interesse dicht, die posaunen nicht heraus, wer wir sind.«

»Nein, das tun sie sicher nicht«, stimmte Kathrin zu. »Trotzdem ist es, wie ich glaube, eine Illusion, davon auszugehen, dass wir sozusagen inkognito unterwegs sind.«

»Meinst du etwa, dass jemand von den Campingplatzbetreibern geplaudert hat? Das kann ich mir nicht vorstellen. Sie wollen doch alle, dass die Brandserie möglichst schnell endet. Warum sollten sie uns Steine in den Weg legen?«

»Ich glaube, es verhält sich anders«, erwiderte Kathrin. »Zehn Platzbetreiber haben sich zusammengetan, um dich zu engagieren. Die werden das logischerweise nicht an die große Glocke hängen, aber ganz gewiss privat mit ihren Familien darüber reden. Und einige Mitarbeiter sind auch eingeweiht. Auf diese Weise kommt eine Menge unabsichtlicher Mitwisser zustande, von denen der eine oder andere vielleicht etwas rausgelassen oder eine Andeutung gemacht hat. Und schwuppdiwupp sind wir im Visier dessen, der nicht will, dass wir ihm auf die Schliche kommen und die Brandserie stoppen. Ich kann mir gut vorstellen, dass der Anschlag auf Leo so etwas wie eine Warnung an uns ist. ›Geht nach Hause‹ ist die Message, die in dem Fleischbällchen steckt.«

Henrik zog die Handschuhe aus und knüllte sie zusammen. »Ich befürchte, du hast mit deinen Vermutungen voll ins Schwarze getroffen. Wir sollten ab jetzt besonders gut auf Leo aufpassen. Und Meyer Bescheid geben, damit seine Mitarbeiter das Gelände unauffällig nach weiteren Ködern absuchen. Sicher ist sicher. Ich möchte nicht, dass tatsächlich ein Hund zu Schaden kommt.«

»Nein, das wäre schrecklich.« Kathrin tätschelte Leos Kopf.

Henrik hieb mit der flachen Hand auf den Tisch, wodurch der Hund erschrocken zusammenzuckte. »Trotzdem: So einfach lasse ich mich nicht ins Bockshorn jagen. Ich bleibe an dem Fall dran. Und du?«, fragte er nach drei, vier Sekunden.

Kathrin knetete ihre Unterlippe, rang mit sich. Wie weit war sie gewillt zu gehen? Welchen Gefahren wollte sie sich freiwillig aussetzen? Sie war schließlich kein Profi, ohne Henrik an ihrer Seite wäre sie nicht einmal auf die Idee gekommen, sich als Hobbyermittlerin zu betätigen. Ja, sie hatte Spaß am Rätsellösen, liebte ungewöhnliche Herausforderungen, doch was ihre Kenntnisse und ihre körperliche Verfassung betraf, war sie

Henrik weit unterlegen. Sollte sie sich dem Risiko aussetzen? Oder besser auf Nummer sicher gehen und abreisen? Sei kein Hasenfuß, ermahnte sie sich. Du schaffst das. Mit Henrik zusammen.

»Nein, ich lasse mich auch nicht vertreiben«, verkündete sie mit fester Stimme. »Aber wir sollten noch vorsichtiger sein. Wer immer die Brände gelegt hat und Leo vergiften wollte, meint es verdammt ernst. Wir sollten ihn nicht unterschätzen. Ich sage dir: Hier an der Küste braut sich was ganz Übles zusammen.«

8

Weil sie keine Lust verspürten, selbst zu kochen, schlenderten Kathrin und Henrik am späten Nachmittag den Deichweg entlang. Sie wollten zum Außenhafen, wo es nach Auskunft ihrer Campingnachbarn mehrere Kneipen und Imbissbuden gab.

»Ich hab solch einen Hunger, ich könnte glatt einen Ochsen verdrücken«, sagte Henrik und beschleunigte seine Schritte.

»Ich hätte lieber Fisch, wir sind schließlich an der Nordsee«, erwiderte Kathrin. »Bei dir in Hamburg gibt es ihn bestimmt an jeder Ecke, bei mir in Süddeutschland ist er eher Mangelware.«

»Leider bin ich so selten zu Hause, dass ich schon gar nicht mehr weiß, wann ich dort das letzte Mal ein Fisch- oder Krabbenbrötchen gegessen haben. Ja, du hast mich überzeugt, lass uns schauen, was sie hier an Fischspezialitäten zu bieten haben.«

»Dort sieht es hübsch aus.« Kathrin zeigte mit der Hand auf einen blau-weiß gestrichenen Imbissstand, vor dem Bierzeltgarnituren zum Verweilen einluden. Sie gingen zur üppig bestückten Fischtheke und studierten das Angebot.

»Es fällt mir schwer, mich zu entscheiden«, gestand Kathrin.

Henrik war schneller. »Ich hätte vorab gern ein Räuchermatjesbrötchen. Und dann den Backfisch mit Remoulade und Pommes. Und ein Bier.«

»Ich auch den Backfisch mit Pommes, dazu einen gemischten Salat und ein Radler«, schloss sich Kathrin seiner Bestellung an.

Die Bedienung, die eine marineblaue Schürze zum blau-weiß gestreiften Fischerhemd und der weißen Hose trug, reichte zwei Flaschen über den Tresen. »Der Fisch dauert einen Moment, wir bereiten hier alles frisch zu.«

»Prost«, sagte Henrik und stieß mit Kathrin an. Dann wandte er sich wieder an die Frau hinter der Theke. »Ich habe gehört, dass hier demnächst ein neues Baugebiet für Ferienhäuser und -wohnungen erschlossen werden soll. Ich hätte Interesse, einen Zweitwohnsitz zu erwerben. An wen könnte ich mich da wohl wenden?«

Die Bedienung gab panierten Backfisch in die Fritteuse, wodurch das heiße Fett mit einem Zischen aufspritzte und sie ein Stück zurückwich. »Lassen Sie mich überlegen. So viel wird im Ort ja nicht mehr gebaut. Nicht so wie früher, wo sie die Häuser aus dem Boden gestampft haben. Doch jetzt ist man mit den Genehmigungen zurückhaltender, auch wegen der Umwelt.«

»Es werden keine Neubauten mehr errichtet?« Henrik gab sich enttäuscht.

Die Bedienung schnitt ein Brötchen auf und legte ein Salatblatt auf die untere Hälfte. »Hm, am Meerwasser-Hallenbad bauen sie gerade Ferienwohnungen.«

»Das ist aber ein Stück vom Meer entfernt, oder? Ich hätte lieber was direkt am Strand«, behauptete Henrik.

»Oha, das wird schwierig.« Die Bedienung gab Matjesfilet und Zwiebelringe auf das Salatblatt, klappte das Brötchen zu und reichte es Henrik in einer Serviette.

Der biss sofort hinein und sagte, als er aufgekaut hatte: »Ein Bekannter von mir hat angedeutet, dass das Campingplatzgelände demnächst umgewidmet werden soll, dass dort Bauplätze entstehen. Die Lage fände ich super, da würde ich sofort kaufen.«

»Davon weiß ich nichts«, sagte die Bedienung und schüttelte geübt den Fritteusenkorb mit den Pommes.

»Ich meine auch, etwas in der Art gehört zu haben«, mischte sich ein Mann, der ebenfalls auf seine Bestellung wartete, in das Gespräch ein. »Das soll angeblich noch topsecret sein, aber hier im Ort bleibt nichts lange ein Geheimnis, unser Buschfunk ist sehr zuverlässig.«

»Wann soll es denn mit dem Bau losgehen?«, tat Kathrin interessiert.

»Ach, das kann noch eine Weile dauern«, sagte der Mann. »So mir nichts, dir nichts können sie den Campingplatz ja nicht plattmachen. Es müssen ja Kündigungsfristen und Verträge eingehalten werden. Muss halt alles rechtens sein.«

»Manchmal geht es dann doch flotter als geplant.« Die Bedienung schob den Salatteller zu Kathrin hinüber. »Denk mal an das neue Gewerbegebiet, Hein. Damals hieß es auch, das wird Jahre brauchen, bis da die erste Baugrube ausgehoben ist. Aber zu Weihnachten standen schon drei fertige Hallen. Fand ich erstaunlich.«

»Da hatte es ein paar Vorfälle gegeben, die es den Behörden leichter machten, den ehemaligen Grundstücksbesitzer zum Aufgeben zu bewegen. Als rauskam, dass er mit den Steuerzahlungen nie sonderlich pünktlich war und andere höchstoffizielle Vorgaben konsequent ignoriert hat, war der Drops gelutscht, wie man so schön sagt.«

»Womöglich klappt es mit der Schließung des Campingplatzes ja auch bald.« Henrik verlieh seiner Stimme einen hoffnungsvollen Klang.

»Möchte ich nicht ausschließen«, sagte der Mann und griff nach seinem Lachsbrötchen. »Der ist manchen Leuten ein Dorn im Auge.«

Kathrin ließ die Gabel, auf die sie eine halbe Kirschtomate gespießt hatte, sinken. »Ach, warum denn?«

»Nun ja, manche sind der Überzeugung, dass die Camper nicht die richtige Klientel für unseren Ort sind. Sie machen angeblich zu viel Lärm, unterstützen die örtliche Gastronomie zu wenig und haben keine Manieren.«

»Das stimmt nicht, das ist eine dreiste Unterstellung«, empörte sich Kathrin.

»Ich persönlich hab nix gegen die Camper«, sagte der Mann. »Mein Motto ist leben und leben lassen.«

»So ist es, Hein«, stimmte die Bedienung zu.

»Um noch mal auf die projektierten Ferienwohnungen zurückzukommen«, drängte Henrik. »Bei wem könnte ich in der Angelegenheit denn mal nachhaken? Wenn sich diesbezüglich tatsächlich schon was Konkretes tut, möchte ich nicht zu spät kommen. Vielleicht kann man sich ja in eine Liste eintragen oder so.«

»Gehen Sie zum Jasper«, sagte der Mann. »Jasper Hinrichs, der Immobilienmakler in der Langen Straße, gegenüber dem

Muschelhaus. Der Jasper hört immer die Flöhe husten und hat im ganzen Norden gute Beziehungen. Der kennt sich aus und ist meist einen Tick schneller als die anderen.«

»So, zwei Mal Backfisch mit Pommes.« Die Bedienung stellte die dampfenden Teller auf die Theke.

»Oh, das sieht aber lecker aus!«, rief Kathrin. »Wollen wir uns an einen Tisch setzen?«

»Ja, da isst es sich gemütlicher als im Stehen«, stimmte Henrik zu. In dem Moment ertönte ein Martinshorn. Und kurz darauf noch eins.

»Oje, das hört sich nach einem Großeinsatz der Polizei an«, sagte die Bedienung. »Wurde etwa schon wieder ein Bankautomat gesprengt?«

»Das ist nicht die Polizei, das ist die Feuerwehr«, widersprach der Mann.

»Sie kommen zu uns in den Hafen«, sagte die Bedienung mit einem verwunderten Gesichtsausdruck und schaute hektisch um sich. »Aber komisch, hier brennt es nirgendwo.«

»Nein, die fahren zum Campingplatz«, sagte der Mann.

Kathrin und Henrik ließen ihre noch unberührten Teller stehen und rannten los.

9

»Lauf du vor«, japste Kathrin. »Ich hab Seitenstechen.«

Henrik nickte und spurtete los. Sein tägliches Training kam ihm zugute. Als er den Wohnmobilstellplatz erreichte, war er noch nicht einmal außer Atmen. Aber hier war kein Feuerwehrwagen im Einsatz, alles war so wie zu dem Zeitpunkt, als sie zum Außenhafen aufgebrochen waren. Er setzte sich wieder in Bewegung, rannte los in Richtung Campingplatz. Ganz weit hinten, dort, wo die letzte Wohnwagenreihe vor den Dünen stand, sah er dunklen Rauch aufsteigen und die blauen Lichter der Einsatzfahrzeuge aufblitzen. Er steigerte sein Lauftempo und kam schließlich am Rand einer Menschentraube zum Stehen, die sich in sicherer Entfernung vom Brandort versammelt hatte.

»Was ist los?«, keuchte er.

»Da brennt ein Wohnwagen«, sagte der Mann neben ihm.

»Sie haben den gesamten Bereich abgesperrt«, beschwerte sich eine Frau. »Wir mussten sofort runter von unserer Parzelle.«

»Sie haben Angst, dass das Feuer übergreift«, sagte der Mann.

»Was wird aus unserem Wohnwagen?« Die Stimme der Frau klang weinerlich. »Wir mussten alles zurücklassen. Die teuren E-Bikes, die Angelausrüstung meines Mannes, den neuen Gasgrill und unser Auto. Im Wohnwagen sind Kleidung, Geschirr und Dinge, die uns viel bedeuten und die wir, sollten sie verlorengehen, nie wieder ersetzen können.«

»Die Feuerwehr wird schon zu verhindern wissen, dass die Nachbarwohnwagen zu Schaden kommen«, versuchte ein anderer Camper, sie zu trösten.

»Oh nein.« Ein kollektives Stöhnen ging durch die Menge und strafte die Worte des Mannes Lügen. Das Feuer war auf ein weiteres Vorzelt übergesprungen, fraß sich in Windeseile durch das Dach.

Henrik kämpfte sich ein Stück vorwärts, um besser zu sehen.

Die Flammen schlugen meterhoch, obwohl die Feuerwehr sie von drei Seiten bekämpfte. Der Wind trieb den beißenden, nach geschmolzenem Kunststoff riechenden Rauch zu ihnen herüber, und Henrik musste husten. Am Fahrzeug der Einsatzleitung erspähte er den Platzwart und eilte auf ihn zu.

»Halt, Sie dürfen da nicht hin.« Ein Feuerwehrmann stellte sich ihm in den Weg.

»Ich bin dienstlich hier«, blaffte Henrik. »Fragen Sie Meyer, den Campingplatzleiter.«

»Sind Sie von der Versicherung?«

»Ja«, behauptete Henrik. Er verspürte keine Lust, mit dem Feuerwehrmann zu diskutieren, was er hier zu suchen hätte. In dem Augenblick hatte ihn der Platzwart zum Glück erkannt und winkte ihn zu sich heran.

»So ein Schiet, das hat uns gerade noch gefehlt«, sagte er niedergeschlagen.

»Weiß man schon, wieso das Feuer ausgebrochen ist?«, kam Henrik gleich zur Sache.

»Nein, ein Camper hat eine Rauchwolke bemerkt und gedacht, ein Grill wäre in Brand geraten. Er hat sofort Alarm geschlagen, aber es ging alles wohl rasend schnell«, antwortete der Platzwart. »Bis die Feuerwehr vor Ort war, stand schon das Vorzelt in Flammen. Die angrenzenden Wind- und Sichtschutzbahnen aus Polyester, die einen Teil des Grundstücks einzäunten, waren innerhalb von Minuten weggebrannt. Und jetzt hat es den Wohnwagen erwischt, das ist das Schlimmste.«

»Was ist mit den Gasflaschen?«

»Im Schuppen war eine, die konnte die Feuerwehr noch rechtzeitig herausholen. Sie hatten sie vorher mit der Wärmebildkamera gecheckt, die Temperatur war zu dem Zeitpunkt nicht kritisch. Aber ich gehe davon aus, dass es mindestens eine weitere im Wohnwagen gibt.«

»Ja, hier kocht und heizt fast jeder mit Propangas«, stimmte Henrik zu.

»Achtung! In Deckung!«, schrie ein Feuerwehrmann warnend und trat eilig den Rückzug an.

Henrik und der Platzwart duckten sich hinter dem Einsatzfahrzeug. Henrik lugte in seiner zusammengekauerten Position am Heck vorbei und sah, wie eine Stichflamme aus der Dachluke des Wohnwagens schoss und die Luke hochgeschleudert wurde. Im Inneren loderten die Flammen hell vor allen Fenstern. Gespenstische Stille machte sich für zwei, drei Sekunden breit. Der Wohnwagen schien sich schlagartig aufzublähen, die Seitenwände wölbten sich nach außen, dann erfolgte eine ohrenbetäubende Explosion. Die Seitenwände, der Bug und das Heck wurden aus ihrer Verankerung gerissen, die Fenster barsten oder wurden vom Druck wegkatapultiert. Holz- und Metallsplitter flogen durch die Luft, und die Reste des Wohnwagens stürzten in sich zusammen. Gierig züngelten die Flammen aus dem Wrack, suchten nach neuer Nahrung.

»Himmelherrgott.« Der Platzwart war kreidebleich.

Auch Henrik spürte, wie ihm das Herz im Halse klopfte. Von so nah war er selten Zeuge einer Detonation geworden. Man hätte meinen können, im Wohnwagen sei eine Bombe hochgegangen. In dem Augenblick wünschte er sich, man hätte ihn nicht mit der Suche nach dem Brandstifter, sondern mit der simplen Beschattung eines vermeintlichen Ehebrechers beauftragt. Den er routiniert hätte abspulen können, ohne sich selbst in Gefahr zu bringen. Er schluckte ein paarmal, um den üblen Geschmack im Mund loszuwerden. Dann hatte sich der anfängliche Schreck gelegt, und er konnte wieder klar und rational denken.

»Hoffentlich war niemand im Wohnwagen«, sagte er. »Falls ja, hatte er keine Chance, da lebend rauszukommen.«

»Das mag ich mir gar nicht ausmalen«, stöhnte der Platzwart.

»Wissen Sie, wer die Parzelle gemietet hat?«

»Aus dem Kopf nicht.« Der Platzwart zog sein Handy hervor. »Tut mir leid, ich bin noch nicht so lange auf dem Platz, ich war früher in Schillig. Mein Vorgänger hatte im Frühjahr einen schweren Autounfall und kämpft seitdem mit den Folgen, ich bin für ihn eingesprungen. Mein Kollege kennt die meisten Camper hier persönlich, ich muss kurz nachschauen. Die vielen neuen Namen machen mir zu schaffen.« Er wischte ein paarmal über das Display. »Jetzt hab ich's. Der Platz war an einen Sören Becker vermietet. Wow, der Mann ist, wie ich hier sehe, seit dreißig Jahren Dauercamper bei uns. Einer unserer treuesten Kunden. Oh Gott, wenn ihm was passiert ist, ich mag's mir gar nicht vorstellen.«

»Ich auch nicht«, stimmte Henrik zu. »Aber wir sollten keine voreiligen Schlüsse ziehen.«

»Jetzt erinnere ich mich an den Sören«, sagte der Platzwart. »Ein freundlicher, zuvorkommender älterer Herr, knapp siebzig, schätze ich. Er hat mir erzählt, dass er die ganze Saison auf dem Platz verbringt. Die Seeluft ist gut für sein Asthma. In Bremen, wo er wohnt, kriegt er an manchen Tagen schlecht Luft.«

»War er alleinstehend?«

»Ich glaube, ja, eine Ehefrau ist in der Datei nicht mit aufgeführt. Ich habe ihn auch nie zusammen mit einer Frau gesehen. Aber ich kann mich täuschen, ich bin ja nicht eingestellt worden, um die Gäste zu überwachen, ihnen hinterherzuspionieren.«

»Mag sein, dass seine Nachbarn mehr wissen«, meinte Henrik. »Deren Namen stehen doch bestimmt auch auf der Liste, in die Sie eben geschaut haben.«

»Ja sicher, die kann ich Ihnen geben.«

»Es wäre wichtig zu erfahren, ob ihn jemand hat weggehen sehen. Vielleicht wollte er im Ort etwas essen oder Freunde besuchen.«

»Warten Sie mal, ich hab eine Idee.« Der Platzwart führte das Handy ans Ohr: »Moin, Jan. Sag mal, du kennst doch auch den Sören. Sören Becker. Sitzt er an einem deiner Tische?« Er lauschte aufmerksam, dann beendete er das Gespräch. »In der Kajüte ist der Sören leider nicht.«

»Kajüte?«

»Unser Restaurant hier auf dem Platz, im Gebäude B.«

»Schade, dann hätten wir uns keine Sorgen mehr machen müssen.«

»Sie glauben doch nicht etwa, dass er tatsächlich ...« Der Platzwart stoppte, wurde eine Spur blasser um die Nase.

»Nein, glaube ich nicht«, antwortete Henrik mit fester

Stimme. Er wollte den Platzwart nicht weiter beunruhigen, der arme Mann sah schon mitgenommen genug aus. »Ich könnte mir gut vorstellen, dass Herr Becker den schönen Abend nutzt, um draußen zu sein. Kaum eine Wolke am Himmel. Wer möchte bei dem Wetter drinnen sitzen?«

»Er wird einen Schock bekommen, wenn er seinen Wohnwagen so vorfindet«, murmelte der Platzwart.

»Sie sollten sich dann um ihn kümmern«, riet Henrik und wandte sich ein wenig ab, um wieder nach dem Feuer zu schauen. »Ich versuche mal, näher ranzukommen«, verkündete er.

Er sah, dass die Feuerwehrleute, die am Dünenrand standen, die Wasserzufuhr gekappt hatten und dabei waren, die Schläuche zusammenzurollen. Die Kollegen, die sich am Eingang der Parzelle positioniert hatten, waren noch aktiv, spritzten Löschwasser auf die verkohlten Reste des Wohnwagens, vermutlich, um die letzten Glutnester zu löschen. Plötzlich tippte ihm jemand auf die Schulter. Er drehte sich um, weil er dachte, dass Kathrin ihn gefunden hätte, doch es war Torsten Meyer. Auf seiner Stirn perlten Schweißtropfen, und seine Augen flackerten unruhig hinter den runden Brillengläsern.

»Ich hatte einen Termin in Jever, bin mitten aus einer wichtigen Verhandlung raus. Wahrscheinlich habe ich mir zig Straftickets wegen zu schnellen Fahrens eingehandelt«, brachte er keuchend hervor. »Himmelherrgott, warum musste das ausgerechnet bei uns passieren?«

Henrik zog spöttisch die Augenbrauen in die Höhe. »Frei nach dem Sankt-Florian-Prinzip: Heiliger Sankt Florian, verschon mein Haus, zünd andre an?«

Meyer senkte verlegen den Kopf. »Nein, so habe ich das natürlich nicht gemeint. Ich wollte sagen: Wie kann das sein? Wieso ereignet sich bei uns so ein Unfall? Wir tun alles, um die gesetzlichen Brandschutzvorgaben einzuhalten, da sind wir superpingelig. Wir achten auf den Sicherheitsabstand und kontrollieren regelmäßig, ob er eingehalten wird. Offenes Feuer und Holzkohlegrills sind bei uns verboten. Und trotzdem hat es lichterloh gebrannt … Ich verstehe das nicht.«

»Ja, unter den Gesichtspunkten ist das schwer nachzuvollziehen.«

Meyer blickte ihn fragend an. »Stimmt es, dass es ein technischer Defekt war? Das hat mir eben ein Feuerwehrmann gesagt, und es erscheint mir auch schlüssig. Der Wohnwagen war, wenn ich mich recht erinnere, ja nicht mehr der neueste. Wahrscheinlich wurde der Gas-TÜV schon seit Jahren nicht gemacht, die Gaszufuhr, die Heizung und der Herd nicht regelmäßig gewartet. Ich halte es für nicht ausgeschlossen, dass der Besitzer den Brand selbst verschuldet hat. In dem Fall muss unsere Versicherung für den Schaden nicht aufkommen. Und was ist mit den Fahrzeugen und Vorzelten, die ebenfalls beschädigt wurden? Das kann man uns doch nicht anlasten, oder? Also ich finde –«

»Ich finde«, unterbrach Henrik seinen Redefluss, »dass es zu früh ist, Ihre Fragen zu beantworten. Wenden Sie sich nachher an den Oberbrandmeister oder die Einsatzleitung, von denen werden Sie mehr erfahren.«

»Der Oberbrandmeister hat mich eben ziemlich rüde abblitzen lassen«, beschwerte sich Meyer. »Er hat lediglich gemeint, dass derartige Unfälle öfter auf Campingplätzen geschehen und wir uns glücklich schätzen können, dass es bei uns nicht schon früher mal passiert ist. Der Mann ist eine Zumutung, wenn Sie mich fragen.«

»Der Mann ist noch im Einsatz«, erwiderte Henrik.

In Meyers Augen blitzte es plötzlich kampfeslustig auf. »Was ist denn mit Ihnen? Ich meine, es wäre doch Ihr Job gewesen, genau das zu verhindern. Sie hätten dafür sorgen müssen, dass so etwas nicht geschieht. Wofür bezahlen wir Sie eigentlich?« Er wies mit dem runden Kinn auf die verkohlten Wohnwagenreste.

»Nun machen Sie aber mal halblang!«, zischte Henrik erbost. »Wie hätte ich – und ich halte mich jetzt mal an die Aussagen der Feuerwehr – das Unglück denn verhindern sollen? Soll ich eigenhändig vierundzwanzig Stunden nonstop von Wohnwagen zu Wohnwagen stiefeln und checken, ob alles in Ordnung ist? Wenn überhaupt, wäre das doch die Aufgabe Ihrer Mitarbeiter, oder? Die hätten bemerken müssen, dass mit dem Wohnwagen irgendetwas nicht stimmt. Und wo war eigentlich Ihre Wachpatrouille, die Sie ins Leben gerufen haben?«

»Tut mir leid.« Meyer zog eine entschuldigende Grimasse. »Ich bin ein bisschen durch den Wind.«

Henrik atmete tief durch, damit seine Erregung sich legte. Es brachte nichts, wenn sie sich gegenseitig verbal zerfleischten. »Das kann ich verstehen, ich bin auch geschockt«, sagte er versöhnlich.

Meyer knetete mit Daumen und Zeigefinger die Nasenwurzel, so als ob er Kopfschmerzen vertreiben wolle. »Es ist ein Alptraum. Gerade im Hinblick auf das, was vorher geschehen ist. Da spuken einem plötzlich ganz andere Gedanken durch den Kopf. Aber wir dürfen nicht in Panik verfallen, wir halten uns an das, was die Feuerwehr und die Polizei uns sagen. Allein schon wegen der Gäste. Ich werde mir jetzt nochmals den Oberbrandmeister vornehmen und fragen, wann die Leute in ihre Wohnwagen zurückdürfen. Wir können sie ja nicht die ganze Nacht hier draußen stehen lassen.«

»Haben Sie was dagegen, wenn ich mitkomme?«, fragte Henrik.

»Selbstverständlich nicht.« Meyer setzte sich in Bewegung. Henrik blickte kurz um sich, in der Hoffnung, Kathrin irgendwo zu finden, konnte sie im Pulk der aufgeregt diskutierenden Menschen aber nicht entdecken. Da löste sich ein Aufschrei aus der Menge.

»Oh min God, oh min God«, rief eine schrille Frauenstimme. »Kiekt mal da unter den Trümmern. Da liegt was, das aussieht wie …« Die Frau verstummte, konnte anscheinend nicht weitersprechen.

Henrik winkelte die Ellenbogen an und kämpfte sich nach vorn. Wo glaubte die Frau, etwas gesehen zu haben? Er konnte auf die Schnelle nichts erkennen. Der Oberbrandmeister, der seitlich gestanden hatte, eilte zum ehemaligen Heck des Wohnwagens, stoppte dort, ging in die Knie und schien die verkohlten Reste mit den Augen abzusuchen. Plötzlich verharrte er ein paar Sekunden regungslos, wirkte wie zur Salzsäure erstarrt. Schließlich kam er wieder auf die Beine, klappte zuerst den Schirmhelm hoch und nahm dann den Helm ab, hielt ihn in den Händen. Ehrfürchtig senkte er den Kopf. Schwieg.

Henrik stöhnte innerlich auf.

Sören Becker hatte es nicht geschafft, dem Flammenmeer zu entkommen.

10

Kurz vor Mitternacht stieg Henrik aus dem Streifenwagen der Polizeistation Wangerland und hob zum Abschied die Hand.

»Danke fürs Bringen.«

»Kein Problem«, erwiderte der junge Beamte freundlich. »Mal was anderes, als nach Rasern oder Falschparkern Ausschau zu halten. Nach Wilhelmshaven komme ich nicht alle Tage.«

Angesichts der Tragweite des heutigen Vorfalls hatte Henrik beschlossen, von Anfang an die Karten auf den Tisch zu legen, mit der Polizei und der Staatsanwaltschaft zu kooperieren. Er hatte Stunden auf der Polizeiinspektion in Wilhelmshaven verbracht, sich mit den ermittelnden Beamten ausgetauscht, doch das Ergebnis war eher mager. Sie standen praktisch bei null. Ein technischer Defekt oder ein Unfall, wie die Feuerwehr annahm? Oder Brandstiftung, was er ebenfalls nicht ausschloss? Sie hatten für keine der Theorien stichhaltige Beweise. Alles war noch offen.

Henrik gähnte herzhaft. Himmel, er fühlte sich wie durch den Wolf gedreht. Jeder Muskel in seinem Körper schrie danach, endlich zur Ruhe zu kommen, aber er wusste aus Erfahrung, dass er nicht würde schlafen können. Dazu war er viel zu aufgewühlt. Leise schritt er über den Stellplatz und sah, dass bei Kathrin im Wohnmobil noch Licht war. Sie hatten im Laufe des Abends ein paarmal eine kurze Textnachricht ausgetauscht, nach dem jähen Abbruch ihrer Mahlzeit nicht mehr miteinander gesprochen. Henriks Magen gab Protestgeräusche von sich, und er merkte, wie hungrig er war. Mit Wehmut dachte er an die Portion Backfisch mit Pommes, die er am Imbiss zurückgelassen hatte. Und an das leckere Essen am Kaiserstuhl, das ihm bis jetzt entgangen war.

»So ein verdammter Schlamassel«, brummte er. Ob er es wagen könnte, bei Kathrin anzuklopfen? Im Bett war sie bestimmt nicht. Außerdem ging er davon aus, dass sie genauso beunruhigt war wie er. Er klopfte leise an die Aufbautür, die sofort geöffnet wurde.

»Komm rein«, sagte Kathrin. »Ich habe auf dich gewartet. Leo auch.« Der Beagle, der unter dem Tisch der hinteren Sitzgruppe lag, hob kurz den Kopf und machte die Andeutung eines Schwanzwedelns, war aber sofort wieder eingeschlafen. »Gut, dass du mir für solche Fälle deinen Zweitschlüssel gegeben hast«, meinte Kathrin.

»Es ist lieb, dass du dich gekümmert hast.« Henrik sank erschöpft auf die Sitzbank neben der Küchenzeile. Er rieb sich mit der Hand übers Gesicht, die Haut fühlte sich trocken an und spannte. Gern hätte er eine lange heiße Dusche genommen, aber er wollte die anderen Camper zu nachtschlafender Zeit nicht stören. Die Dusche musste warten.

»Hast du schon was gegessen?«, fragte Kathrin mitfühlend.

Henrik schüttelte stumm den Kopf.

»Habe ich mir gedacht.« Kathrin holte Käse, Wurst, Butter, ein Glas eingelegte Gurken und eine Flasche Weißwein aus dem Kühlschrank. Schnitt von einem Laib Roggenbrot dicke Scheiben ab, schenkte vom Wein ein.

Henrik nahm einen Schluck und schloss für einen Moment genießerisch die Augen. »Ah, der schmeckt herrlich. Wie der, den wir oft bei unserem Fall in Sasbachwalden getrunken haben.«

»Das ist Weißburgunder vom Kaiserstuhl.«

»Erinnere mich nicht daran«, stöhnte Henrik.

»Iss«, ermunterte ihn Kathrin, »und dann erzählst du mir, was du erfahren hast.«

Die erste Brotscheibe schlang Henrik gierig hinunter, für die zweite und dritte nahm er sich mehr Zeit. Schließlich wischte er sich die Lippen mit einer Papierserviette ab.

»Eigentlich gibt es bis jetzt nicht viel zu berichten«, sagte er. »Das Einzige, was wir konkret wissen, ist, dass Sören Becker in seinem Wohnwagen verbrannt ist. Wie es passiert ist, da fischen wir noch im Trüben. Die Feuerwehr geht allerdings nach wie vor von einem Unfall aus, die Polizei ermittelt trotzdem in alle Richtungen, und die Staatsanwaltschaft wurde eingeschaltet, weil es einen Toten gab. Das ist in so einem Fall ein übliches Prozedere.«

»Der arme Mann. Es muss grauenhaft gewesen sein, in der Flammenhölle festzustecken. Ich mag es mir gar nicht ausmalen.« Kathrin erschauderte.

»Ich schätze, er hat nicht viel davon mitbekommen«, versuchte Henrik, sie zu beruhigen. »Die meisten Brandopfer sterben nicht durch Verbrennen, sondern durch eine Rauchvergiftung. Sie werden relativ schnell ohnmächtig und verspüren keinen Schmerz.«

»Das wäre wenigstens ein kleiner Trost«, sagte Kathrin. »Außer ihm war niemand im Fahrzeug?«

»Das kann man wohl ausschließen.«

»Gibt es keine weiteren Spuren?«

»Die Ermittler sind noch dabei, die Parzelle auf den Kopf zu stellen. Ich habe die Scheinwerfer gesehen, sie werden die Nacht durcharbeiten. Mal abwarten, was sie finden. Viel wird es nicht sein, bei der heftigen Explosion, die alles in Trümmer gelegt hat.«

»Hattest du nicht in einer deiner Textnachrichten geschrieben, dass es sich um einen älteren Mann handelt?«

»Ja, Sören Becker war einundsiebzig.«

»Vielleicht war er ja nicht mehr so gut beisammen«, meinte Kathrin. »Hat eine brennende Zigarette vergessen, oder beim Kochen ist das Öl in der Pfanne zu heiß geworden. Das passiert öfter bei Senioren, auf diese Weise entstehen viele Brände. Und wenn zusätzlich Gas ins Spiel kommt …«

»Die Polizei hat im Anschluss an die Löscharbeiten den Platzwart und ein paar Nachbarn von Becker befragt. Demnach ist sicher, dass Becker nicht geraucht hat, das wäre bei seinem Asthma auch nicht ratsam gewesen. Ansonsten war er topfit, ist täglich im Meer geschwommen. Und er war ständig mit dem Fahrrad unterwegs, er hat anscheinend Hinz und Kunz an der Küste gekannt. Angeblich fühlte er sich hier mehr zu Hause als in Bremen, wo er eine kleine Wohnung hat. Er ist, wie man so sagt, mitten aus dem Leben gerissen worden.«

»Hm, dann tippe ich auf ein defektes Elektrogerät. Weißt du, wie viele Unfälle durch Heizkissen oder Heizdecken geschehen?«

»Erschreckend viele, allerdings habe ich die genaue Zahl nicht parat«, antwortete Henrik. »Aber ich weiß, dass diese Heizgeräte schnell durch einen Wärmestau oder durch ein abgeknicktes Kabel in Brand geraten. Wenn ich es mal im Kreuz habe, nehme ich lieber die gute alte Wärmeflasche.«

»Oder meine Globuli und Salben«, sagte Kathrin verschmitzt.

»Oder das.« Henrik grinste.

Kathrin prostete ihm zu. Dann wurde sie wieder ernst. »Mir ist gleich, nachdem es passiert ist, ein Gedanke gekommen, der mir nun nicht mehr aus dem Kopf gehen will«, sagte sie. »Man hört oder liest doch immer öfter von diesen schrecklichen Gasüberfällen.«

»Gasüberfälle? Was meinst du damit?« Henrik wusste nicht recht, worauf sie hinauswollte.

»Ich spreche von Leuten, die mit dem Wohnmobil zum Beispiel auf Autobahnraststätten übernachten und in den Nachtstunden ausgeraubt werden, davon aber nichts mitbekommen, weil sie mit Gas betäubt wurden.«

»Ach so, jetzt verstehe ich. Du meinst, wenn angeblich Narkosegas zum Einsatz kommt.«

»Ja richtig, die Leute werden durch Betäubungsgas außer Gefecht gesetzt. Wenn sie morgens, meist mit Kopfschmerzen, aufwachen, merken sie, dass das Wohnmobil leer geräumt ist. Auch Hunde funktionieren in so einer Situation nicht als vierbeinige Alarmanlage, weil sie ja ebenfalls betäubt werden. Es könnte doch gut sein, dass es bei Becker ähnlich war. Womöglich hatte er etwas Wertvolles oder Bargeld in seinem Wohnwagen, worauf es der oder die Täter abgesehen hatten. Um daran zu kommen, haben sie ihn mit Narkosegas betäubt. Vielleicht hat er dann im Dämmerzustand etwas gemacht, wodurch der Brand entstanden ist, war aber nicht mehr in der Lage, sich zu retten. Oder die Täter – meist unternehmen sie solche Raubzüge ja zu zweit oder zu dritt – haben im Wohnwagen ein Feuer gelegt, um ihr Tun zu vertuschen. Was wenig später zur Explosion geführt hat.«

»Das klingt für mich schwer nach Räuberpistole«, meinte Henrik skeptisch.

»Also ich möchte es nicht ausschließen, das wäre für mich eine stimmige Erklärung für den Brand«, beharrte Kathrin. »In den Medien wird in letzter Zeit häufig von brutalen Überfällen auf Camper berichtet. Die Diebe gehen dabei nicht zimperlich vor. Deshalb lassen sich ja viele Neukäufer ab Werk eine Alarmanlage und einen Gaswarner in ihr Campingfahrzeug einbauen, und selbst alte Campinghasen, wie ich es bin, rüsten nach. Ich tippe, dass es bei Becker ein Einbruch war, der, aus welchen Gründen auch immer, aus dem Ruder gelaufen ist.«

»Hm.« Henrik nahm einen Schluck Wein, dachte eine Weile schweigend nach. »Dass beim heutigen Vorfall Narkosegas mit im Spiel war, halte ich für eher unwahrscheinlich«, sagte er schließlich. »Wir sind hier auf keiner Autobahnraststätte oder einem dunklen Parkplatz, sondern auf einem umzäunten Campingplatz.«

»Selbst auf einem Campingplatz darf man sich nicht automatisch in Sicherheit wiegen«, konterte Kathrin. »Ich habe mich schon mit Campern unterhalten, die auch dort durch einen Gasüberfall um ihre Wertgegenstände gebracht wurden.«

»Gibt es Beweise dafür?«

»Ja klar, die Leute haben es der Polizei geschildert und Anzeige erstattet.«

»Und? Wurden in ihrem Blut Spuren von Narkosegas festgestellt? Oder wurden leere Behälter oder andere Ausrüstungsteile, die auf einen Angriff mit Betäubungsgas hinweisen, in ihren Fahrzeugen gefunden?«

»Ich glaube nicht«, musste Kathrin eingestehen.

»Das ist ja die Krux bei solchen Vorkommnissen«, sagte Henrik. »Es gibt unzählige Erzählungen und Behauptungen, aber der tatsächliche Einsatz von Narkosegas konnte bis jetzt in keinem einzigen Fall gesichert nachgewiesen werden. Glaubst du allen Ernstes, dass die bösen Buben in finsterer Nacht mit Gasmasken, mit Narkosegas gefüllten Behältern und einem Schlauch bewaffnet über den Platz ziehen?«

»Ich weiß nicht …«

»Es sprechen noch ein paar andere Argumente dagegen«, fuhr

Henrik fort. »Erstens ist Narkosegas teuer, und man müsste sehr viel davon in ein Campingfahrzeug hineinpumpen, um die Opfer ruhigzustellen. Zweitens ist das Gas aus Sicherheitsgründen nicht geruchsneutral. Die Opfer würden es riechen, sofort Fenster und Türen aufreißen und Alarm schlagen. Und selbst wenn es den Tätern gelingen sollte, Narkosegas einzuleiten, wie sollten sie es denn dosieren? Ein Kind wird von weniger ohnmächtig als ein ausgewachsener Mann. Wird Narkosegas überdosiert, tritt schnell der Tod ein. Hast du schon von Toten im Zusammenhang mit solchen vermeintlichen Gasüberfällen gelesen?«

»Nein«, musste Kathrin zugeben.

»Es ist verständlich, dass du beim Thema Gas gleich auch daran denkst. Ich bin mir aber sicher, dass bei Becker nur das Propangas eine Rolle gespielt hat. Und zwar, weil die Gasflaschen durch die Hitze in die Luft geflogen sind.«

»Okay, dann haken wir es ab, war ja nur so eine Idee von mir. Trotzdem bleibt die Frage, warum Sören Beckers Wohnwagen explodiert ist.«

»Ich habe da, ehrlich gesagt, ein mulmiges Gefühl.« Henrik spürte, wie die Müdigkeit mit einem Schlag zurückkam. »Selbstverständlich kann es sich um einen technischen Defekt oder einen tragischen Unglücksfall handeln. Gasunfälle mit Todesfolge gibt es jedes Jahr auf Campingplätzen, und jeder Tote ist einer zu viel.«

»So ist es.«

»Ich würde jedoch mein letztes Hemd darauf verwetten, dass es heute kein Unfall war. Auch den Beamten in Wilhelmshaven war anzumerken, dass sie, anders als die Feuerwehr, nicht wirklich daran glauben. Allerdings halten sie sich mit solchen Aussagen noch zurück, es gibt ja bis jetzt keine stichhaltigen Beweise, sie wollen die Ermittlungen nicht beeinträchtigen.«

Kathrin starrte ihn entgeistert an. »Willst du damit sagen, dass der Brandstifter wieder zugeschlagen hat? In die Richtung zu denken, habe ich mich bis jetzt nicht getraut. Obwohl es natürlich naheliegt. Aber jeder, mit dem ich heute Abend gesprochen habe, hat die Meinung der Feuerwehr wiedergegeben, wonach es sich um ein bedauernswertes Unglück handelt. Himmel, solltest du recht haben – es würde alles, was bisher geschehen ist, in ein völlig anderes Licht rücken.«

»Richtig.« Henrik nickte. »Für mich kann es nur Brandstiftung gewesen sein. Überleg doch mal: Der heutige Brand war nicht der erste hier in Hooksiel, und von Mal zu Mal gab es eine Steigerung: Anfänglich brannte es nur in einem Kippensammelbehälter, dann im Altpapiercontainer. Ein paar Tage später kam es unterhalb der Treppe zu den Sanitäranlagen zu einem Feuer. Heute ist ein Wohnwagen komplett ausgebrannt und ein Mensch darin zu Tode gekommen. Nein, das kann kein Zufall sein. Für mich steht der Brand auf Beckers Parzelle eindeutig in Zusammenhang mit den vorherigen Bränden.«

»Es fällt mir dennoch schwer, das zu glauben«, gestand Kathrin. »Soweit wir das bis jetzt beurteilen können, war es nie die Absicht des Brandstifters, Menschen zu verletzen. Sonst wäre bei der Summe der Brände, die bereits gelegt wurden, doch sicherlich schon längst jemand zu Schaden gekommen. In Neuharlingersiel gab es in diesem Jahr eine regelrechte Brandserie, aber niemandem ist dabei auch nur ein Haar gekrümmt worden.«

»Ich gebe dir bis zu einem gewissen Grad recht«, räumte Henrik ein. »Vieles deutet darauf hin, dass der Täter lediglich auf Zerstörung aus ist. Oder Freude an den Flammen hat. So Perverse hat es schon zu allen Zeiten gegeben.«

Kathrin zog eine Grimasse. »Nero lässt grüßen.«

»Ich glaube kaum, dass der irre römische Kaiser auferstanden ist. Oder hast du heute jemanden in Toga und Sandalen über den Platz wandeln sehen?«, machte Henrik einen müden Witz.

»Nein, bloß ein paar Nudisten ganz ohne Gewand und Schuhe«, flachste Kathrin, wurde aber schnell wieder ernst. Sie rieb sich mit der Hand über den Unterarm, auf dem sich Gänsehaut gebildet hatte. »Ich weiß nicht, warum, doch ich werde den Eindruck nicht los, dass der Brandstifter mitten unter uns ist. Womöglich ist er selbst Camper, so fällt er am wenigsten auf, das wäre für ihn die perfekte Tarnung.«

»Da könnte was dran sein. Leider haben wir bis jetzt so gut wie keinen Anhaltspunkt, um wen es sich handeln könnte. Er ist und bleibt der große Unbekannte. Der mit dem heutigen Tag jedoch eine entscheidende Wandlung durchgemacht hat – die vom Brandstifter zum Mörder. Dabei spielt für mich keine Rolle, ob er den Tod von Becker absichtlich oder unabsichtlich herbeigeführt hat.«

Kathrin schwieg, drehte nachdenklich ihr Glas in den Händen. »Vielleicht würde es uns helfen, wenn wir am anderen Ende ansetzen«, schlug sie nach einer Weile vor. »Wenn wir mehr über Becker herausfinden. Wie war sein Alltag? Wie hat er getickt? Gab es jemanden, mit dem er Stress hatte? Wer waren seine Freunde, oder hatte er Feinde? Womöglich erfahren wir dadurch indirekt mehr über den Brandstifter. Sofern es tatsächlich Brandstiftung war.« Sie wirkte noch immer nicht gänzlich überzeugt.

»Gute Idee«, lobte Henrik. »Wir sollten uns morgen bei Beckers Nachbarn umhören. Und auch Torsten Meyer dazu befragen. Für den war es heute ein rabenschwarzer Tag. Der wird in der Nacht kein Auge zubekommen.«

»Ich habe das Gefühl, gleich im Sitzen einzuschlafen«, sagte Kathrin und gähnte.

»Genug gegrübelt.« Henrik stand auf und reckte sich. »Wir packen jetzt die Reste unseres Mitternachtsmahls in den Kühlschrank, und dann heißt es: ab in die Falle.«

Am nächsten Morgen schlenderte Kathrin allein über den Platz, weil Henrik mit einer großen Versicherungsgesellschaft telefonierte, die ihn schon öfter beauftragt hatte. Auch das Gespräch mit Torsten Meyer hatten sie auf später verschoben, er hatte sie wissen lassen, dass er den ganzen Tag im Büro wäre. Kathrin schlug den Kragen ihrer Jacke hoch und zurrte die Kapuze unter dem Kinn fest. Kurz vor Sonnenaufgang war böiger Wind aufgekommen, vom Meer her zogen graue, tiefliegende Wolken über das Land, die in Schauern Regen ausspien. Gestern war es noch so schön gewesen, dachte sie, ein letztes trotziges Aufbäumen des Spätsommers. Heute fühlte es sich an wie Anfang November.

Der Wetterumbruch stimmte sie melancholisch. Oder lag es am Schlafmangel? Sie hatte lange gebraucht, um zur Ruhe zu kommen, zu viel war ihr durch den Kopf gegangen. Der Tod von Sören Becker machte ihr zu schaffen, obwohl sie ihn nicht persönlich gekannt hatte. Sie hoffte inständig, dass Henrik recht hatte und Becker an einer Rauchvergiftung gestorben war. Ihr übermüdetes Gehirn spielte ihr jedoch einen Streich, ließ andere Bilder vor ihrem inneren Auge aufsteigen: Sie sah Becker vom Flammenmeer eingeschlossen, der rettende Weg ins Freie war ihm versperrt, er war dem Tod schon näher als dem Leben und sich dessen auch bewusst. Was musste der arme Mann in seinen letzten Minuten durchgemacht haben? Welche Qualen hatte er erleiden müssen? War er in Panik geraten, hatte gekämpft und doch verloren? Oder hatte er resigniert?

Kathrin schüttelte den Kopf, um die quälenden Gedanken loszuwerden. Ein Regentropfen, der vom Kapuzenrand hinuntertropfte, landete auf ihrer Nasenspitze. Sie wischte ihn mit dem Handrücken weg, fröstelte. Fehlt bloß noch, dass ich mir eine Erkältung einfange, dachte sie und nahm sich vor, gleich im Wohnmobil eine Kanne Tee zu kochen. Hatte sie nicht auch eine Flasche Rum im Gepäck? Heißer Ostfriesentee mit einem ordentlichen Schuss Hochprozentigem würde ihr sicherlich guttun.

Sie machte kehrt, um zum Wohnmobilstellplatz zurückzukehren. Da bemerkte sie, dass sie fast an der Stelle angekommen war, wo sich gestern das Unglück ereignet hatte. Sollte sie sich Beckers Parzelle noch einmal in Ruhe anschauen? Am gestrigen Abend waren zu viele Menschen dort gewesen, um Genaueres zu erkennen, und die Dunkelheit war bald hereingebrochen, ein weiteres Zeichen, dass der Herbst im Anmarsch war. Sie zögerte einen Moment, rang mit sich. Sollte sie oder sollte sie nicht? Dann gab sie sich einen Ruck und ging entschlossen vorwärts. Die Polizei hatte das Gelände mit rot-weißem Flatterband abgesperrt, an dem der Wind zerrte. Die verkohlten Überreste rochen nach feuchtem Holz, geschmolzenem Kunststoff und angesengtem Metall. Kathrin schluckte. Was für ein trostloser Anblick!

Vom Wohnwagen, der Sören Beckers zweite Heimat gewesen war, war lediglich das Gerippe übrig geblieben. Ein paar Meter davon entfernt glaubte Kathrin, die vom Feuer geschwärzten Reste eines Fahrrades, eines Grills und eines Campingtisches zu erkennen. Nur ein Blumenkübel aus Keramik hatte die Feuersbrunst fast unbeschadet überstanden. Darin blühten rot-weiße Geranien. Ein Hauch von Leben in der Ödnis, die das Feuer zurückgelassen hatte.

»Schrecklich, nicht wahr?«, sagte eine Frau, die ebenfalls an die Absperrung herangetreten war. Sie bückte sich und legte eine einzelne Sonnenblume auf den Boden.

Erst jetzt fiel Kathrin auf, dass schon einige Leute einen Abschiedsgruß hinterlassen hatten. Am Eingang zu Beckers Parzelle lagen kleine Sträuße aus Nelken, Moosröschen, Lilien, Astern und Wildblumen. Dazu Muscheln, hübsch geformte Kiesel, glatt poliertes Treibholz und Möwenfedern. Eine durchnässte Kinderzeichnung zeigte ein inzwischen verlaufenes rotes Herz und einen Regenbogen. Direkt daneben entdeckte sie eine Schallplatte und beugte sich hinunter, um den Titel besser erkennen zu können, das Etikett war verblichen und verkratzt. »Stay a little bit longer« las sie. Nun, das war Sören Becker leider nicht vergönnt gewesen. Die Frau, die die Sonnenblume niedergelegt hatte, bekreuzigte sich.

»Möge er in Frieden ruhen.«

»Möge es ihm dort, wo er jetzt ist, gut gehen«, fühlte sich Kathrin bemüßigt hinzuzufügen.

»Er hätte noch so viele gute Jahre vor sich gehabt.« Die Frau klang verbittert.

»Ja, ein fürchterliches Unglück«, pflichtete Kathrin ihr bei und ärgerte sich gleichzeitig, mit leeren Händen dazustehen.

»Ich frage mich, wie das passieren konnte«, sagte die Frau. »Der Sören war doch kein Anfänger. Er hat uns erzählt, dass er schon als Jugendlicher mit dem Fahrrad und einem Zelt gereist ist, er hat die Natur und vor allem Wasser in jeder Form geliebt. Nach der Ausbildung hat er sich einen kleinen gebrauchten Camper gekauft. Ist damit eine Weile auf einem anderen Platz untergekommen, wo er sich aber nicht wohlgefühlt hat, wie er sagte. Deshalb ist er recht bald hierher nach Hooksiel übergewechselt, hat sich ein paar Jahre später einen größeren und komfortableren Wohnwagen zugelegt. Der Sören war ein echtes Urgestein, mit dem Nordseecamping seit Ewigkeiten verbunden.«

»Ach, Sie kannten ihn näher?«, fragte Kathrin, die die Redseligkeit der Frau gern ausnutzte, um mehr über Becker zu erfahren.

»Wer kannte den Sören nicht? Er war eigentlich schon immer hier. Aber das ist nun vorbei, von einem Tag auf den anderen ist er nicht mehr unter uns. Und alles, was ihm lieb und teuer war, ist kaputt.« Die Frau schniefte.

»Ja, das ist so unfair. Eine Tragödie. Zum Glück hat die Feuerwehr verhindert, dass die Flammen auf die anderen Wohnwagen überspringen. Das Vorzelt, das in Mitleidenschaft gezogen worden ist, kann man leicht ersetzen. Wäre das Feuer außer Kontrolle geraten, hätte es in einer Katastrophe für den gesamten Platz enden können.«

»Ja, Sie haben recht, man muss in all dem Unglück auch das Positive sehen«, sagte die Frau. »Ich glaube, das wird den Sören im Himmel trösten. Er hätte nie gewollt, dass seinetwegen jemand zu Schaden kommt. Er war eine Seele von Mensch.«

»Er war bei allen hier beliebt?«

»Ja, ein ganz feiner Mann. Höflich und hilfsbereit. Hat seine Parzelle immer tipptopp in Ordnung gehalten, die Platzregeln gewissenhaft befolgt. Nicht so wie manche, die schon mittags mit der Bierflasche im Vorzelt sitzen und abends ständig Party machen. So ein Gesocks brauchen wir hier nicht.«

»Hatte er viele Freunde?«

»Hm.« Die Frau hielt einen Moment inne, schaute auf die verkohlten Reste von Beckers Wohnwagen. »Er war bekannt wie ein bunter Hund, kam leicht mit den Leuten ins Gespräch. Uns hat er immer geholfen, wenn wir Anfang April unsere Parzelle bezogen haben. Unser Wohnwagen ist schwer, da braucht es ein paar kräftige Männer, um ihn in die richtige Position zu bugsieren. Im Anschluss trinkt man eine Tasse Tee oder Kaffee zusammen und schnackt ein bisschen. Auf diese Weise haben wir den Sören kennengelernt. Und später haben wir öfter mal einen Plausch gehalten, wenn wir uns auf dem Weg zum Sanitärgebäude oder beim Bäcker begegnet sind. Eng befreundet waren wir aber nicht. Ich glaube, der Sören hatte nur wenige Freunde. Vom Typ her war er eher ein Einzelgänger. Obwohl er total nett und zugänglich war.«

»Das eine schließt das andere ja nicht aus.«

»Nein. Von mir aus soll jeder nach seiner Fasson selig werden.«

»Gab es trotzdem mal Stress mit jemandem?«

»Nicht, dass ich wüsste.« Die Frau zuckte mit den Schultern.

»Ich bin erst seit zwei Tagen hier«, tat Kathrin kund. »Und jetzt in der Nebensaison geht es ja total entspannt zu. Ich könnte mir allerdings vorstellen, dass es im Juli und August anders aussieht. Wenn so viele Leute auf dem Platz zusammenkommen, gibt es bestimmt mal Reibereien. Wir sind schließlich alle nur Menschen. Hatte der Sören mal Probleme mit einem seiner Nachbarn?«

»Keine Ahnung. Wie gesagt, so nahe standen wir uns nicht.«

»Wie auch immer … Ich hoffe, dass man schnell herausfindet, was geschehen ist«, beendete Kathrin das Gespräch. Sie wollte nicht, dass die Frau sich wunderte, warum sie all die Fragen stellte. »Ihnen noch eine gute Zeit«, verabschiedete sie sich.

»Ach, jetzt, wo Sie gefragt haben, fällt mir doch was ein«, stoppte die Frau sie.

»Ja?«

»Einmal ist der Sören komplett ausgeflippt. Ich hatte es wohl verdrängt, weil es so gar nicht zu ihm passte.«

»Warum ist er denn ausgerastet?« Kathrin war nun ganz Ohr.

»Da war ein junges Pärchen, sie sind mit so einem eiförmigen Kleinwohnwagen angereist und haben die Parzelle neben dem Sören bezogen. Sie waren anscheinend Fans der Swinging Sixties, haben andauernd englischsprachige Schlager auf einem uralten Kassettenrekorder dudeln lassen. Ein Song hatte es ihnen besonders angetan, den hörten sie fast in Dauerschleife. Irgendwas mit Loverboy, der Name wurde im Text oft wiederholt, ich kann mich aber nicht mehr an den Titel erinnern. Mir gefielen der Wohnwagen und das Outfit der beiden, es war alles so schön retro. Mal was anderes als das übliche Weiß, in dem heute die meisten Wohnwagen lackiert sind. Aber der Sören, der hat das Paar, aus welchen Gründen auch immer, nicht ausstehen können. Er hat gebrüllt, sie sollen gefälligst die Musik ausstellen, den verdammten Rekorder abschalten, sonst würde er es für sie tun. Ich habe mich gewundert, weil der Ton gar nicht so laut war, ich fand es nicht störend.«

»Und? Haben die beiden getan, was er wollte?«

»Ja. Und am nächsten Tag sind sie gefahren, da ist wieder Ruhe eingekehrt, und der Sören hat sich auch beruhigt.«

»Vielleicht haben sie seinen Musikgeschmack nicht getroffen«, meinte Kathrin lakonisch. »Manche Leute reagieren da sehr empfindlich.«

»Kann sein. Oder er war an dem Tag schlecht drauf. Passiert uns allen ja mal.«

»Das stimmt.« Kathrin lächelte zum Abschied. »Nett, dass wir uns unterhalten haben. Aber jetzt mache ich mich auf den Rückweg, mir ist kalt.«

»Ja, das war's wohl mit dem Sommer«, sagte die Frau mit Bedauern in der Stimme. »Es dauert nicht mehr lang, und die Saison ist für dieses Jahr gelaufen, dann müssen wir unsere Parzelle räumen und den Wohnwagen ins Winterquartier bringen. Wir haben aber schon fürs nächste Frühjahr gebucht. Im April wird das Ancampen leider ohne den Sören stattfinden. Er wird mir fehlen.«

Die Frau lächelte traurig, bekreuzigte sich nochmals und verschwand in einer schmalen Gasse zwischen zwei parallel verlaufenden Wohnwagenreihen.

Kathrin vergrub die Hände in der Jackentasche und eilte zurück zum Wohnmobilstellplatz.

11

Torsten Meyer sah aus wie ein Mann, der nicht mehr ein noch aus wusste: Das grau melierte Haar stand ihm wirr vom Kopf, unter den Augen hatten sich tiefdunkle Ringe gebildet, und er trommelte gereizt mit den Fingern auf die Schreibtischplatte. Ein dicker Fettfleck prangte auf Bauchhöhe seines Hemdes. Henrik vermutete, dass er sich beim Essen eines Fischbrötchens bekleckert hatte. Die Serviette, in die das Brötchen gehüllt gewesen war, lag im Abfalleimer neben dem Schreibtisch.

»Die Geschehnisse der letzten Tage machen mich fertig«, stöhnte Meyer. »Drei Brände kurz hintereinander und dann die Explosion, die Becker das Leben gekostet hat.« Er stoppte einen Moment, anscheinend, um sich zu sammeln. »Und zu allem Unglück finde ich heute früh das unter dem Scheibenwischer meines Autos.« Er schob ein von Feuchtigkeit gewelltes DIN-A4-Blatt zu Henrik hinüber. Die Druckertinte war zwar ein wenig verlaufen, die Nachricht aber noch gut lesbar: »DAS WAR ERST DER ANFANG. FEUER WIRD ÜBER DICH KOMMEN, BIS DU VON HIER FORT BIST.«

»›Feuer wird über dich kommen‹«, sagte Kathrin, die neben Henrik saß. »Das hört sich für mich fast nach dem Alten Testament an.«

»Haben Sie Feinde, Herr Meyer?«, fragte Henrik.

»Nicht, dass ich wüsste.« Meyer begann wieder sein nervöses Fingerspiel. »Meine Familie kommt ursprünglich aus dem Nachbarort, lebt aber inzwischen seit Jahrzehnten hier. Meine Frau und ich haben einen großen Freundes- und Bekanntenkreis, ich spiele bei den Altsenioren vom FCN Hooksiel in der Abwehr, unterstütze viele soziale Projekte. Warum sollte mich jemand ›forthaben wollen‹?« Meyer wirkte zutiefst erstaunt.

»Mit anderen Worten, Sie können eine schwelende Fehde in Ihrem sozialen Umfeld, einen alten Familienzwist, eine Auseinandersetzung mit Kollegen oder Mitarbeitern und Nachbarschaftsstreitigkeiten definitiv ausschließen?«, hakte Henrik nach.

»Ja, mein Privatleben ist in bester Ordnung. Und wir vom Team Wangerland sind eine eingeschworene Gemeinschaft, wir ziehen alle an einem Strang«, behauptete Meyer.

»Haben Sie in den letzten Wochen vielleicht eine Kündigung aussprechen müssen? Ist deshalb jemand auf Sie sauer?«, fragte Kathrin.

Meyer stellte das Fingertrommeln ein. »Nein, da lief nichts Außerplanmäßiges. Die Saisonkräfte werden eh immer nur bis Mitte Oktober beschäftigt, sie kennen die Bedingungen, das ist für sie nichts Neues. Außerdem zahlen wir recht gut im Vergleich zu anderen hier an der Küste.«

»Wenn es nichts Persönliches ist, könnte sich die Anspielung auf den Campingplatz beziehen«, meinte Henrik. »Mir ist zu Ohren gekommen, dass es in gewissen Kreisen Bestrebungen gibt, ein Immobilienprojekt hochzuziehen, für das der Campingplatz weichen soll.«

»Ach das«, tat Meyer es mit einer Handbewegung ab. »Das Gerücht existiert so lange, wie der Campingplatz besteht. Alle paar Jahre wird es wieder aufgewärmt, aber das war es dann auch schon. Unser Campingplatz ist in Hooksiel eine Institution, daran gibt es nichts zu rütteln. Wir bleiben. Punkt.«

»Angeblich behauptet ein Makler das Gegenteil«, bluffte Henrik, der Meyers Zuversicht nicht teilte. Er hatte gelernt, dass in jedem Gerücht mindestens ein Körnchen Wahrheit steckte.

»Ach ja?« Meyer sah verblüfft aus. »Das entzieht sich meiner Kenntnis. Glauben Sie, dass er der Schmierfink ist?« Meyer wies auf das DIN-A4-Blatt.

»Zum jetzigen Zeitpunkt möchte ich nichts ausschließen«, sagte Henrik. »Ich werde ihm in Kürze mal auf den Zahn fühlen, dann wissen wir mehr. Sie sollten das Schreiben übrigens an die Polizei weiterleiten. Wenn wir Glück haben, sind nicht alle Spuren vom Regen zerstört worden.«

»Die Polizei.« Meyer zog eine Grimasse. »Mit der habe ich heute mehrmals gesprochen. Ein Beamter hat mir Löcher in den

Bauch gefragt. Aber auf die Fragen, die ich ihm gestellt habe, wollte oder konnte er mir keine Antworten geben. Unterdessen läuft mein Telefon heiß, weil besorgte Gäste wissen wollen, wie es zu dem tragischen Unglück kommen konnte. Ich nehme es ihnen nicht übel, es wurde ja gleich gestern Abend in den Medien über die Explosion berichtet. Die Leute haben Angst. Um ihre Campingfahrzeuge, um sich selbst und ihre Liebsten. Seit heute früh hagelt es auch Stornierungen. Ein toter Gast ist keine gute Empfehlung. Ich stehe mit dem Rücken zur Wand, soll mich rechtfertigen, ohne eine Ahnung zu haben, was genau passiert ist und warum. Vor einer halben Stunde habe ich mein Handy abgeschaltet und meine Festnetznummer auf einen Anrufbeantworter umgeleitet, damit ich wenigstens für die Dauer unseres Gespräches Ruhe habe. Es ist kaum auszuhalten, der Druck geht mir an die Nieren. Außerdem muss ich ständig an den armen Mann denken. Er kommt hierher, um sich zu erholen, und wird stattdessen mitten aus dem Leben gerissen.« Meyers Stimme zitterte, so als kämpfe er mit den Tränen. Er räusperte sich mehrmals, starrte für einen Augenblick stumm aus dem Fenster.

»Gibt es niemanden in Ihrem Team, der Ihnen wenigstens einen Teil der Anrufe abnehmen kann?«, fragte Kathrin mitfühlend.

»Meine Assistentin ist in Elternzeit«, sagte Meyer niedergeschlagen. »Die Mitarbeiterinnen an der Rezeption geben ihr Bestes, sind aber ebenfalls überlastet. Auf so ein Ereignis waren wir alle nicht vorbereitet.«

»Nein, das war nicht vorhersehbar«, pflichtete Henrik ihm bei.

»Ich hätte mir auch nicht träumen lassen, dass ich einmal persönlich bedroht werde«, sagte Meyer verbittert. »Vielleicht wäre es das Beste, wenn meine Frau für eine Weile zu ihrer Schwester nach Hannover fährt? Die Kinder sind zum Glück schon seit ein paar Jahren aus dem Haus, sie sind nicht mehr vor Ort.«

Henrik beäugte nachdenklich den anonymen Brief und sagte schließlich: »Ich an Ihrer Stelle würde mir wegen dieses Wisches keine allzu großen Sorgen machen. Ich gehe davon aus, dass es sich um einen Trittbrettfahrer handelt. Jemanden, der mit ein paar vagen Drohungen Aufsehen erregen will, sich daran weidet, Panik zu schüren. Diese Art von Befriedigung sollten wir ihm nicht gönnen.«

»Lassen Sie sich nicht auf das Spiel ein«, warnte Kathrin.

»Was ist, wenn ich ein zweites oder drittes Schreiben wie dieses erhalte?«

»Geben Sie es an die Polizei weiter und bewahren Sie Ruhe. Die größte Dringlichkeit ist im Moment, den Brandstifter zu fassen.«

»Sie glauben also auch nicht an das Märchen, das die Feuerwehr uns aufzutischen versucht«, spie Meyer aus.

»Nein, ich habe inzwischen lange mit der Polizei in Wilhelmshaven geredet und mir meine eigenen Gedanken gemacht«, antwortete Henrik. »Für mich besteht kein Zweifel, dass es kein Unfall war, dass das Feuer vorsätzlich gelegt wurde.«

»Das sehe ich genauso«, sagte Meyer grimmig. »Der Kerl schreckt vor nichts zurück, er ist eiskalt.«

»Wir sollten keine voreiligen Schlüsse ziehen«, warnte Henrik. »Bis jetzt haben wir keinen Hinweis darauf, dass der Brand mit der Absicht gelegt wurde, Becker zu töten. Wir sprechen hier über zwei unterschiedliche Tatbestände. Brandstiftung und einen durch Brandstiftung verursachten Todesfall. Es könnte immerhin ja sein, dass Becker zur falschen Zeit am falschen Ort war, dass es eine Verknüpfung von tragischen Umständen war.«

»Wieso am falschen Ort?«, begehrte Meyer auf. »Becker war in seinem Wohnwagen. Das war sein gutes Recht, wir befinden uns schließlich auf einem Campingplatz.«

»Richtig.« Henrik nickte. »Aber bei allen bisherigen Bränden ist niemand zu Schaden gekommen, es ist lediglich Campingequipment in Flammen aufgegangen.«

»Schlimm genug«, meinte Kathrin.

»Aber eine ganz andere Nummer, als vorsätzlich einen Menschen umzubringen«, erwiderte Henrik. »Wenn der Täter darauf aus wäre, durch das Feuer zu töten – warum hat er es dann nicht schon vorher getan? Die Gelegenheit dazu hätte er sicherlich gehabt. Wie viele Brände gab es inzwischen? Zwölf, fünfzehn?«

»Ich glaube, sogar mehr«, sagte Meyer. »Von daher ist an Ihrem Argument durchaus was dran. Doch worum geht es dem Täter?«

»Oder der Täterin«, warf Kathrin ein.

»Zum jetzigen Zeitpunkt können wir natürlich nur Vermutungen anstellen«, antwortete Henrik. »Momentan sieht es so aus, als ob das Feuer an sich für ihn im Vordergrund steht, womöglich ist er von den Flammen fasziniert.«

»Ein Feuerwehrmann?«, schlug Meyer vor.

»Kann sein, muss aber nicht«, meinte Henrik. »Doch ich weiß, dass die Oberbrandmeister in der Region ein wachsames Auge auf ihre Mannschaften haben, schauen, ob einer oder eine womöglich aus der Reihe tanzt. Bis jetzt ohne Resultat.«

»Was an sich eine positive Nachricht ist«, murmelte Kathrin.

»Aber um auf Becker zurückzukommen«, drängte Henrik. »Wenn wir davon ausgehen, dass der Brandstifter eigentlich nur den Wohnwagen hat anzünden wollen, muss für ihn irgendetwas schiefgegangen sein.«

»Mörder wider Willen?« Meyers Stimme troff vor Sarkasmus.

»Mag sein.« Henrik nickte. »Das Feuer scheint ja an mehreren Stellen gleichzeitig entzündet worden zu sein. Das bedarf einer gewissen Planung und Voraussicht, es war, wie ich glaube, keine spontane Aktion. Ich nehme an, dass der Täter sich vorab einen Überblick über Beckers Tagesablauf verschafft hat. Er wusste bestimmt, wann Becker normalerweise zu Hause war und wann nicht, wann für ihn die Luft rein war. Nur hat er sich, warum auch immer, letzten Endes verkalkuliert. Was hat Becker anders als sonst gemacht? Wissen Sie, ob er irgendwelche besonderen Gewohnheiten hatte?«

»Puh, so genau kenne ich die Gäste nicht«, antwortete Meyer. »Bei den vielen Leuten, die hier auf den Platz kommen.«

»Schade«, meinte Henrik. »Vielleicht könnte uns der Platzwart weiterhelfen?«

»Der Jannis ist sicherlich näher am Geschehen dran als ich«, räumte Meyer ein.

»Okay, dann werden wir gleich im Anschluss mit ihm sprechen.«

Meyer hatte wieder begonnen, mit den Fingern zu trommeln, schien nachzudenken. »Ich weiß nicht, ob es wichtig ist«, sagte er. »Aber mir ist gerade eingefallen, dass ich mich mit Jannis mal über den Becker unterhalten habe. Der hatte nämlich eine Angewohnheit, für die ich ihm echt Respekt gezollt habe.«

»Ach ja?«, fragte Henrik interessiert. »Welche denn?«

»Jannis hat mir erzählt, dass Becker immer bei Flut baden ging. Bei jedem Wetter und nicht nur im Sommer. Angeblich soll das gut fürs Immunsystem sein. Manchmal ist er sogar im Winter zur Küste gekommen, um im eiskalten Wasser eine Runde zu drehen. Das hat mich beeindruckt, ich bin eher der Typ Frostbeule.«

»Wann war gestern Abend Flut?«, fragte Kathrin aufgeregt.

Meyer drehte sich um und schaute auf die große Pinnwand hinter seinem Rücken, an der ein Gezeitenkalender ging. »Etwa zum Zeitpunkt des Brandes.«

»Sieh mal an.« Henrik pfiff durch die Zähne. »Becker hätte demnach am Strand und nicht auf seiner Parzelle sein sollen. Der Brandstifter ist sicherlich davon ausgegangen, dass niemand im Wohnwagen ist.«

»Oh mein Gott! Warum ist er ausgerechnet gestern nicht schwimmen gegangen?« Meyer klatschte mit der flachen Hand auf den Schreibtisch, wodurch sein Computerbildschirm erbebte. »Es hätte ihm das Leben gerettet.«

»Vielleicht sollten wir herausfinden, ob Becker zuvor mit einem Nachbarn geredet und dabei erwähnt hat, warum er nicht schwimmen gehen wollte«, schlug Kathrin vor. »Es wäre immerhin gut möglich, dass er sich trotz seines trainierten Immunsystems eine Erkältung zugezogen hat. Oder dass er anderweitig unpässlich war, er war ja kein junger Mann mehr. Wenn er zum Beispiel im Bett lag und fest schlief, hat er vom Ausbruch des Brandes nichts mitbekommen, hat das tödliche Kohlendioxid unbemerkt eingeatmet. Das ändert zwar an der Sache selbst nichts, aber es würde erklären, warum er nicht versucht hat, sich zu retten.« Kathrin stoppte kurz. »Ich bezweifele allerdings, ob man das anhand seines bis zur Unkenntlichkeit verbrannten Körpers noch herausfinden kann.«

»Halte ich auch eher für unwahrscheinlich«, antwortete Henrik.

»Hätte ich vor zehn Jahren, als ich den Posten hier angeboten bekommen habe, geahnt, dass ich mir einmal über so etwas den Kopf zerbrechen muss, hätte ich abgesagt«, stöhnte Meyer. »Was für ein Wahnsinn! Ich wünschte, ich wäre schon in Rente. Aber Jammern bringt wohl nichts, oder?«

»Nein.« Henrik schenkte ihm ein schiefes Lächeln.

Meyer lächelte kurz zurück, dann verfinsterte sich sein Gesichtsausdruck erneut. »Ich frage mich, warum sich der Brandstifter ausgerechnet Beckers Parzelle ausgesucht hat.«

»Eine berechtigte Frage«, meinte Henrik. »Leider habe ich keine Ahnung, wie Beckers Platz vor dem Brand aussah.«

»Ich nehme an, ganz normal«, sagte Meyer. »Wie die anderen Plätze auch.«

»Könnte es sein, dass es auf Beckers Parzelle eine außergewöhnlich hohe Brandlast gab, die es dem Brandstifter besonders leicht gemacht hat zu zündeln? Ich meine, stand da eine Menge brennbares Zeug herum? Auf manchen Campingplätzen sieht es gerade bei den Dauercampern ja aus wie bei den sprichwörtlichen ›Vereinigten Hüttenwerken‹. Hier ein Hüttchen aus Holz oder Kunststoff für die Fahrräder, dort ein Hüttchen für den Grill und den Rasenmäher. Daneben eine überdachte Gartendusche und ein Unterstand für die Gasflaschen plus weiteres Campinggedöns, das man unbedingt zu brauchen meint. Wenn es auf einer so reichhaltig bestückten Parzelle zu brennen anfängt, steht sie ruck, zuck lichterloh in Flammen.«

»Nein, solch baulichen Wildwuchs lassen wir bei uns nicht zu«, erwiderte Meyer bestimmt. »Der Brandinspektor kommt mehrmals in der Saison zu uns und inspiziert den Platz. Unser Brandschutz ist top. Weil wir sehr wohl wissen, dass wir ansonsten großen Ärger bekommen.« Meyer hielt inne, fuhr sich mit der Hand über das müde Gesicht. »Doch letztendlich hat uns all das nichts geholfen, nicht wahr? Wir stecken bis zum Hals im Schlamassel. Die Staatsanwaltschaft und die Gutachter der Versicherungen werden hier keinen Stein auf dem anderen lassen. Es fehlt bloß noch, dass sie uns den Platz dichtmachen! Davor habe ich die meiste Angst.«

Womit wir wieder beim Thema Baugelände für Ferienimmobilien wären, dachte Henrik. Handelte es sich, salopp ausgedrückt, etwa doch um eine Art »Brandrodung«? Er müsste unbedingt diesen Makler sprechen. Herausfinden, wie viel an dem Gerücht tatsächlich dran war. Ohne jedoch Meyer da weiter mit reinzuziehen, der arme Mann war völlig durch den Wind und hatte sicherlich noch ein paar verdammt harte Tage vor sich.

»Wir werden den Brandstifter finden und dafür sorgen, dass seinem Treiben ein Ende gesetzt wird«, versicherte er.

In dem Augenblick klopfte es an der Tür, und eine junge blonde Frau steckte den Kopf ins Büro. Sie wirkte eingeschüchtert. »Auf dem Parkplatzgelände steht ein Übertragungswagen vom NDR, sie sind mit einem ganzen Pulk Leute gekommen. Was soll ich denn jetzt machen?«

»Ach du schöne Sch… Das hat uns gerade noch gefehlt.« Meyer erhob sich schwerfällig vom Stuhl, sah plötzlich um Jahre gealtert aus. »Ich werde schauen, wie ich sie wieder loswerde.«

»Gibt es im Haus einen zweiten Ausgang?«, fragte Henrik. »Ich möchte nicht, dass wir gefilmt werden, das wäre nicht gut für die weiteren Ermittlungen.«

»Gehen Sie runter zur Rezeption und in den mit Milchglas abgeschirmten Mitarbeiterbereich. Von dort aus gelangen Sie durch eine Tür direkt auf das Campingplatzgelände.«

Henrik griff nach Kathrins Hand und zog sie ungeduldig hinter sich her. Es wurde allerhöchste Zeit, dass sie hier verschwanden.

12

Kathrin schreckte aus dem Schlaf hoch, versuchte, sich in der Dunkelheit zu orientieren. Die nächstgelegene Straßenlaterne war weit entfernt, im Wohnmobil konnte sie lediglich die Konturen des Mobiliars ausmachen. Sie tastete nach ihrem Handy, das sie auf die Ablage im Alkoven gelegt hatte. Viertel nach zwei. Auf dem Wohnmobilstellplatz war alles ruhig. Und doch hatte sie eben ein Geräusch wahrgenommen. Ein Geräusch, das um diese Uhrzeit nicht dorthin passte. Kathrin spürte, wie sich ihr Puls beschleunigte. Seit dem Tod ihres Mannes litt sie öfter an Alpträumen, die ihr nach dem Erwachen sehr real erschienen.

Aber diesmal war es kein Traum. Der Brandstifter, schoss es ihr durch den Kopf. Schlich der Brandstifter über den Platz? Und hatte er es nun auf ihr Wohnmobil abgesehen? Zum x-ten Mal stieg das Bild einer verkohlten Leiche vor ihrem inneren Auge auf, obwohl sie Beckers sterbliche Überreste ja nie zu Gesicht bekommen hatte. Ihr fiel es zunehmend schwerer, diese Gespinste ihres übernervösen Gehirns zu verdrängen. Beckers Schicksal löste Ängste in ihr aus, die ihr bis dahin fremd gewesen waren.

Sie spitzte die Ohren, lauschte angestrengt. Der Wind pfiff um die auf dem geschotterten Platz abgestellten Fahrzeuge. Von irgendwoher kam ein metallisches Klappern, vermutlich schlugen Fahrradteile an die Streben eines Heckträgers. Wellen brandeten auf den Strand und zogen sich mit einem Zischlaut wieder zurück. Aber da, da war noch einmal dieser unheimliche Laut. Kathrin hielt den Atem an. Sie glaubte, leise Schritte zu hören. Schritte, die näher kamen. Einer ihrer Nachbarn, der zur späten Stunde die Toiletten im Sanitärgebäude aufgesucht hatte? Kathrin wartete auf das Zuschlagen einer Wohnmobiltür, aber nichts dergleichen geschah. Sie spähte vorsichtig zuerst aus dem einen, dann aus dem anderen Alkovenfenster. Vergeblich, es war keine Menschenseele zu sehen. Und doch war sie sich sicher, dass dort draußen jemand herumstromerte.

Sie hielt es nicht eine Minute länger im Bett aus, schlug die Decke zurück und krabbelte aus dem Alkoven. Was nun? Sie zitterte. Vor Angst und weil sie die Heizung auf Sparflamme gestellt hatte. Sollte sie den Regler aufdrehen und sich einen Tee kochen? Abwarten, was geschehen würde? Nein, dazu fehlten ihr heute, in dieser düsteren, vom Wind gepeitschten Nacht, die Nerven. Kurz entschlossen zog sie sich eine Jogginghose und einen dicken Pullover über den Pyjama, schlüpfte in Schuhe und Jacke und tastete nach dem Schlüssel. Auf Knopfdruck deaktivierte sie die Alarmanlage, entriegelte die Aufbautür. Bevor sie sich traute, die Tür ein Stück zu öffnen, atmete sie tief durch. Hektisch schaute sie nach rechts und links, checkte, ob sie tatsächlich allein war. Sie trat ins Freie, verschloss flugs die Tür und stürmte auf Henriks Kastenwagen zu. Der Wind zerrte an ihrem Haar, und die kalte, nasse Luft ließ sie frösteln. Zaghaft pochte sie gegen die Schiebetür.

»Henrik?«, rief sie leise.

Der Beagle bellte kurz freudig auf, er musste sie bemerkt haben. Mach auf, mach schon auf, flehte sie mit klopfendem Herzen. Endlich wurde die Schiebetür mit einem schnarrenden Geräusch zur Seite geschoben, und Henrik linste durch den Türspalt.

»Kathrin?«, fragte er verschlafen. »Was ist los?«

»Darf ich reinkommen?«

»Klar.« Henrik trat zur Seite, ließ sie eintreten und schloss die Tür hinter ihr.

Kathrin plumpste auf die Sitzbank. »Da schleicht jemand um mein Wohnmobil.«

»Bist du sicher?«

Kathrin nickte. »Ja, ich habe deutlich Schritte vernommen.«

»Ein anderer Wohnmobilist?«

»Kann sein, ich konnte aber niemanden sehen. Das kam mir komisch vor, und da bin ich in Panik geraten. Ich werde einfach das Gefühl nicht los, dass sich der Brandstifter unter uns befindet.«

Henrik rieb sich müde über das Gesicht. Ihm war anzumerken, dass sie ihn aus dem Tiefschlaf geweckt hatte. Die Aufregung der letzten Tage schien ausgerechnet heute ihren Tribut zu fordern. Gewöhnlich hatte er einen leichten Schlaf, hätte die Schritte normalerweise ebenfalls gehört.

»Tut mir leid, aber ich kann die Angst nicht abschütteln«, gestand Kathrin kleinlaut.

»Okay.« Henrik gab sich alle Mühe, die Schläfrigkeit abzulegen. »Ich werde nachsehen.«

»Ist das klug?«

»Anders werden wir nicht herausfinden, ob tatsächlich jemand dort ist und was er hier zu suchen hat.« Henrik zog seine Jacke vom Garderobenhaken und schloss die Klettverschlüsse seiner Sneakers. Er hatte schon die Hand am Türgriff, da hielt er abrupt inne und ging zurück zum Heck. Er kniete nieder und öffnete mittels eines Zahlencodes den flachen Safe, der unter dem Bett im Boden eingelassen war. Er zog Waffe und Holster hervor und schloss die Safetür wieder.

Kathrin schluckte schwer. »Meinst du, dass es so gefährlich ist?«

»Keine Ahnung.« Henrik zuckte mit den Schultern. »Aber sicher ist sicher. Verriegelst du die Tür wieder hinter mir?«

»Ja. Pass auf dich auf.« Kathrin blieb allein im Kastenwagen zurück. Leo legte seinen Kopf auf ihr Knie und schaute sie aus seinen dunklen Kulleraugen tröstend an.

»Alles wird gut«, sagte Kathrin, konnte aber nicht so recht daran glauben.

Sie streichelte den Hund mechanisch. Die Minuten tickten dahin. Sie spitzte erneut die Ohren, um eine grobe Ahnung zu bekommen, wo Henrik sich gerade aufhielt, konnte aber nur den Wind und die sich am Ufer brechenden Wellen hören. Was trieb er nur so lange da draußen? Er war seit einer gefühlten Ewigkeit weg. Konnte es sein, dass er dem Brandstifter begegnet war und dass der ihn trotz der Waffe überwältigt hatte? War Henrik etwa verletzt?

Kathrin überlegte, die Polizei zu rufen, entschied sich aber dann dagegen. Was hätte sie den Beamten auch sagen sollen?

Dass sie wegen eines suspekten Geräusches die Nerven verloren hatte? Dass Henrik für sie einem Phantom nachjagte? Nein, sie wollte sich nicht lächerlich machen. Das Beste wäre, noch ein paar Minuten zu warten. Der Beagle winselte, schien ihre Unruhe zu spüren. Sie warf einen Blick auf ihr Handy. Drei Uhr sieben.

»Wenn er um halb vier nicht zurück ist, gehen wir beide raus und sehen nach«, verkündete sie tapfer.

Leo trottete zu seinem Kissen, rollte sich zusammen und legte die rechte Vorderpfote über die Augen.

»Feigling.« Kathrin zupfte am Saum ihres Pullovers, wo sich ein Faden gelöst hatte. Endlich vernahm sie ein leises Klopfen.

»Henrik?«

»Ja.«

Sie öffnete die Schiebetür einen Spaltbreit, und Henrik trat ein. Seine Jacke und sein Haar waren nass.

»Und?«, fragte sie bang.

»Ich bin ein paarmal um den Platz gegangen und habe auch im Sanitärgebäude nachgeschaut, bin aber niemandem begegnet. Allerdings habe ich das in der Nähe deines Wohnmobils gefunden.« Er zeigte ihr einen dünnen metallenen Stab, dessen oberes Ende leicht gekrümmt war.

»Was ist das?«

»Ein Bogenfeuerzeug mit USB-Anschluss.«

Kathrin wurde blass. »Also doch. Der Brandstifter war hier.«

Henrik hängte die feuchte Jacke ins Bad und rubbelte sich das Haar mit einem Handtuch trocken, strich es mit den Fingern glatt. »Ich glaube nicht, dass der Brandstifter es verloren hat«, erwiderte er. »So einen modernen Anzünder haben inzwischen viele mit dabei, um die Flamme des Gas-Kochfeldes zu entzünden. Früher nutzte man dazu einen Piezo-Anzünder oder ein Feuerzeug. Heute funktioniert es mittels starker elektrischer Impulse. Ich finde die Dinger auch sehr praktisch, sie kommen ohne Funken und Geruch aus und sind leicht wiederaufladbar.«

»Man kann damit aber auch Papier oder anderes brennbares Material in Brand setzen«, wandte Kathrin ein.

»Stimmt«, räumte Henrik ein. »Trotzdem muss es nichts bedeuten, dass das Feuerzeug dort lag. Ich tippe, es ist jemandem aus dem Wohnmobil gefallen, vermutlich stammt es aus einem Kastenwagen. Das passiert schnell: Du öffnest beim Kochen die Schiebetür, und das Ding rutscht von der Arbeitsplatte, ohne dass du es mitbekommst. Dann fährst du vom Platz weg und bemerkst den Verlust erst, wenn du erneut den Gasherd in Betrieb nehmen willst.«

»Es kann aber auch anders gewesen sein.« Kathrin konnte ihre Skepsis und Furcht nicht ablegen, beides schien plötzlich tief in ihr verankert.

»Ich befürchte, wir werden heute Nacht nicht herausfinden, was es mit dem Feuerzeug auf sich hat.« Henrik gähnte herzhaft.

»Ich sollte zurück in mein Bett«, sagte Kathrin, blieb aber sitzen. Schaute verlegen zu Boden.

»Was ist los?«, fragte Henrik sanft.

»Ich hab Schiss«, gestand Kathrin. »Ich möchte nicht wie Becker enden.«

»Das wirst du nicht.«

»Wahrscheinlich nicht. Ich habe trotzdem Angst. Mir ist vorher nicht bewusst gewesen, wie schnell ein Wohnmobil oder ein Wohnwagen in Flammen aufgehen kann.«

»Normalerweise bist du so sicher wie in einem Haus«, widersprach Henrik. »Und selbst dort kann ein Feuer ausbrechen. Daran musst du zu Hause doch auch nicht dauernd denken, oder?«

»Nein. Ich werde heute Nacht dennoch kein Auge zubekommen«, jammerte Kathrin und ärgerte sich gleichzeitig über ihre eigene Feigheit.

Henrik überlegte kurz. »Willst du hier bei mir schlafen?«

»Bei dir?« Kathrin riss erstaunt die Augen auf.

»Mein Bett ist groß genug für zwei. Und einen Schlafanzug hast du ja schon an.« Henrik wies auf einen Zipfel ihres blauen Pyjamas, der unter ihrem Pulli hervorlugte.

»Ich weiß nicht …« Kathrin zögerte. Sollte sie oder sollte sie nicht? Sie schätzte Henriks Freundschaft, vertraute ihm wie keinem anderen Menschen und wusste, dass sie sich hundertprozentig auf ihn verlassen konnte. Wenn sie ehrlich zu sich war, konnte sie sich ein Leben ohne ihn nicht mehr vorstellen. Doch bis jetzt hatten sie stets Abstand gehalten, waren sich körperlich nie nähergekommen. Sollte sich das heute Nacht ändern? Würde das ihre Beziehung auf ein neues Level heben? Wollte sie das überhaupt? Oder würde alles völlig harmlos?

»Ich beiße nicht«, versprach Henrik mit einem Grinsen. »Aber du wirst Leos Schnarchen ertragen müssen.«

»Du selbst schnarchst nicht?« Kathrin erwiderte sein Grinsen zaghaft.

»Nur wenn ich ein paar Gläser Bier getrunken habe. Heute bin ich stocknüchtern.«

»Hm.« Kathrin kaute nachdenklich auf ihrer Unterlippe.

»Wir brauchen beide eine Mütze Schlaf«, drängte Henrik.

»Wenn du meinst … Okay, diese eine Nacht.«

»Ich verschwinde jetzt im Bad. Du kannst es dir schon im Bett gemütlich machen. Such dir aus, auf welcher Seite du liegen möchtest, ich bin da nicht anspruchsvoll.«

Henrik schloss die Badtür hinter sich. Kathrin schlüpfte aus Pullover und Jogginghose und kroch auf der Matratze so weit nach rechts wie möglich, ihr Ellenbogen und das Knie berührten fast die Innenwand. Sie zog die Decke bis zum Kinn hoch. Das Bett knarrte, als Henrik ebenfalls hineinstieg.

»Schlaf schön«, sagte er, rollte sich auf die Seite und war zwei Minuten später eingeschlafen.

Kathrin lauschte seinen Atemzügen. Es fühlte sich ungewohnt an, wieder neben einer schlafenden Person zu liegen. Sie war schon so lang allein, so viele Jahre Witwe. Nach Peter hatte es keinen anderen Mann in ihrem Leben gegeben. Sie wollte nicht noch einmal so enttäuscht, bis ins Mark verletzt werden. Sie hatte sich selbst verboten, bedingungslos zu vertrauen, dem Glück eine zweite Chance zu geben. Sollte sich das nun ändern? Nein, lass die dummen Gedanken, befahl sie sich. Schlaf! Doch die ersehnte Nachtruhe ließ auf sich warten. Erst im Morgengrauen nickte sie ein. Und schreckte hoch, als das Klingeln von Henriks Handy sie aus wirren Träumen riss.

»Was ist?«, murmelte sie.

Henrik rieb sich die Augen und starrte auf das Display. »Harry«, sagte er verwundert. »Was will er bloß so früh?«

»Keine Ahnung.«

Der Klingelton erstarb abrupt. »Ich rufe zurück, sobald ich klar denken kann«, sagte Henrik. »Dazu brauche ich aber zuerst einen starken Kaffee.« Er wandte sich ihr mit einem Lächeln zu. »Und, wie hast du geschlafen?«

»Prima«, flunkerte Kathrin.

»Habe ich geschnarcht?«

»Nein, du hast ein bisschen im Schlaf geredet. Hast was von einem blauen Anzug gestammelt.«

Henrik warf die Bettdecke zurück und schoss ins Bad. Was hat er denn, dachte Kathrin perplex. Wieso reagiert er so empfindlich? Und war er gerade etwa rot geworden? So warm war es im Camper doch gar nicht. Sie überfiel die Ahnung, dass auf eine seltsame Nacht ein noch seltsamerer Morgen folgen würde.

13

Henrik leerte den Kaffeebecher und stellte ihn in die kleine Spüle seiner Küchenzeile.

»So, jetzt fühle ich mich in der Verfassung, mit Harry zu reden.« Er griff nach dem Handy.

»Ich nehme an, er hat ein paar Fragen zum Haus deines Onkels«, meinte Kathrin. »Hast du seit unserer Abfahrt noch einmal mit ihm darüber gesprochen?«

»Nein«, musste Henrik einräumen. »Ich habe mich, ehrlich gesagt, darum gedrückt. Ich war froh, ein bisschen Abstand zu haben. Mir graut schon davor, wenn ich dort wieder selbst Hand anlegen muss.«

»Ich kann auch nicht behaupten, dass ich mich darauf freue.« Kathrin zog die Mundwinkel nach unten. »Aber los, ruf ihn an, dann hast du es hinter dir. Womöglich gibt es nur eine Kleinigkeit zu klären.«

Henrik suchte die auf dem Handy gespeicherte Nummer und führte das iPhone zum Ohr. Harry nahm sofort ab.

»Moin, du ahnst nicht, was geschehen ist.«

»Mein Onkel hat im Keller einen Goldschatz verborgen, auf den ihr gestoßen seid«, flachste Henrik.

»Pah, das hätte ich dir nicht gesagt. Davon hättest du nicht eine einzige Münze gesehen«, ging Harry auf seinen scherzhaften Ton ein. »Ich hätte mir ein hübsches kleines Ferienhaus im Warmen gekauft. In Spanien oder Portugal oder Südfrankreich, wo die Sonne auch im Winter lacht.« Dann wurde er wieder ernst. »Spaß beiseite. Der Kollege aus Greetsiel hat mich mit seinem Anruf aus dem Bett geholt. Bei ihm auf dem Platz hat es ebenfalls gebrannt.«

»Wann?«, fragte Henrik und legte das Handy auf die Tischplatte. »Warte mal, ich schalte auf laut, damit Kathrin mithören kann. Sie sitzt mir gegenüber.«

»Moin, Kathrin.«

»Moin, Harry. Was liegt an?«

»In Greetsiel, das ist eine gute Stunde von euch entfernt, ist heute Morgen in aller Früh ein Wohnmobil in Flammen aufgegangen.«

Kathrin schluckte schwer. »Hat es Verletzte gegeben? Oder schlimmer? Du hast doch bestimmt mitbekommen, was für eine grauenvolle Explosion sich hier auf dem Platz ereignet hat.«

»Ja klar, das ist ja auf allen Kanälen viral gegangen. Schrecklich! Ich mag mir gar nicht ausmalen, wie wir jetzt dastehen würden, wenn es bei uns passiert wäre. Mein Mitgefühl gilt nicht nur den Angehörigen, sondern auch Meyer. Der hat einen fürchterlichen Stress am Hals.«

»Bei ihm liegen die Nerven blank«, sagte Kathrin.

»Den Eindruck hatte ich ebenfalls«, antwortete Harry. »Ich habe gestern mit ihm telefoniert. Um zu horchen, wie der Stand der Ermittlungen ist und ob ich ihm womöglich helfen kann.«

»Viel wissen wir noch nicht«, musste Henrik zugeben. »Der Brandstifter scheint uns immer einen Schritt voraus, lässt selbst die Polizei wie Deppen aussehen. Sie konnten bis jetzt nicht einmal mit Sicherheit bestimmen, welche Art von Brandbeschleuniger verwendet wurde. Aber egal, was ist in Greetsiel passiert? Und wo? Wenn ich mich recht erinnere, gibt es dort einen Campingplatz und einen separaten Wohnmobilstellplatz.«

»In der Region befinden sich mehrere Campingplätze, die bis jetzt allerdings nicht betroffen waren. Der heutige Vorfall hat sich auf dem Wohnmobilstellplatz an den Zwillingsmühlen ereignet. Ein älteres Wohnmobil ist Opfer der Flammen geworden. Zum Glück wurde niemand verletzt, die Besitzer waren wohl nicht vor Ort.«

»Puh.« Kathrin stieß hörbar den Atem aus.

»Wann hat es denn angefangen zu brennen?«

»Kurz vor Sonnenaufgang.«

»Und da war niemand im Wohnmobil? Das ist aber eher ungewöhnlich«, stellte Henrik fest. »Bist du sicher, dass sie dort in Greetsiel richtig nachgeschaut haben? Wir haben hier zuerst auch gedacht, dass sich Sören Becker, das Opfer, nicht in seinem

Wohnwagen aufgehalten hätte. Leider mussten wir feststellen, dass wir uns getäuscht haben.«

»Nun, ich war natürlich nicht dabei«, räumte Harry ein. »Aber der Brand war nicht so heftig wie der bei euch in Hooksiel, es kam zu keiner Explosion. Die Feuerwehr hatte alles rasch im Griff. Das Wohnmobil wird trotzdem ein Totalschaden sein, vermute ich.«

»Und die Besitzer?«, fragte Kathrin.

»Keine Ahnung. Ich kann nur das wiedergeben, was der Kollege mir kurz berichtet hat. Höchstwahrscheinlich wäre es das Beste, wenn ihr euch das vor Ort anschaut.«

»Ja, das wäre es wohl«, stimmte Henrik zu. »Obwohl es für mich«, er warf Kathrin einen entschuldigenden Blick zu, »ich meine, für uns hier im Wangerland noch einiges zu klären gibt. Wir stehen erst am Anfang unserer Ermittlungsarbeit. Aber die neuen Ereignisse lassen uns, wie ich vermute, keine andere Wahl.«

»Ihr müsst und dürft natürlich selbst entscheiden, wie ihr vorgeht«, sagte Harry. »Ich wollte euch nur so schnell wie möglich informieren.«

»Ja danke, geht schon in Ordnung«, sagte Henrik. »Ich werde gleich bei Meyer vorbeischauen und ihm sagen, dass sich unsere Pläne geändert haben. Im Anschluss machen wir uns auf den Weg.«

Kathrin nickte zustimmend. »In spätestens einer Stunde sind wir abfahrbereit.«

»Soll ich dem Kollegen in Greetsiel Bescheid geben, dass ihr in Kürze bei ihm aufschlagen werdet?«, bot Harry an.

»Ja, das kann ganz gewiss nicht schaden«, antwortete Henrik. »Wir wollen auch dort kein Aufsehen erregen, sollten nach wie vor besser unter dem Radar bleiben. Gibt es eigentlich schon Neuigkeiten zum Brand bei den Söllers? Ich habe vorgestern nochmals mit dem Gemeindebrandmeister geredet, doch er hat sich ziemlich bedeckt gehalten. Ich vermute, die tappen weiterhin im Dunkeln.«

»Es war ein Gutachter vor Ort, der sich die Parzelle und die

Elektroanschlüsse angeschaut hat. Seiner Meinung nach ist ein Schmorbrand durch einen technischen Defekt auszuschließen.«

»Davon ist inzwischen wohl niemand mehr ausgegangen«, meinte Kathrin.

»Nein, der Brand ist definitiv gelegt worden.« Harry klang grimmig.

»Ich wünschte, der Brandstifter wäre nicht so verdammt clever«, stöhnte Henrik. »Nur ein winziger Fehler, eine kleine Unachtsamkeit würden genügen, dass wir näher an ihn herankommen, sein Tun besser einschätzen können. Derzeit verhält es sich wie bei dem Hasen und dem Igel, wobei wir andauernd der frustrierte Hase sind. Kein schönes Gefühl.«

»Dieser elendige Kerl kocht uns alle mürbe«, sagte Harry. »Eine solche Saison brauche ich so schnell nicht wieder.«

»Okay, dann werden wir also gleich unsere Zelte hier abbrechen«, verkündete Henrik, um das Gespräch zu beenden. »Auf nach Greetsiel.«

»Moment, eine Sache wäre da noch«, bat Harry.

»Was denn?« Henrik schwante nichts Gutes.

»Meine Leute waren im Haus deines Onkels nicht untätig«, begann Harry.

Henrik hielt unwillkürlich die Luft an. So ein Mist, das war's dann, dachte er. Harry würde sicherlich gleich verkünden, dass er ihm nicht mehr helfen wollte. Dass er die Arbeiten eingestellt hätte, weil der Aufwand für ihn nicht mehr tragbar war. Ab jetzt müsste er sich wieder allein um den Schlamassel kümmern, müsste die Herkulesaufgabe ohne Unterstützung stemmen. Henrik unterdrückte den Impuls, mit der Faust auf den Tisch zu schlagen. Hätte er doch niemals diesen verflixten Brief gelesen, mit dem ihn sein Onkel selbst von seiner Wolke sieben, oder wo immer er sich jetzt auch befand, unter Druck setzte.

»Sie haben schon einen ganzen Bauschuttcontainer voll Müll aus dem Haus geschleppt«, unterbrach Harry seine trüben Gedanken. »So allmählich sieht man Licht am Ende des Tunnels. Obwohl noch sehr viel zu tun ist, aber meine Männer bleiben dran.«

Henrik schüttelte verdattert den Kopf, weil er nicht glauben konnte, was er hörte. »Das ist toll, ganz ausgezeichnet«, stammelte er lahm.

»Ja, es geht voran. Meine Leute fragen sich nur, was sie mit den persönlichen Dingen machen sollen. Sie haben sie erst einmal aussortiert und zur Seite gelegt. Ist das für dich okay?«

»Klar doch«, beeilte sich Henrik zu versichern.

»Sie haben übrigens auch mehrere Kisten mit Zeichnungen gefunden«, berichtete Harry. »Seltsamerweise nicht im Atelier, sondern auf dem Dachboden. Sagtest du nicht, dein Onkel sei Karikaturist gewesen?«

»Ein ziemlich bekannter sogar.«

»Die Zeichnungen, die sich in den Kisten befinden, sind überhaupt nicht humoristisch. Im Gegenteil, sie sind eher düster. Ich persönlich finde sie total abstoßend«, gestand Harry. »Ich weiß allerdings nicht, ob sie womöglich doch von Wert sind. Jetzt, wo dein Onkel tot ist, könnte es ja sein, dass es sich wie bei van Gogh verhält. Dass seine Werke posthum beim Verkauf Millionen einbringen.« Henrik und Kathrin hörten ihn kurz auflachen. »Wie dem auch sei, wir haben sie sicherheitshalber in unseren Lagerraum gebracht. Dort kannst du sie dir später in Ruhe anschauen und entscheiden, was mit ihnen geschieht.«

»Ich kümmere mich darum, sobald ich mich auf etwas anderes als auf diesen verdammten Brandstifter konzentrieren kann«, versprach Henrik. »Sag deinen Leuten einen lieben Dank von mir, ich werde mich revanchieren, wenn wir den Auftrag erledigt haben. Versprochen!«

»Also gut, wir bleiben in Kontakt.« Die Verbindung erstarb.

Henrik schaute nachdenklich aus dem Fenster und sah, wie die Sonne sich einen Weg durch die Wolken bahnte. Wenigstens mussten sie nicht bei strömendem Regen aufbrechen.

»Habe ich noch Zeit, schnell unter die Dusche zu springen?«, fragte Kathrin.

Henrik nickte. »Auf die paar Minuten wird es nicht ankommen. Der Schaden ist ja bereits angerichtet, den Brand können wir nicht mehr verhindern. Himmel, ich habe das Gefühl, ein blutiger Anfänger zu sein. Der Brandstifter macht, was er will, ohne dass ich ihn stoppen kann. Das ist für mich als Ermittler eine Bankrotterklärung.«

Kathrin stand auf. »Bis gleich dann.«

Henrik öffnete stumm die Schiebetür für sie. Es schmerzte ihn, dass sie ihm nicht widersprochen hatte.

14

Kathrin erreichte eine Dreiviertelstunde später als Henrik die Mühlenstraße und damit die Zufahrt zum Wohnmobilstellplatz Greetsiel. Sie hatte unterwegs an einem Supermarkt angehalten und ihre Bordvorräte aufgefrischt. Außerdem war Henrik wie die gesengte Sau gerast, hatte mit Dauerbleifuß auf dem Gaspedal gestanden. Das hatte Kathrin sich und ihrem betagten Wohnmobil nicht antun wollen. Sie fragte sich, was plötzlich in ihn gefahren war. Ja, er konnte mitunter mürrisch, ungeduldig und fordernd sein. Oft nahm er auf die Gefühle anderer wenig Rücksicht, was Kathrin darauf zurückführte, dass er schon immer allein gelebt hatte und im Umgang mit seinen Mitmenschen nicht besonders geübt war. Meist verflog seine schlechte Laune jedoch so schnell, wie sie gekommen war, und er wurde wieder zu dem Henrik, den sie mochte und schätzte.

Seit Harrys Anruf schien er verändert, wirkte gehetzt und gestresst. Machten ihm die mageren Ermittlungsergebnisse, die er bis jetzt vorzuweisen hatte, derart zu schaffen? Kratzte sein angebliches Versagen so heftig an seinem Selbstbewusstsein? Dabei sollte gerade er als Profi wissen, dass sich solch komplexe Fälle nicht über Nacht aufklären ließen. Außerdem war er erst vor Kurzem in die Ermittlungsarbeiten eingestiegen, hatte sich noch nicht voll eingearbeitet. Warum legte er die Latte für sich so hoch? Wenn selbst die Polizei, die die Brandserie seit dem Frühsommer verfolgte, nicht schlauer wirkte und ein Durchbruch nicht absehbar war. Der Täter führte sie allesamt an der Nase herum. Reagierte Henrik deshalb so »verschnupft«? Oder steckte etwas ganz anderes dahinter?

Ihr wurde mit einem Mal heiß, sie spürte, wie die Hitze auf ihren Wangen und ihrem Hals prickelte. Schnell kurbelte sie das Fenster hinunter, damit der frische Fahrtwind ihr Kühlung brachte. Doch der Wind schaffte es nicht, den Gedanken wegzupusten, der sich in ihrem Kopf festgesetzt hatte. War in der

Nacht – ihrer ersten gemeinsamen Nacht – etwas passiert, das nicht hätte passieren dürfen, fragte sie sich bang. Bis eben war sie davon ausgegangen, dass Henrik tief und fest geschlafen hatte. War das ein Irrtum gewesen? Hatte er etwa wach gelegen, als sie gegen Morgen weggedämmert war? Hatte er mitbekommen, wie sie im Halbschlaf etwas von sich gegeben hatte, das sie besser für sich behalten hätte? Oh nein, bitte nicht, flehte sie still und kämpfte innerlich mit einem Anflug von Scham und Verlegenheit.

Normalerweise, also bei Tageslicht, erachtete sie Henrik als Freund und Campinggefährten, er war für sie ein Kumpel, mit dem man Pferde stehlen konnte. Der ein offenes Ohr für ihre Sorgen und Nöte hatte. Mit dem man albern lachen konnte. Aber wenn es Nacht wurde … Kathrin musste sich eingestehen, dass sie sich, wenn sie allein im Bett lag, in letzter Zeit öfter nach Nähe und Geborgenheit sehnte. Sich an die Gefühle erinnerte, die sie während der Jahre mit Peter verspürt hatte. Und als der Schlaf in der vergangenen Nacht wieder einmal nicht hatte kommen wollen, da hatte sie ein bisschen gehofft, dass Henrik sich ihr zuwenden, sie in den Arm nehmen würde. Hatte sie ihren Wunsch etwa laut geäußert? Oder, noch schlimmer, hatte sie sich ihm im Schlaf genähert, wo er doch auf Abstand bedacht war?

Oh nein, bitte nicht, dachte sie und streckte den Kopf weit aus dem Fenster. Ihre Wangen waren bestimmt schon tomatenrot. Sie hatte keinen blassen Schimmer, wie sie mit der Situation umgehen sollte. Mit Henrik offen darüber reden oder tunlichst schweigen? Sie gab der eigenen Feigheit nach und entschied sich für Letzteres. Vielleicht war alles ja auch nur Spekulation, tröstete sie sich.

Dennoch war sie froh, dass Ablenkung von dem Kopfkarussell, das sie plagte, in Sicht war. Die Einfahrt zum Wohnmobilstellplatz lag vor ihr. Leider war sie blockiert, ein Feuerwehrauto und zwei Einsatzfahrzeuge der Polizei hatten dort Aufstellung genommen, und es sah nicht so aus, als ob sie in Kürze wegfahren wollten. Kathrin legte den Rückwärtsgang ein, setzte zurück und parkte ihr Oldtimer-Wohnmobil auf dem Seitenstreifen des großen Pkw-Parkplatzes, wo sie auch Henriks Kastenwagen vorfand.

Sie stieg aus und ging auf die Absperrung zu. Hinter dem Flatterband hatte sich ein Trüppchen Schaulustiger versammelt. Das verkohlte Gerippe eines Wohnmobils, das, wie sie vermutete, nur wenige Jahre jünger als ihres gewesen war, bot einen traurigen Anblick. Der Mittelteil, in dem sich die Küche und die Sitzecke befunden hatten, war bis auf die Bodenplatte abgebrannt, auch das Dach existierte nicht mehr. Die Heckwand war seltsamerweise stehen geblieben, das Fenster jedoch ohne Scheibe, sie war geschmolzen oder geborsten. Die Fahrerkabine war ebenfalls fensterlos. Zwei gebogene, vom Feuer geschwärzte Metallstreben verrieten, dass es sich um ein Alkovenfahrzeug handelte.

Kathrin wurde es schwer ums Herz: Mit diesem Wohnmobil würde niemand mehr auf Tour gehen, es war ein Totalschaden. Hoffentlich sind die Besitzer wenigstens gut versichert, dachte sie. Mit dem Geld, das sie von der Versicherung erhalten würden, könnten sie sich ein neues Wohnmobil kaufen. Das dann ebenfalls in Brand gesteckt wird, meldete sich eine fiese kleine Stimme in ihrem Inneren. Waren etwa alle, die diesem Hobby frönten, in Gefahr? War der Brandstifter darauf aus, dieser Art des Reisens den Garaus zu machen? Ich sollte schleunigst nach Hause fahren, schoss es ihr durch den Kopf, bevor Töfftöff dasselbe Schicksal ereilt.

Unruhig trat sie von einem Fuß auf den anderen. Da entdeckte sie Henrik, der mit zwei Feuerwehrleuten sprach. Er gab ihr durch ein kurzes Kopfnicken zu verstehen, sie ebenfalls gesehen zu haben. Der Impuls abzuhauen verflog so schnell, wie er gekommen war. Nein, sie konnte ihn jetzt nicht im Stich lassen, er zählte auf sie. Doch was sollte sie nun tun? Der Wohnmobilstellplatz würde sicherlich noch Stunden gesperrt sein. Das Beste wäre, wenn sie auf dem Seitenstreifen des Pkw-Parkplatzes stehen blieb und sich später mit Henrik beriet, wie sie weiter vorgehen wollten. Sie drehte sich um und schlurfte zurück zum Wohnmobil.

Mit einem Schlag war sie hundemüde, die beinahe schlaflose Nacht und die Aufregung der letzten Tage machten sich bemerkbar. Höchste Zeit, einen starken Kaffee zu trinken und zu frühstücken, beschloss sie. Beim Entriegeln der Aufbautür nahm sie aus den Augenwinkeln eine ältere Frau wahr, die neben den Parkbuchten auf einer Bank saß. Die Frau hatte den Kragen ihrer Jacke hochgeschlagen und hielt den Kopf gesenkt. Ihre Schultern bebten, so als ob sie weinte.

Kathrin zögerte ein paar Sekunden, dann ging sie auf die Frau zu.

»Hallo. Ist bei Ihnen alles in Ordnung?«

Die Frau schwieg.

Kathrin beugte sich hinunter, um der Frau ins Gesicht zu sehen. Das war blass und von Tränenspuren gezeichnet. »Kann ich Ihnen helfen?«, fragte sie sanft.

Die Frau rückte ihre große Brille zurecht, fuhr sich mit dem Handrücken unter der Nase entlang und schüttelte den Kopf. »Geht schon.«

»Das wirkt auf mich aber nicht so«, widersprach Kathrin. »Soll ich Ihnen ein Taxi rufen? Oder Sie zu Ihrem Wagen begleiten? Wo steht er denn?« Sie blickte um sich.

»Ich warte auf meinen Sohn«, sagte die Frau.

»Gut. Und wann kommt er?«

»Kann eine Weile dauern.«

Kathrin seufzte innerlich. Die Frau, die Ende sechzig, Anfang siebzig sein mochte, war nicht sonderlich gesprächig. Ihr kam ein Verdacht: War sie etwa geistig nicht mehr auf der Höhe und aus einem Seniorenheim ausgebüxt? So etwas passierte ja häufiger, und die Polizei bat die Bevölkerung dann oft um Mithilfe. Andererseits passte die Kleidung der Frau nicht so recht zu diesem Szenario. Sie trug eine wetterfeste Hose und Jacke, Wanderstiefel und hatte einen Rucksack neben sich stehen. Kathrin verwarf den Gedanken.

»Wo kommt Ihr Sohn denn her?«, versuchte sie nochmals, ins Gespräch zu kommen.

»Aus Leipzig.«

»Leipzig?« Kathrin starrte die Frau verblüfft an. »Oje, da wird er aber noch einige Zeit brauchen, bis er hier ist.«

»Ja.«

Kathrin gab sich geschlagen. Wenn die Frau sich partout nicht helfen lassen wollte, konnte sie es nicht ändern, dann musste sie halt schauen, wie sie allein klarkäme. Kathrin sehnte sich nach einem heißen Kaffee und einer Scheibe Schwarzbrot mit Sanddornkonfitüre – sie hatte beides im Supermarkt gekauft.

»Ich geh dann mal. Einen guten Tag noch«, verabschiedete sie sich.

Die Frau nickte stumm. Kathrin war schon fast wieder bei ihrem Wohnmobil angelangt, da erinnerte sie sich an etwas, das sie soeben gesehen hatte: Das Kennzeichen des abgebrannten Wohnmobils war nicht völlig zerstört gewesen, sie hatte darauf noch ein paar Ziffern und ein großes L erkennen können. L für Leipzig? Könnte es sein, dass es sich bei der Frau um die bedauernswerte Besitzerin handelte? Doch warum saß sie mutterseelenallein auf der Bank? Warum kümmerte sich niemand von der Polizei oder der Feuerwehr um sie? Sie wirkte äußerlich unverletzt, stand aber offensichtlich unter Schock. Kathrin eilte zu ihr zurück.

»Ist das Ihr Wohnmobil, das heute früh zerstört wurde?« Sie wies in Richtung des Wohnmobilstellplatzes.

Endlich hob die Frau den Kopf. »Ja.«

»Das tut mir leid«, bekundete Kathrin. »Aber Sie sollten hier nicht so sitzen bleiben.«

»Wo soll ich denn hin?« Die Frau klang resigniert. »Mit der Polizei und Feuerwehr habe ich alles Notwendige geklärt, sie werden mein Wohnmobil zur Untersuchung nach Aurich abschleppen. Weitere Fragen kann ich am Telefon beantworten, dafür muss ich nicht vor Ort sein. Mein Sohn wird mich nach Hause fahren.«

»Von Greetsiel bis Leipzig – das sind wie viele Kilometer?« Kathrin runzelte die Stirn, versuchte, sich die Strecke auf der Landkarte vorzustellen.

»Ein bisschen mehr als fünfhundert«, antwortete die Frau.

»Ihr Sohn wird es nicht schaffen, vor dem Abend hier zu sein. So lange können Sie keinesfalls auf der Bank sitzen bleiben. Das wäre nicht gut für Sie.« Kathrin bemühte sich, ihrer Stimme einen strengen Klang zu verleihen. Sie wollte unbedingt verhindern, dass die Frau die Wartezeit im Freien verbrachte. Dafür war es trotz der Sonne zu kühl. »Sie werden sich eine Erkältung oder gar eine Lungenentzündung holen«, warnte sie.

»Ist mir egal.«

»Mir aber nicht.« Kathrin stemmte die Hände in die Hüften. »Kommen Sie, wir gehen jetzt in mein Wohnmobil. Da ist es gemütlicher.«

Die Frau hüllte sich erneut in Schweigen. Kathrin seufzte innerlich. Sie konnte die Frau ja nicht zwingen, ihr zu folgen, nur hoffen, sie zu überzeugen.

»Ihr Sohn wird nicht wollen, dass Sie sich halb zu Tode frieren«, behauptete sie. »Und nach dem Schrecken von heute Morgen müssen Sie besonders gut auf sich achtgeben.«

Die Frau vergrub die Schneidezähne in der Unterlippe, schien über Kathrins Vorschlag nachzudenken. »Von mir aus«, sagte sie schließlich. »Aber nur, wenn es Ihnen wirklich nichts ausmacht. Ich möchte niemandem zur Last fallen.«

»Tun Sie nicht«, versicherte Kathrin und fasste sie sanft am Arm.

Der Kaffee blubberte in der Espressokanne, als Kathrin es klopfen hörte und die Wohnmobiltür aufgerissen wurde.

»Du ahnst nicht, was ich erfahren habe«, sprudelte es aus Henrik heraus.

Kathrin drehte sich vom Herd weg und legte warnend den Zeigefinger vor die Lippen. Henrik zog verwundert die Augenbrauen hoch, verstummte aber sofort.

»Ich habe überraschend Besuch bekommen und Kaffee gekocht«, verkündete Kathrin im Plauderton. »Möchtest du auch eine Tasse?«

»Ja gern.« Henrik kam ins Wohnmobil, erblickte die Frau, die dort am Dinettentisch saß, und streckte ihr die Hand entgegen.

»Henrik Richtersen, ein Freund von Kathrin, wir machen zusammen Urlaub.«

»Inka Oppermann.« Die Frau ließ es zu, dass er ihre Hand kurz in die seine nahm, wirkte aber immer noch seltsam teilnahmslos. Kathrin goss vom Kaffee ein, stellte Milch und Zucker auf den Tisch.

»Frau Oppermanns Wohnmobil ist heute durch ein Feuer zerstört worden.«

»Ach, wie schrecklich!«, tat Henrik erstaunt. »Hier auf dem Stellplatz? Ich habe mich schon gewundert, warum dahinten Polizei und Feuerwehr stehen.«

»Ja, sie sind wegen des Brandes dort«, beeilte sich Kathrin zu antworten. »Frau Oppermann wartet auf ihren Sohn, der sie aus Leipzig abholen kommt.«

»Gut, gut.«

Kathrin konnte Henrik anmerken, dass er ein paar Sekunden brauchte, um sich auf die neue Situation einzustellen. Er hatte bestimmt nicht damit gerechnet, die Geschädigte des heutigen Wohnmobilbrandes ausgerechnet bei ihr vorzufinden. Sie beschloss, fürs Erste die Initiative zu ergreifen, die günstige Gelegenheit zu nutzen, um etwas über die Umstände des Brandes zu erfahren. Sofern sie es fertigbrachte, die Frau zum Reden zu bewegen.

»Haben Sie heute schon gefrühstückt?«, wandte sie sich mit einem Lächeln an Frau Oppermann.

»Wollte ich nachher im Wohnmobil.«

Kathrin holte eine Packung Butterspritzgebäck aus dem Schrank und gab die Kekse auf einen Teller, den sie auf den Tisch stellte. »Greifen Sie zu. Mit einer Kleinigkeit im Magen werden Sie sich gleich besser fühlen.«

»Das bezweifele ich«, gab Frau Oppermann verbittert von sich.

Kathrin streckte demonstrativ die Hand nach einem Plätzchen aus und biss hinein. »Zum Glück waren Sie nicht im Wohnmobil, als das Unglück geschah«, sagte sie, nachdem sie aufgekaut hatte.

»Nein, ich bin in aller Frühe, noch vor Morgengrauen, aufgestanden und war wandern.«

»Da hatten Sie aber, wenn ich das mal so sagen darf, einen fleißigen Schutzengel«, stellte Kathrin fest.

»Oh ja. Ich mag mir gar nicht ausmalen, wie es für Sie ausgegangen wäre, wenn Sie sich im Wohnmobil aufgehalten hätten«, schlug Henrik in dieselbe Kerbe. »Wenn das Feuer Sie im Schlaf überrascht hätte.«

»Dann würde ich jetzt nicht hier sitzen.«

Henrik hob seine Kaffeetasse und prostete Frau Oppermann damit zu. »Lassen Sie uns auf das Leben trinken. Dass Ihnen nichts passiert ist, ist das Allerwichtigste. Ein Wohnmobil kann man ersetzen, ein Menschenleben nicht.«

»Wahrscheinlich haben Sie recht.« Ein leises Lächeln huschte über Frau Oppermanns Gesicht. Sie schien Henriks Charme zu erliegen, taute ein wenig auf.

»Das Feuer muss ja schrecklich gewütet haben, wenn nichts mehr zu retten ist«, sagte Kathrin mitfühlend.

»Ja, das hat es. Als ich zurückkam, hat mir einer der Camper erzählt, dass alles rasend schnell gegangen ist. Als die Feuerwehr eintraf, war es eigentlich schon zu spät. Ich habe es ja nicht mit eigenen Augen gesehen, ich war zu dem Zeitpunkt nicht dort.« Frau Oppermann nahm einen Schluck Kaffee, verzog den Mund und rührte Zucker ein.

»Zum Glück hat der Stellplatznachbar, der die Flammen entdeckt hat, die beiden Gasflaschen aus dem Fach gezogen«, fuhr sie fort, war auf einmal sehr mitteilsam. »Er hat sich bei mir entschuldigt, weil er die Tür hat aufhebeln müssen. Wenn es nur eine kaputte Staufachtür gewesen wäre …« Frau Oppermann seufzte.

»Sie hatten trotzdem Glück im Unglück«, sagte Kathrin. »Es hätte alles viel tragischer enden können.«

»Im ersten Moment war ich total geschockt, konnte mich kaum rühren und an nichts denken«, sagte Frau Oppermann. »Und dann sind mir gleich die Bilder von diesem fürchterlichen Unglück auf dem spanischen Campingplatz in den Sinn gekommen. Damals gab es so viele Tote und Verletzte. All das Leid mitten im Urlaubsparadies. Oh Gott, oh Gott, wenn das auch hier passiert wäre, ist mir durch den Kopf geschossen.« Ihre Stimme war plötzlich rau, und sie trank einen Schluck Kaffee.

»Sprechen Sie von dem mit Flüssiggas beladenen Tanklaster, der in den Campingplatz an der Costa Daurada gerast ist?«, fragte Henrik.

»Ja.« Frau Oppermann nickte.

»An dem Tag ist beinahe der gesamte Campingplatz ausgelöscht worden«, sagte Henrik mit bedrückter Miene. »Allerdings war die Sachlage dort eine andere. Der Tank des Lasters war überladen und platzte, ging deshalb in die Luft. Was wiederum die Gasflaschen der Camper auf dem Platz zum Explodieren gebracht hat. Ich kann mich noch gut an die Berichte im Fernsehen über den gigantischen Feuersturm erinnern.«

»Ich mich auch. Es war so furchtbar«, sagte Kathrin. »Dem Himmel sei Dank ist hier heute niemand zu Schaden gekommen.«

Henrik fischte einen Keks vom Teller. »Ach, lassen wir das Thema, es ist zu deprimierend. Ich habe Angst, dass mich das im Schlaf verfolgt. Apropos«, wandte er sich an Frau Oppermann. »Sind Sie immer so früh auf den Beinen? Ich bin vor neun kaum ansprechbar.«

»Ich leide an chronischen Schlafstörungen«, gestand Frau Oppermann. »In der letzten Nacht war es wieder einmal nicht zum Aushalten, ich habe kein Auge zugetan.«

»Oh, das ist übel. Davon kann ich auch ein Lied singen«, sagte Kathrin.

»Gegen halb fünf habe ich dem sinnlosen Herumwälzen ein Ende bereitet und bin aufgestanden.«

»Liegen zu bleiben und weiterzugrübeln macht alles nur schlimmer«, pflichtete Kathrin ihr bei.

»Ja, da werden die Gedanken immer düsterer, und irgendwann werde ich von blanker Panik übermannt. Dagegen hilft nur frische Luft und Bewegung.«

»Besser, als Pillen zu schlucken«, lobte Henrik.

»Ja, die wirken bei mir sowieso nicht«, sagte Frau Oppermann. »Ich bin also raus aus den Federn und hatte spontan die Idee, zum Pilsumer Leuchtturm zu laufen und mir den Sonnenaufgang von dort anzuschauen. Ich dachte, um die Uhrzeit wäre ich allein unterwegs. Wissen Sie, in den Sommerferien und an den Wochenenden ist es am Leuchtturm total überlaufen, man bekommt kaum ein Bein auf die Erde beziehungsweise auf den Deich.«

»Ich kenne den Leuchtturm nur von Bildern«, räumte Kathrin ein. »Aber er ist, wie ich finde, sehr fotogen. Kein Wunder, dass die Leute in Scharen dorthin pilgern.«

»Ich fotografiere ebenfalls gern«, tat Frau Oppermann kund. »Und der Leuchtturm ist durch den rot-gelb geringelten Farbanstrich ein tolles Motiv, ich habe schon zig Fotos davon geschossen. Auch heute sind mir, wie ich glaube, ein paar recht gute gelungen. Ich hatte mich darüber gefreut. Zu dem Zeitpunkt hatte ich ja noch keine Ahnung, was mich bei der Rückkehr auf dem Stellplatz erwarten würde.« Frau Oppermann zog die Mundwinkel nach unten.

»Nein, damit konnte wohl niemand rechnen«, sagte Henrik mitfühlend. »Aber waren Sie dort am Leuchtturm tatsächlich so allein, wie Sie annahmen?«

»Nein. Letzte Nacht haben anscheinend einige Leute an Schlaflosigkeit gelitten«, antwortete Frau Oppermann mit einem Anflug von Galgenhumor. »Auf dem Leuchtturm-Parkplatz waren erstaunlich viele Autos abgestellt, und am Leuchtturm hatten sich so fünfzehn, sechzehn Frühaufsteher versammelt, die wie ich Fotos machten.«

»Wollte Otto – ich meine den Komiker – den Leuchtturm nicht einst in einem Film retten?«, glaubte Henrik sich zu entsinnen. »Wie hieß der Film aus den späten 1980er-Jahren noch mal? ›Otto – Der Außerirdische‹?«

»›Otto – Der Außerfriesische‹«, korrigierte ihn Frau Oppermann prompt.

»Ich kenne den Film nicht«, sagte Kathrin. »Doch ich nehme

an, dass Otto mit seiner Rettungsaktion Erfolg hatte. Der Turm steht ja noch.«

»Ihn zu retten, war damals nicht so schwer. Bei meinem Wohnmobil hat es nicht geklappt, da kam jede Hilfe zu spät.« Frau Oppermanns Gesicht hatte sich wieder verfinstert.

»Haben Sie eine Vermutung, warum es ausgerechnet Ihr Wohnmobil erwischt hat?«, erkundigte sich Henrik.

»Ach herrje, das hat mich die Polizei auch schon gefragt. Wenn ich es nur wüsste!« Frau Oppermann klang genervt. »Ich mache seit über dreißig Jahren Camping, hatte in all den Jahren keinen einzigen Unfall. Aber irgendwann trifft es wohl jeden, da ist man einfach fällig. Alles eine Frage der Zeit, bis was passiert, nehme ich an.«

»Wie war denn der Zustand Ihres Wohnmobils? War es noch gut in Schuss?«, fragte Henrik.

»Nun, es war nicht mehr das jüngste, hatte schon einige Jahre und Kilometer auf dem Buckel«, antwortete Frau Oppermann. »Aber alles in allem war es sehr gepflegt. Obwohl mein Ex-Mann damit nicht viel am Hut hatte. Um die notwendigen TÜV-Untersuchungen und Reparaturen musste ich mich stets allein kümmern, und nach der Scheidung hat sich daran nichts geändert. Ich bin fest davon ausgegangen, dass ich mit dem Wohnmobil so lange reisen würde, bis es bei mir gesundheitlich nicht mehr geht. Dass alles Knall auf Fall endet, damit hätte ich im Traum nicht gerechnet.« Frau Oppermann nahm die Brille ab und wischte sich über die Augen.

»Ich mag mir nicht ausmalen, wie ich mich fühlen würde, wenn Töfftöff zerstört würde.« Kathrin tätschelte liebevoll das Polster der Sitzbank.

»Es ist, als ob man ein Familienmitglied verliert«, schniefte Frau Oppermann und setzte die Brille wieder auf die Nase. »Das geht einem unter die Haut. Und ich bin mir nicht sicher, ob ich mir ein neues Wohnmobil werde leisten können. Mal abwarten, was die Versicherung zahlt.«

»Ach, das wird schon.« Kathrin berührte tröstend ihre Hand.

»Ich an Ihrer Stelle würde nicht so schwarzsehen«, riet Henrik. »Auf dem Gebrauchtmarkt gibt es momentan interessante Angebote. Viele Leute haben sich in der Pandemie ein Freizeitfahrzeug angeschafft und merken nun, dass diese Art von Urlaub doch nichts für sie ist.«

»Meine Nachbarn sind in diesem Sommer auch wieder nach Mallorca geflogen und haben ihren Wohnwagen verkauft«, sagte Kathrin.

»Hm, ein Wohnwagen, das wäre vielleicht eine Idee. Ich hatte vor meiner Ehe einen kleinen Wohnwagen, habe damit eine tolle Zeit verlebt.« Frau Oppermann schaute versonnen aus dem Fenster. »Wir waren damals eine ziemlich wilde Truppe, waren verrückt nach Partys, gutem Essen, Cocktails on the rocks und der Musik. Die Nächte haben wir durchgeschwoft, manchmal hatte ich morgens Blasen an den Füßen. Wir waren ja alle noch so jung. Und so unschuldig«, fügte sie wie in einem Nachgedanken hinzu. Dann wurde sie wieder traurig. »Aber nichts bleibt, wie es war. Inzwischen zwickt mein Kreuz, wenn ich mich zu heftig bewege, und mehr als ein Glas Wein vertrage ich nicht. Wir werden alle nicht jünger.«

»Oh ja, da muss ich Ihnen leider zustimmen.« Henrik zog eine Grimasse.

»Trotzdem – einen Wohnwagen als Ersatz für das Wohnmobil, das könnte ich mir gut vorstellen«, bekundete Frau Oppermann. »Mit dem käme ich ebenso an die frische Luft und unter Menschen. In meiner kleinen Bude in Leipzig fällt mir oft die Decke auf den Kopf. Da habe ich manchmal Gedanken, die ich nicht haben will.«

Kathrin stand auf und griff nach der Espressokanne. »Ich werde noch mal Kaffee aufsetzen, ich kann eine zweite Tasse gut vertragen.«

Henrik schob mit der Fingerspitze einen Kekskrümel auf der Tischplatte herum und wechselte abrupt das Thema. »Waren Sie eigentlich schon mal im Wangerland, Frau Oppermann?«

Sie stutzte, schien kurz zu überlegen. »Ich bin öfter in Norddeutschland unterwegs«, antwortete sie. »Meistens fahre ich an die Ostsee, dahin komme ich von Leipzig aus schneller als nach

Ostfriesland, obwohl mir die Nordsee besser gefällt. Aber Wangerland, das ist mir neu. Wo liegt das denn?«

»Etwa eine Fahrstunde von hier entfernt, nördlich von Wilhelmshaven«, erklärte Henrik.

»Nein, da war ich noch nie.« Frau Oppermann schüttelte energisch den Kopf. »Und wenn ich nach Ostfriesland reise, nehme ich meistens die Strecke über Hannover und Osnabrück. Meine Nichte wohnt in Lingen an der Ems, da lege ich oft einen Zwischenstopp ein, besuche sie und ihre Familie.«

»Ja, über die A 31 fährt es sich für gewöhnlich entspannter«, meinte Henrik.

»Was ist denn mit diesem Wangerland? Warum sollte ich ausgerechnet dort gewesen sein?« Frau Oppermann klang plötzlich mürrisch und schien Henrik nicht mehr so freundlich zugetan.

»Wir kommen gerade aus Hooksiel im Wangerland«, sagte Kathrin. »Und wie der Zufall es will, hat es dort ebenfalls gebrannt. Allerdings auf dem Campingplatz, nicht auf dem Wohnmobilstellplatz.«

»Ach, tatsächlich? Das habe ich nicht mitbekommen«, behauptete Frau Oppermann.

»Das Fernsehen hat darüber berichtet. Und im Radio haben sie es ebenfalls auf verschiedenen Sendern gemeldet«, sagte Henrik.

»Ich habe keinen Fernseher im Wohnmobil. Ich meine, ich hatte keinen, wollte nie einen haben. Und Radio höre ich auch nicht oft. Ich belaste mich nicht mit schlechten Nachrichten, das ist nicht gut fürs Gemüt.« Frau Oppermann straffte die Schultern, wirkte mit einem Mal kämpferisch.

Kathrin lehnte sich mit dem Rücken an die Küchenzeile, gab sich nachdenklich. »Ist schon komisch. Erst brennt es dort und dann hier.«

»Ja, das finde ich auch seltsam«, stimmte Henrik zu.

Frau Oppermann zuckte mit den Schultern. »Unfälle geschehen, dagegen ist niemand gefeit. Man sieht ja an meinem Wohnmobil, wie schnell es gehen kann. Irgendetwas funktioniert bei der Technik nicht einwandfrei, und schon nimmt das Unglück seinen Lauf.«

»Ja, leider auch an so zauberhaften Orten wie in Greetsiel.« Henrik wies mit der Hand zum Fenster. »Aber es hat, wie mir gerade ein anderer Camper erzählt hat, nicht nur an der Küste gebrannt. Auf einem Campingplatz an der Unterweser hatten sie die Tage ebenfalls mit einem Feuer zu kämpfen.«

»Nein! Das gibt es doch nicht!«, tat Kathrin erstaunt, und Henrik ging auf ihr Spiel ein.

»Ich konnte es auch kaum glauben, aber warum sollte der Mann lügen?«, fragte er in die Runde. »Allerdings ist dort auf dem Platz nicht viel passiert, es war wohl eher ein kleines Feuer.«

»Gott sei Dank!«, rief Kathrin. Frau Oppermann schwieg.

»Der Camper hat übrigens gemeint, dass es an der Weser sehr hübsch sei. Dass man sich das unbedingt mal anschauen sollte.« Henrik lächelte Kathrin an. »Wie wäre es, wenn wir einen Abstecher dorthin machen? Es wäre doch nett, mal was Neues zu erkunden, oder?«

»Ja, das ist eine prima Idee.« Kathrin war erstaunt, wie leicht ihr das Schwindeln fiel.

Henrik wandte sich an Frau Oppermann. »Sie haben eben gesagt, dass Sie schon seit Jahren campen. Kennen Sie diesen Platz in Sandstedt an der Weser? Vielleicht können Sie uns ja ein paar Tipps geben, was man dort am besten so macht, was man sehen sollte.«

»Nein. Die Gegend interessiert mich nicht. Und Flüsse finde ich langweilig«, erwiderte Frau Oppermann barsch.

»Nun, die Geschmäcker sind bekanntlich verschieden.« Henrik lächelte versöhnlich.

Frau Oppermann schob abrupt die Kaffeetasse von sich. »Vielen Dank für Ihre Gastfreundschaft. Es wird Zeit, dass ich mich auf den Weg mache.«

»Wo wollen Sie denn hin?«, fragte Kathrin verdutzt. »Bis Ihr Sohn hier ist, wird es dauern.«

Frau Oppermann griff nach ihrem Rucksack, der neben ihr auf der Sitzbank lag. »Ich habe mich mit der Dame angefreundet, die das Teestübchen in der grünen Zwillingsmühle betreibt. Sie stellt mir immer einen leckeren Kräutertee zusammen, durch den ich besser zur Ruhe komme. Davon will ich unbedingt eine Tüte mit nach Hause nehmen. Den Tee werde ich nötiger brauchen denn je.«

»Ein bisschen sanfte pflanzliche Unterstützung kann sicherlich nicht schaden«, stimmte Kathrin zu.

Frau Oppermann erhob sich. »Zum Glück ist mir mein Portemonnaie mit Führerschein und Personalausweis und den Bankkarten geblieben. Das erspart mir eine Menge Lauferei. Ich mag gar nicht an die Formularschlacht denken, die mir mit der Versicherung droht. Mein Sohn wird mich da unterstützen müssen.«

Kathrin öffnete die Tür, damit Frau Oppermann das Wohnmobil verlassen konnte. »Viel Glück. Ich hoffe, dass sich alles bestmöglich regelt.«

Frau Oppermann entfernte sich ohne ein weiteres Wort, sie schien es plötzlich sehr eilig zu haben.

15

»Puh, was für eine Begegnung.« Henrik streckte die langen Beine aus. »Ich muss gestehen, dass ich aus der Frau nicht recht schlau geworden bin. Mir erschien sie in vielerlei Hinsicht widersprüchlich.«

»Sie stand unter Schock«, gab Kathrin zu bedenken. »Da reagiert man nicht immer rational.«

»Mag sein. Aber sie wirkte anfänglich auf mich seltsam resigniert. Fast so, als hätte sie mit einem derartigen Vorfall gerechnet. Ich an ihrer Stelle wäre vor Empörung und Wut die Wände hochgegangen.«

»Ja, das wärest du wohl.« Kathrin grinste.

»Ich hätte Polizei und Feuerwehr so lange genervt, bis sie mir haarklein erläutert hätten, was passiert ist. Und warum. Sie schien das nicht sonderlich zu interessieren, sie hat den Brand, wie es mir vorkam, schnell abgehakt.«

»Nein, das glaube ich nicht«, widersprach Kathrin. »Ich hatte schon den Eindruck, dass sie traurig ist. Als ich sie auf der Bank entdeckt habe, hat sie geweint.«

»Also für mich hat sie sich viel zu schnell wieder gefangen.«

»Der Gedanke, sich einen Wohnwagen zuzulegen, hat ihr Auftrieb gegeben.«

»Trotzdem, irgendetwas passt da nicht ins Bild«, beharrte Henrik. »Sie ist ansonsten doch recht resolut, lässt sich nicht so leicht die Butter vom Brot nehmen. Warum reagiert sie dann so sonderbar, wenn es um ihr Wohnmobil geht? Ich frage mich, ob sie was zu verbergen hat.«

Kathrin schaute ihn erstaunt an. »Worauf willst du hinaus? Meinst du, sie könnte etwas mit dem Feuer zu tun haben?«

»Mein Bauchgefühl sagt mir, dass sie uns nicht die volle Wahrheit gesagt hat.«

»Nun ja, warum sollte sie? Wir sind Fremde für sie.«

Henrik schwieg eine Weile, schien seinen Gedanken nachzuhängen. »Also ich möchte nicht ausschließen, dass sie das Feuer selbst gelegt hat«, sagte er schließlich. »Ich stelle es mir so vor: Sie lässt ihr altes Wohnmobil mit Hilfe eines Zeitzünders abfackeln, um das Geld von der Versicherung zu kassieren, mit dem sie sich was Neues kaufen will. Weil sie weiß, dass sie ein glaubhaftes Alibi braucht, macht sie sich vor Ausbruch des Feuers auf den Weg zum Pilsumer Leuchtturm, wo außer ihr eine Menge anderer Leute knipsend herumstehen. Womöglich ist sie sogar auf einem der Fotos zu sehen.«

»Klingt für mich nicht sonderlich logisch«, erwiderte Kathrin.

»Die Logik, die dahinterstecken könnte, ist meiner Meinung nach die …«, setzte Henrik zur Erklärung an. »Vielleicht war ihr Wohnmobil doch nicht so gut in Schuss, wie sie behauptet hat. Wenn es zum Beispiel einen Feuchtigkeits- oder einen Unfallschaden gehabt hat, hätte sie es wahrscheinlich bald durch ein neues ersetzen müssen. Aber aufgrund des Mangels oder der Mängel hätte sie beim Verkauf keinen guten Preis dafür erzielt, hätte finanzielle Abstriche machen müssen.«

»Aber die Versicherung wird ihr doch sowieso nicht den Neuwert erstatten.«

»Nein, das wird sie nicht, sie wird sich am Zeitwert orientieren und die Ausstattung mitberücksichtigen. Trotzdem wird da eine erfreuliche Geldsumme zusammenkommen. Zumal sich ein Schaden, der den Preis gemindert hätte, durch den Brand ja nicht mehr nachweisen lässt. Die Versicherungssumme einzuheimsen, ist unter diesen Umständen wesentlich attraktiver, als zu verkaufen.«

»Ich weiß nicht …« Kathrin blieb skeptisch.

»Sie sah nicht so aus, als ob sie im Geld schwimmen würde«, gab Henrik zu bedenken. »Selbst wenn sie nur zwanzig- oder fünfundzwanzigtausend Euro von der Versicherung absahnt, wäre das für sie eine nette Finanzspritze.«

»Nicht nur für sie.« Kathrin beschrieb mit der Hand einen Halbkreis. »Hier wird demnächst einiges fällig. Die Bremsen müssen ersetzt werden, und ich habe vor der Abfahrt einen Haarriss in der Duschwanne bemerkt. Wenn ich die ganze

Wanne austauschen lassen muss, kostet mich das ein kleines Vermögen.«

»Meinem Konto hat der Getriebeschaden auch ordentlich zugesetzt. Ich werde eher früher als später in einen neuen Kastenwagen investieren müssen, die Reparaturen für das alte Ding werden auf die Dauer zu kostspielig.« Henrik zog die Mundwinkel nach unten. »Aber zurück zu Frau Oppermann. Diese vermeintlichen Schlafstörungen nehme ich ihr ebenfalls nicht ab, das war ein Vorwand, unter dem sie sich heute Morgen abgesetzt hat, um sich ein Alibi zu verschaffen.«

»Du verrennst dich da in was«, mahnte Kathrin. »Hast du die dunklen Augenränder nicht bemerkt? Außerdem hatte sie so einen angespannten Zug um den Mund, und auf ihrer Stirn haben sich tiefe Sorgenfalten eingegraben. Wenn du mich fragst: Frau Oppermann wird eindeutig von etwas geplagt.«

»Vom schlechten Gewissen«, konterte Henrik.

»Du siehst Gespenster, wo keine sind.«

»Nein«, widersprach Henrik heftig. »Die vielen Ungereimtheiten machen mich stutzig, da schrillen bei mir die Alarmglocken. Es gibt noch etwas, das mir zu denken gibt. Wieso hat sie ihr Wohnmobil so hingestellt, dass rechts und links davon auffallend viel Abstand zu den Nachbarfahrzeugen blieb?«

»Der Platz ist nicht voll belegt, da konnte sie es sich leisten, eine größere Lücke zu lassen.«

»Meiner Meinung nach wurde der Schaden auf diese Weise bewusst minimiert.«

»Puh, so allmählich ist das alles zu hoch für mich«, beschwerte sich Kathrin und verfiel eine Weile in Schweigen. Hinter ihrer Stirn spürte sie einen dumpfen Druck. Sie rieb mit dem Daumen kräftig über die Stelle, um den Schmerz zu vertreiben. Da kam ihr ein Gedanke. »Wenn du mit deinen Annahmen recht haben solltest«, sagte sie, »verhält es sich beim heutigen Brand aber komplett anders als bei den bisherigen. Dann kann ›unser‹ Brandstifter nicht dafür verantwortlich sein. Es sei denn, er hätte mit Frau Oppermann gemeinsame Sache gemacht, was ich bezweifele.«

»Ausschließen möchte ich zu diesem Zeitpunkt nichts. Dazu wissen wir zu wenig.«

»Vielleicht sollten wir das Handtuch werfen, die Ermittlungen der Polizei überlassen.« In Kathrin machte sich Ratlosigkeit breit.

»Na, da wird Harry aber schwer begeistert sein!«, fuhr Henrik empört auf.

»Wir treten auf der Stelle. Oder schlimmer, wir haben den Rückwärtsgang eingelegt«, jammerte Kathrin.

»Ja, die Lage ist vertrackt, aber nicht hoffnungslos.« Henrik schenkte ihr ein dünnes Grinsen. »Denn etwas Konkretes haben wir inzwischen doch in der Hand. Das wollte ich dir eben übrigens mitteilen, als ich an deine Wohnmobiltür geklopft habe.«

»Echt? Dann raus damit, ich kann eine positive Nachricht gut gebrauchen.«

»Ich habe mit der Polizei in Wilhelmshaven gesprochen. Der Beamte, mit dem ich in Kontakt stehe, hat mir erzählt, dass mit dem PID auf Beckers Parzelle Restspuren von Isopropanol entdeckt wurden.«

»PID? Was ist das?«

»Ein Photoionisationsdetektor, der von Brandermittlern eingesetzt wird und der selbst geringste Mengen brennbarer Flüssigkeiten im Brandschutt aufspürt. Bei Becker war es Isopropanol.«

»Ist das nicht ein Reinigungs- oder Lösungsmittel?«

»Ja. Du kannst es in Apotheken, Drogerien und natürlich bei Onlineshops in unterschiedlicher Konzentration kaufen.«

»Das bedeutet, dass du kein großes chemisches Wissen haben musst, um es zu beschaffen und einzusetzen.«

»Nein, ein paar Euros im Portemonnaie reichen aus.«

»Schade, das lässt wenig Rückschlüsse auf den Täter zu«, bedauerte Kathrin.

»Ja, ein bisschen mehr Phantasie im Hinblick auf die Auswahl des Brandbeschleunigers hätte ich mir schon gewünscht, das hätte uns bei der Erstellung des Täterprofils geholfen. So bleibt er erst einmal ein Allerweltstäter, der einen Allerwelts-Brandbeschleuniger benutzt. Obwohl er ansonsten sehr clever vorgeht.«

»Glaubst du, dass auch das Zelt der Söllers mit Hilfe von Isopropanol in Brand gesteckt wurde?«

»Ausschließen möchte ich es nicht«, sagte Henrik. »Allerdings hat die Feuerwehr dort nicht mit einem PID gesucht. Dafür sahen sie zu dem Zeitpunkt keine Veranlassung, sie sind ja von einem Schmorbrand ausgegangen.«

»Es wäre interessant zu erfahren, ob bei Frau Oppermanns Wohnmobil ebenfalls ein Brandbeschleuniger zum Einsatz gekommen ist. Und wenn ja, welcher. Das würde uns womöglich einen Hinweis darauf geben, ob und wie weit sie selbst involviert ist. Was ich allerdings noch immer ausschließe.«

»Da sollten wir auf jeden Fall dranbleiben«, stimmte Henrik zu.

»Dann könnte es wohl nicht schaden, mit Frau Oppermann weiter in Kontakt zu bleiben. Dummerweise habe ich nicht nach ihrer Telefonnummer gefragt.«

Henrik holte sein iPhone hervor und tippte ein paar Buchstaben ein. »Hier ist die Nummer«, sagte er und zeigte ihr das Display.

»Hast du etwa eine Spy Software auf dem Handy? Das ist verboten«, empörte sich Kathrin.

»Ich weiß«, sagte Henrik. »Deshalb habe ich – ganz oldschool – das örtliche Telefonbuch benutzt. So viele Oppermanns gibt es in Leipzig nicht, und nur eine davon heißt Inka.«

»Okay.« Kathrin grinste. »Dann werde ich morgen mal bei ihr anrufen und fragen, ob sie gut nach Hause gekommen ist.«

»Eine sehr gute Idee.«

»Und was machen wir jetzt?« Kathrin schaute nach draußen. »Ich glaube, der Stellplatz ist immer noch gesperrt.«

»Wie wäre es, wenn wir zum Hafen gehen und uns dort ein Restaurant suchen«, schlug Henrik vor.

Kathrin dachte an das Schwarzbrot mit Sanddornkonfitüre, das sie eigentlich hatte essen wollen. Doch ihr Magen verlangte inzwischen nach mehr. »Gute Idee. Ich bin kurz vor dem Verhungern.«

16

»Wow, wenn ich geahnt hätte, wie schön es in Greetsiel ist, wäre ich schon früher einmal hierhergefahren«, rief Kathrin begeistert aus.

»Ich dachte, du und dein verstorbener Mann wäret öfter mit dem Wohnmobil im Norden gewesen«, wunderte sich Henrik.

»Ja, wir waren große Skandinavienfans, haben Dänemark, Norwegen und Schweden bereist. Wir hatten geplant, eine Tour durch Finnland zu unternehmen, doch zu dem Zeitpunkt war Peter, wie ich jetzt weiß, in Gedanken schon ganz woanders.« Ein trauriger Ausdruck huschte über ihr Gesicht.

»Was hält dich davon ab, allein nach Finnland zu reisen?«, fragte Henrik. »Oder es ergibt sich, dass mich irgendwann mal ein Auftrag dorthin führt, und du hast Lust, mich zu begleiten. Wenn wir den Fall dann abgeschlossen haben, schauen wir uns jeden einzelnen der tausend Seen an, die Finnland haben soll. Versprochen.«

»Oha, das kann aber dauern. Und Finnland soll teuer sein. Da musst du einen gut bezahlten Job an Land ziehen.«

»Harry hat mir da einen Floh ins Ohr gesetzt. Ich hoffe noch immer, dass ich durch den Verkauf der Bilder meines Onkels zum Millionär werde«, feixte Henrik. »Spätestens dann schmeiße ich alles hin und gehe in Frührente.«

»Eine verlockende Vorstellung. Vermutlich sollte ich von nun an Lotto spielen, damit ich mithalten kann.« Kathrin blieb mitten auf der Brücke der Mühlenstraße stehen. »Was ist das da für ein Gebäude? Sieht interessant aus.« Sie wies mit der Hand auf ein rot geklinkertes, über den Deich ragendes Bauwerk mit schmalen, hohen Fensteröffnungen.

»Steht doch dran, das ist das Schöpfwerk von Greetsiel«, antwortete Henrik. »Es dient der Entwässerung des tief liegenden Binnenlandes. Das Wasser wird über das Schöpfwerk hindurch in die Nordsee gepumpt. Rechts daneben siehst du das neue Siel.

Das alte Sieltor befindet sich, wenn ich mich richtig erinnere, im Ortskern.«

»Du warst schon mal hier?«, fragte Kathrin erstaunt. »Das hast du mir gar nicht erzählt.«

»Ach, das ist ewig her, deshalb hatte ich es bis eben auch vergessen. Kurz nachdem ich den Führerschein bestanden hatte, habe ich meine Oma zum Hafenfest kutschiert. Sie wollte unbedingt zum Auftritt des Shanty-Chors.« Henrik zog eine Grimasse. »Ich habe mir während des Konzerts den Ort angeschaut.«

»Also ich mag Seemannslieder«, beteuerte Kathrin. »Vor allem, wenn sie ein bisschen entstaubt sind und mit ordentlich Pep vorgetragen werden. Ich habe ein paar CDs von Santiano.«

»Die nimmst du dann aber nicht mit nach Finnland, oder?«, flachste Henrik. »Du weißt doch, dass ich mehr auf AC/DC und Hardrock stehe.«

»Deswegen hast du auch einen Hörschaden.« Kathrin streckte ihm übermütig die Zunge raus. »Komm, lass uns weitergehen, sonst wird das mit dem Essen nichts.«

Sie hielten sich rechts, schlenderten durch eine enge Straße, vorbei an Restaurants und kleinen Hotels, Souvenir- und Einrichtungsgeschäften mit maritimem Flair, und erreichten bald den historischen Ortskern.

»Kein Wunder, dass Greetsiel öfter als Filmkulisse genutzt wird«, sagte Kathrin. »Die hübsch hergerichteten Häuser und der Hafen scheinen wie aus einer anderen Zeit. Schau mal, die vielen bunten Krabbenkutter, die an der Mole vor Anker liegen. Also ich hätte große Lust, mit so einem Boot mal eine Runde auf der Nordsee zu schippern. Meinst du, sie bieten um diese Jahreszeit noch Kutterfahrten an? Falls ja, sollten wir unbedingt eine buchen.«

»Ich befürchte, für uns lautet die Devise im Augenblick: Erst die Arbeit, dann das Vergnügen. Wir haben leider ein heftiges Pensum zu erfüllen.«

»Elender Spielverderber«, brummte Kathrin, doch er konnte ihr anmerken, dass sie nicht wirklich böse war.

»Wie wäre es, wenn wir uns nach dem Essen die Zeit für einen Hafenbummel nehmen«, schlug Henrik versöhnlich vor.

»Einverstanden.« Kathrin drehte sich langsam um die eigene Achse, schien sich orientieren zu wollen. »Da hinter der Absperrung, wo der antike Anker liegt«, sagte sie schließlich. »Dort sieht es nett aus. Da finden wir bestimmt ein gemütliches Lokal.«

»In Ordnung.« Henrik ging auf den Marktplatz zu. »Wonach ist dir denn? Fisch oder Krabben? Oder gleich beides? Ich glaube gelesen zu haben, dass Greetsiel den größten Kutterhafen Deutschlands hat. Frische Krabben sollten hier kein Problem sein.«

»Hm, ich weiß nicht.« Kathrin zog eine Schnute. »Fisch hatten wir die letzten Tage öfter. Ich hätte nicht gedacht, dass ich das mal so sagen würde … Mir wäre jetzt nach einem Stück Fleisch. Aber nicht so blutig – vielleicht ein Burger?«

Henrik, der vor einem rotbraunen Klinkerhaus stand und das Angebot auf der vor der Terrasse aufgestellten großen Kreidetafel studierte, setzte ein Grinsen auf. »Dein Wunsch sei mir ein Befehl. Hier gibt es Burger vom Feinsten.«

Kathrin blickte an der Häuserwand hoch, wo ein schwarzer Schriftzug mit einem stilisierten Anker prangte. »Tidenzeit. Hört sich spannend an. Also los, gehen wir rein.«

Sie traten durch die Glastür und blieben einen Augenblick vor der sonnengelb gestrichenen Theke stehen, wo in einer gläsernen Kühltheke verführerisch aussehende Torten und Kuchen lockten. Daneben waren bauchige Flaschen mit feinen Obstbränden aufgestellt. Wenn es nicht erst um die Mittagszeit gewesen wäre, hätte Henrik gern davon probiert, aber so hielt er sich standhaft zurück.

Kathrin musterte ebenfalls die Kuchenauswahl. »Für den Nachtisch wäre damit schon gesorgt«, verkündete sie. »Ich muss nur darauf achten, mir genügend Platz im Magen zu lassen. Aber die Aufregung um Frau Oppermanns Wohnmobil hat bestimmt viele Kalorien verbrannt, nun dürfen wir auch mal schlemmen.«

»Wo möchtest du hin?« Henrik blickte in die Runde.

Das Restaurant war gut besucht, aber nicht überfüllt. An den meisten Tischen saßen auf den gelb, weiß oder schwarz lackierten Stühlen ältere Ehepaare oder Frauengrüppchen. Man merkte deutlich, dass Nachsaison herrschte. Vor einem künstlichen Kaminfeuer, in dessen Mitte Birkenscheite dezent von LED-Lämpchen angeleuchtet wurden, hatte sich eine kleine Männerschar zusammengefunden, die hochgeistigen Getränken zusprach. Entsprechend ausgelassen war die Stimmung, immer wieder ertönten Lachsalven.

»Lass uns nach hinten gehen, da haben wir mehr Ruhe.« Kathrin wies auf eine gemütlich aussehende, mit dicken Polstern und grau-weißen Rückenkissen bestückte Sitzbank, die fast die ganze Fensterfront einnahm.

»In Ordnung.« Henrik durchschritt den Raum, warf seine Jacke auf einen Stuhl und nahm auf dem daneben Platz.

»Ich möchte auf die Bank«, sagte Kathrin und reichte Henrik ihre Allwetterjacke, damit er sie auf seine legte.

»Nett hier«, stellte sie fest.

Eine junge Frau eilte herbei und übergab ihnen zwei in dunkles Leder eingefasste Speisekarten. »Moin. Darf ich Ihnen schon was zu trinken bringen?«

Henrik musste nicht lange überlegen. »Ein großes Radler.«

»Für mich auch«, schloss sich Kathrin an.

Die Bedienung wandte sich mit einem Lächeln ab. »Bin sofort zurück.«

Henrik öffnete die Speisekarte und vertiefte sich für ein paar wenige Minuten in das Angebot. Kathrin tat es ihm gleich. Als die Bedienung mit den Getränken erschien, hatten sie sich schon entschieden. Kurze Zeit später wurden ihre Burger serviert.

»Das ist genau das, was ich jetzt brauche.« Henrik rieb sich in Vorfreude die Hände.

»An das fiese Cholesterin werde ich heute mal nicht denken«, verkündete Kathrin und beäugte den Teller, auf dem ein gigantisches Burgerbrötchen prangte. »Ich frage mich nur, wie ich das in den Mund stecken soll. Die Füllung ist fast zehn Zentimeter dick.«

Henrik griff nach dem Steakmesser, das aufrecht mitten in seiner Burgerkreation steckte, und machte sich mit Hilfe des Bestecks an sein Mittagessen. »Mmh, total lecker«, murmelte er mit vollem Mund. Eine Weile aßen sie schweigend.

»Ich bin pappsatt. Ein Stück Kuchen bekomme ich leider nicht mehr runter«, bedauerte Kathrin. »Dafür müssten wir an einem anderen Tag wiederkommen.«

»In meinen Magen passt höchstens noch ein doppelter Espresso.« Henrik sah sich nach der Bedienung um.

»Ich gebe mich mit einem einfachen zufrieden«, sagte Kathrin.

In dem Moment löste sich ein hochgewachsener, schlanker Mann aus der Männergruppe am Kamin und kam auf ihren Tisch zu. Kathrin runzelte die Stirn.

»Ist was?«, fragte Henrik, dem Kathrins veränderter Gesichtsausdruck nicht entgangen war.

»Das gibt es doch nicht«, sagte Kathrin leise, da stand der Mann auch schon vor ihr.

»Kathrin? Bist du's wirklich?«

»Eh … ja.« Kathrin erhob sich zögerlich und schüttelte die ihr entgegengestreckte Hand. »Hallo, Markus. Mit dir habe ich hier wirklich nicht gerechnet«, sagte sie und fügte für Henrik hinzu: »Markus Ritter, ein ehemaliger Nachbar aus Lorsch.«

»Hallo.« Henrik nickte freundlich, blieb aber sitzen.

Kathrin strich sich eine Haarsträhne hinters Ohr, wirkte verlegen.

»Was machst du hier?«, wollte Ritter mit einem breiten Grinsen wissen.

»Ich …« Kathrin hielt einen Moment lang inne. »Ich mache Urlaub«, sagte sie schließlich.

»Mit deinem alten Camperwagen und …?« Ritter schaute Henrik vielsagend an.

»Mit meinem Wohnmobil und mit Henrik. Henrik Richtersen, ein Freund.«

»Soso.« Ritter musterte Henrik von oben bis unten.

Henrik zog es vor, die herablassende Geste zu ignorieren, und nahm den letzten Schluck aus seinem Glas. Tat unbeteiligt, obwohl er die beiden genau beobachtete. Ist zwischen ihnen mal was gewesen, fragte er sich. Hatte Kathrin mit diesem arroganten Schnösel etwa ein Verhältnis gehabt, das über das rein Nachbarschaftliche hinausging? Sie hatte ihm immer den Eindruck vermittelt, ihrem Ehemann Peter selbst dann noch die Treue gehalten zu haben, als er schon längst über alle Berge war. Doch womöglich hatte er sich geirrt. Kathrin war eine intelligente, hübsche Frau in den besten Jahren. Die mit Sicherheit nicht ewig allein bleiben wollte. Er musste jäh wieder an den blauen Anzug denken und merkte, wie sich seine Stimmung dem Nullpunkt näherte. Momentan lief es nicht gut für ihn, weder beruflich noch privat.

»Und was machst du hier?«, wandte sich Kathrin an Ritter. »Bist du auf einer Fortbildung oder einem Kongress? Obwohl ich beides eher in einer Großstadt vermutet hätte.«

»Ach was.« Ritter machte eine wischende Handbewegung. »Die Tretmühle habe ich ein für alle Mal hinter mir gelassen. Ich habe meine Praxis verkauft. Sehr gut verkauft«, fügte er hinzu und präsentierte dabei zwei Reihen perfekt geformter und blendend weißer Zähne. »Jetzt genieße ich das Leben in vollen Zügen. Du weißt doch: *Life is too short for someday.*«

Er war beim Reden näher an Kathrin herangetreten. Die wusste offensichtlich nicht, wie sie sich verhalten sollte, zupfte nervös am Saum ihres Pullis.

Ohne Kathrins oder Henriks Einwilligung einzuholen, zog Ritter einen Stuhl vom Nachbartisch herüber und ließ sich darauf nieder. »Ich erzähl dir gern, was bei mir so alles in den letzten Monaten passiert ist.«

Untersteh dich, grummelte Henrik innerlich.

»Hm, vielleicht später mal. Wir wollten eigentlich gerade –«, begann Kathrin.

»Sag mal, wie lange bist du jetzt schon aus Lorsch weg?«, ließ Ritter sie nicht ausreden.

»Anderthalb Jahre«, sagte Kathrin und nahm mit resignierter Miene wieder Platz.

»Kinder, Kinder, wie die Zeit vergeht.« Ritter klopfte sich auf die Oberschenkel, die, wie Henrik vermutete, in einer sündhaft teuren Designerjeans steckten.

»Wir werden alle nicht jünger.« Kathrin gab ein künstlich klingendes Lachen von sich.

»Ach, Bullshit«, verkündete Ritter. »Man ist immer so alt, wie man sich fühlt. Und ich bin, wenn es danach geht, keinen Tag älter als fünfundzwanzig.«

Du siehst aber wie fünfundsechzig aus. Obwohl du dich, wie ich schätze, hast liften lassen. Dein Haar ist auch gefärbt, ätzte Henrik im Stillen. Kathrin schwieg ebenfalls.

»Mein neuer Lifestyle ist wie ein Jungbrunnen«, verkündete Ritter unbeeindruckt und stupste Kathrin spielerisch mit dem Zeigefinger gegen den Oberarm. »Du ahnst ja nicht, was ich im Frühjahr gemacht habe.«

»Nein.«

»Es wird dir gefallen«, behauptete Ritter großspurig.

»Mag sein.«

Ritter ließ sich von Kathrins Schmallippigkeit nicht ausbremsen. »Ob du's glaubst oder nicht: Ich habe mir auch einen Camper gekauft«, rief er so laut, dass sich ein paar Gäste nach ihm umdrehten.

»Ernsthaft?« Kathrin wirkte geschockt.

»Ich habe lange überlegt, was genau ich mir zulegen soll. Das Angebot ist ja riesig.«

»Die Preise inzwischen ebenso«, warf Henrik ein.

»Zum Glück musste ich nicht auf jeden Euro achten«, konterte Ritter, wobei er »ich« besonders betonte. »Man lebt schließlich nur einmal.«

»Und, was hast du dir angeschafft?«, fühlte sich Kathrin bemüßigt zu fragen.

»Von einem vollintegrierten Liner mit einem flotten Flitzer in der Heckgarage habe ich letztendlich abgesehen«, tat Ritter selbstgefällig kund. »Das erschien mir dann doch zu protzig. Man muss ja auch an die Umwelt und das Klima denken.«

»Hast du dir etwa einen E-Camper zugelegt?«, fragte Kathrin verdutzt. »Ich wusste nicht, dass es so etwas schon in Serie gibt.«

»Nein, so weit einschränken wollte ich mich nicht.« Ritter zog angewidert die Mundwinkel hinunter. »Ich will meine Fahrten genießen, mich entspannen und nicht dauernd an einer Ladesäule stoppen müssen. Trotzdem war mir der ökologische Aspekt wichtig.«

Dann hättest du dir besser ein Fahrrad kaufen sollen, dachte Henrik zynisch.

Ritter zückte sein Handy, scrollte nach einem Foto und zeigte es Kathrin mit unverhohlenem Besitzerstolz. »Das ist mein Schmuckstück.«

»Ein Kastenwagen?« Kathrin wirkte baff.

»Ein Kastenwagen mit inneren Werten«, sagte Ritter ein wenig pikiert.

»Die da wären?«, hakte Henrik nach.

Ritter holte kurz Luft und ratterte dann los: »Maßgeschneiderte Ausbauten aus Öko-Holz, die Wände mit reiner irischer Schafswolle gedämmt und mit handgewalktem Filz verkleidet. Zum Schlafen habe ich ein pneumatisches Aufstelldach, von wo aus ich direkt in den Sternenhimmel blicken kann. Das Bad ist mit einer Regendusche und einer hauchdünnen Schieferschicht an den Wänden ausgestattet. Auf dem Dach ist ein Power-Photovoltaiksystem installiert, das mir fast grenzenlose Autarkie ermöglicht. Die Regenwasseraufbereitungsanlage und die chemiefreie Trenntoilette ebenso. Selbstverständlich habe ich Allrad, das war mir immens wichtig. Damit kann ich die Natur dort genießen, wo andere so schnell nicht hinkommen.«

»Und wo stehen Sie jetzt in der freien Natur?«, fragte Henrik ein wenig provozierend.

»Ich habe mein Schmuckstück auf dem Stellplatz an den Zwillingsmühlen abgestellt. So wie es sich gehört.«

»Dort wollen wir heute auch übernachten.« Kathrin klang alles andere als erfreut. »Weil der Platz gesperrt ist, haben wir beschlossen, erst einmal essen zu gehen.«

»Eine ausgezeichnete Idee.« Ritter rückte mit seinem Stuhl ein Stück näher an die Sitzbank heran. »Sonst wären wir uns nicht begegnet.«

»Nein, das wären wir wohl nicht.«

Ritters joviale Miene verdüsterte sich. »Ich überlege allerdings, ob ich nicht besser abreise, mir für die Nacht was anderes suche.«

Super Gedanke, weiter so! Henrik unterdrückte den Impuls, laut zu applaudieren. Stattdessen fragte er: »Ach ja, warum denn?«

»Auf dem Stellplatz hat es gebrannt. Eine wahre Feuersbrunst hat es dort gegeben, bei der ein Wohnmobil zerstört wurde«, beklagte Ritter. »Schlimm, ganz schlimm. Stellt euch mal vor, es hätte mein nagelneues Schmuckstück erwischt.«

Dann wäre Frau Oppermann fein aus dem Schneider, schoss es Henrik durch den Kopf.

»Ich nehme an, du bist gut versichert«, schlug Kathrin in dieselbe Kerbe.

»Selbstverständlich. Ich würde ein hübsches Sümmchen kassieren. Doch was nutzt mir all das Geld, wenn ich plötzlich wieder ohne Camper dastände? Es würde ewig dauern, bis ich Ersatz bekäme. Mein Schmuckstück ist eine Einzelanfertigung, nach meinen Wünschen und Vorstellungen konzipiert.«

»Ja, das wäre in der Tat bitter«, heuchelte Henrik Mitgefühl. »Also, wenn ich so einen wertvollen Camper mein Eigen nennen würde … Ich wäre schon weg. Weit weg. Ich wäre längst über die Grenze nach Holland gefahren. Dort ist die Campingwelt, wie jeder weiß, noch in Ordnung. Da gibt es solche Vorfälle sicherlich nicht.« Er konnte sehen, wie Kathrins Mundwinkel zuckten.

»Ich will ja weg, aber ich kann nicht«, jammerte Ritter. »Erstens habe ich was getrunken.«

»Wenn du ab jetzt keinen Alkohol mehr zu dir nimmst, bist du morgen bei Sonnenaufgang stocknüchtern«, versicherte ihm Kathrin.

»Also ab in die Heia, damit Sie morgen einen Frühstart hinlegen können«, drängte Henrik.

»Ich habe morgen um neun einen wichtigen Termin auf der Gemeinde.«

»Ich dachte, du wärest aus der Tretmühle raus«, wunderte sich Kathrin.

»Ja, mit der Zahnarztpraxis habe ich nichts mehr am Hut. Einen Torque oder einen Wurzelkanal-Sealer werde ich nie wieder in die Hand nehmen müssen. Aber selbst wenn ich nicht mehr arbeiten will, muss ich doch mein Geld für mich arbeiten lassen. Von allein vermehrt es sich nicht gewinnbringend.«

Deine Sorgen möchte ich haben, dachte Henrik mit einem Anflug von Neid.

»Zum Glück habe ich eine Nische gefunden, die zu meinem neuen Lifestyle passt. Da sehe ich für mich ein enormes Potenzial.« Ritter hatte wieder einmal sein Zahnpastalächeln aufgesetzt.

»Sag bloß nicht, du bist unter die Campinghändler gegangen«, sagte Kathrin. Es war, wie Henrik heraushörte, sarkastisch gemeint, doch Ritter schien gegen jeden Hintersinn immun.

»Die Branche stimmt, da hattest du ein gutes Näschen«, lobte er. »Aber nein, Händler ist mir zu stressig, ich will ja nicht in den Alltagstrott zurück. Ich habe mich in ein erfolgversprechendes Unternehmen eingebracht, habe in eine exklusive internationale Wohnmobilstellplatzkette investiert. Das ist ein boomender Markt, weil die Leute raus in die Natur wollen. Ohne dafür stundenlang am Flughafen anzustehen und sich um das Gepäck, das womöglich nicht mit ihnen am Zielort landet, kümmern zu müssen. Sie wollen sich spontan in ihren Camper setzen, losfahren und ihr eigenes Bett mit dabeihaben. In dem sie sicher und geruhsam die Nacht im Grünen verbringen. Dafür werden wir von FFC sorgen – das Kürzel steht für Feel Free Camperplaces. Unsere Campingklientel wird einen Komfort erleben, den sie von einem Fünf-Sterne-Hotel gewöhnt ist. Bei uns wird sich jeder Gast wie im Adlon fühlen, nur dass er mit dem eigenen Campingfahrzeug anreist.«

»Hört sich im Prinzip nicht schlecht an«, musste Henrik zugeben.

»Ich bin mir sicher, dass das Stellplatzkonzept von FFC ein Megaerfolg wird«, prahlte Ritter. »Wir werden Service und Annehmlichkeiten bieten, die jeden Camper schier aus den Socken hauen.«

Meine bekommst du damit nicht von den Füßen, schwor sich Henrik.

»Nun ja, die Bedürfnisse und die Wünsche an so einen Platz sind aber doch recht unterschiedlich«, konnte sich Kathrin anscheinend nicht verkneifen. »Ich persönlich habe es ja lieber ruhig, brauche das ganze Drumherum mit Wellness und Fitnessangeboten, Restaurant, Bar und Luxus-Sanitäranlagen nicht. Für mich zählen eine gute Lage in schöner Natur und eine saubere, verlässlich funktionierende Ver- und Entsorgungsstation. Wie hier auf dem Stellplatz in Greetsiel.«

Ritter verzog das Gesicht, als ob er sich gerade einer Wurzelbehandlung unterziehen müsste. »Also ein bisschen anspruchsvoller bin ich schon. Schließlich will ich mich im Urlaub erholen, es mir gut gehen lassen. Deshalb«, er beugte sich verschwörerisch zu Kathrin hinüber, »muss der Platz hier auch weg.«

»Wie, weg?« Henrik schaute Ritter irritiert an. Er stimmte mit Kathrin überein, er fand den Stellplatz an den Zwillingsmühlen völlig ausreichend und würde es bedauern, sollte er nicht mehr existieren.

»Das ist jetzt alles noch streng geheim.« Ritter hatte die Stimme gesenkt. »Ich bin hier, um der Gemeinde, die den Platz betreibt, ein Übernahmeangebot zu unterbreiten. Wir machen ihnen eine Offerte, die sie nicht ablehnen können. Und sobald die Unterschriften unter dem Vertrag stehen, werden wir hier Tabula rasa machen. In spätestens einem Jahr werdet ihr den Platz nicht wiedererkennen.«

»Na, das sind ja tolle Aussichten«, entfuhr es Henrik.

»Und das ist erst der Anfang«, protzte Ritter. »Sobald wir Greetsiel in unserem Portfolio haben, werden wir uns die anderen Stellplätze in der Region vornehmen. Wir werden ganz Ostfriesland und die Lüneburger Heide zu einem Wohnmobil-Eldorado machen. Und danach sind die schleswig-holsteinische Nordseeküste und die Ostsee bis zur polnischen Grenze dran.«

»Gütiger Himmel, da hast du dir ja was vorgenommen«, sagte Kathrin.

Sie rutschte unruhig auf der Bank hin und her, so als würde

sie am liebsten aufspringen und vor ihrem ehemaligen Nachbarn Reißaus nehmen. Auch Henrik legte keinen gesteigerten Wert auf dessen weitere Gegenwart, doch die Sache mit den Wohnmobilstellplätzen ließ ihm keine Ruhe, das wollte er unbedingt abklären. Er setzte eine verschwörerische Miene auf, beugte sich seinerseits ein wenig vor.

»Es ist noch nicht offiziell, doch so viel kann ich schon verraten«, sagte er. »Ich habe das Glück, demnächst eine Erbschaft zu machen. Eine sehr substanzielle Erbschaft«, fügte er hinzu und ignorierte geflissentlich Kathrins erstaunten Blick. »Und da Sie eben richtigerweise bemerkt haben, dass das Geld nicht so einfach auf dem Konto herumliegen sollte, überlege ich, mich von der drögen Juristerei abzuwenden und mich beruflich neu zu erfinden. Als jahrelanger Camper habe ich ebenfalls eine große Affinität zur Branche, ich könnte mir vorstellen, mein Geld dort sinnvoll anzulegen.« Er machte eine bedeutungsvolle Pause.

Ritter schien die unerwartete Wendung des Gespräches erst einmal verdauen zu müssen, es stand ihm ins Gesicht geschrieben, dass er Henrik anders eingeschätzt hatte. Doch er hatte sich schnell wieder gefangen. »Finanzkräftige Investoren sind uns natürlich immer willkommen. An welche Summe hatten Sie denn gedacht?«

»Mir wird ein sechsstelliger Betrag zur Verfügung stehen«, bluffte Henrik.

Ritter legte seine anfängliche Distanziertheit gegenüber Henrik schlagartig ab. »Das wäre in der Tat substanziell«, sagte er mit einem süßlichen Lächeln.

»An wen könnte ich mich denn diesbezüglich wenden?«, fragte Henrik. »Ich nehme an, dass Sie persönlich nicht dem Finanzvorstand angehören, oder?«

»Nein, mein Bereich ist eher Public Relations.«

»Wer wäre mein Ansprechpartner bei FFC?«

»Warten Sie mal, ich gebe Ihnen meine Karte und schreibe Ihnen den Namen des Verantwortlichen auf die Rückseite.« Ritter fischte seine Brieftasche aus der Hosentasche.

»Besten Dank, ich melde mich, sobald ich über das Geld verfüge«, sagte Henrik, nachdem Ritter ihm die Visitenkarte überreicht hatte.

»Was für ein Tag!« Ritter strahlte in die Runde. »Erst die Aufregung um das brennende Wohnmobil. Dann gehe ich mit ein paar Bekannten hier essen und treffe durch Zufall meine ehemalige Lieblingsnachbarin und einen weiteren Investor für FFC. Ich denke, das sollten wir standesgemäß begießen. Ein Gläschen Champagner, Kathrin? Oder lieber einen Cocktail?«

»Ich muss noch fahren«, erwiderte Kathrin lahm.

»Ich dachte, ihr wolltet bleiben«, wunderte sich Ritter.

»Ich meinte, ich muss mein Wohnmobil vom Parkplatz auf eine freie Parzelle fahren«, korrigierte sich Kathrin.

»Die paar Meter wirst du auch mit einem oder zwei Gläschen intus locker schaffen«, versicherte Ritter und hob die Hand, um die Bedienung heranzuwinken. In dem Moment klingelte Henriks Handy. Schon wieder Harry, dachte er verwundert. Er warf Ritter einen entschuldigenden Blick zu, ging zur Garderobe, wo es ruhiger war, und führte das Telefon ans Ohr.

»Was liegt an?«

»Ihr müsst augenblicklich zurückkommen«, sagte Harry in ungewohnt scharfem Ton.

»Aber warum denn?«, fragte Henrik ein wenig pikiert. Dann fiel der Groschen. »Hat es bei euch etwa schon wieder gebrannt?«

»Wenn es nur das wäre«, stöhnte Harry auf. »Aber ich kann jetzt nicht reden, ich muss zurück nach Rechtenfleth. Seht zu, dass ihr in die Hufe kommt. Ich brauche euch so schnell wie möglich.« Ohne Henriks Antwort abzuwarten, legte er auf.

Henrik eilte zum Tisch. »Tut mir leid, aber wir müssen los«, verkündete er und reichte Kathrin ihre Jacke.

»Was? Wieso denn?«, stammelte sie.

»Ach nein, das kann doch nicht wahr sein, jetzt, wo es gerade gemütlich wird«, protestierte Ritter und zeigte auf die drei Champagnergläser, die inzwischen serviert worden waren.

»Die Pflicht ruft«, beteuerte Henrik.

»Ich dachte, ihr wäret im Urlaub«, erwiderte Ritter erstaunt.

»Ein familiärer Notfall, um den ich mich kümmern muss«, verbesserte sich Henrik.

Kathrin schien blitzschnell geschaltet zu haben, denn sie sprang auf und schlüpfte in ihre Jacke. »Nein, ist es jetzt so weit? Dein Onkel?«

»Ja, er ist auf die Intensivstation verlegt worden. Der Arzt sagt, ihm bleiben bestenfalls ein paar wenige Stunden.« Henrik gab sich alle Mühe, seine Stimme angemessen bedrückt klingen zu lassen.

»Mach's gut, Markus, es war schön, dich mal wieder getroffen zu haben«, verabschiedete sich Kathrin und stürmte hinter Henrik her, der schnell noch die Rechnung beglich.

Draußen warf sie ihm einen fragenden Blick zu.

»Lass uns erst ein paar Meter gehen.« Henrik setzte sich in Bewegung.

Eine Weile hasteten sie stumm die enge Gasse entlang, dann sagte Henrik: »Harry scheint in echten Schwierigkeiten zu stecken, er bittet uns, sofort zurückzufahren.«

»Hat er dir den Grund genannt?«

»Nein, aber er klang sehr aufgebracht.«

»Hat der Feuerteufel wieder zugeschlagen? Himmel, dieser gemeingefährliche Pyromane scheint nicht zu bremsen zu sein.«

»Nein, ein Brand ist es diesmal wohl nicht. Ich habe keine Ahnung, was los ist, er war äußerst kurz angebunden.«

»Im Gegenteil zu Markus. Himmel, der Mann labert einem einen Knopf an die Backe. Bin ich froh, dass ich ihn nicht mehr zum Nachbarn habe. Was hältst du von diesem exklusiven Stellplatzprojekt?«

»Anfänglich habe ich gedacht, dass er nur aufschneidet. Aber die Firma scheint ja tatsächlich zu existieren, wie man an der Visitenkarte erkennt. Ich glaube nicht, dass sie gefälscht ist.«

»Puh, nicht so schnell«, beschwerte sich Kathrin. »Mir liegt das Essen im Magen.«

Henrik verlangsamte seine Schritte. »Um ganz sicher zu sein, werde ich aber, wenn wir wissen, was mit Harry ist, nach FFC googeln und mir eine Firmenauskunft besorgen.«

»Du willst da doch nicht wirklich einsteigen, oder?«

Henrik lachte kurz bitter auf. »Mit was denn? Mit dem Müll, den mein Onkel mir hinterlassen hat?«

»Vielleicht hat der Notar ja eine Überraschung für dich parat. Im positiven Sinn«, versuchte Kathrin, ihn zu trösten.

»Warten wir's ab. Im Moment macht mir mehr Sorgen, dass die Leute von FFC hier im Norden alles aufkaufen wollen, was ihnen vor die Flinte kommt. Was ist, wenn es mit dem Verkauf nicht auf Anhieb klappt? Helfen sie dann nach, um das Prozedere zu beschleunigen. Und womit?«

»Verstehe ich nicht. Worauf willst du hinaus?«

»Ich habe mich an etwas erinnert, das Harry in einem unserer ersten Gespräche erwähnt hat. Da hatte er gesagt, dass manch einer seiner Kollegen überlegt, die Brocken hinzuschmeißen, sollte die Brandserie nicht bald enden. Weil das Feuer und die damit verbundenen negativen Schlagzeilen den Platzbetreibern finanziell zu schaffen machen. Einige stehen bereits mit dem Rücken zur Wand. Für sie wäre jemand, der in einer derart angespannten Situation ein Kaufangebot vorlegt, sicher ein Geschenk des Himmels.«

»Und dieser jemand könnte deiner Meinung nach FFC sein?«

»Ich halte es nicht für ausgeschlossen.«

»Würden sie sich das tatsächlich trauen? Ich meine, gezielt Brände zu legen, um die Plätze günstiger übernehmen zu können? Nein, das kommt mir doch etwas zu weit hergeholt vor«, widersprach Kathrin.

»Im Moment kann es nicht schaden, in alle Richtungen zu ermitteln. Und auch deinem ehemaligen Nachbarn mal auf die perfekt manikürten Zahnarztfingerchen zu schauen. Aber das wird warten müssen. Zuerst müssen wir uns um Harry kümmern. Hast du auf dem Hinweg vollgetankt?«

»Ja, habe ich.«

»Ich auch«, sagte Henrik. »Und das ist gut so. Ich habe das Gefühl, wir sollten Gas geben, keine Minute verlieren.«

17

»Komm direkt zum nördlichen Platzende«, hatte Harry gesagt.

Henrik bretterte durch die kleine Ortschaft Rechtenfleth und hoffte inständig, dass dort nicht ausgerechnet heute eine Radarfalle aufgestellt worden war, anderenfalls konnte er demnächst zu Fuß gehen. Am Karls-Denkmal hielt er sich rechts und fuhr bis fast zum Sportboothafen, kurz davor bog er gegenüber dem kleinen Wäldchen nach links ab, drückte erneut aufs Gaspedal und kam in Rekordzeit an der Einfahrt zum Campingplatz an.

Die Schranke stand offen, was gewiss kein gutes Zeichen war. Aus Rücksicht auf die anderen Camper verlangsamte Henrik sein Tempo. Heute, an einem Wochentag, war jedoch nicht viel Betrieb, die Terrasse der Camperklause war menschenleer, nur eine Elster pickte nach Krümeln. Keine zwei Minuten später erreichte er die kreisrunde Wendeschleife, hinter der drei großzügig geschnittene Parzellen das nördliche Ende des Campingplatzes bildeten. Auf dem Rasen neben der Wendeschleife standen drei Pkws, zwei davon mit einem Anhänger, und Harrys dunkler Geländewagen.

Henrik parkte seinen Kastenwagen dahinter und eilte auf das Trüppchen zu, das sich vor der zum Fluss gewandten Parzelle versammelt hatte. Ein Minibagger stand mit hochgezogener Schaufel mitten auf der Betonplatte, die einen Großteil der Parzelle bedeckte. Betonbrocken und Erdhaufen am Rand zeugten davon, dass der Bagger bereits im Einsatz gewesen war. Auf den ersten Blick konnte Henrik nichts Ungewöhnliches feststellen, aber die Gesichter von Harry und seinen Mitarbeitern wirkten betreten. Das mulmige Gefühl, das sich seit Harrys Anruf in seiner Magengegend breitgemacht hatte, verstärkte sich. In dem Augenblick hatte Harry ihn entdeckt und winkte ihn ungeduldig zu sich heran.

»Was ist los?«, fragte Henrik.

»Das haben wir heute bei Baggerarbeiten gefunden.« Harry wies auf eine stabile blaue Kunststoffplane.

Henrik ging in die Knie und schlug die Plane zurück, verharrte ein paar Sekunden regungslos. »Das ist ein Knochen«, sagte er schließlich.

»Richtig.« Harrys Gesichtsausdruck war grimmig. »Von einem größeren Tier, einem Reh, Kalb oder Hund, wie wir anfänglich dachten.«

»Nein«, widersprach Henrik. »Ich bin zwar kein Experte, doch ich bin mir sicher, dass es sich um einen menschlichen Oberschenkelknochen handelt. Schau mal, hier unten, in der glatten Ausbuchtung sitzt normalerweise das Kniegelenk.«

»So viel haben wir uns inzwischen auch zusammengereimt«, sagte Harry. »Deshalb habe ich dich ja angerufen. Wir haben gerade beratschlagt, wie wir weiter vorgehen. So ein Schiet, das kann in einer Katastrophe für uns enden.«

»Habt ihr noch mehr Knochen gefunden?«

»Nein, der Tom, der auf dem Bagger saß und den Knochen mit einer Ladung Erde herausgezogen hat, hat sofort aufgehört zu graben. Wir sind alle wie vor den Kopf gestoßen. Weißt du, was das für uns bedeuten kann?«

»Oh ja.« Henrik nickte.

»Was machen wir denn jetzt?« Harry klang verzweifelt.

Henrik deckte den Knochen wieder mit der Plane ab und richtete sich auf. »Ihr werdet nicht umhinkommen, die Polizei zu rufen. Laut Gesetz muss die Polizei beim Fund von Skelettteilen ermitteln, es könnte sich ja um eine unnatürliche Todesursache handeln, was man auf den ersten Blick nicht erkennt. Dazu sind spezielle Untersuchungen notwendig.«

»Aber wenn der Knochen schon sehr alt ist und nichts darauf hinweist, dass hier ein Verbrechen geschehen ist?«

»Dann ist, soviel ich weiß, das Amt für Denkmalpflege dafür zuständig. Sie schicken einen ihrer Archäologen raus. Der muss feststellen, ob es sich um einen historischen Fund handelt.«

»Das alles erregt Aufsehen«, klagte Harry. »Bis jetzt haben wir unsere Entdeckung vor den Gästen geheim halten können.

Nur Tom, Fiete und Carsten wissen außer mir davon. Wenn wir das an die große Glocke hängen, kommt der Platz nie wieder aus den negativen Schlagzeilen. Dann haben wir unser Stigma weg und können voraussichtlich bald dichtmachen. Ich sehe schon die Titelüberschriften der Regionalzeitungen vor mir: ›Horrorfund auf Campingplatz‹ oder ›Leiche im Urlaubsparadies‹.«

»Es muss ja nicht sein, dass auf dem Gelände weitere Knochen vergraben sind«, versuchte Henrik, Harry Mut zu machen. »Womöglich ist alles harmloser, als wir denken.«

»Deine Worte in Gottes Gehörgang.« Harry kickte einen kleinen Stein vom Beton.

»Hätten wir bloß nicht angefangen, das Zeug hier wegzubaggern«, beschwerte sich Tom. »Hätten alles so gelassen, wie es war.«

»Ja, nun haben wir die Kacke ordentlich am Dampfen«, gab ihm Fiete recht, der sich schwer auf eine Schaufel stützte.

Harry schaute Henrik vorwurfsvoll an. »Ich hatte gedacht, du könntest uns helfen. Könntest das irgendwie regeln, weil du in solchen Dingen mehr Erfahrung hast.«

»Ich muss mich wie alle anderen auch an das Gesetz halten«, erwiderte Henrik. »Rufst du die Polizei an, oder soll ich das für dich erledigen?«

Harry fischte das Handy aus der Hosentasche. »Manchmal hasse ich es, der Boss zu sein«, brummte er und wählte die 110.

Eine knappe Stunde später war klar, dass es eine lange Nacht werden würde. Die Besatzung des Streifenwagens der Polizeistation Hagen, die als Erste auf dem Platz angekommen war, hatte die Kollegen aus Cuxhaven herbeigerufen. Inzwischen waren sechs Beamte und ein Pathologe im Einsatz. Sie hatten das Gelände weitläufig abgesperrt, um ungestört zu arbeiten. Denn es war schnell das eingetreten, was Harry befürchtet hatte: Sobald die Nachricht vom Knochenfund unter den Campern die Runde gemacht hatte, waren Schaulustige herbeigeeilt, die sich nur widerwillig von der Polizei hatten zurückdrängen lassen.

Die Gerüchteküche brodelte, und von der Nachbarparzelle aus versuchten ein paar besonders Dreiste, mit dem Handy Fotos zu schießen.

Inzwischen brach die Dämmerung herein, und die Beamten machten sich daran, Scheinwerfer aufzustellen. Alle trugen weiße Schutzanzüge und Überschuhe, in denen sie, wie Henrik dachte, ein bisschen wie Astronauten aussahen. Zwei korpulente Mittfünfziger bewegten sich schwerfällig in den Overalls, Henrik konnte ihnen ansehen, dass sie lieber woanders wären, den Innendienst vorgezogen hätten. Der Pathologe, der in etwa in seinem Alter sein mochte, war genau das Gegenteil: sehnig, agil und zielbewusst. Er huschte unermüdlich hin und her, gab Befehle und dirigierte den Beamten, der für die Fotos zuständig war, von einer Stelle zur anderen. Obwohl es bis dahin, vom Oberschenkelknochen abgesehen, nicht viel zu fotografieren gegeben hatte.

Die Betonplatte bereitete ihnen Probleme. Bevor der Pathologe als Letzter mit einer guten Stunde Verspätung eingetroffen war, hatte Tom auf Anweisung der Beamten versucht, ein weiteres Stück der Betonfläche mit der Baggerschaufel zu lösen. Was sich als schwieriger als vermutet erwiesen und sowohl Tom als auch den Minibagger an ihre Grenzen gebracht hatte. Zweimal hatte sich die Baggerschaufel derart verhakt, dass der Bagger gefährlich nach vorn gekippt war und umzufallen drohte. Anscheinend nahm die Dicke der Betonplatte zur Mitte hin deutlich zu.

»Ich hole den Abbruchhammer aus dem Lager und meißele das Zeug kurzerhand weg«, hatte Fiete vorgeschlagen.

Doch die Beamten wie auch Henrik waren einhellig der Meinung gewesen, dass das Vorgehen zu riskant wäre. Sollten sich tatsächlich weitere Skelettteile unter dem Beton befinden, würden sie durch den Hammer beschädigt. Letztlich hatte man sich darauf geeinigt, mit einem Fugenschneider den Beton in kleine Stücke zu zersägen und vorsichtig von Hand abzutragen. Leider befand sich das notwendige Gerät nicht im Besitz des Campingplatzes. Harry hatte die Idee, beim Bauhof der Gemeinde anzurufen, wo nach einigem Hin und Her ein Schneider samt dem dazugehörigen Diamantensägeblatt im Depot aufgestöbert wurde. Das Gerät wurde dann nicht nur von einem voll besetzten Pkw, sondern gleich von vieren zum Campingplatz transportiert. Die Familienmitglieder der Gemeindearbeiter wollten sich den Knochenfund ebenfalls nicht entgehen lassen.

»Wenn wir Eintritt nehmen würden, wäre ich über Nacht ein reicher Mann«, presste Harry zwischen den Zähnen hervor. »So viel zum Thema Geheimhaltung. Ich bin mir sicher, dass es inzwischen das halbe Cuxland weiß.«

Henrik konnte ihm seinen Zynismus nicht verübeln. Ihm gingen die Scharen von Zuschauern, die – wenn auch mit Abstand – hinter ihnen standen, ebenfalls auf die Nerven. »Ich hoffe ja nach wie vor, dass wir nichts weiter finden und die vermeintliche Sensation sich als Satz mit X herausstellt«, sagte er, glaubte aber nicht wirklich daran.

»Also ich fände es klasse, wenn die Knochen von einem alten Friesenfürsten stammen, den sie hier begraben haben«, tat Tom kund. »Dann entdecken wir womöglich noch ein paar Grabzugaben und kommen ins Fernsehen.«

»Was geschieht eigentlich, wenn wir tatsächlich einen Schatz finden?«, schlug Fiete in dieselbe Kerbe. »Bekommen wir dann Finderlohn? Mit wie viel könnte ich da wohl rechnen? Ich habe vor einem Vierteljahr angefangen zu bauen, ich kann jeden Euro gebrauchen.«

»Ich würde eher zusehen, dass ich Überstunden mache«, nahm ihm Henrik schnell die Illusion. »Sollte hier ein Schatz verborgen liegen, ist er bestimmt von wissenschaftlichem Wert und geht damit automatisch ins Eigentum des Landes Niedersachsen über.«

»Scheibenkleister.« Fiete war sichtlich enttäuscht.

Harrys Mitarbeiter Carsten, der die Betonsäge bediente, hielt plötzlich inne. »Hier ist was«, rief er.

Der Pathologe spurtete zu ihm hin. »Können Sie die Öffnung ein bisschen vergrößern?«

Carsten setzte nochmals das Schneidegerät an. Als der Sägestaub sich gelegt hatte, warf er die ausgesägten Stücke in eine Schubkarre und transportierte sie zum Parzellenrand. Der Pathologe beugte sich zum Loch in der Betonplatte hinunter.

»Hm, ganz eindeutig, eine menschliche Hand.« Er klang aufgeregt.

»Himmelherrgott!«, stöhnte Harry auf.

»Weitermachen«, kommandierte der Pathologe. »Aber geben Sie acht, dass Sie das Sägeblatt nicht zu tief hinunterführen. Die Oberfläche des Erdreiches unter dem Beton muss intakt bleiben.«

Mit viel Fingerspitzengefühl entfernte Carsten Zentimeter für Zentimeter, bis er schließlich eine etwa drei mal drei Meter große Fläche freigelegt hatte. Der Fotograf zückte die Kamera und schoss ein Foto nach dem anderen.

Der Pathologe winkte Harry zu sich heran. »Die Hand liegt hier«, sagte er. »Wo haben Sie den Oberschenkelknochen entdeckt?«

»Ein bisschen weiter rechts, am äußeren Rand der Fläche. Wir hatten zu dem Zeitpunkt ja nur ein kleines Teilstück freigelegt.«

Der Pathologe holte einen Handbesen und eine Kelle aus seinem Koffer, ging in die Knie und trug das lockere, trockene Erdreich zwischen dem Fundort des Knochens und dem der Hand behutsam ab. Dann pfiff er durch die Zähne, sah zufrieden aus. »Bingo.«

»Oh mein Gott.« Harry wandte sich ab.

Der Pathologe erhob sich. »Wie man unschwer erkennt, liegt da eine skelettierte Leiche im Sand. Sieht auf den ersten Blick komplett aus. Vom Schädel bis zu den kleinen Zehen scheint alles vorhanden. Gut, dann müssen wir nicht den gesamten Beton wegsägen, das erspart uns einiges an Aufwand.«

Henrik war an die Seite des Pathologen getreten und beäugte die bleichen Knochen. »Können Sie schon was über das Alter sagen?«

»Geschlecht männlich. Nach der Größe der Knochen zu

urteilen, war der Tote noch nicht ausgewachsen, ich schätze, so zwischen sechzehn und achtzehn Jahre alt«, ratterte der Pathologe routiniert runter.

»Ich meinte, können Sie sagen, wie lange die Knochen hier schon gelegen haben, wann das Opfer vermutlich gestorben ist?«, verbesserte sich Henrik.

»Das zu bestimmen wird deutlich schwieriger«, räumte der Pathologe ein. »Um den genauen Todeszeitpunkt festzustellen, bedarf es verschiedener Untersuchungen, da muss ich einiges abchecken: taphonomische Veränderungen an den Knochen, Gewicht der Knochen, weil frische Knochen schwerer als alte, ausgetrocknete sind, Rückstände von Weichteilreste außen oder in der Markhöhle der Knochen, Verwitterungserscheinungen und so weiter.«

»Wie lange wird das dauern?«, fragte Harry, der ein bisschen grün um die Kiemen aussah.

»Ich selbst bin chronisch überlastet, und im Labor sind sie seit Ewigkeiten unterbesetzt. Ich werde eine Weile brauchen, bis ich das Ergebnis vorliegen habe.«

»Es gibt derzeit also keinen einzigen Hinweis, an dem man in etwa ausmachen könnte, wann dieser Mensch hier zu Tode gekommen ist?«, hakte Henrik nochmals nach.

»Doch. Beugen Sie sich mal hinunter und schnuppern Sie an den Knochen«, forderte ihn der Pathologe auf.

Henrik zögerte einen Augenblick, atmete dann tief durch und tat wie ihm geheißen.

»Und? Riechen Sie was?«

»Ich weiß nicht. Meine Nase ist womöglich nicht so gut wie Ihre. Die Knochen riechen etwas modrig. Aber das ist ja kein Wunder, sie haben jahrelang hier gelegen.«

»Richtig.« Der Pathologe nickte. »Mit der Schnupperprobe kann man die Liegezeit von Überresten grob einschätzen. Diese Knochen verströmen einen leichten Geruch, was Knochen in einem Zeitraum von fünfzig bis zu achtzig Jahren nach dem Tod oft tun.«

»Was bedeutet, dass sie sich noch nicht allzu lang hier befinden? Dass sie nicht aus dem Mittelalter oder dem Römischen Reich oder gar von vor Christi Geburt stammen?«

»Nein. Ich bin mir sicher, dass sie nicht Hunderte von Jahren alt sind. Das ist kein historischer Fund.«

»Es könnte doch sein, dass es sich um ein Kriegsopfer aus dem Ersten oder Zweiten Weltkrieg handelt«, schlug Harry vor. »Zu dem Zeitpunkt war das hier Grünland, auf dem Schafe oder Kühe grasten. Von der Weser her wurde aber sicherlich trotzdem gekämpft, es gab vermutlich Gefallene. Womöglich ist das einer von den armen Teufeln, die damals eingezogen worden waren. Der Campingplatz wurde, soviel ich weiß, in den 1960er-Jahren eröffnet. Meine Frau und ich haben ihn erst kürzlich übernommen.«

»Ich kann verstehen, dass Sie es am liebsten sehen würden, wenn der Tote nicht mit Ihrem Platz in Verbindung stünde«, sagte der Pathologe mitfühlend. »Aber ich befürchte, Sie enttäuschen zu müssen. Ich gehe davon aus, dass dieser Mensch in den achtziger Jahren zu Tode gekommen ist.«

»Ach? Woher wissen Sie das so plötzlich?«, wunderte sich Henrik.

Der Pathologe hob die Hände. »Der wissenschaftliche Beweis steht noch aus. Bis jetzt ist es lediglich eine Vermutung, für die ich allerdings gute Gründe habe.«

»Die da wären?«

Der Pathologe holte eine Pinzette aus dem Koffer, beugte sich hinunter und zog einen kleinen Gegenstand hinter der ersten Rippe hervor. »Das ist mir sofort aufgefallen, doch es ist beim Freilegen der anderen Knochen wieder mit Sand bedeckt worden, daher haben Sie es eben beim Schnuppern nicht bemerkt.«

»Das ist eine Kette«, sagte Henrik verblüfft.

»Ja. Eine Silberkette mit einem Anker aus blauer Emaille, der mit einem Silberrand eingefasst wurde.«

»Da steht aber kein Datum drauf, an dem Sie das Alter haben ablesen können, oder?«, meinte Harry.

»Nein, hier war eher Kommissar Zufall am Werk«, sagte der Pathologe mit einem leisen Lächeln. »Ich kenne den Anhänger.

Er stammt aus dem Bremer Schmuckatelier meiner Großmutter mütterlicherseits. Das Ankermotiv war Mitte der 1980er-Jahre bei Einheimischen und Touristen sehr beliebt, es hat sich gut verkauft, und meine Großmutter hat viele davon angefertigt. Ich glaube sogar, dass meine Mutter noch einige wenige Stücke aus dem Nachlass meiner Großeltern besitzt.«

»Das gibt es doch nicht.« Harry nahm die dunkelbraune Schirmkappe ab, ohne die er draußen selten anzutreffen war, und fuhr sich mit der Hand durchs gelockte Haar. »Da haben Sie aber Glück gehabt und können sich die aufwendigen Untersuchungen sparen.«

»Nein, ich muss für die Staatsanwaltschaft einen offiziellen Bericht schreiben, und darin wird die Kette mit dem Anhänger eher eine Nebenrolle spielen«, erwiderte der Pathologe.

Harry setzte die Kappe wieder auf und klatschte in die Hände. »Also gut. Da nun klar ist, dass ich beziehungsweise dass wir vom Campingplatz nichts mit dem Toten zu tun haben, sind wir zum Glück ein ganzes Stück weiter. Ich schlage vor, dass Sie Ihren Job hier so schnell wie möglich zu Ende bringen. Ich würde gern ab morgen früh wieder zur Tagesordnung übergehen.«

»So einfach ist das nicht«, erwiderte der Pathologe. »Auch wenn Sie persönlich nicht unter Verdacht stehen und nicht direkt involviert sind. Hier ist ein Mensch zu Tode gekommen, und es ist meine Aufgabe und die der Kollegen, herauszufinden, wann und wie das geschah. Dabei werden Sie uns unterstützen müssen. Und Sie müssen dafür sorgen, dass niemand von den Gästen die Ermittlungsarbeiten behindert, wir brauchen hier freie Bahn.«

»Ja, ja. Selbstverständlich werde ich tun, was ich tun kann«, grummelte Harry. »Aber wie lange werden Ihre Arbeiten denn schätzungsweise dauern?«

»Das kann ich nicht so genau sagen. Richten Sie sich besser darauf ein, dass meine Kollegen ein paar Tage vor Ort sein werden. Sie müssen nach weiteren Spuren suchen.«

»Ein paar Tage?« Harry schluckte schwer. »Wie soll ich das meinen Gästen erklären? Erst der Brand und heute ein Toter. Die

Leute sind genauso geschockt wie wir und werden schleunigst das Weite suchen. Die kommende Saison können wir schon jetzt getrost abhaken, hier wird kein Mensch mehr Urlaub machen wollen. Wie soll ich das bloß meiner Frau beibringen?« Harry schaute Henrik ratlos an.

»Ich schlage vor, dass du sie auf der Stelle anrufst.« Henrik wies mit der Hand auf die sich zügig nähernde Fahrzeugkolonne. »Sonst wird sie es gleich aus dem Radio oder Fernsehen erfahren. Da kommt die Presse in gestrecktem Galopp angeritten.«

18

Henrik gähnte so heftig, dass der Kiefer knackte. Er hatte Mühe, in die Gänge zu kommen, war übermüdet und fühlte sich schlapp. Gestern hatten sie bis spät in die Nacht mit Harry zusammengesessen und diskutiert, wie sie weiter vorgehen sollten. Harry war nach wie vor der Meinung, dass er bei den polizeilichen Ermittlungen nur ein Mindestmaß an Kooperation an den Tag legen müsste, weil weder er noch einer seiner Mitarbeiter belangt werden könnte. Er fühlte sich zu Unrecht bedrängt. Obwohl er, wie er mehrfach zum Ausdruck gebracht hatte, Mitleid mit dem bis jetzt namenlosen Toten und seinen Angehörigen empfand. Aber der Betrieb und seine Gäste hatten für ihn oberste Priorität.

Henrik konnte Harrys Einwände nachvollziehen, hegte jedoch Zweifel, ob der Campingplatzbetreiber so leicht aus dem Schneider wäre, schließlich hatte man die skelettierte Leiche auf dem von ihm gepachteten Grund und Boden gefunden. Er wollte nicht ausschließen, dass bei der Spurensuche weitere unangenehme Überraschungen zutage kämen. Er gähnte nochmals und nahm einen Schluck Kaffee, der inzwischen kalt war und bitter schmeckte, er schüttete ihn in den Ausguss. Ein Blick auf das Display seines Handys zeigte ihm, dass es höchste Zeit wurde, in die Hufe zu kommen, Kathrin würde sich bestimmt schon wundern, wo er abblieb. Für einen Moment glaubte Henrik, nachempfinden zu können, was Harry derzeit durchmachte, auch er hätte sich am liebsten vor der Aufgabe gedrückt, die auf ihn wartete. Aber es half nichts, er konnte die Verantwortung nicht länger auf Harrys Mitarbeiter abwälzen, er müsste sich wieder selbst um das Haus seines Onkels kümmern.

»Auf geht's«, sagte er zu Leo, schnallte ihm für die Fahrt das Sicherheitsgeschirr an und gab die Adresse ins Navi ein. Harry hatte am Ortsrand von Sandstedt eine kleine Industriehalle angemietet, die er als Lagerraum nutzte. Dort hatte sich Henrik mit

Kathrin verabredet. Sie hatte ihn nach dem Aufstehen angerufen und verkündet, zu Fuß laufen zu wollen, um einen klaren Kopf zu bekommen.

Gestern Abend hatten sie beim Reden eifrig dem Rotwein zugesprochen, was zwar den Schock über den Skelettfund ein wenig abgemildert hatte, sich heute aber als Fehler erwies. Henrik wünschte, er hätte das letzte Glas oder sogar schon das vorletzte nicht getrunken. Ihm kam der Spruch seiner Mutter in den Sinn, mit dem sie ihn im Studium öfter aus dem Bett gescheucht hatte: Wer trinken kann, kann auch arbeiten. Er biss die Zähne zusammen und verdrängte resolut alle Ausflüchte. Nur wenige Minuten später brachte er den Kastenwagen vor dem großen Rolltor der Halle zum Stehen.

»Hast du auch so schlecht geschlafen?«, begrüßte ihn Kathrin. »Ich fühle mich wie gerädert.«

»Erst habe ich lange wach gelegen«, berichtete Kathrin. »Als mir dann endlich die Augen zugefallen sind, habe ich von verkohlten Leichen oder von Skeletten geträumt, die mich verfolgten. So allmählich geht mir das alles unter die Haut, ich kann es nicht mehr abschütteln.«

»Mir fällt es auch von Tag zu Tag schwerer, eine professionelle Distanz zu wahren«, gestand Henrik. »Erst die vielen Brandstiftungen und nun zwei Tote kurz hintereinander, das lässt einen ja nicht kalt. Obwohl uns die skelettierte Leiche eigentlich nichts angeht, sie fällt nicht in unseren Zuständigkeitsbereich.«

»Nein, aber es geht mir trotzdem nahe«, erwiderte Kathrin. »Ich finde es schrecklich, dass ein Mensch so pietätlos verscharrt wurde. Und dass man ihn nur durch Zufall entdeckt hat.«

»Dass es vor vielen Jahren geschah, macht die Angelegenheit für mich auch nicht besser«, murmelte Henrik.

»Nein, Mord bleibt Mord«, sagte Kathrin grimmig.

»Wir wissen derzeit ja noch nicht, ob der Aufgefundene tatsächlich durch ein Verbrechen zu Tode gekommen ist«, sagte Henrik. »Es könnte sich ebenso um einen tragischen Unglücksfall handeln.«

»Das kann ich nicht glauben. Der Mensch, dessen Überreste

dort lagen, hat sich doch nicht selbst vergraben«, protestierte Kathrin. »Da muss mindestens ein Zweiter mit von der Partie gewesen sein.«

»Ja, es deutet vieles auf Fremdeinwirkung hin«, stimmte Henrik zu. »Aber es muss dennoch geklärt werden, was genau damals passiert ist und wie der Fall juristisch einzuordnen ist. Sollte zum Beispiel ein Unfall vertuscht werden, steckt keine vorsätzliche Tötungsabsicht dahinter.«

»Das Resultat ist aber dasselbe. Tot ist tot.«

»Ja, stimmt.« Henrik drehte sich genervt um und rief: »Hör auf zu kläffen, Leo!«

Kathrin ging zum Auto und begrüßte den Beagle, der auf den Beifahrersitz gesprungen war und mit Bellen ihre Aufmerksamkeit gewinnen wollte. »Meinst du, wir können ihn mit reinnehmen?«

»Besser nicht. Ich möchte nicht, dass er irgendetwas beschädigt. Wer weiß, was Harry, von den Kisten meines Onkels abgesehen, noch alles dort aufbewahrt.«

Kathrin kraulte den Beagle hinterm Ohr, wo er es am liebsten hatte. »Du musst dich ein bisschen gedulden«, sagte sie. »Wenn wir fertig sind, machen wir einen langen Spaziergang.« Der Beagle schien zu verstehen, er rollte sich brav auf dem Sitz zusammen und blieb ruhig. Kathrin schloss die Tür und blickte Henrik an. »Weißt du, ich habe auf dem Hinweg ein wenig nachgedacht«, sagte sie. »Gestern Abend war ich zu aufgewühlt, da ist mir zu viel im Kopf herumgespukt. Aber mittlerweile gibt mir der Fundort des Skeletts zu denken, der Körper lag ja unter einer dicken Betonschicht verborgen. Das erinnert mich an die Methoden der Mafia.«

»Wenn jemand von der Cosa Nostra dafür verantwortlich wäre, hätte er die Leiche entweder komplett in Beton eingegossen oder sie mit Betonbrocken beschwert ins Meer geworfen, sodass sie nie wieder aufgetaucht wäre«, widersprach Henrik. »Aber du hast recht. Mich wundert auch, dass das Skelett nicht tiefer vergraben wurde. Es lag für mich zu nahe an der Oberfläche.«

»Vielleicht war der Täter in Zeitnot«, meinte Kathrin. »Er

musste dafür sorgen, dass der Tote möglichst schnell verschwindet. Eine tiefe Grube auszuheben, hätte zu lange gedauert.«

»Ja, an der Vermutung könnte was dran sein«, stimmte Henrik zu. »Eine andere Erklärung wäre eventuell die, dass der Leichnam früher weiter unten gelegen und sich durch irgendwelche Erdbewegungen im Laufe der Jahre nach oben gearbeitet hat. Bis er dann direkt unterhalb der Betonschicht, die wahrscheinlich später aufgetragen wurde, stecken geblieben ist. Das Erdreich am Flussufer ist durch den Einfluss der Gezeiten und durch Sturmfluten ständig etwas in Bewegung. Und Sand ist leicht verschiebbar.«

»Puh, dazu müssten wir einen Geologen befragen«, sagte Kathrin. »Davon habe ich zu wenig Ahnung.«

»Meine Kenntnisse sind diesbezüglich auch eher rudimentär«, räumte Henrik ein. Dann zog er eine Grimasse und wies mit dem Kopf zur Halle. »Merkst du was?«

»Was sollte ich merken?«

»Wir verzetteln uns gerade, diskutieren über Dinge, die uns im Grunde genommen nicht zu kümmern haben. Wir prokrastinieren, wie man im Psychojargon so schön sagt.«

Kathrin klopfte sich grinsend mit der rechten Hand gegen die Brust. »Ertappt. Ich bekenne mich vollumfänglich der Aufschieberitis schuldig, Euer Ehren.«

»Euer Ehren verspürt ebenfalls nicht die geringste Lust, sich durch die Sachen seines Onkels zu wühlen. Aber es bis zum Sankt-Nimmerleins-Tag hinauszuzögern, ist auch keine Lösung, wir sollten es hinter uns bringen.«

»Dann mal los!« Kathrin zog einen Schlüssel aus der Jackentasche. »Den hat mir Harry mitgegeben. Wir sollen nicht durch das Rolltor, sondern durch den Seiteneingang gehen. Von dort gelangen wir, wie er sagte, in ein kleines Büro, wo wir einen Drucker und Kopierer vorfinden. Wir können alles benutzen, was wir brauchen.«

Henrik atmete tief durch. »Also gut, auf in den Kampf.« Schicksalsergeben stiefelte er hinter Kathrin her.

Zwei Stunden später schmerzte Henriks Nacken von der ständig gebückten Haltung, und das Kopfweh, das ihn schon beim Aufstehen geplagt hatte, war stärker geworden. Er ließ die Schulterblätter kreisen, um die verkrampften Muskeln zu lösen. Nahm das nie ein Ende?

Auf dem Betonfußboden stapelten sich Umzugskisten. Etwa zwei Drittel hatten sie bereits durchgesehen, der Rest wartete noch auf sie. Sie hatten jeden Gegenstand, der sich in den Kisten befand, herausgenommen und entschieden, was damit geschehen sollte. Das meiste davon hatten sie rigoros aussortiert: Ordner mit Zeitungsausschnitten von längst vergangenen Ausstellungen und Vernissagen. Dicke Alben mit Fotos von Leuten und Orten, die Henrik nicht kannte. Hefter mit Kontoauszügen und Abrechnungen von vor über zwanzig Jahren und Kladden mit handschriftlichen Notizen und Skizzen, die nur für seinen Onkel eine Bedeutung gehabt hatten. Nur selten war etwas von Wert dabei. Ein paar Holzschnitzarbeiten und kleinere Skulpturen, vermutlich aus Bronze, hatte Henrik zur Seite gelegt, um sie schätzen zu lassen. Er hatte keine Ahnung, ob sie kostbar oder Schund waren. Kaum etwas, das sie bis jetzt gesichtet hatten, lohnte sich aufzuheben. Auch nicht aus sentimentalen Gründen.

Henrik musste sich eingestehen, dass er nur wenig über seinen Onkel wusste. Irgendwann hatten sich ihre Wege getrennt, und keiner von beiden hatte den Versuch unternommen, den Kontakt wiederherzustellen. Sie waren Fremde geworden, obwohl sie sich einst gut verstanden, viel zusammen gelacht hatten. Warum habe ich mich nicht früher gekümmert, machte sich Henrik nun bittere Vorwürfe. Hätte ich es getan, wäre ich jetzt nicht in dieser misslichen Lage. Hätte frühzeitig bemerkt, wie Onkel Stefan sich veränderte, die Kontrolle über sein Leben verlor und sein Haus zumüllte. Die Einsicht schmerzte: Wenn er nur gewollt hätte, hätte er seinem Onkel viel Leid und sich eine Menge Arbeit ersparen können. Das Pochen hinter Henriks Stirn steigerte sich zu einem Hämmern, es war nicht mehr auszuhalten.

Er wandte sich an Kathrin: »Hast du vielleicht eine Schmerztablette mit dabei? Ich habe die ganze Zeit versucht, das Kopfweh zu ignorieren, aber es wird immer schlimmer.«

Kathrin musterte ihn besorgt. »Du siehst wirklich blass aus. Wollen wir für heute Schluss machen?«

»Nein.« Henrik schüttelte den Kopf und bereute es sogleich. »Mit einer Tablette schaffe ich das.«

Kathrin ging zum Schreibtisch, auf den sie ihre Handtasche gelegt hatte, kramte eine Medikamentenschachtel hervor und drückte ein rosafarbenes Dragée aus der Blisterpackung. »Hier, das sollte schnell helfen.«

»Hast du zufällig noch was zu trinken?«

»Das kannst du lutschen, es schmeckt nach Orange.«

Henrik ließ die Tablette auf der Zunge zergehen. »Danke. Ich bin gleich wieder voll einsatzfähig«, sagte er mit einem entschuldigenden Lächeln.

»Ich musste eben auch niesen«, sagte Kathrin. »Der Staub, der an den Sachen haftet, riecht zum Teil echt unangenehm, ein bisschen moderig. Wollen wir das Rolltor kurz öffnen?«

»Gute Idee.«

Kathrin drückte auf einen Schalter, und das Tor fuhr ratternd in die Höhe. Frische Luft strömte ein, die Henrik gierig einatmete. Er reckte und streckte sich und spürte, wie sich die Verspannungen langsam lockerten. Auch die Tablette zeigte schnell Wirkung, nach nur zehn Minuten fühlte er sich in der Lage, den Rest der Arbeit zu stemmen.

»Ich trage jetzt mal die Kisten von dahinten rüber«, verkündete er, »und dann haben wir es bald geschafft.«

»Sind das die Kisten vom Dachboden? Von denen Harry gesprochen hat?«

»Ich glaube, ja.«

»Da bin ich aber gespannt.«

»Ich auch«, sagte Henrik und schnappte sich eine Kiste.

Als er alle fünf herbeigeschleppt hatte, öffnete er den Deckel der ersten und zog eine, wie er schätzte, dreißig mal zwanzig Zentimeter große Leinwand hervor. Lehnte sie, um besser sehen zu können, mit der rückwärtigen Seite gegen ein Regal.

»Oha«, entfuhr es Kathrin, und sie zog eine Grimasse.

Henrik griff nochmals in die Kiste. »Das gibt es doch nicht«, murmelte er und machte sich daran, alle Bilder aus den Umzugskisten zu holen, betrachtete sie eine Weile schweigend. »Jetzt verstehe ich, was Harry neulich am Telefon gemeint hat«, sagte er schließlich.

Die Zeichnungen waren von unterschiedlicher Größe und in verschiedenen Techniken – Öl, Kohle, Aquarell, Kreide – angefertigt, zeigten jedoch alle dasselbe Motiv: Im Vordergrund befand sich eine Figur, die etwa zwei Drittel des Gemäldes einnahm. Sie hatte einen relativ kurzen Rumpf, aber einen lang gestreckten, fast wie ein Schädel wirkenden Kopf. Mund und Augen waren weit aufgerissen. Die Hände hielt sie gegen die Wangen gepresst, was den Kopf noch länger erscheinen ließ. Die Augen wirkten seltsam leer, die Lippen blutlos. Die Kleidung der Figur war schwarz und meist nur grob skizziert, Henrik konnte nicht ausmachen, ob es sich um einen Mann oder eine Frau handelte. Hinter der Figur erhob sich ein blutroter Himmel, der im unteren Teil von orangen und grünen Linien durchsetzt war. Alles wirkte surreal und war gleichzeitig abschreckend, grotesk.

»Puh, also damit hätte mein Onkel wohl keine Berühmtheit erlangt«, stellte Henrik fest. »Ich kenne mich mit seinem Werk nicht sonderlich gut aus, aber diese Zeichnungen passen so gar nicht zu dem, was er sonst gemalt hat. Das sind keine Karikaturen.«

»Sie sehen aus, als ob er sie auf einem Horrortrip hingekleckst hätte.«

»Kann der Grünkohlschnaps, für den mein Onkel eine Schwäche hatte, etwa eine derartige Wirkung entfalten?«

»Vielleicht war es selbst gebrannter Fusel? Wenn man beim Brennen nicht mit dem notwendigen Wissen und entsprechender Sorgfalt vorgeht, kann es für den, der das gepanschte Gesöff trinkt, sehr unangenehme Folgen haben.«

»Nein, mit dem Schnaps an sich war bestimmt alles in Ordnung«, erwiderte Henrik. »Ich habe im Kühlschrank eine angebrochene Flasche gefunden. Das ist eine Marke, die man hier im Supermarkt kaufen kann.«

»Die Menge macht das Gift.«

»Ich habe schon von mehreren Leuten gehört, dass mein Onkel in seinen letzten Lebensjahren nicht mehr viele Bilder verkauft hat. Jetzt weiß ich, warum: Das ist keine Kunst, das ist Krampf. Wer will sich so etwas ins Wohnzimmer hängen?«

»Ich jedenfalls nicht«, sagte Kathrin und knetete nachdenklich die Unterlippe. »Hm, woran erinnert mich das nur? Ich habe so etwas Ähnliches schon einmal gesehen. Nicht ganz so grässlich wie die Bilder hier, aber die Darstellung der Figur kommt mir bekannt vor.«

»Mir ist der Anblick bis heute zum Glück erspart geblieben.« Henrik sammelte die Bilder ein und steckte sie zurück in die Kisten. Er wollte diese Scheußlichkeiten keine Minute länger vor Augen haben.

»Jetzt hab ich's«, rief Kathrin triumphierend. »Die Bilder ähneln einem Gemälde von Edvard Munch.«

»Munch? Kenne ich nicht.«

»Ein norwegischer Maler aus dem späten 19., frühen 20. Jahrhundert und ein Wegbereiter des Expressionismus. Ich habe mit Peter das Munch-Museum in Oslo besucht und dabei natürlich auch sein berühmtestes Werk gesehen. Es nennt sich ›Der Schrei‹.«

Henrik bückte sich und zog eins der Bilder nochmals aus der Kiste, studierte es genauer. »Du magst recht haben. Auf mich wirkt es ebenfalls so, als ob die Figur einen lauten, lang gezogenen Schrei ausstößt. Sie scheint Schmerzen zu haben. Vielleicht Zahnschmerzen? Dafür würden die gegen die Wangen gehaltenen Handflächen sprechen. Wollte mein Onkel das zum Ausdruck bringen?«

Kathrin grinste. »Kunstexperte bist du nicht, oder?«

»Wenn das Kunst sein soll – nein. Ich mag Bilder, auf denen man erkennt, was sie abbilden. Natur, Menschen, Tiere. Nicht so ein optisches Geschwurbel wie das hier.«

»Kunstbanause.«

»Dann sag du mir doch, was diese Bilder zu bedeuten haben«, forderte Henrik sie leicht genervt auf. »Du bist in der Hinsicht anscheinend besser informiert als ich.«

»Nicht wirklich. Das meiste über Munch habe ich schon wieder vergessen«, gestand Kathrin. »Doch mir ist im Gedächtnis geblieben, dass Munch in ›Der Schrei‹ eine Erfahrung verarbeitet, die er während eines Spazierganges in Nizza machte. Ihn überfiel damals eine Panikattacke, und er glaubte zu fühlen, wie ein großer Schrei durch die Natur ging.«

»Hatte er auch zu viel Grünkohlschnaps getrunken?«, spottete Henrik. Schon in der Schule hatte er die Diskussionen um die Frage »Was will uns der Künstler mit diesem Bild sagen?« gehasst, jegliche Interpretationsansätze als müßig empfunden.

»Nun ja, man sagt, dass Munch tatsächlich ein Alkoholproblem hatte. Und er litt unter einer Psychose.«

»Da hatten mein Onkel und er ja was gemeinsam.«

»Zumindest, was den Alkohol betrifft.«

»Glaubst du, dass mein Onkel – aus welchen Gründen auch immer – Munchs Werk kopiert hat?«

Kathrin nahm ihm das Bild aus der Hand, schaute es schweigend an. »Ich bin keine Expertin«, sagte sie nach einer Weile. »Aber ich habe Munchs Figur viel kleiner in Erinnerung, sie nimmt, wie ich glaube, deutlich weniger Raum ein. Warte mal.« Sie holte ihr Handy aus der Tasche und rief eine Internetseite auf, die sie Henrik zeigte.

Er las die Informationen aufmerksam durch, nahm sich die Zeit, Munchs »Schrei« auf sich wirken zu lassen, sich eine Meinung zu bilden. Kathrins Einschätzung war korrekt gewesen, er hatte mit Kunst gewöhnlich nicht viel am Hut, konnte sich nicht daran erinnern, wann er das letzte Mal ein Museum besucht hatte. Aber in dem Fall waren die Abweichungen auch für einen Laien wie ihn leicht zu erkennen. »Die Bilder meines Onkels sind keine direkte Nachbildung«, sagte er schließlich. »Ein Unterschied ist zum Beispiel, dass Munchs Figur auf einer Brücke oder einem Steg steht. Und im Hintergrund sind noch weitere Personen zu erkennen. Außerdem sind die Farben anders. Trotzdem fallen selbst mir gewisse Anleihen an den ›Schrei‹ auf. Mein Onkel hat das Motiv sicherlich nicht zufällig aufgegriffen.«

»Nein, das hat er wohl nicht. Ich denke, die Bilder enthalten eine Message. Fragt sich nur, welche.«

Henrik verdrehte die Augen zur Decke. »Ich glaube nicht, dass ich Lust habe, sie durch ewiges Hin-und-her-Diskutieren aufzuspüren. Ich habe Wichtigeres zu tun. Außerdem sehe ich den Sinn nicht, mein Onkel ist ja inzwischen tot. Was immer er mit den Bildern zum Ausdruck hat bringen wollen, hat für mich und höchstwahrscheinlich auch für den Rest der Welt keine Bedeutung mehr. Die Bilder kommen auf den Müll.«

»Hm, mich würde schon interessieren, wie sein psychischer Zustand war, als er die Bilder gemalt hat«, sagte Kathrin. »Hältst du es für möglich, dass er wie Munch seine Ängste thematisieren wollte? Hat er sich vor etwas gefürchtet? Falls ja, wäre das vielleicht eine Erklärung für das Chaos in seinem Haus.«

»Keine Ahnung.« Henrik zuckte mit den Schultern. »Vielleicht weiß sein Nachbar, mit dem er befreundet war, Näheres, wir können ihn ja mal fragen.«

»Gute Idee. Ich werde ihn bei Gelegenheit darauf ansprechen.«

»Tu, was du nicht lassen kannst.« Henrik verfrachtete das Bild zurück in die Kiste und klappte schwungvoll den Deckel zu. »Ich leihe mir nachher den Pritschenwagen vom Campingplatz aus und bringe den ganzen Schrott hier auf die Mülldeponie.«

»Was für ein Erbe.« Kathrin schaute ihn mitfühlend an.

Henrik gab ein bitteres Lachen von sich. »Ich verspreche dir eins: Sollte mich irgendjemand nochmals als Erben einsetzen, werde ich die Erbschaft sofort ausschlagen.«

»Augen auf bei der Wahl der Erbtante oder des Erbonkels«, meinte Kathrin spöttisch.

»Mir kann die gesamte buckelige Verwandtschaft gestohlen bleiben«, brummte Henrik. »Ich brauche jetzt was zu beißen, mein Magen hängt auf halb acht, ich habe nicht gefrühstückt.«

19

»Die beiden Fischfrikadellen bitte nicht heiß machen, sie sind für meinen Hund«, sagte Henrik zur Bedienung an der Imbissbude.

Die Frau zuckte nicht mit der Wimper, schien mit solch ungewöhnlichen Wünschen ihrer Klientel Erfahrung zu haben. »Dann auch ohne Remoulade oder Ketchup?«, fragte sie sachkundig.

»Ja, ansonsten gibt es beim Fressen eine Riesensauerei. Ein Brötchen als Beilage brauche ich ebenfalls nicht«, antwortete Henrik.

»Ich suche Ihnen zwei schön große Frikadellen raus«, versprach die Frau. »Wie heißt es so treffend: Ist der Hund zufrieden und satt, freut sich das Herrchen, oder?«

»So ist es.« Henrik nickte. In dem Moment klingelte sein Handy.

»Wo treibst du dich gerade herum?«, wollte sein Freund Christian Sieveking, seines Zeichens Kriminalhauptkommissar in Hamburg, wissen.

»An der Imbissbude am Sandstedter Hafen, ich warte auf mein Mittagessen.«

»Es ist halb vier.«

»Jetzt ist mir klar, warum ich so einen Kohldampf habe.« Henrik gab der Bedienung durch ein Handzeichen zu verstehen, dass er zusätzlich zu den beiden Fischfrikadellen für Leo, dem Matjesbrötchen für Kathrin und dem Bismarckheringsbrötchen für sich noch ein Lachsbrötchen wollte.

»Was macht dein Brandstifter?«, erkundigte sich Sieveking.

»Hat sich in den letzten Tagen auffällig ruhig verhalten«, antwortete Henrik. »Aber ich traue dem Frieden nicht.«

»Nein, er wird sicherlich nur eine kreative Pause eingelegt haben.«

»Ich bin schon gespannt, wo er demnächst wieder auftauchen wird. Dummerweise ist mein Kenntnisstand, was ihn betrifft, noch immer ziemlich mau. Hast du was Neues erfahren?« Henrik tauschte sich regelmäßig mit dem Freund aus und wusste, dass der Informationsfluss auf dem Kommissariat weit über Sievekings persönlichen Zuständigkeitsbereich hinausging.

»Leider nicht«, enttäuschte ihn der Freund. »Aber ich habe gestern zufällig mit Dr. Warneke gesprochen, dem Pathologen, der für den Skelettfund bei euch dort auf dem Campingplatz zuständig ist. Er vertritt unseren wichtigsten Mann hier vor Ort, den hat ein Bandscheibenvorfall außer Gefecht gesetzt. In der forensischen Abteilung in Eppendorf stapeln sich die Leichname, wir müssen ewig auf die Ergebnisse warten. Es ist ein Gräuel.«

»Was hat Warneke gesagt?«

»Er ist immer noch wegen der Kette bass erstaunt.«

»Ja, kaum zu glauben, das ist ein erstaunlicher Zufall.« Henrik reichte der Bedienung einen Fünfzig-Euro-Schein.

»Er hat die Kette und den Anhänger mit dem Schmuck verglichen, der noch bei ihm in Familienbesitz ist. Es besteht kein Zweifel: Das Schmuckstück, das der Tote trug, stammt aus dem Atelier von Warnekes Großmutter.«

»Gibt es vielleicht eine Liste? Mit Hilfe derer man nachverfolgen könnte, wann die Großmutter was an wen verkauft hat?«

»Leider nein. Frühere Rechnungen und Belege existieren gleichermaßen nicht mehr. Die Aufbewahrungsfrist ist ja schon lange abgelaufen, der Laden ist seit gut zwanzig Jahren geschlossen.«

»Schade«, meinte Henrik.

»Wäre ja auch zu einfach gewesen.«

»Also ist die Identität des Toten weiterhin ungeklärt«, stellte Henrik fest.

»Ja. Die Kollegen werden sich tüchtig reinhängen, viel Ermittlungsarbeit vor Ort leisten müssen. Stell dich darauf ein, dass es bei euch an der Weser in den nächsten Tagen wuselig bleibt.«

Na prima, Harry wird begeistert sein, dachte Henrik und versuchte, das Wechselgeld mit einer Hand ins Portemonnaie zu stecken, während er mit der anderen das Handy ans Ohr hielt.

Ein paar Münzen fielen zu Boden, und er musste sich bücken, um sie aufzuheben.

»Hallo? Bist du noch dran?«, fragte Sieveking, weil die Verbindung anscheinend gelitten hatte.

»Ja«, bestätigte Henrik, nachdem er sich wieder aufgerichtet hatte. »Aber mein Essen ist fertig.«

»Dann will ich dich nicht weiter stören«, beteuerte Sieveking. »Nur eins zum Schluss, weil es dich sicherlich interessiert. Warneke hat inzwischen die Todesursache der Campingplatzleiche festgestellt, es war allerdings auch nicht sonderlich schwer, das zu bestimmen. Er hatte gleich an der Fundstelle einen Verdacht, der sich nun bestätigt hat. Das Opfer hat einen Genickbruch erlitten.«

»Okay, das ging ja erfreulich schnell. Da haben wir jetzt wenigstens in einem Punkt Gewissheit«, lobte Henrik. »Hat Warneke schon eine Ahnung, was den Genickbruch ausgelöst haben könnte?«

»Nein, das ließ sich auf dem Röntgenbild nicht erkennen, dazu sind weitere Untersuchungen notwendig. Auffällig ist jedoch, dass keine anderen Verletzungen an den Knochen auszumachen sind.«

»Hm, das könnte bedeuten, dass der Täter sehr gezielt vorgegangen ist. Entweder hat er das Opfer durch einen Schlag gegen den Hinterkopf getötet oder es von hinten gewürgt. Oder es, als es auf dem Boden lag, mit Tritten gegen den Nacken traktiert. Oder«, Henrik hielt kurz inne, »ach, es gibt noch x Möglichkeiten, wie es passiert sein könnte. Aber solange wir nichts Näheres über die Identität des Opfers und die Umstände seines Todes wissen, wird es schwer sein, herauszufinden, was genau geschehen ist.«

»Ja, da hat Warneke noch ein ordentliches Pensum vor sich.«

»Ich möchte nicht in seiner Haut stecken«, sagte Henrik. »Zum Glück kann ich mich da weitgehend raushalten, ich bin ja auch gar nicht befugt, in der Angelegenheit zu ermitteln. Ich stehe dem Platzbetreiber nur moralisch zur Seite, ihn nimmt das alles ziemlich mit.«

»Das kann ich gut nachvollziehen«, sagte Sieveking. »Aber ich will dich nicht länger aufhalten.«

»Tust du nicht«, schwindelte Henrik, obwohl ihm das Wasser im Munde zusammenlief. Die Fischbrötchen verbreiteten einen unwiderstehlichen Duft.

»Viel Erfolg bei der Jagd nach dem Brandstifter«, verabschiedete sich Sieveking. »Ich hoffe, dass ihr ihn bald zur Strecke bringt, das ist kein Kavaliersdelikt, was er da treibt.«

»Nein, er versetzt die ganze Region in Angst und Schrecken.«

»Dann bis die Tage.«

»Bis die Tage«, antwortete Henrik und wollte auflegen, aber Sieveking schien es sich plötzlich anders überlegt zu haben, er nahm das Gespräch noch einmal auf.

»Das habe ich vergessen zu fragen: Wie geht's denn Kathrin? Ihr musstet in den letzten Tagen ja einiges durchmachen.«

»Stimmt, aber sie schlägt sich wacker. Manches nimmt sie mehr mit als mich, sie ist es ja nicht so gewohnt. Dennoch ist sie erstaunlich tough, sie ist mir wirklich eine große Hilfe.«

»Es tut dir sicherlich gut, nicht immer der einsame Wolf zu sein.«

»Ja, meistens finde ich es prima, nicht ständig allein zu sein. Obwohl es auch Momente gibt, in denen ich mich gern in meinen Wolfsbau zurückziehe. Aber Kathrin versteht das.«

»Grüß sie von mir und genieß die Zeit trotz des Stresses.«

»Nun ja, ein richtiger Urlaub wäre mir lieber gewesen«, grummelte Henrik.

»Den holt ihr später nach«, versuchte Sieveking, ihn zu trösten. »Hast du sie eigentlich schon gefragt? Das wolltest du doch fix erledigen, oder?«

Henrik verzog das Gesicht, als ob er überraschend Zahnschmerzen bekommen hätte. »Ich bin noch nicht dazu gekommen. Es hat sich bis jetzt nicht die richtige Gelegenheit ergeben.«

»Schieb es nicht auf die lange Bank«, mahnte Sieveking. »Von ihrer Entscheidung hängt auch für dich eine Menge ab.«

Henrik war der Appetit auf die Fischbrötchen schlagartig vergangen. »Ich bleibe dran«, versprach er. »Aber bis heute hatten wir keine ruhige Minute. So etwas diskutiert man nicht zwischen Tür und Angel beziehungsweise zwischen zwei Leichenfunden.«

»Nein, du musst schauen, dass ihr beide entspannt seid«, riet Sieveking. »Ich drücke dir auf jeden Fall die Daumen. Aber jetzt mache ich wirklich Schluss, die Arbeit wartet. Tschüss.«

»Tschüss.«

Henrik steckte das Handy zurück in die Hosentasche, griff nach den Fischbrötchen und setzte sich in Bewegung. Dann stoppte er abrupt, machte ein paar Schritte zur Seite und stellte sich hinter einen Pkw-Anhänger, auf dem ein Stromaggregat leise brummte. Von seinem Versteck aus beobachtete er Kathrin, die mit Leo spielte. Sie wirkte trotz der dramatischen Vorfälle entspannt. Ihr braunes Haar glänzte in der Sonne, und ihre Wangen hatten einen rosigen Teint angenommen. Der Norden schien ihr gutzutun.

Wäre sie bereit, eine Entscheidung von solcher Tragweite zu treffen? Oder würde er sie damit überfordern? Er wusste aus Erfahrung, dass sie nicht zu den Frauen gehörte, die endlos lang zögerten und zauderten. Der Tod ihres Mannes hatte sie gelehrt, Eigenverantwortung zu übernehmen, Probleme schnell und kompetent zu lösen. Wie wäre es, so überlegte er, wenn er es hier und jetzt hinter sich brächte? Ihr die Frage stellte, die ihm seit Wochen auf der Zunge lag? Dann hätte er endlich eine Antwort, wüsste, woran er wäre, und müsste die Nächte nicht weiter mit Grübeln verbringen.

Also los! Henrik straffte die Schultern und atmete tief durch. Da fiel ihm der blaue Anzug ein, der zu Hause im Schrank hing und auf seinen Einsatz wartete. Augenblicklich sackten seine Schultern wieder nach unten. Nein, es war nicht der richtige Moment. Heute war definitiv nicht der Tag, an dem sein Leben womöglich eine neue Wendung nehmen würde.

Kathrin nahm das zusammengeklappte Brötchen, das Henrik ihr reichte, dankbar entgegen. Das rauchig-würzige Matjesfilet zerging auf der Zunge und sorgte dafür, dass ihr Magen plötzlich nach mehr verlangte, er gierte förmlich nach einer großen

Portion Pommes frites mit Ketchup und Mayo, egal, wie viele Kalorien darin steckten. Sie hatte sich ein paar deftige kulinarische Streicheleinheiten verdient! Henrik hatte, wie sie sah, seine beiden Brötchen ebenfalls bereits verschlungen, er war fast so schnell wie der Beagle gewesen, der mit den Fischfrikadellen kurzen Prozess gemacht hatte. Henrik starrte auf seine Finger, die fettig glänzten. Kathrin fasste in ihre Jackentasche und reichte ihm wortlos ein Papiertaschentuch.

»Danke«, sagte er. »Ich soll dich übrigens von Christian grüßen.«

»Dem Hauptkommissar?«

»Ja. Er wollte wissen, wie es dir geht.«

»Ich könnte noch was zu essen vertragen«, antwortete sie wahrheitsgemäß.

Henrik lachte. »Die beiden Brötchen waren für mich auch nur was für den hohlen Zahn. Ich hab Kohldampf.«

»Wie wäre es mit Pommes?« Kathrin erhob sich und strich ihre Jacke glatt.

»Guter Vorschlag.« Henrik straffte die Leine und zog Leo von einer jungen Frau weg, die auf der gegenüberliegenden Bank eine Bratwurst verspeiste. Leo schluckte bei jedem Bissen mit und winselte vorwurfsvoll.

»Tut mir leid, dass er Sie belästigt hat«, sagte er zu der Frau. »Ich habe nicht aufgepasst, seine Manieren lassen zu wünschen übrig.«

»Kein Problem. Ich kenne das vom Hund meiner Eltern«, antwortete die Frau verständnisvoll.

Sie machten sich auf den Rückweg zum Auto, das sie auf dem Parkplatz hinter dem Fußballfeld abgestellt hatten.

»Ich müsste mal für kleine Mädchen«, sagte Kathrin. »Wollen wir für die Pommes zum Metzger in der Ortsmitte fahren? Dort gibt es ein angeschlossenes Imbisslokal und sicherlich auch eine Toilette.«

»Von mir aus gern.«

Sie machten eine kurze Pause, um einem Pkw auf der einspurigen Straße die Vorfahrt zu lassen.

»Ach übrigens, ich habe eben, als ich auf dich gewartet habe, mit Frau Oppermann gesprochen«, sagte Kathrin.

»Du hast dich echt getraut, sie so schnell anzurufen?«

»Klar doch. Ich will wie du herausfinden, was es mit dem Brand ihres Wohnmobils auf sich hat. Gerade bei ihr gibt es so viele offene Fragen.«

»Stimmt. Und, hast du ein paar Antworten bekommen, die uns weiterhelfen?«

»Wie man's nimmt.« Kathrin zuckte mit den Schultern. »Das, was mich am meisten interessiert hat, konnte oder wollte sie mir nicht sagen.«

»Nämlich was?« Henrik blieb stehen, weil Leo in aller Ruhe an einem Grasbüschel schnüffelte.

»Warum ihr Wohnmobil in Flammen aufgegangen ist. Die Auricher Polizei hat ihr dazu angeblich bis jetzt keine Auskunft erteilt, Personalmangel oder so. Deshalb hatte sie auch keine Ahnung, ob ein Brandbeschleuniger verwendet wurde. Ich habe sie extra danach gefragt.«

»Schade«, meinte Henrik. »Sonst hätten wir womöglich eine Parallele zu Hooksiel gehabt.«

»Ja. Stattdessen tappen wir weiter im Dunkeln.« Kathrin unterdrückte ein Seufzen. »Bei unserem Gespräch ist sowieso nicht viel rausgekommen, Frau Oppermann ist, wie du selbst gemerkt hast, keine Plaudertasche. Das einzig Erwähnenswerte ist, dass sie sich auf die Suche nach einem Wohnwagen gemacht hat. Sie hat in die Fahrzeugpapiere geschaut und festgestellt, dass ihr alter Golf tausendzweihundert Kilogramm ziehen darf. Das reicht für einen kleinen Wohnwagen aus. Sie hat ihren Sohn verdonnert, mit ihr die Campinghändler in der Region abzuklappern.«

»Siehst du! Ich hatte dir doch schon in Greetsiel gesagt, dass sie uns was vorspielt, dass sie meiner Meinung nach eher der resolute Typ ist. Diese lethargische Attitüde, diese Schicksalsergebenheit, die sie an den Tag gelegt hat, das passt nicht zu ihr.«

»Nun ja, ihren Filius hat sie offenbar gut im Griff. Der muss springen, wenn sie pfeift.« Kathrin tat Frau Oppermanns Sohn leid. »Er streckt ihr sogar das Geld für den Wohnwagen vor, bis die Versicherung gezahlt hat.«

»Merkst du was?« Henrik zog herausfordernd die Augenbrauen in die Höhe.

»Was genau sollte ich merken?« Kathrin kickte einen kleinen Stein mit dem Fuß zur Seite. Sie standen noch immer am selben Grasbüschel, weil Leo sich breitbeinig weigerte, weiterzulaufen.

»Sie ist kein Opfer«, beharrte Henrik. »Sie profitiert von dem Wohnmobilbrand. Ohne den Brand könnte sie sich kein neues Campingfahrzeug leisten. Die Knete dafür erhält sie von der Versicherung.«

»Rein theoretisch wäre das natürlich möglich«, musste Kathrin einräumen. »Aber glaubst du wirklich, dass Frau Oppermann derart abgebrüht ist, dass sie einen klassischen Versicherungsbetrug begeht? Das traue ich ihr nicht zu. Und wie hätte sie das Wohnmobil denn anstecken sollen? Es reicht ja nicht aus, ein Streichholz in die Fahrerkabine zu werfen. Um ein Feuer dieser Größe zu entfachen, ist schon mehr Wumms nötig, sie hätte einen Molotowcocktail bauen oder Benzin verschütten und anzünden müssen. Nein, das hätte sie niemals fertiggebracht, allein schon wegen ihres Alters.«

»Vielleicht hat der Sohn ihr dabei geholfen. Wenn er ein echtes Muttersöhnchen ist, wird er bemüht sein, all ihre Wünsche zu erfüllen.«

»Auch wenn sie illegal sind?«

»Es kommt darauf an, wie viel Macht sie über ihn hat. Manch ein Sohn hat schon für die Mutter gemordet.«

»Das mag sein, doch wir sollten den Brand von Frau Oppermanns Wohnmobil nicht überdramatisieren«, warnte Kathrin.

»Sie hat es echt clever gedeichselt«, fuhr Henrik unbeirrt fort. »Aber ich lasse mich nicht durch ihre Krokodilstränen erweichen, die Frau hat es faustdick hinter den Ohren.«

»Quatsch!« Kathrin wurde es allmählich zu bunt. »Auf mich hat sie, als sie bei mir im Wohnmobil saß, einen ganz normalen Eindruck gemacht. Der sich durch unser Telefongespräch bestätigt hat. Nicht jeder muss gleich wie ein Wasserfall reden, es gibt solche und solche. Womöglich ist sie nur vorsichtig, was gerade bei alleinlebenden Senioren kein Fehler ist.«

»Ja, die Gauner und Trickbetrüger werden von Jahr zu Jahr dreister«, musste Henrik zugeben.

»Und so gefühllos, wie du meinst, ist sie auch nicht«, sagte Kathrin. »Sie war geschockt, als ich ihr von dem Skelettfund berichtet habe.«

»Warum hast du ihr davon erzählt?«

»Sie hat sich erkundigt, wie es mir geht. Und da habe ich die Wahrheit gesagt, dass ich mich ein bisschen mitgenommen fühle.«

»Sie versucht, dich um den Finger zu wickeln.«

»Nein, sie war besorgt, hat Anteilnahme gezeigt. Sie wollte ganz genau wissen, wo das Skelett lag und was die Einschätzung des Pathologen war.«

»Was interessiert sie das? Sie war doch nie hier an der Weser, wie sie selbst gesagt hat.«

»Keine Ahnung.« Kathrin zuckte mit den Schultern. »Ich nehme an, sie war neugierig. So etwas passiert ja nicht alle Tage. Und dann noch auf einem Campingplatz.«

In dem Augenblick gab Henriks Handy einen Laut von sich.

»Eine E-Mail oder WhatsApp-Nachricht«, sagte er.

»Wahrscheinlich von Harry«, vermutete Kathrin. »Er will bestimmt hören, wie weit wir sind.«

»Nein, die Meldung ist nicht von Harry.«

Kathrin sah, wie sich Staunen auf Henriks Gesicht breitmachte. »Was ist los?«, fragte sie.

»Der Bestatter meines Onkels hat sich gemeldet. Er war gerade bei einem Kunden in der Ortschaft Offenwarden. Der Vater des Kunden ist wohl ohne Vorwarnung in der Scheune umgekippt und war auf der Stelle tot.«

»Wie schrecklich«, meinte Kathrin. »Doch was geht dich das an?«

»Im Prinzip nichts. Aber Aschbrenner ist in der Scheune ein großer, hoher Anhänger aufgefallen, der mit einer grauen Kunststoffplane abgedeckt ist, nur die silberfarbene Deichsel ragt heraus. Von der Größe her könnte es sich, wie Aschbrenner meint, um den Airstream handeln. Er wollte allerdings nicht selbst nachschauen, es ist ja nicht seine Angelegenheit.«

Kathrin vergaß ihren Hunger. »Da müssen wir sofort hin«, sagte sie aufgeregt.

»Aschbrenner hat uns schon angekündigt.«

»Also los!«, drängte Kathrin.

»Was ist mit der Toilette?«

Kathrin lachte verlegen auf. »Das hätte ich jetzt fast vergessen. Bei den Neuigkeiten! Aber meine Blase erinnert mich gerade wieder daran.« Sie schaute um sich und drückte Henrik Leos Leine in die Hand. »Ich laufe schnell rüber zum Sanitärgebäude des Campingplatzes, von hier aus ist es nicht allzu weit. Geh du schon mal zum Auto und warte dort auf mich. Ich bin gleich zurück.« Sie stürmte los.

20

Am liebsten hätte sich Henrik direkt in die Offenwarder Scheune beamen lassen. Da dies jedoch nur im Film machbar war, versuchte er, trotz Einhaltung aller Geschwindigkeitsbegrenzungen möglichst schnell zum Gehöft zu kommen. In seinem Kopf ratterte es: Wohnwagen dieser Klasse wurden locker mit hunderttausend Euro gehandelt, je nach Zustand und Extras auch mehr. Nur wenige dieser Kultfahrzeuge waren noch auf dem Markt, Liebhaber waren bereit, einen stolzen Preis dafür zu zahlen. Selbst wenn er, pessimistisch geschätzt, nur sechzig- oder achtzigtausend Euro für den Verkauf bekäme – lieber Himmel, was könnte er sich von dem Geld nicht alles leisten! Einen nigelnagelneuen Kastenwagen zum Beispiel. Oder ein etwas komfortableres gebrauchtes Wohnmobil. Auch für seine Zukunftspläne, in denen, wenn es nach ihm ginge, Kathrin eine nicht unbedeutende Rolle spielen würde, wäre so ein hübsches Sümmchen nützlich.

Henrik war plötzlich in Gedanken ganz weit weg: An einem Tisch sitzend öffnete er eine schwarze Tasche mit altmodischem Bügelverschluss, die randvoll mit Euroscheinen gefüllt war. Er griff nach einem Bündel Scheine und schleuderte sie in die Luft, wodurch sie wie Konfetti zu Boden gingen. Was für ein Schatz! Und alles nur für ihn! Ein paar Sekunden kam er sich wie Dagobert Duck vor. Ein nie gekanntes Glücksgefühl durchströmte ihn.

»Achtung!« Kathrins warnende Stimme brachte ihn abrupt in die Realität zurück, und er trat auf die Bremse, kam schlingernd zum Stehen. Eine Schafherde versperrte ihnen den Weg. Die Tiere blökten aufgeregt, rannten mitten auf der Straße wild hin und her, machten Bocksprünge und wollten alles, nur anscheinend den Asphalt nicht verlassen. Ein Schaf trennte sich von der Herde, beäugte den Kastenwagen und kam neugierig darauf zu. Die anderen Schafe folgten ihm. Innerhalb kürzester

Zeit war Henrik von den Tieren umringt, ihre weißen Rücken brandeten wie eine Welle um ihn herum. Aus Frust hieb er mit der flachen Hand aufs Lenkrad. Kathrin kicherte.

Henrik ließ das Fenster hinunter und bemerkte, wie eins der Schafe sich an seinem Vorderreifen schubberte. »Hey, weg da!«, rief er.

Das Schaf ignorierte ihn und kratzte sich genüsslich die wollige Flanke.

»Verdammt noch mal, wo ist der Schäfer? Die können doch nicht so allein hier herumlaufen«, erboste sich Henrik.

»Sie sind bestimmt ausgebüxt«, meinte Kathrin.

Henrik sah sie fast flehentlich an. »Wenn du vielleicht aussteigst und versuchst, sie vom Auto wegzuscheuchen?«

Kathrin verschränkte die Arme vor der Brust. *»Never ever.«*

Henrik seufzte. Dann kam ihm eine Idee, und er drückte auf die Hupe. Veranstaltete ein höllisches Hupkonzert, doch die Tiere waren gegen den Lärm entweder immun oder taub.

»Mir reicht's. Ich lasse jetzt Leo raus. Er soll mal beweisen, dass er ein richtiger Hund ist.« Henrik löste den Karabinerhaken des Sicherheitsgeschirrs und öffnete die Fahrertür einen Spaltbreit. »Los, Leo! Mach ihnen Beine!«

Der Beagle drehte sich in die entgegengesetzte Richtung und sprang auf Kathrins Schoss. Die lachte laut auf. Henrik verschlug es erst einmal die Sprache, er starrte trübsinnig aus der Windschutzscheibe. Plötzlich kam Leben in die Herde. Ein schwarzweißes Fellknäuel, das nicht viel größer als Leo war, schoss von der Deichkuppe auf den blökenden Haufen zu, zwickte den hintersten Schafen in die Fersen und trieb sie zum Laufen an. Wie aus dem Nichts erschien nun auch der Schäfer, der seelenruhig vor der Herde über die Straße stiefelte und ein Holzgatter öffnete. Ein Pfiff brachte den Hund dazu, die Herde in die vorgesehene Richtung zu drängen. Es dauerte keine zwei Minuten, und der Schafspuk hatte sich aufgelöst. Henrik warf dem Beagle einen vorwurfsvollen Blick zu und gab Gas. Er wollte endlich zu seinem Airstream.

Der Sohn des verstorbenen Gehöftbesitzers wartete vor der Scheune auf sie. Er wirkte gefasst, war aber sichtlich mitgenommen. Sein blondes Haar stand ihm unordentlich vom Kopf ab, so als hätte er es sich mehrfach gerauft. Henrik stieg vom Fahrersitz und ging auf den Mann zu.

»Mein herzliches Beileid zum Tod Ihres Vaters.«

»Von mir auch«, schloss sich Kathrin ihm an.

»Danke. Ich kann es noch nicht so richtig fassen«, antwortete der Mann, der ein paar Jahre älter als Henrik sein musste. »Mein Vater hatte für uns gekocht, und wir haben zusammen Mittag gegessen. Dann ist er in die Scheune gegangen, wo seine Drechselbank steht. Holzarbeiten waren, nachdem er das Vieh verkauft und die Wiesen verpachtet hatte, sein Hobby. Für seine Weihnachtskugeln aus Lindenholz sind sogar Kunden aus Lübeck und Flensburg angereist. Damit hat er seine Rente aufgebessert, als Landwirt ist man heutzutage ja finanziell nicht mehr auf Rosen gebettet. Und jetzt …« Der Mann verstummte.

»Wir können auch später wiederkommen«, bot Henrik an, obwohl er vor Neugier fast platzte.

»Nein, geht schon in Ordnung. In den nächsten Tagen habe ich sicherlich viel zu erledigen, da möchte ich dann lieber ungestört sein«, antwortete der Mann. »Und es kam ja nicht aus heiterem Himmel, mein Vater hatte gesundheitliche Probleme. Wir wussten beide, dass er keine hundert wird.«

»Sie haben also nichts dagegen, wenn wir die Plane vom Hänger nehmen und ihn kurz inspizieren?«, versicherte sich Henrik.

»Nein, schauen Sie in aller Ruhe, ob es sich tatsächlich um den Wohnwagen Ihres Onkels handelt. Enno hat mir erzählt, dass Sie danach suchen. Leider kann ich Ihnen nichts Näheres dazu sagen, ich wohne nicht mehr hier, sondern in Lüneburg. Ich weiß aber, dass mein Vater ab und an Überwinterungsplätze angeboten hat. Womöglich ist der Hänger in Vergessenheit geraten, oder mein Vater hatte mit dem Besitzer eine Vereinbarung, dass er dauerhaft hier untergebracht bleibt. Mal sehen, ob ich dazu was in den Unterlagen finde.« Der Mann seufzte. »Vor dem ganzen Papierkram graut mir schon jetzt.«

»Das kann ich gut verstehen«, sagte Kathrin mitfühlend.

»Ich gehe dann mal ins Haus«, verkündete der Mann und schlurfte los.

Henrik blickte ihm nachdenklich hinterher. Er konnte sich glücklich schätzen, dass sich seine Eltern einer stabilen Gesundheit erfreuten und er sie an seiner Seite wusste. Auch wenn es zwischen ihnen Differenzen gab. Er nahm sich vor, heute Abend mit seiner Mutter zu telefonieren. Aber jetzt gab es Wichtigeres zu erledigen: Der Airstream wartete auf ihn! Das große hölzerne Scheunentor war sperrig und schwer. Er öffnete es nur so weit, dass er und Kathrin durchschlüpfen konnten. Im Scheuneninneren war es dämmrig, nur ein kleines, dreckiges Dachfenster spendete ein wenig Licht. Er kniff die Augen zusammen, um besser zu sehen.

»Kannst du was erkennen?«, fragte er Kathrin.

»Nein. Aber es wird hier sicherlich eine Lampe geben. Der alte Bauer wird ja nicht im Dunkeln an der Drechselbank gearbeitet haben.«

Henrik zog sein Handy hervor, schaltete die Taschenlampenfunktion ein und leuchtete damit die Wand neben dem Tor ab.

»Hier ist ein Schalter«, sagte er und betätigte ihn. Augenblicklich flammte eine lange Neonröhre an der Decke auf.

»Schon besser«, lobte Kathrin.

Henrik schaute um sich. Die große, professionell wirkende Drechselbank war nahe dem Eingang aufgestellt. Ein rechteckiges Stück Holz lag noch auf der Arbeitsfläche, der Boden war mit Sägespänen überstreut. Hinter der Drechselbank standen landwirtschaftliche Gerätschaften aufgereiht, die, wie er schätzte, aus den 1950er- oder 1960er-Jahren stammten. Mit dem rostigen Pflug und der Egge war seit einer halben Ewigkeit kein Feld mehr beackert worden. Henrik suchte sich einen Weg durch aufeinandergestapelte Reifen und Strohballen, bis er endlich in den hinteren Teil der Scheune gelangte. Bis dorthin reichte das Licht der Neonröhre kaum.

Kein Wunder, dass der Wohnwagen in Vergessenheit geraten ist, dachte er. Wenn Enno Aschbrenner nicht so aufmerksam gewesen wäre, wäre der Hänger höchstwahrscheinlich nie mehr aus seinem Dornröschenschlaf erweckt worden. Henrik spürte, wie sich sein Puls beschleunigte. Er schaltete erneut die Taschenlampe ein und leuchtete damit auf die Deichsel, den einzigen Teil des Hängers, der nicht unter der Abdeckplane verborgen war. Sie glänzte silbern, was für Henrik schon mal ein gutes Zeichen war. Das Stützrad wirkte ein wenig mitgenommen, es müsste wie der Hebel der Handbremse sicherlich erneuert werden. Aber das Zugrohr und der Rest der Bremsvorrichtung erschienen ihm sehr solide.

»Was meinst du?« Kathrin stand neben ihm.

»Tja, ein Wohnwagen ist es auf jeden Fall«, antwortete er. »Fragt sich nur, was für einer.«

»Lass uns versuchen, ein Stück der Plane zu lockern, damit wir drunterschauen können.«

Henrik wies mit der Taschenlampe auf die Spanngurte, mit denen die Plane verzurrt war. »Der Hänger ist verschnürt wie eine gefüllte Roulade.«

»Vielleicht können wir einen der Gurte lösen und die Plane zur Seite schieben.«

»Probieren wir es am Heck.« Henrik zwängte sich durch den engen Spalt zwischen Wohnwagen und Strohballen. Er bückte sich, um besser an die Gurtratsche zu kommen und sie zu öffnen. Doch der Mechanismus klemmte, war anscheinend eingerostet.

»Verdammt, ich kriege das blöde Ding nicht auf.«

»Hast du so ein Schmiermittel-Spray im Kastenwagen? Das lockert den Rost.«

»Nein«, bedauerte Henrik.

»Schade. Ich habe immer eine Spraydose im Gepäck, bei Töfftöff brauche ich dieses Universalspray öfter, vieles ist ja inzwischen in die Jahre gekommen«, sagte Kathrin. »Um es zu holen, müssten wir allerdings zum Campingplatz zurückfahren.«

»Nein, es muss auch anders gehen.« Henrik machte sich wieder an der Ratsche und am Gurt zu schaffen, zog und zerrte, bis ihm der Schweiß auf die Stirn trat. Himmelherrgott, fluchte er innerlich. Es konnte doch nicht sein, dass ihn ein Stück Metall und eine Kunststoffplane zum Aufgeben zwangen.

»Versuch's mal damit.« Kathrin reichte ihm einen Holzmeißel. »Den habe ich auf der Drechselbank gefunden.«

»Wozu soll der gut sein? Ich will doch kein Holz bearbeiten«, protestierte Henrik. »Oder soll ich damit ein Loch in die Plane bohren?«

Kathrin seufzte tief. »Leuchte mir bitte, ich mach das schon.« Sie steckte die abgeflachte Metallspitze des Meißels unter den Ratschengriff und drückte den Meißel langsam nach oben. Es gelang ihr nicht sofort, aber drei, vier Minuten später klappte der Griff wie beabsichtigt nach hinten über, und sie konnte den Gurt ein wenig lockern.

»Geht doch!«, sagte sie zufrieden.

»Uh, danke.« Henrik grinste verlegen.

Er gab es nicht gern zu, aber er hatte, was handwerkliches Geschick betraf, zwei linke Hände. Kathrin war ihm da um Lichtjahre voraus, hatte zusammen mit ihrem verstorbenen Mann ihr Oldtimer-Wohnmobil wieder flottgemacht. Sie war eine superpatente Frau!

Ein weiteres Mal tauchte das Bild des blauen Anzuges, der in seinem Schrank hing, vor seinem inneren Auge auf. Henrik schüttelte den Kopf, um sich wieder auf das Hier und Jetzt zu konzentrieren. Er zog so lange am Gurt, bis es ihm gelang, ein Stück der Plane hochzuklappen. Die Außenwand des Wohnwagens blitzte im Taschenlampenlicht silbern auf. Henrik hielt unbewusst den Atem an.

»Wow, das könnte tatsächlich ein Airstream sein«, hauchte Kathrin.

»Die Plane muss höher.« Henrik drückte und zog abwechselnd, bis er etwa die Hälfte des Hecks freigelegt hatte, und hielt dann schnaufend inne. »Mist, dass wir kein besseres Licht haben.«

Kathrin beugte sich hinunter. »Hm, ich weiß nicht.« Sie klang auf einmal skeptisch.

Auch Henrik merkte, wie sein Optimismus in sich zusammenfiel. Irgendetwas passte nicht ins Bild. Die Außenhaut des Hängers war zwar aus Aluminium gefertigt, sah jedoch anders aus als bei einem Airstream. Aus die Maus, dachte er betrübt. Sein Traum, Besitzer eines wertvollen Kultwohnwagens zu sein, war vorerst geplatzt.

»Guck mal, da steht was.« Kathrin wies auf einen verwitterten Schriftzug.

»Ich kann die Buchstaben nicht richtig entziffern. Irgendetwas mit ›Nogel‹ am Anfang und ›usch‹ am Ende«, sagte Henrik.

»Nein, nicht mit o, mit a. Nagelrusch oder Nageldusch.«

»Nie gehört.«

»Ich frage mich, ob wir hier in der Scheune wohl Handyempfang haben, dann könnten wir den Namen googeln«, schlug Kathrin vor.

»Können wir uns sparen«, brummte Henrik frustriert. »Das interessiert mich nicht mehr. Ist ja eindeutig kein Airstream.« Vor Enttäuschung hätte er dem Wohnwagenreifen am liebsten einen Tritt verpasst, doch er zählte stumm bis zehn und unterdrückte den kindischen Impuls.

»Ich hab's«, triumphierte Kathrin und hielt ihm ihr Handy entgegen. »Das ist ein ›Nagetusch‹ aus der ehemaligen DDR, ein Luxuswohnwagen für damalige Verhältnisse. Der ist bestimmt auch einiges wert, davon sind nicht viele gebaut worden.«

»Das nützt uns nichts. Mein Onkel besaß einen Airstream, da war sich Aschbrenner ganz sicher«, erwiderte Henrik. »Mit dem Wohnwagen hier haben wir nichts zu schaffen.«

»Tja.« Kathrin zuckte mit den Schultern. »Das war dann wohl ein Satz mit X.«

»Scheiße.« Henrik ließ die Plane wieder sinken. »Lass uns zurück zum Campingplatz fahren.«

»Warte, ich spann den Gurt neu«, sagte Kathrin und machte sich an die Arbeit. Schweigend verließen sie die Scheune.

»Ich gebe dem Sohn Bescheid, dass wir hier fertig sind«, sagte Henrik niedergeschlagen.

In dem Moment bemerkte er, wie sich ihnen eine dunkle, lang gestreckte Limousine mit hohem Tempo näherte. Der Wagen kam auf der Hofeinfahrt zum Stehen. Eine Staubwolke stob auf, und Enno Aschbrenner sprang aus dem Fahrzeug.

»Gut, dass ich Sie hier noch erwische«, sagte er atemlos. »Ich habe gerade etwas erfahren, das Sie, wie ich glaube, unbedingt wissen sollten.«

»Gibt es einen weiteren Toten?«, fragte Henrik alarmiert.

»Zum Glück nicht«, erwiderte Aschbrenner. »Aber es hätte einen geben können. Oder mehrere, gleich eine ganze Familie.«

»Auf dem Campingplatz?« Kathrins Stimme hatte einen schrillen Tonfall angenommen.

»Nein, nicht hier. Auf dem Wohnmobilstellplatz in Ditzum sind sie nur knapp an einer Brandkatastrophe vorbeigeschrammt.«

»Ditzum, wo liegt das?«, wollte Henrik wissen. »Nicht hier in der Nähe, oder?«

»Nein, an der Emsmündung, knapp hundertfünzig Kilometer von uns entfernt«, erklärte Aschbrenner.

»Ist das nicht dieser hübsche Kutterhafen, wo manchmal ein paar Szenen der Frieslandkrimis gedreht werden?«, fragte Kathrin.

»Kann gut sein«, meinte Aschbrenner. »Aber ich gucke keine Krimis im Fernsehen, nur Dokus. Ich habe den ganzen Tag mit Verstorbenen zu tun, da muss ich mir Gewalt und Tod nicht noch am Feierabend antun.«

»Was ist in Ditzum passiert?«, drängte Henrik.

»Ein Gast hat einen Brandsatz unter dem Motorraum seines Wohnmobils gefunden. Wäre der hochgegangen, wären er, seine Frau und die beiden Kinder durch die Flammen im Wohnmobil eingeschlossen gewesen, hätten das Unglück wohl kaum überlebt.«

»Wie schrecklich«, murmelte Kathrin.

»Und wieso haben ausgerechnet Sie so schnell davon erfahren?«, erkundigte sich Henrik. Er mochte Aschbrenner, hielt ihn für eine integre Person, doch ein bisschen Misstrauen konnte nicht schaden.

»Ich war früher bei der freiwilligen Feuerwehr, bis ein doppelter Bänderriss am Knie mich ausgebremst hat«, erzählte Aschbrenner. »Ich habe aber noch gute Kontakte zu meinen ehemaligen Kameraden in Nordniedersachsen. Einer davon hat mich eben angerufen und mir aufgeregt erzählt, was passiert ist. Er hat an einem Löschfahrzeug gearbeitet und war deshalb gleich vor Ort, das Ditzumer Feuerwehrhaus liegt direkt neben dem Stellplatz. Zum Löschen hätten sie es nicht weit gehabt, doch der Brandsatz ist zum Glück ja nicht explodiert.«

»Das nenne ich aber dreist, direkt neben der Feuerwehr zu zündeln«, sagte Henrik grimmig. »Der Brandstifter muss sich inzwischen ein ziemliches Ego erarbeitet haben.«

»Kein Wunder, es hat ihn bis jetzt ja niemand stoppen können«, stellte Kathrin fest.

»Wer weiß, was noch alles passiert«, sagte Aschbrenner düster. »So langsam bekomme ich Angst, dass ich demnächst ein Brandopfer bei mir im Kühlraum unterbringen muss. Deshalb war es mir auch wichtig, Sie gleich zu benachrichtigen. Weil Sie sich doch …«, er stockte einen Moment, »kümmern«, beendete er den Satz.

»Harry wird sicherlich nicht begeistert sein, wenn wir schon wieder unsere Zelte abbrechen und ihn mit den Ermittlungen zum Skelettfund alleinlassen«, sagte Henrik nachdenklich.

»Harry will auch, dass die Brände aufhören«, widersprach Kathrin. »Es ist doch ein Unding, dass ein Einzelner eine ganze Region terrorisiert.«

»Meine Frau schläft deswegen schon schlecht«, gestand Aschbrenner. »Obwohl bis heute ja nie ein Haus in Flammen aufgegangen ist, bisher waren immer nur Campingfahrzeuge betroffen. Aber womöglich reicht das dem Typen bald nicht mehr. Könnte doch sein, dass er sich zu Größerem berufen fühlt.«

Henrik gab sich einen innerlichen Ruck, schüttelte die Enttäuschung über die erfolglose Suche nach dem Airstream ab.

»Ich schätze, wir sollten uns nach Ditzum aufmachen, nicht wahr?«, wandte er sich an Kathrin.

»Unbedingt«, stimmte sie zu. »Und zwar so schnell wie möglich.«

21

Es wurde dann doch Abend, bis sie in Ditzum ankamen.

Zum einen hatten sie lange auf Harry warten müssen, der ausgerechnet heute bei einem Termin in Bremen aufgehalten worden war. Außerdem hatten sie aus dem Haus von Henriks Onkel die Müllsäcke abtransportieren müssen, die sich in den letzten Tagen im Wohnzimmer und Flur angesammelt hatten. So allmählich lichtete sich das Chaos, und die Räume leerten sich sichtbar. Dennoch lag noch ein ordentliches Stück Arbeit vor ihnen, und Henrik bezweifelte, dass er das Haus zum Monatsende an den Vermieter würde übergeben können. Er rechnete damit, für mindestens einen weiteren Monat die Miete übernehmen zu müssen.

Kein schöner Gedanke, zumal er es bis jetzt versäumt hatte, einen Termin mit dem Notar zu vereinbaren. Erst der Notar würde ihm mitteilen können, wie hoch sein Erbe tatsächlich wäre. Henrik hoffte inständig, dass das Geld auf dem Konto seines Onkels ausreichte, um die laufenden Kosten zu decken. An den Airstream wollte er im Moment nicht mehr denken, die Enttäuschung saß zu tief, und er hatte sich alle Spekulationen, was er mit dem Erlös vom Verkauf anstellen würde, rigoros verboten.

Um den Brandstifter dingfest zu machen, benötigte er einen klaren Kopf, in dem die kleinen grauen Zellen darauf fokussiert waren, jeder noch so unbedeutend erscheinenden Spur nachzugehen und über nichts durch Unachtsamkeit hinwegzusehen. Ablenkung jeglicher Art konnte er sich nicht mehr leisten, sie brachte dem Täter einen Vorsprung, der nur schwer aufzuholen wäre. Henrik nahm sich fest vor, von nun an sein Bestes zu geben, die Lage war brisant.

Als er das Ortseingangsschild von Ditzum passierte, sah er durch die Seitenscheibe ein paar Wohnmobile, die hinter einem länglichen rot geklinkerten Haus geparkt waren. Auf dem Hausdach war eine Sirenenanlage montiert – es musste sich um das

Feuerwehrhaus handeln, von dem Aschbrenner gesprochen hatte. Wenn es hier auf dem Wohnmobilstellplatz am Emsdeich zu einem Brand käme, wäre die Feuerwehr in der Tat fix zur Stelle. Henrik konnte sich an keinen anderen Stellplatz erinnern, an dem es ähnlich war.

Er fragte sich, warum der Täter nach ein paar Tagen Pause ausgerechnet hier wieder aktiv geworden war. Weil der Platz für ihn gut erreichbar war, er sich sozusagen auf seiner Route befand? Oder welche Absicht steckte sonst dahinter? Und warum hatte der Täter dieses eine Mal keinen Erfolg verbuchen können? War er nachlässig geworden? Oder hatte ihn jemand beim Anbringen des Brandsatzes gestört? Fragen über Fragen, auf die er keine Antwort wusste.

Henrik bog nach rechts auf die Zufahrt zum Stellplatz ab und blieb mit laufendem Motor kurz am Rand stehen, um sich zu orientieren. Direkt vor ihm lag die Ver- und Entsorgungsstation, die er gleich noch benutzen müsste, in der Aufregung hatte er vergessen, Wasser nachzutanken und das Grauwasser abzulassen. Aber das würde hier kein Problem darstellen, die Station war selbst für Dickschiffe auf vier oder mehr Rädern gut erreichbar und mit allem ausgestattet, was man so brauchte. Überhaupt wirkte der Platz am Emsdeich sehr ansprechend: Drei breite befestigte Fahrwege führten zu den, wie Henrik schätzte, gut fünfzig großzügigen, meist für die Längsaufstellung angelegten Parzellen. Im hinteren Bereich konnte er eine Art Stichstraße ausmachen, wo die Wohnmobile rechts und links zur Fahrbahn standen. Grünflächen mit Bäumen und Sträuchern lockerten das Gelände auf, alles wirkte picobello und einladend.

Er stieg aus, um einen Blick auf die Infotafel zu werfen, die vorn an einem Häuschen neben der Entsorgungsstation angebracht war. Wie funktionierte das hier mit der Platzbelegung? Konnte er sich selbst einen aussuchen, oder würde er einen vom Platzwart zugewiesen bekommen? Und wo steckte der Platzwart?

Henrik runzelte nachdenklich die Stirn.

»Hübsch gemacht, oder?«, sagte Kathrin, die hinter ihm geparkt hatte und sich nun ebenfalls umsah.

»Macht richtig Lust auf Urlaub«, stimmte Henrik zu. »Ich wünschte, wir wären aus einem weniger ernsten Grund hier. Ich habe auf der Karte meines Navis gesehen, dass es bis zum Hafen und zum historischen Ortskern nur ein Katzensprung ist.«

»Vielleicht finden wir ja trotz der Ermittlungen die Gelegenheit, da einmal durchzubummeln«, sagte Kathrin hoffnungsvoll.

»Zuerst müssen wir uns anmelden. Zum Glück scheinen genügend Plätze frei.«

Kathrin war aus dem Windschatten des Häuschens getreten. »Ach, schau mal, da vorn, das sieht wie eine Kajüte von einem Fischkutter aus. Sogar die Positionslichter und das Radar sind noch vorhanden. Sie scheint vom Bootsrumpf abgetrennt und hier aufgestellt worden zu sein.«

»Ja, das ist ein Steuerhaus«, stimmte Henrik zu. Plötzlich überfiel ihn eine Ahnung, wo er den Platzwart finden könnte, und er stiefelte los. Ein weißhaariger Mann saß in der rotbraun gestrichenen Kajüte vor einem kleinen Tresen und telefonierte. Als er Henrik und Kathrin auf sich zukommen sah, beendete er das Gespräch und wandte sich ihnen durch die geöffnete Scheibe zu.

»Moin, was kann ich für euch tun?«

»Wir kommen von der Weserhenne«, begann Henrik.

»Ach, ihr zwei seid das. Harry hat mir Bescheid gegeben«, sagte der Platzwart sofort. »Ihr seid die beiden Undercover-Agenten. Im Dienst nicht Ihrer Majestät, sondern von ein paar Kollegen, nicht wahr?«

»Ich bin Privatermittler, und das ist meine Assistentin«, stellte Henrik sie vor. »Mit James Bond habe ich nicht viel gemeinsam, den schaue ich höchstens mal im Fernsehen.«

»Ja, Spaß beiseite. Ist eine üble Sache, was hier in der Region gerade so abgeht. Und heute hätte es um ein Haar auch uns erwischt. Ich bin übrigens Luitger Meister. Luitger reicht aber völlig aus.«

»Henrik.«

»Kathrin.«

»Ich nehme an, ihr wollt erst mal richtig ankommen und eure Wohnmobile abstellen? Zweimal mit Strom?«

»Ja, das wäre toll.« Kathrin nickte.

»Kein Problem, wir haben hier genügend Anschlüsse. Wie lang denkt ihr zu bleiben?«

»Puh, das ist schwer zu sagen«, meinte Henrik. »Zwei oder drei Nächte. Hängt davon ab, wie sich die Lage entwickelt. Ich würde gern so bald wie möglich mit den Campern sprechen, die bei euch betroffen waren.«

»Die Eilerts stehen da vorn.« Luitger wies auf ein neu aussehendes Wohnmobil, an dem zwei E-Bikes und zwei Kinderfahrräder lehnten. »Herr Eilerts wollte eigentlich sofort abreisen, war total geschockt, was man ja verstehen kann. In dem Zustand sollte sich aber niemand hinters Steuer setzen, ich konnte ihn überreden zu bleiben. Außerdem haben sie, wie seine Frau angedeutet hat, noch familiäre Verpflichtungen hier im Ort.«

»Was ist mit der Polizei? Hat die ihre Ermittlungen schon abgeschlossen?«, wollte Henrik wissen.

»Fürs Erste ja.« Luitger nickte. »Sie konnten ja nicht viel ausrichten, außer nach Fingerabdrücken zu suchen und den Brandsatz einzustecken, um ihn im Labor unter die Lupe zu nehmen. Ich hoffe, sie finden möglichst schnell was.«

»An den anderen Tatorten konnten leider keine verwertbaren Fingerabdrücke sichergestellt werden«, bedauerte Henrik. »Nur an einem ließ sich der Brandbeschleuniger bestimmen: Isopropanol.«

»Nein, Isopropanol war es hier nicht«, widersprach Luitger. »Ich habe an der Plastikflasche gerochen. Es steckte Benzin darin, das durch einen Zeitzünder zum Explodieren gebracht werden sollte.«

»Und warum hat der Zeitzünder nicht funktioniert?«, fragte Kathrin.

»Das kann ich nicht beurteilen, dazu fehlen mir die Kenntnisse«, antwortete Luitger. »Ich nehme an, dass die Polizei sich darum kümmert.«

»Es könnte ja auch sein, dass der Zeitzünder nicht defekt war, sondern erst später hätte hochgehen sollen«, gab Henrik zu bedenken. »Der Täter hat bestimmt nicht damit gerechnet, dass man seine Konstruktion so schnell findet. Womöglich hat er sich verschätzt, einen taktischen Fehler begangen.«

»Wenn er auf größtmöglichen Schaden aus gewesen wäre, hätte er den Brandsatz in der Nacht aktivieren müssen. Wenn alle in ihren Betten gelegen und geschlafen hätten«, sagte Kathrin düster.

»Die Eilerts haben einen Jungen von sieben und ein Mädchen von neun Jahren.« Luitger sah plötzlich blass um die Nase aus. »Himmelherrgott, wer ist so krank im Hirn, dass er wissentlich einkalkuliert, unschuldige Kinder zu töten?«

»Ich mag es mir gar nicht vorstellen«, murmelte Kathrin.

»Bis jetzt hat sich der Brandstifter recht geschickt angestellt«, sagte Henrik nachdenklich. »Dass er hier gescheitert ist, gibt mir zu denken. War es wirklich ein Missgeschick oder etwas anderes? Zum Beispiel eine Warnung?«

»Wieso eine Warnung?« Kathrin schaute ihn verdutzt an.

»Möglicherweise wollte er die Familie daran hindern, etwas zu tun, was ihm schaden könnte. Was ihm nicht in den Kram passt.«

»Dazu hätte er sie kennen müssen, was ich für unwahrscheinlich halte«, wandte Luitger ein. »Die Eilerts kommen nicht aus der Gegend, sie wohnen in Bielefeld. Das erkennt man auch am Kennzeichen, es beginnt mit BI.«

»Der elendige Typ schafft es, mein Gehirn weichzukochen«, klagte Henrik. »Tausend Vermutungen, aber nichts Konkretes. Bevor ich weitere Hypothesen äußere, sollte ich besser mit der Familie Eilerts reden.«

»Wenn ihr mich braucht, ich bin noch bis acht Uhr hier im Steuerhaus. Solange das grüne Positionslicht eingeschaltet ist, bin ich an Bord.«

»War das mal dein Kutter?«, fragte Kathrin.

Luitger lachte laut auf. »Nein, ich bin eine waschechte Landratte. Ich war früher bei der Gemeindeverwaltung tätig. Die Kajüte stammt von der alten Emsfähre. Wir haben sie toll wieder hingekriegt, oder?«

»Sie ist super«, sagte Kathrin anerkennend. »Bestimmt einmalig auf einem Wohnmobilstellplatz.«

»Das will ich doch hoffen«, meinte Luitger und reichte ihr eine Visitenkarte. »Nach acht könnt ihr mich auf dem Handklönkasten erreichen.«

»Handklönkasten?« Kathrin sah den Platzwart fragend an.

Der grinste. »Handy auf Ostfriesisch.«

Kathrin grinste zurück. »Wieder was dazugelernt.«

Henrik zog den Autoschlüssel aus der Jackentasche und wies mit dem Kopf in Richtung Einfahrt. »Da kommt weitere Kundschaft. Es wird Zeit, dass wir auf unsere Plätze fahren.«

»Oh, ist der süß! Darf ich den streicheln?« Das Mädchen mit dem hellbraunen Pferdeschwanz zeigte auf den Beagle, der ihre Worte zu verstehen schien und aus Vorfreude so heftig mit dem Schwanz wedelte, dass sein Hinterteil hin und her wackelte.

»Hunde stinken«, behauptete ihr Bruder und bohrte in der Nase.

Das Mädchen beugte sich hinunter und schnupperte. »Stimmt nicht, er riecht nach Gras.«

»Leo hat sich heute auf einer Wiese gewälzt«, erklärte Kathrin, die den Beagle an der Leine führte.

»Warum hat er das gemacht?«, fragte das Mädchen.

»Weil er doof ist. Alle Hunde sind doof. Und sie stinken, deshalb gehören sie auch nicht ins Haus.« Der Junge war ganz offensichtlich kein Hundeliebhaber.

Das Mädchen stemmte die Hände in die Hüften. »Sagt wer?«

»Oma Ellie.«

»Oma Ellie ist doof.« Das Mädchen schob kämpferisch den Unterkiefer vor.

»Ist sie nicht«, protestierte der Junge. »Sie hat mir ein Walkie-Talkie versprochen. Zum Geburtstag. Damit kann ich mit Kevin wie im Film auf Verbrecherjagd gehen.«

Das Mädchen verdrehte die Augen. »Du bist ein Baby.«

»Bin ich nicht.« Der Junge ballte die Fäuste und trat mit dem Fuß in Richtung des Hundes.

»Ben!« Seine Mutter eilte herbei und fasste ihn nicht gerade sanft am Arm. »Das macht man nicht!« Mit einem entschuldigenden Lächeln wandte sie sich an Kathrin. »Tut mir leid, er meint es nicht so. Er ist ein bisschen durch den Wind, das war heute zu viel Aufregung für ihn.«

Kathrin kürzte Leos Leine und entfernte sich vorsichtshalber zwei, drei Schritte von dem Jungen. »Ich habe schon gehört, was passiert ist. Das muss für Sie ein schlimmer Moment gewesen sein.«

»Wer tut so was?« Die Mutter seufzte. »Und warum ausgerechnet bei unserem Wohnmobil?«

»Das würde ich ebenfalls gern herausfinden«, sagte Henrik, der an Kathrins Seite getreten war. »Leider gab es in den letzten Wochen mehrere ähnliche Begebenheiten. Ich bin beauftragt worden herauszufinden, wer dahintersteckt.«

»Sind Sie von der Polizei? Der haben wir doch schon alles erzählt.« Die Frau blickte ihn misstrauisch an.

Henrik entschied sich, mit offenen Karten zu spielen. »Ich bin Privatermittler und von ein paar Stellplatzbetreibern aus der Region engagiert worden. Die Ermittlungen laufen somit auf zwei verschiedenen Ebenen, aber ich kooperiere natürlich mit den zuständigen Beamten.«

»Wenn Sie nicht von der Polizei sind, habe ich Ihnen nichts zu sagen.« Die Frau verschränkte die Arme vor der Brust, auch ihre Mimik signalisierte Abwehr. Jetzt weiß ich, von wem der Junge sein liebenswürdiges Naturell hat, dachte Henrik.

»Ach komm, hab dich nicht so, Steffi.« Ein Mann, der ein wenig abgekämpft aussah, kam hinzu, ging in die Hocke und streichelte dem Beagle behutsam über den Kopf. »Na, du bist aber ein Lieber«, sagte er und gab seiner Tochter ein Zeichen, es ihm gleichzutun. »Das geht doch in Ordnung, oder?«, wandte er sich an Kathrin.

Die nickte. »Ja klar.«

Das Mädchen kniete sich hin und öffnete die Arme. Der Beagle verstand die Aufforderung, schmiegte sich an sie und stupste mit der Nase gegen ihr Ohr.

Das Mädchen kicherte. »Uh, die ist kalt. Und nass.«

»Ich hoffe, der Hund ist entwurmt«, sagte die Mutter spitz.

»Entwurmt und gesund«, versicherte ihr Henrik.

»Wie wäre es, wenn wir mit Leo einen kleinen Spaziergang unternehmen?«, schlug Kathrin vor.

»Ich weiß nicht.« Die Mutter schien wenig begeistert. »Es ist fast Bettzeit.«

»Nur ganz kurz. Bis auf den Deich«, bettelte das Mädchen.

»Nun geh schon mit den beiden.« Der Mann gab seiner Frau einen kleinen aufmunternden Schubs. »Ein bisschen frische Luft vor dem Schlafengehen wird euch guttun.«

Das Mädchen tänzelte vor Freude von einem Fuß auf den anderen. »Darf ich Leos Leine halten?«

»Aber nicht loslassen.« Kathrin schob die Schlaufe über das schmale Handgelenk der Kleinen.

»Fahren jetzt noch Boote?«, wollte der Junge wissen.

»Die Emsfähre ist bis spätabends in Betrieb«, antwortete sein Vater.

Der Junge stiefelte ohne ein weiteres Wort los, und seine Mutter hatte keine andere Wahl, als ihm zu folgen.

»Schaut euch alles in Ruhe an«, sagte Henrik zu Kathrin, wobei er ›in Ruhe‹ besonders betonte. Er hoffte, sie würde verstehen, dass sie sich mit der Rückkehr Zeit lassen sollte. So hätte er die Gelegenheit, sich allein mit dem Vater zu unterhalten.

»Wir warten, bis die Fähre einmal hin- und einmal zurückgefahren ist. Nicht wahr, Ben?« Kathrin lächelte den Jungen, den seine Mutter inzwischen erreicht und ein Stück zurückgezogen hatte, aufmunternd an.

»Au ja«, jubelte der Junge, dessen Feindseligkeit sich anscheinend gelegt hatte. Das Trüppchen setzte sich samt Hund in Bewegung.

Der Vater schaute ihnen einen Moment schweigend hinterher, bevor er sich einen Ruck gab und sich zu Henrik hindrehte. »Okay. Sagen Sie mir, was Sie wissen wollen.«

22

Es passierte ihm nicht oft, doch in dieser Nacht hatte Henrik schon vor dem Zubettgehen gewusst, dass er kein Auge zubekommen würde. Deshalb war er erst gar nicht ins Bett gekrochen, sondern saß mit aufgeklapptem Laptop am Tisch. Neidisch lauschte er den Schnarchgeräuschen des Beagles, der den Schlaf der Gerechten zu schlafen schien. Henrik hatte sich seit Stunden dem fälligen Bürokram gewidmet und sich Notizen zu den heutigen Vorkommnissen gemacht.

Leider war sein Gespräch mit Peter Eilerts nicht so aufschlussreich verlaufen, wie er es sich gewünscht hatte. Eilerts hatte ihm berichtet, dass er die Motorhaube geöffnet hatte, um Wasser für die Scheibenwischanlage aufzufüllen. Nachdem das erledigt gewesen war, hatte er sich noch ein bisschen im Motorraum umgeschaut. Das Wohnmobil war nagelneu, die Eilerts unternahmen damit ihre erste Reise und mussten sich noch mit vielem bekannt machen.

An einer Stelle hatte Eilerts trotz der eng verbauten Schläuche und Motorteile bis auf den Erdboden blicken können und sich gewundert, wieso an einer Strebe unterhalb des Motors etwas angebracht war, das wie eine kleine Plastikwasserflasche aus dem Supermarkt aussah. Er war unter das Fahrzeug gekrochen, um herauszufinden, was es mit der Flasche auf sich hatte. Mit dem Taschenmesser hatte er die Kabelbinder durchschnitten, mit denen die Flasche fixiert gewesen war, und hatte die seltsame Konstruktion, nachdem er wieder auf die Füße gekommen war, genauer in Augenschein genommen. Am Flaschenhals hing eine Blockbatterie, die mit einem dünnen blauen und roten Kabel verbunden war, und eine winzige Digitaluhr – der Zeitzünder, wie er später erfuhr. In der Flasche steckte kein Wasser, sondern Benzin, was er am Geruch erkannte.

Eilerts hatte umgehend die Polizei alarmiert, die gleich der neben dem Platz ansässigen Feuerwehr Rückmeldung gegeben hatte. Binnen weniger Minuten war ein Einsatzfahrzeug vor Ort gewesen, gefolgt von einer Polizeistreife. Glücklicherweise war niemand zu Schaden gekommen, doch der Schreck saß Eilerts in den Gliedern. Er stellte sich dieselben Fragen, die auch Henrik umtrieben: Warum war der Brandsatz ausgerechnet an seinem Wohnmobil befestigt worden und von wem? Eilerts betonte, dass er auf dem Platz mit niemandem Stress gehabt hatte, sie waren den anderen Wohnmobilisten stets freundlich begegnet.

Eigentlich hatten sie noch ein paar Tage in Ditzum bleiben wollen, hatten Ausflüge zum Emssperrwerk und zur Meyer Werft in Papenburg geplant. Nun überlegte Eilerts, vorzeitig abzureisen, aber seine Frau war dagegen. In der Beziehung der Eilerts knirschte es momentan ein wenig, wie Henrik herausgehört hatte. Eilerts hatte eine Familienangelegenheit erwähnt, bei der sie unterschiedlicher Meinung waren. Da dies jedoch nichts mit dem Brandanschlag zu tun hatte, hatte Henrik nicht nachgehakt. Zum Ende seiner Unterhaltung mit Eilerts war er nicht viel schlauer als zuvor, war dem Täter keinen Schritt näher gekommen.

Henrik fröstelte, die Temperaturen fielen hier nahe dem Dollart und der offenen See nachts inzwischen empfindlich. Ob er sich einen Tee kochen sollte, um warm zu werden? Oder war es etwa schon an der Zeit für einen Kaffee? Henrik hatte jegliches Zeitgefühl verloren, er linste durch die Scheibe nach draußen. Der Wohnmobilstellplatz lag im Dunkeln, alle außer ihm schienen zu schlafen. Nur auf dem großen Parkplatz hinter dem Feuerwehrhaus strahlten ein paar wenige Laternen, der Rest der Straßenbeleuchtung war nach zweiundzwanzig Uhr abgeschaltet worden, wahrscheinlich, um Energie zu sparen.

Henrik gähnte nochmals. Was für eine lausige Nacht! Zum Weiterarbeiten war er zu müde. Zu lesen hatte er keine Lust, er würde sich nicht konzentrieren können. Um die Uhrzeit laute Musik zu hören, stand außer Frage, da würde ihn Luitger gleich morgen früh vom Platz schmeißen. Heute früh, verbesserte er sich. Wie lange dauerte es noch bis Sonnenaufgang?

Henrik blickte auf sein Handy. Kurz vor halb vier. Wie nannte man das? Die Stunde des Wolfes, glaubte er sich zu erinnern. In der, anders als der Name vermuten ließ, nicht ein wahrhaftiger Wolf vor der Tür stand und Einlass begehrte, sondern die menschliche Hormonbalance aus dem Takt geriet. Wodurch man leichter aufwachte und zum Grübeln neigte. Eine dunkle, gefährliche Nachtphase, die einen mitunter auf dumme Gedanken brachte. Zum Beispiel den, dass er es nicht schaffen würde, den Täter zu stellen. Dass man ihm den Auftrag entziehen und ihn mit Schimpf und Schande von dannen jagen würde.

Henrik schluckte, weil er plötzlich einen unangenehmen Geschmack im Mund hatte. Sei positiv, bleib optimistisch, ermahnte er sich. Denk an was Schönes! Wie zum Beispiel an das Projekt, von dem sein Freund Hauptkommissar Sieveking gesprochen hatte. Henrik versuchte, sich im Geiste auszumalen, wie alles sein würde, wenn er endlich Nägel mit Köpfen gemacht hätte. Wenn sie Ja gesagt und ihre Unterschrift geleistet hätte. Wenn ein neues Leben für ihn anbrechen würde. Vielleicht würde es ihm ja doch noch gelingen, den Airstream ausfindig zu machen und ihn zu versilbern. Und was wäre, wenn die Bilder seines Onkels von Wert wären? Wenn Sammler viel Geld dafür böten? Ihm käme jeder Euro gelegen, um seine Zukunft ein wenig stressfreier und lebensfreudiger zu gestalten.

Er spürte, wie sich trotz der frischen Raumtemperatur wohlige Wärme in ihm breitmachte. Er lehnte sich gegen die Rückwand, streckte die Beine unter dem Tisch aus und legte die Füße auf die gegenüberliegende Sitzbank. Das sonore Schnarchen des Hundes beruhigte ihn zusätzlich, ihm fielen die Augen zu, und sein Kinn sackte auf die Brust. Endlich schlief er tief und fest.

Ein leises Scheppern oder Klackern ließ ihn hochschrecken. Im ersten Moment fühlte er sich orientierungslos, wusste nicht, wo er war. Und warum er nicht im Bett lag. Der Beagle musste ebenfalls etwas gehört haben, er wirkte mit einem Mal hellwach, hielt den Kopf schief und lauschte. Henrik tat es dem Hund gleich, doch draußen blieb alles still. Hatte er sich getäuscht, war das Geräusch nur in seinem Traum vorgekommen? Groggy rieb er sich mit beiden Händen übers Gesicht. Ihm war kalt, und sein Rücken schmerzte von der unbequemen Sitzhaltung. Er aktivierte sein Handy und schaute auf das Display. Viertel nach vier, er musste doch tatsächlich für eine halbe Stunde eingenickt sein.

Mit einem Mal gab der Beagle einen grollenden Laut von sich, der von tief aus seiner Kehle kam. Henrik vergaß die Müdigkeit, alle seine Sinne waren geschärft. Da war es wieder, das Klackern! So leise wie möglich erhob er sich von der Sitzbank und lugte durch das Küchenfenster, konnte in der Dunkelheit aber nichts erkennen. Dennoch war er sich sicher, dass dort jemand über den Platz schlich. Und er hatte so eine Ahnung, wer das sein könnte!

Er holte seine Waffe aus dem Fach unter dem Bett hervor, schnallte das Holster um und schlüpfte in seine Jacke. Zum Glück war er noch angezogen, aber um den Brandstifter endlich zu fassen, wäre er auch im Schlafanzug oder sogar splitterfasernackt nach draußen gegangen.

»Du bleibst hier«, raunte er dem Beagle zu.

Er entriegelte nicht die Schiebetür, die ihn beim Öffnen durch ihr typisches lautes Schnarren verraten hätte, sondern schlüpfte durch die Beifahrertür. Ein paar Sekunden blieb er regungslos stehen, lauschte angestrengt. Von weiter hinten, dort, wo die Platzausfahrt lag, glaubte er ein kurzes Knirschen zu hören, so als ob jemand auf einen Stein getreten wäre.

In geduckter Haltung rannte er los, gab sich alle Mühe, so leise wie möglich zu sein. Auf der Straße, die zum Stellplatz und Deich führte, konnte er im Schein der Parkplatzlaternen am Feuerwehrhaus eine dunkel gekleidete Gestalt ausmachen, die sich schnellen Schrittes entfernte. Allerdings nicht in Richtung Deich und Hafen, sondern auf das gegenüberliegende Wohngebiet zu, was ihn wunderte. Hatte der Brandstifter dort etwa sein Auto geparkt, mit dem er sich jetzt verdünnisieren wollte?

Einen Augenblick zögerte er, überlegte, ob er nicht besser die Polizei alarmieren sollte. Was wäre, wenn auf dem Stellplatz gleich ein Brandsatz hochgehen würde? Wenn dem Täter nun das gelänge, bei dem er gestern versagt hatte? Der Abstand zwischen der fliehenden Gestalt und Henrik vergrößerte sich, er konnte sie nur noch schemenhaft ausmachen. Henrik wusste, dass ihm, wollte er sie nicht verlieren, keine andere Wahl blieb. Er holte tief Luft und hetzte hinterher.

Kurz bevor die Gärten der letzten rot geklinkerten Häuserreihe in Wiesen und Viehweiden mündeten, bog die dunkle Gestalt in eine Seitenstraße, preschte geradeaus weiter durch eine schmale, von hohen Hecken gesäumte Passage, die zu einer Querstraße führte. Henrik hatte keine Ahnung, wo er war, mit Ausnahme vom Stellplatz hatte er von Ditzum ja noch nichts gesehen.

Wer immer da vor ihm herrannte, schien sich jedoch bestens auszukennen, denn er schlug abrupt wie ein Hase einen Haken und stürmte einen Weg entlang, der für Pkws nicht breit genug war. Am Ende des Weges hielt sich der Fliehende links. Seine Fußtritte hallten plötzlich anders, so als ob er nicht weiter über Pflastersteine, sondern über Holzplanken lief. Henrik blieb ihm hart auf den Fersen und erreichte Sekunden später eine Holzbrücke, die sich über ein träge dahinfließendes Gewässer spannte. Waren sie in Hafennähe angekommen, und wollte der Täter mit einem Boot fliehen?

Mist, Mist, Mist, fluchte Henrik stumm und steigerte nochmals sein Tempo. Die Person, die er verfolgte, war erstaunlich fit, lief geschmeidig in gleichbleibendem flinkem Rhythmus. Was vermuten ließ, dass der Täter in seinem Alter oder eher jünger war. Henrik bereitete sich innerlich auf einen harten Kampf vor. Aus dem er als Sieger hervorzugehen gedachte. So nah war er dem Täter noch nie gekommen, und er war fest entschlossen, ihn jetzt endlich dingfest zu machen. Zu scheitern war für ihn keine Option. Adrenalin pumpte durch seinen Körper.

Er legte nochmals an Schnelligkeit zu, flog förmlich den rot gepflasterten Pfad entlang, der auf der einen Seite von einem Garten, auf der anderen von einem Feld, wahrscheinlich einer Baulücke, begrenzt wurde. Auf einen Schlag wurde es um ihn herum hell, die Straßenlaternen waren wieder eingeschaltet worden. Henrik blinzelte kurz und erkannte, dass die Gestalt, der er folgte, sich einem Wendehammer näherte, sie befanden sich in einer Sackgasse.

Gleich hab ich dich, triumphierte Henrik. Er holte das Letzte aus sich heraus, glaubte, seine Lunge müsste platzen. Doch die Gestalt war urplötzlich verschwunden. Er stoppte schwer atmend und drehte sich um die eigene Achse, suchte die Straße mit den Augen ab. Verdammt, der Täter konnte sich nicht in Luft aufgelöst haben! Wo steckte er?

Da entdeckte er ein dunkelblaues Halstuch, das auf der Einfahrt zum letzten Haus auf der rechten Straßenseite lag. Henrik war perplex. Könnte es sein, dass der Täter von ihm unbemerkt ins Haus gelangt war? Dass er womöglich sogar dort wohnte? Die Ortskenntnis, die er an den Tag gelegt hatte, würde dafürsprechen. Es gab nur eine Möglichkeit, herauszufinden, ob an seiner Vermutung etwas dran war!

Henrik spurtete die Einfahrt hoch. Mit der linken Hand pochte er energisch gegen die hellgrau gestrichene Eingangstür, die rechte schwebte über dem Pistolenholster. Ein paar Sekunden, die Henrik wie eine Ewigkeit vorkamen, tat sich im Hausinneren nichts. Er klopfte nochmals und betätigte dann den Klingelknopf an der Hauswand, hielt den Daumen fest daraufgepresst. Die Tür öffnete sich einen Spaltbreit, und Henrik griff nach der Waffe. Ein Mann in einem hellbraunen Schlafanzug schaute ihn verschlafen an.

»Aufmachen!«, bellte Henrik.

Der Mann schüttelte sich, als wolle er einen klaren Kopf bekommen. »Nein, warum sollte ich?«, sagte er mit fester Stimme.

»Sie verstecken einen flüchtigen Straftäter«, behauptete Henrik.

»Sven? Was ist denn los? Um die Uhrzeit?«

Durch den Spalt konnte Henrik eine Frau erkennen, die neben den Mann getreten war. Sie hatte einen cremefarbenen Bademantel über ein blassblaues Nachthemd gestreift und war dabei, den Gürtel zuzubinden. Das blonde, kurze Haar stand ihr wirr vom Kopf, er hatte sie ganz offensichtlich aus dem Bett geholt. Als sie Henriks Waffe sah, wurde sie blass. Aber sie schien Mut zu haben, denn sie straffte die Schultern und funkelte ihn wütend an.

»Hauen Sie ab! Oder ich rufe die Polizei.«

Henrik ließ die Waffe sinken und holte das Tuch, das er von der Einfahrt aufgehoben hatte, aus der Jackentasche, hielt es so hoch, dass es vor den Augen des Ehepaars baumelte.

»Kennen Sie das hier?«

»Nein«, sagte der Mann prompt.

Die Frau machte zwei Schritte vorwärts. »Kann ich mir das mal näher anschauen?«

»Das ist ein Loop aus Fleece«, sagte Henrik. »Man kann ihn als Mütze oder Halstuch nutzen.«

»Trägt Janika nicht manchmal so eine Art Schlauchschal?«, fragte der Mann seine Frau. Die streckte die Hand aus, und Henrik reichte ihr den Gegenstand durch die Türöffnung.

»Das Tuch gehört Janika«, bestätigte die Frau wenige Sekunden später. »Wir haben es zusammen in Leer gekauft. Wo haben Sie es her?«

»Es lag auf Ihrer Einfahrt.«

»Und damit belästigen Sie uns mitten in der Nacht? Was soll das? So eine Unverschämtheit lasse ich mir nicht bieten.«

Die Frau zeigte keine Angst mehr, hielt mit ihrer Empörung nicht hinter dem Berg. Henrik konnte sie verstehen, doch er wollte der Angelegenheit jetzt unbedingt auf den Grund gehen.

»Ich muss wissen, wer das Tuch verloren hat und warum. Es ist dringend.«

Die Frau stemmte die Hände in die Hüften. »Was erdreisten Sie sich, hier mit gezückter Waffe aufzulaufen und unschuldige Menschen zu erschrecken? Wer sind Sie überhaupt?«

»Wer ist Janika?«, fragte Henrik unbeirrt zurück.

»Unsere Tochter«, antwortete der Mann.

»Wie sieht sie aus?«

»Was geht Sie das an?«, blaffte die Frau.

»Etwa ein Meter fünfundsiebzig groß und gertenschlank?« Henrik gab sich betont ruhig. »Außerdem gut durchtrainiert, eine exzellente Läuferin?«

Das Ehepaar blieb ihm eine Antwort schuldig.

So allmählich begann Henrik, an sich selbst zu zweifeln. Irgendetwas stimmte hier nicht. Wem war er da hinterhergelaufen? Konnte es sein, dass der Brandstifter nicht, wie sie alle angenommen hatten, ein Mann, sondern eine Frau war? Fast noch ein Mädchen? Hatten sie sich die ganze Zeit getäuscht, weil sie einem Klischee aufgesessen waren? Oder verhielt es sich total anders? Was hatte diese Janika auf dem Stellplatz gesucht? Dass sie hatte zündeln wollen, konnte er nicht mehr so recht glauben. Er sah seine Felle, den Brandstifter gleich zu fassen, zusehends davonschwimmen.

»Janika ist norddeutsche Jugendmeisterin im Crosslaufen«, sagte der Mann schließlich. »Sie trainiert jeden Tag.«

»Auch nachts um halb vier auf dem Wohnmobilstellplatz am Deich?«

Der Mann schaute ihn irritiert an. »Natürlich nicht. Um die Uhrzeit liegt sie im Bett und schläft. Sie muss morgens früh raus, geht in Emden aufs Gymnasium, macht in anderthalb Jahren ihr Abi.«

»Ich bin ihr vom Wohnmobilstellplatz aus gefolgt. Sie hatte einen Rucksack auf dem Rücken und ist fortgerannt, als sie mich bemerkte«, sagte Henrik. »Kurz bevor sie ins Haus ging, muss sie das Tuch verloren haben.«

»Kein Wunder, dass sie vor Ihnen weggelaufen ist, wenn Sie sie mit der Waffe bedroht haben.« Die Frau war weiterhin auf Krawall gebürstet. »Ich werde heute Nachmittag nach der Schule mit ihr zur Polizeidienststelle fahren und Anzeige gegen Sie erstatten.«

»Das steht Ihnen natürlich frei.« Henrik ließ sich nicht einschüchtern. »Aber erstens habe ich Ihre Tochter nicht bedroht, und zweitens kooperiere ich selbst mit der Polizei. Ich bin Privatermittler und versuchte gerade, einen hochgefährlichen Brandstifter zu fassen. Er hat bereits ein Menschenleben auf dem Gewissen.«

Seine Worte schienen bei der Frau Eindruck zu machen, sie trat nervös von einem Fuß auf den anderen. »Damit hat Janika nichts zu tun.«

»Das glaube ich mittlerweile auch«, räumte Henrik ein. »Aber ich befürchte, Ihre Tochter ist trotzdem in eine Straftat verwickelt. Ich habe ein Geräusch gehört, so als ob etwas von einem Wohnmobil abmontiert würde. Außerdem hatte sie den Rucksack mit dabei. Trägt sie den immer beim Laufen?«

»Das war nicht Janika. Nie und nimmer«, rief der Mann aufgebracht.

»Wir können das selbstverständlich durch die Polizei abklären lassen. Wäre Ihnen das lieber?« Henrik tat so, als ob er nach seinem Handy greifen würde.

»Kommen Sie rein.« Die Frau öffnete die Tür so weit, dass er durch den Spalt schlüpfen konnte. Statt des Handys zog er eine Visitenkarte hervor und reichte sie der Frau.

»Es tut mir leid, wenn ich Ihnen mit der Waffe Angst eingejagt habe. Ich war der felsenfesten Meinung, dem Brandstifter auf den Fersen zu sein. Er hat bereits mehrere Campingfahrzeuge in Flammen aufgehen lassen. Und gestern ist hier auf dem Stellplatz ein Brandsatz mit Zeitzünder unter einem der Wohnmobile entdeckt worden. Zum Glück ist er nicht hochgegangen, es ist niemandem etwas passiert.«

»Wie schrecklich.« Die Frau sah nun sichtlich betroffen aus.

Der Mann wies mit der Hand in Richtung einer weiß lackierten Tür. »Lassen Sie uns in die Küche gehen. Da redet es sich besser als auf dem zugigen Flur.«

»Gern.« Henrik folgte ihm.

»Ich hole Janika«, verkündete die Frau und eilte die Treppe zum Obergeschoss hoch.

Eine Viertelstunde später nippte Henrik an einem Kaffee, den der Mann, der sich mittlerweile als Sven Witte vorgestellt hatte, mit einem teuer aussehenden Kaffeevollautomaten zubereitet hatte. Alles in der im modernen Skandinavien-Stil gehaltenen Küche zeugte von Geschmack und gediegenem Wohlstand. Die Wittes waren keine armen Leute. Warum trieb sich ihre Tochter des Nachts auf dem Wohnmobilstellplatz herum? Henrik glaubte inzwischen, den Grund dafür zu erahnen. Sven Witte schien derselbe Gedanke gekommen zu sein, er war sichtlich nervös.

»Wo bleiben die beiden denn?«, fragte er zum wiederholten Mal.

Er spielte mit dem Kaffeebecher in der Hand, hatte den Kaffee aber bis jetzt nicht angerührt. In dem Moment konnten sie Schritte vernehmen, und Frau Witte trat mit ihrer Tochter ein. Sie reichte ihrem Mann einen Bademantel, den er sofort überzog. Janika war mit Jeans und einem Strickpullover bekleidet, und auch Frau Witte hatte eine Baumwollhose und eine locker fallende Bluse angezogen, was erklärte, warum sie sich so viel Zeit gelassen hatte. Sie schob ihre Tochter, die zögerte, vor sich her, auf den in hellem Birkenholz gefertigten Küchentisch zu.

»Setz dich«, sagte ihr Vater und klopfte mit der Hand auf den Stuhl neben sich.

Janika nahm Platz, vermied es aber, Henrik anzusehen. Frau Witte ergriff das Wort: »Janika, das ist Henrik Richtersen, der auf dem Wohnmobilstellplatz am Deich ein paar Tage Urlaub macht.« Sie warf ihm einen bedeutungsvollen Blick zu, den Henrik auch ohne Worte verstand. Er würde den Brandsatz fürs Erste nicht erwähnen. »Herr Richtersen glaubt«, fuhr Frau Witte fort, »dich heute Nacht auf dem Platz gesehen zu haben.«

»Nein, war im Bett«, nuschelte Janika einsilbig und hielt den Kopf gesenkt.

»Wie kann es dann sein, dass ich dein Halstuch vor einer halben Stunde auf der Einfahrt gefunden habe?«, fragte Henrik.

»Muss ich gestern verloren haben.«

»Das stimmt nicht, und das weißt du auch«, widersprach Henrik sanft.

»Lassen Sie mich in Ruhe!«, fauchte Janika. »Sie können mir nichts.«

»Was ist in deinem Rucksack?«, fragte Henrik, ohne auf den Wutausbruch des Mädchens einzugehen.

»Schulklamotten.«

»Wegen deiner Schulklamotten bist du nicht vor mir weggerannt.«

»Ich bin nicht gerannt, ich habe geschlafen.«

»Wo ist der Rucksack?«, wollte Sven Witte wissen.

Janika schwieg störrisch, ihr Kiefer malmte.

Witte stand auf und eilte aus der Küche. Keine zwei Minuten später kam er mit einem schwarzen Rucksack zurück, der schwer aussah.

»Würdest du uns bitte zeigen, was da drin ist?«, wandte er sich an seine Tochter.

Das Mädchen reagierte nicht.

»Janika!«, sagte Frau Witte scharf.

»Jetzt hab ich aber die Faxen dicke!« Sven Wittes Gesicht war rot angelaufen. Er öffnete den Rucksack und zog einen dunkel lackierten, länglichen Gegenstand hervor.

»Was ist das?«, wollte seine Frau verdutzt wissen.

»Der Akku von einem E-Bike«, antwortete Sven Witte mit gepresster Stimme. »Im Rucksack stecken noch mehr davon.«

Frau Wittes Kinnlade klappte nach unten, sie schien aus allen Wolken zu fallen. »Aber was willst du damit?«, fragte sie ihre Tochter.

»Ich nehme an, du verkaufst sie, oder?«, antwortete Henrik anstelle des Mädchens.

»Nein!«, schrie Frau Witte entsetzt.

»Zubehörteile für E-Bikes sind derzeit knapp«, sagte Henrik. »Auf eBay oder dem Flohmarkt lässt sich damit gutes Geld verdienen. Ein einträgliches Geschäft, da vielen Leuten immer mal wieder der Akku abhandenkommt«, sagte er vielsagend.

Sven Witte raufte sich das auf dem Oberkopf schüttere dunkelblonde Haar. »Ich habe eine Diebin, eine Hehlerin zur Tochter.«

»Wir zahlen dir Taschengeld. Und von der Oma bekommst du auch dauernd was zugesteckt. Dir fehlt es an nichts«, sagte Frau Witte. »Warum nur, Janika, warum?«

Ihre Tochter hob den Kopf und streckte das Kinn kämpferisch vor. »Ihr habt euch geweigert, mir das Motorrad zu kaufen. Aber ich brauche eins, ganz dringend. In dieser Einöde kommt man ohne einen fahrbaren Untersatz doch nirgendwohin. Bis nach Emden oder Leer in die Stadt ist es eine Weltreise.«

»Es gibt Busse. Und die Fähre«, wandte ihr Vater ein.

»Die fahren aber nach zweiundzwanzig Uhr nicht mehr. Wir sitzen hier am Arsch der Welt«, ereiferte sich Janika. »Wenn ich nach der Schule und dem Training noch irgendwo hinwill, geht das nicht, weil ich nicht weiß, wie ich zurückkomme. Ihr wollt mich ja auch nicht dauernd hin und her kutschieren. Also muss ich selbst fahren, mit dem Motorrad. Ich habe das Geld für ein gebrauchtes schon fast zusammen.«

»Wie viele von den Akkus hast du geklaut?«, wollte Sven Witte wissen.

Janika zuckte mit den Schultern. »Keine Ahnung. Ich schaue halt ab und zu, ob auf den beiden Wohnmobilstellplätzen was zu holen ist. Heute lief es recht gut, viele von den Gruftis, die mit ihren rollenden Einfamilienhäusern unterwegs sind, hatten ihre Bikes draußen auf den Heckträgern montiert oder neben dem Wagen stehen. Die meisten Akkus waren ohne Schloss, die musste ich nicht knacken, konnte sie einfach einpacken.«

»Oh mein Gott, Janika!« Frau Witte schien den Tränen nahe.

»Mann, regt euch ab! Die Touris haben ihre Bikes versichert, die bekommen das Geld zurück und kaufen sich neue Akkus. Das ist doch kein großes Ding.«

»Das ist Diebstahl«, konterte ihr Vater.

Henrik schob die Tasse von sich und stand auf. Für ihn gab es hier nichts mehr zu tun. »Ich lasse Sie mal allein, damit Sie alles Weitere unter sich klären können.«

»Werden Sie Anzeige erstatten?« Frau Witte klang ganz anders als am Anfang ihrer Begegnung.

»Nein.« Henrik schüttelte den Kopf. »Ich gehöre ja nicht zu den Geschädigten. Aber ich gehe davon aus, dass Sie die Sache selbst in die Hand nehmen werden.«

»Oh ja, das werden wir«, sagte Sven Witte düster.

Frau Witte erhob sich ebenfalls. »Ich wünschte, es hätte diese Nacht nie gegeben. Aber ich kann Sie jetzt verstehen und hoffe, Sie schnappen den elendigen Schuft, der die Brände legt, so bald wie möglich.«

»Dummerweise habe ich ihn bis jetzt nicht zu Gesicht bekommen«, bedauerte Henrik. »Ich habe ja leider nicht ihn, sondern Ihre Tochter verfolgt. Außer ihr ist da niemand über den Platz geschlichen.«

»Das stimmt nicht«, widersprach Janika und schaute Henrik zum ersten Mal direkt an. »Da war noch jemand mitten in der Nacht unterwegs. Deshalb bin ich ja auch abgehauen, weil ich Schiss bekam. Ich habe gleich geschnallt, dass das keiner von den Campern war. Sie habe ich erst bemerkt, als ich schon auf dem Tjabberantsweg hinter der ehemaligen Molkerei war.«

»Was sagst du da?« Henrik starrte das Mädchen entgeistert an.

Verdammt, fluchte er stumm. Da war er dem Brandstifter zum ersten Mal ganz nahe gewesen und hatte es doch vermasselt, weil er wie ein Windhund auf der Rennbahn einem falschen Hasen hinterhergehetzt war. Am liebsten hätte er aus Frust mit der geballten Faust auf den hübschen Küchentisch der Wittes gehauen, schaffte es aber gerade noch, sich zu zügeln. »Was war das für ein Mann? Kannst du mir vielleicht mehr über ihn erzählen?«, bat er das Mädchen.

»Viel habe ich nicht mitbekommen«, sagte Janika. »Es war ja dunkel. Aber mir ist trotzdem was Komisches aufgefallen.«

Henrik ließ sich wieder auf den Stuhl fallen. »Okay, dann schieß mal los!«

23

»Wie siehst du denn aus?«, entfuhr es Kathrin, als Henrik gegen halb zehn morgens an ihr Wohnmobil klopfte.

»Ich habe die ganze Nacht nicht geschlafen.«

»Wirst du jetzt wie Frau Oppermann?« Kathrin beäugte ihn mitleidig.

»Wieso Frau Oppermann?« Henrik merkte, dass nicht nur sein Körper, sondern auch sein Gehirn erschöpft war.

»Die leidet doch ebenfalls an Schlafstörungen«, half ihm Kathrin auf die Sprünge.

»Stimmt.« Henrik gähnte so heftig, dass ihm die Augen tränten.

»Allerdings wird sie im Moment von Glückshormonen überschwemmt, da spürt sie die Müdigkeit sicherlich nicht so.«

»Woher weißt du das?« Henrik ließ sich auf die Sitzbank von Kathrins Mitteldinette plumpsen.

»Ich habe heute schon mit ihr telefoniert, sie hat mich angerufen.«

»Ihr scheint ja beste Freundinnen zu werden.«

»Uh, wohl eher nicht.« Kathrin zog eine Grimasse. »Die Frau hat so was Dominantes an sich, weiß genau, was sie will und wie sie es mit Hilfe anderer erreichen kann.«

»Hat sie dich etwa auch angebaggert? Was sollst du für sie tun?«, fragte Henrik besorgt.

»Oh nein.« Kathrin hob die Hände. »Ich lasse mich nicht vor ihren Karren spannen. Ich will lediglich herausbekommen, wer am Brand ihres Wohnmobils schuldig ist. Das persönliche Schicksal von Frau Oppermann ist mir wurscht. Da ziehe ich ganz klar eine Linie.«

»Na, da bin ich aber beruhigt«, sagte Henrik. »Trotzdem muss es ja einen Grund für euren Plausch gegeben haben, oder?«

»Sie wollte mir zwei frohe Botschaften verkünden.« Kathrin holte die Espressokanne aus dem Schrank und hielt sie Henrik vor die Augen. »Ich nehme an, du kannst eine Tasse gebrauchen?«

»Gern. Ich habe schon zwei Becher löslichen Kaffee intus, aber der schmeckt widerlich, und wacher hat er mich auch nicht gemacht.«

»Ich koche dir einen Espresso, der Tote aufweckt«, versprach Kathrin und löffelte Kaffeepulver in den Trichter der Kanne.

»Das ist lieb von dir.« Henrik machte das Kreuz gerade und bemühte sich um eine aufrechte Sitzhaltung, weil er Angst hatte, sonst auf der Stelle einzunicken. »Wie lautet denn die freudige Kunde von Frau Oppermann?«

»Sie hat ihren bemitleidenswerten Sohn von Pontius zu Pilatus gescheucht, bis sie endlich den Wohnwagen ihrer Träume und in der für sie machbaren Preisklasse aufgespürt hat. Bei einem Händler kurz vor München ist sie fündig geworden.«

»Na, das ging ja erstaunlich fix. Aber von Leipzig nach München ist es kein Katzensprung.«

»Nein«, stimmte Kathrin zu. »Bei Frau Oppermann scheint sich jedoch so eine Art Sinneswandel vollzogen zu haben. Sie ist, wie sie mehrmals betonte, ›schockverliebt‹.«

»In den Campinghändler?«

Kathrin lachte auf. »Nein, obwohl er ihr einen ordentlichen Rabatt eingeräumt hat. Sie bezog sich auf das Allgäu, wo sie bis dahin wohl noch nie war. Die Berge haben es ihr schwer angetan, mit Campingzielen im Norden hat sie nichts mehr am Hut, so ihre Aussage. ›In meinem Alter muss man die Vergangenheit auch mal Vergangenheit sein lassen‹, hat sie gemeint.«

»Welche Vergangenheit?«, wunderte sich Henrik.

»Keine Ahnung.« Kathrin zuckte mit den Schultern. »Ich habe nicht nachgehakt, weil sie mir gleich darauf erzählte, Bescheid von der Auricher Polizei bekommen zu haben.«

»Aha, jetzt kommen wir endlich zum interessanteren Teil des Gespräches.« Henrik war auf einen Schlag munterer. »Gibt es wichtige Neuigkeiten?«

»In der Tat. Unterhalb des Fahrgestells haben sie Spuren verschiedener Stoffe ausmachen können, zum Beispiel von geschmolzenem Plastik, wie es in PET-Flaschen vorkommt, und von einem Brandbeschleuniger. Frau Oppermann wusste allerdings nicht, um welchen es sich handelt. Im Laborbericht wurde außerdem Kalilauge nachgewiesen, die wohl als Elektrolyt in Alkaline-Batterien verwendet wird, wie ich gerade im Internet nachgelesen habe.«

Henriks übermüdetes Gehirn benötigte ein paar Sekunden, um die Nachricht zu verarbeiten. »Was bedeutet, dass es sich in Greetsiel um einen ähnlichen Brandsatz gehandelt haben könnte wie den, der gestern hier hätte hochgehen sollen«, sagte er dann aufgeregt.

Kathrin hatte einen triumphierenden Gesichtsausdruck aufgesetzt. »Der Gedanke ist mir auch sofort gekommen. Wie es aussieht, hatte ich von Anfang an recht: Frau Oppermann hat mit dem Brand nichts zu tun. Sie hat ihr Wohnmobil nicht selbst angezündet, um die Versicherungssumme zu kassieren. Da hatte jemand anders seine Finger im Spiel, das geht hundertprozentig auf das Konto ›unseres‹ Brandstifters.«

»Ja, in dem Fall lag ich mit meinen Vermutungen komplett daneben«, musste Henrik zerknirscht eingestehen. »Ich habe zu voreilige Schlüsse gezogen, versucht, Zusammenhänge herzustellen, wo keine sind. Tut mir leid, dass wir so lange diese sinnlose Diskussion geführt haben.«

»Kann doch jedem mal passieren, dass er übers Ziel hinausschießt«, gab sich Kathrin großmütig. »Aber durch das Gespräch mit Frau Oppermann sind wir einen wichtigen Schritt vorangekommen. Wir können zu Recht annehmen, dass die Brandstiftungen von ein und derselben Person begangen wurden, auch wenn sie nicht immer nach demselben Muster abgelaufen sind. Manchmal ist nur wenig passiert, manchmal war der Brandstifter darauf aus, maximalen Schaden anzurichten. Ich vermute sogar, dass er sich da bewusst steigert.«

Henrik nickte.

»Und es steht ebenfalls fest, dass er als Brandbeschleuniger Benzin oder Isopropanol verwendet«, fuhr Kathrin fort. »Wenn wir jetzt noch ein paar weitere Details herausfinden, haben wir ihn am Wickel, dann ist der Feuerspuk zu Ende.«

»Freu dich nicht zu früh«, warnte Henrik. »Wie es aussieht,

hat er heute Nacht erneut versucht zu zündeln, ist aber Gott sei Dank dabei gestört worden.«

Kathrin starrte ihn entgeistert an. »Heute Nacht? Hast du deshalb nicht geschlafen? Hast du ihn entdeckt und bist hinter ihm her?«

»So ähnlich.« Henrik berichtete in wenigen Worten, was sich zugetragen hatte.

»Das gibt es doch nicht.« Kathrin sah plötzlich genauso mitgenommen aus wie er. »Und ich habe nichts bemerkt, habe ahnungslos im Alkoven gelegen und geschlafen.«

»Falls es dich trösten sollte«, sagte Henrik, »ich habe ja auch nichts von seinem Tun mitbekommen, obwohl ich zu der Zeit wach war. Wenn Janika nicht hier auf Beutezug gewesen wäre, hätte es womöglich ein weiteres Unglück gegeben.«

»Schrecklich, die Vorstellung.« Kathrin schüttelte sich und drehte die Gasflamme kleiner, weil der Kaffee in der Kanne blubberte. »Du hast eben gesagt, das Mädchen hätte etwas bemerkt. Was war es denn konkret? Reicht es aus, um den Täter zu identifizieren?«

»Nein, so viel hat sie leider nicht mitbekommen«, bedauerte Henrik. »Sie hat nur etwas Helles unter seiner Jacke aufblitzen sehen, vielleicht ein Hemd oder einen Kittel. Und er verströmte einen eigenartigen Geruch, wie sie fand. Die Eltern haben mir versichert, das Mädchen hätte eine sehr feine Nase.«

»Ich vermute, sie hat den Brandbeschleuniger gerochen«, sagte Kathrin. »Also das Benzin. Wenn er wieder so eine selbst gebastelte Flaschenkonstruktion mit Zeitzünder einsetzen wollte.«

»Nein, sie meinte, der Geruch wäre nicht so sauer-beißend wie beim Benzin gewesen, eher süßlicher und aufdringlicher.«

»Vielleicht benutzt er ein spezielles Parfüm, das sie erschnuppert hat.«

»Was für ein elender Schlamassel! Ich sehe mich in den kommenden Nächten schon wie Leo schnüffelnd über den Platz ziehen. Dabei werde ich mich an jeden, der draußen herumläuft, heranpirschen und seine Witterung aufnehmen.« Henrik sackte entmutigt in sich zusammen. »Dieser Fall kostet mich den letzten Nerv.«

»Hier.« Kathrin stellte einen dampfenden Becher vor ihm auf den Tisch.

»Wir kommen nicht wirklich weiter«, stöhnte Henrik niedergeschlagen. »Ich habe gleich nach meiner Rückkehr von den Wittes das gesamte Platzgelände abgesucht. In der Hoffnung, irgendetwas zu finden, was der Täter zurückgelassen hat. Aber außer Zigarettenstummeln und ein paar Hundehaufen in den Rabatten war da nichts Auffälliges. Nichts, was auf den Täter hinweisen könnte.«

»Apropos Hundehaufen«, sagte Kathrin und nahm sich selbst vom Kaffee. »Das habe ich gestern vergessen zu erzählen, bei all der Aufregung um den Brandsatz. Auf der Hinfahrt hierher hat mich Meyer angerufen. Sein Kollege vom Nordsee-Camp in Norddeich hatte sich bei ihm gemeldet. Dort gab es ebenfalls ein Problem mit Giftködern. Ein Hund hatte einen Köder gefressen, konnte aber gerettet werden, weil sein Besitzer ihm geistesgegenwärtig das Hackfleischbällchen aus dem Schlund gezogen hat. Ein paar Gäste waren daraufhin so aufgebracht, dass sie sich zusammengetan haben, um den Schuldigen zu finden. Und, du wirst es kaum glauben, es war doch glatt jemand aus ihren Kreisen. Eine Camperin, der die vielen Hunde ein Dorn im Auge sind und die das Problem auf ihre Weise lösen wollte. Ihr kam dabei zugute, dass sie eigentlich ganz gut mit Hunden kann, Hunde sie instinktiv mögen. Als sie sich an mein Wohnmobil herangeschlichen hat, hat Leo sie ja auch gewähren lassen, hat nicht gebellt.«

»Was für eine perfide Masche«, sagte Henrik aufgebracht. »Leider gibt es in den letzten Jahren immer mehr Hundehasser.«

»Wahrscheinlich, weil es immer mehr Hunde gibt«, meinte Kathrin. »In jedem zweiten Wohnmobil ist doch mindestens ein Vierbeiner mit dabei. Und wenn die Tierliebhaber dann mit so Leuten wie Oma Ellie kollidieren, gibt es schnell Zoff.«

»Oma Ellie?« Henrik blickte Kathrin verständnislos an.

»Die Mutter von Peter Eilerts«, antwortete Kathrin. »Die ihrem Enkel beibringt, dass Hunde doof sind und stinken.«

»Ja, jetzt erinnere ich mich an den liebenswürdigen Kleinen«, sagte Henrik mit einem zynischen Grinsen. »Wie ist eigentlich dein Spaziergang mit den Eilerts verlaufen? Wir haben gestern gar nicht mehr darüber geredet.«

»Einigermaßen friedlich, weil wir vom Deich aus tatsächlich Schiffe beobachten konnten, das hat Ben abgelenkt. Und der Mutter ein paar Minuten Verschnaufpause gegönnt. Sie steht momentan gewaltig unter Druck, wie sie mir anvertraut hat.«

»Ihr Mann hat bei mir ebenfalls so etwas angedeutet, die beiden scheinen Stress miteinander zu haben. Obwohl sie im Urlaub sind.«

»Nun ja, Urlaub würde ich das nicht unbedingt nennen«, widersprach Kathrin.

»Wieso? Sie sind doch mit dem Wohnmobil hier und haben schon einige Ausflüge gemacht.«

»Ja, aber zwischenzeitlich sind sie immer wieder bei Frau Eilerts Vater in der Seniorenresidenz.«

»Hier im Ort?«

»Ja, das Altenheim liegt direkt hinter dem Hafen. Deshalb ist dieser Stellplatz so ideal für sie. Um den Opa zu sehen, müssen sie nicht weit gehen. Ich glaube herausgehört zu haben, dass sie sich das Wohnmobil auch deswegen zugelegt haben. Frau Eilerts hat ihren Mann zum Kauf gedrängt.«

»Komisch, ich dachte, die Eilerts kommen aus Bielefeld. Warum haben sie den Opa dann ausgerechnet in ein Heim an der Emsmündung verfrachtet? Das ist doch viel zu weit von ihnen entfernt.«

»Frau Eilerts hat erzählt, dass sich ihr Vater geweigert hat, den Norden zu verlassen, er hat sich mit Händen und Füßen gegen Bielefeld gewehrt. Aber allein kommt er nicht mehr klar, er wird zunehmend dement. Sie mussten handeln.«

»Der Vater von Frau Eilerts stammt also aus der Region?«

»Ja, aus Achim bei Bremen. Bis vor einem Dreivierteljahr lebte er noch im eigenen Haus. Das mussten die Eilerts inzwischen verkaufen, um die Kosten für die Heimunterbringung stemmen zu können.«

»Sicherlich keine einfache Entscheidung. Für alle Beteiligten«, sagte Henrik mitfühlend.

»Nein, Frau Eilerts ist total unglücklich über die Lösung. Und auch ein wenig überfordert. Sie hätte ihren Vater lieber näher bei sich gehabt. Doch er hat gedroht, sich einen gesetzlichen Vormund zu nehmen, einen, der seine Wünsche respektiert. Der alte Mann hat sich trotz seiner zunehmenden Demenz durchsetzen können, es waren auf beiden Seiten viele Emotionen im Spiel, und Frau Eilerts hat schließlich nachgegeben, weil sie die angespannte Situation nicht weiter verschärfen wollte.«

»Warum wollte ihr Vater unbedingt hierher? Hat das Heim einen so exzellenten Ruf?«

»Keine Ahnung«, sagte Kathrin. »Da habe ich nicht nachgehakt, es geht mich im Prinzip ja nichts an. Aber Frau Eilerts schien froh, mal ein bisschen Luft ablassen zu können, da hat sie wohl mehr rausgelassen, als sie ursprünglich beabsichtigte. Wenn ich sie recht verstanden habe, wollte ihr Vater unbedingt in dieses Seniorenheim, weil dort schon ein Freund von ihm untergebracht war.«

»Nun ja, das kann ich irgendwie nachvollziehen. Obwohl man hätte annehmen können, dass er seine letzten Monate oder Jahre nicht weit von seiner Tochter entfernt verbringen will.«

»Vielleicht ist ihr Verhältnis nicht das beste, da möchte er womöglich ein bisschen Abstand wahren«, sagte Kathrin. »Zu allem Unglück ist der Freund, wegen dessen Frau Eilerts Vater hierher ins Heim gekommen ist, vor sechs Wochen gestorben, er ist ihm auch keine Hilfe mehr.«

»Oje, da kommt aber verdammt viel zusammen.«

»Ja, Frau Eilerts geht mittlerweile ziemlich auf dem Zahnfleisch«, berichtete Kathrin. »Sie tut mir leid. Ich gönne ihr die paar wenigen Stunden, die sie hier auf dem Platz mal abschalten kann. Sie hat sich selbst als Campingkind bezeichnet, ihre Eltern hatten früher, bevor sie das Haus in Achim gebaut haben, einen Wohnwagen. Frau Eilerts erinnert sich noch gern an die Ferienwochen, die sie darin als Familie verbracht haben. Deshalb hatte sie auch die Idee, ein Wohnmobil zu kaufen. Ihr Mann wäre lieber weiter in den Urlaub geflogen, sein Ding sind eher Fernreisen.«

Henrik nahm einen Schluck Kaffee und verzog den Mund.

»Uh, der ist aber wirklich stark.« Er schob den Becher von sich.

»Soll ich dir etwas Milch einfüllen?«, bot Kathrin an.

Henrik wurde von einem Gähnen übermannt. »Nein. Ich glaube, es bringt mehr, wenn ich mich hinlege und versuche, wenigstens noch ein, zwei Stündchen zu schlafen. Ich kann keinen klaren Gedanken fassen, mein Gehirn ist halb tot.«

In dem Moment klingelte Kathrins Handy. »Oh nein, nicht noch das«, stöhnte sie, als sie auf das Display geschaut hatte.

»Wieder Frau Oppermann?«

»Nein, Harry. Aber warum ruft er mich an?«, wunderte sie sich.

»Wahrscheinlich, weil ich mein Handy ausgeschaltet habe«, gestand Henrik mit einem entschuldigenden Lächeln.

»Manno, ich habe keine Lust, nach Sandstedt zurückzufahren.« Kathrin zog einen Schmollmund. Sie hörte sich jetzt fast so kindisch an wie Ben gestern. »Ich bin seit knapp zwei Tagen hier und habe vom Ort nichts gesehen, habe lediglich eine halbe Stunde mit Frau Eilerts und den Kindern oben auf dem Deich gestanden. Ein bisschen Freizeit sollte mir trotz allem vergönnt sein. Außerdem: Was ist, wenn der Brandstifter beabsichtigt, es heute Nacht erneut zu versuchen? Wir müssen vor Ort bleiben, wachsam sein, es geht nicht anders.«

»Du hast recht«, stimmte Henrik zu. »Egal, was Harry will. Heute warten wir ab, wir rühren uns nicht von der Stelle.«

Kathrin drückte ihm das Telefon in die Hand. »Ich weiß, es ist feige. Aber sprich du bitte mit ihm. Ich gehe duschen, dazu bin ich bei dem vielen Telefonieren noch nicht gekommen.«

Henrik straffte die Schultern und hoffte inständig, Harry würde ihm seine Erschöpfung nicht anmerken, dass es ihm gelingen würde, professionell zu klingen und zu handeln.

»Moin, Harry.«

»Moin, Henrik. Was ist mit deinem Handy? Ich konnte dich nicht erreichen, deshalb habe ich Kathrins Nummer gewählt.«

»Mein Akku ist mausetot«, schwindelte Henrik. »Kathrin und ich, wir sitzen gerade bei einer Besprechung zusammen.«

»Gut, gut. Wie ist denn die Lage bei euch?«

»Weiterhin undurchsichtig. Aber der Brandstifter fängt an, die ersten Fehler zu machen. Das ist für uns ein gutes Zeichen.«

»Dann hoffe ich mal, dass er bald den größten Fehler seines Lebens macht und du ihn am Schlafittchen packst. Wird Zeit.«

»Ja, wird höchste Zeit, dass er hinter schwedische Gardinen kommt«, stimmte Henrik zu. »Wir geben unser Bestes.«

»Daran habe ich keinen Zweifel.«

Henrik atmete auf, der Campingplatzbetreiber rief ihn also nicht an, um sich über ihre mangelnden Fortschritte zu beklagen. Aber was wollte er? Harry war nicht der gesprächigste Mensch auf Erden und außerdem viel beschäftigt. Er meldete sich nicht, nur um eine Runde zu schwatzen. Henrik beschloss, gleich zur Sache zu kommen.

»Gibt es Neuigkeiten?«

»Wie man's nimmt.« Harry klang ein wenig resigniert. »Die Polizei hat den hinteren Teil des Platzes noch immer nicht freigegeben. Irgendjemand hat ihnen wohl den Floh ins Ohr gesetzt, dass unter den alten Beton- und Pflasterschichten der anderen Parzellen ebenfalls etwas verborgen liegen könnte. Bis jetzt haben sie aber außer Schubkarren voll Müll und jeder Menge Kaninchenbauten nichts gefunden. Der Leiter der Ermittlungskommission hat sogar einen Leichenspürhund angeschleppt, der darauf trainiert ist, Erdreich zu erkennen, das mit schon länger liegenden menschlichen Überresten in Kontakt gekommen ist. Eine Polizeibeamtin aus Meppen hat den Hund ausgebildet, es gibt in Europa nur eine Handvoll davon.«

»Hat der Hund was gefunden?«

»Nein, da war zum Glück nichts. Ein Skelett auf meinem Gelände ist für mich schon eins zu viel.«

»Kann ich nachvollziehen.«

»Die Ermittler haben mir zu verstehen gegeben, dass es noch

Wochen, wenn nicht gar Monate dauern kann, bis das Rätsel um den Skelettfund restlos geklärt ist. Während der Zeit werden sie mir bestimmt ständig das Leben schwer machen«, klagte Harry. »Außerdem sind meine Mitarbeiter traumatisiert. Niemand traut sich mehr, auf dem Gelände zu baggern oder zu graben. Sie haben Schiss, dass der Platz weitere unschöne Geheimnisse birgt. Die Weserauen galten früher als unheilvoller Ort, wo sich seltsame Gestalten wie der Klabautermann oder ein eiserner Ritter oder andere Unholde herumtrieben.«

»Das sind doch nur Schauermärchen.«

»Ja, aber sie halten sich hartnäckig. Und in so einer Situation tragen sie dazu bei, dass sich die eh schon gedrückte Stimmung nicht aufhellt. Meine Frau hat gestern Abend gemeint, ob es nicht besser wäre, wenn wir alles hinschmeißen, uns wieder ausschließlich unserem Kerngeschäft widmen. Aber wer sollte einen Platz, bei dem solche Probleme aufgetreten sind, übernehmen wollen? Das tut sich doch kein Mensch an. Zumindest keiner, der rational und wirtschaftlich denkt.«

»Trefft keine übereilte Entscheidung«, riet Henrik. »Es wird sich alles klären, und in der nächsten Saison ist das Skelett zwar nicht vergessen, bringt die Leute aber zum Reden und veranlasst manche, sich die Szenerie mal direkt vor Ort anschauen zu wollen. Das sind neue Kunden, die die alten, die in den letzten Tagen storniert haben, ersetzen. Und eure Dauercamper bleiben euch sowieso treu, die schätzen den Platz und seine Lage.«

»Dauercamper ist ein gutes Stichwort«, sagte Harry. »Ich hatte gestern ein aufschlussreiches Gespräch mit Heidrun, deshalb rufe ich an.«

»Welche Heidrun?«

»Heidrun Söller.«

»Gibt es Neuigkeiten zum Vorzeltbrand?«

»Die Hausratversicherung wird einen Teil der Kosten übernehmen, so viel steht fest. Außerdem haben die Söllers einen Spezialisten kommen lassen, der die in Mitleidenschaft gezogene Vorderwand des Wohnwagens gesäubert und den Lack mit speziellen Mitteln behandelt hat. Sie können den Wohnwagen wieder uneingeschränkt nutzen.«

»Das freut mich für die beiden, sie sind schon eine halbe Ewigkeit mit dem Platz verbunden.«

»Ja. Darauf kamen wir gestern auch zu sprechen«, berichtete Harry. »Und da hat sich Heidrun an einen tragischen Vorfall erinnert, der sich Ende der 1980er-Jahre ereignet hat. Also lange vor unserer Zeit.«

»1980er-Jahre? Was ist damals passiert?«

»Ein Siebzehnjähriger, dessen Eltern einen Saisonplatz angemietet hatten, ist ums Leben gekommen. Oder besser gesagt, es wird vermutet, dass der Jugendliche verstorben ist, weil er eines Tages mit seinem Mofa vom Platz gefahren und nie wieder aufgetaucht ist.«

»Er kann ja auch abgehauen sein. In dem Alter hat man schnell mal Zoff mit den Eltern und beschließt, sich zu verdünnisieren«, gab Henrik zu bedenken.

»Ja, die Vermutung lag natürlich nahe«, räumte Harry ein. »Doch sein Mofa wurde später am Flussufer gefunden, wie sich Heidrun erinnerte.«

»Er ist zu Fuß weitergegangen oder hat sich abholen lassen.«

»Es gab damals wohl eine große Suchaktion von Polizei und Wasserschutzpolizei, bei der auch viele Einwohner aus Sandstedt und Rechtenfleth mitgeholfen haben – leider ohne Erfolg. Letztlich ist man davon ausgegangen, dass der Junge ertrunken ist. Beim Angeln oder beim Baden im Fluss, was er beides gern tat, obwohl Letzteres wegen des Tidenhubes von Ebbe und Flut und der Sogwirkung der vorbeifahrenden Schiffe gefährlich sein kann.«

»Er blieb also verschwunden?«

»Ja. Die Eltern haben ihren Dauerstellplatz gekündigt, leben jetzt Gott weiß wo, wenn sie überhaupt noch am Leben sind, und der Fall wurde irgendwann ungelöst zu den Akten gelegt.«

»Und dann wird mehr als dreißig Jahre später auf demselben Campingplatz ein Skelett entdeckt, an dem ein Schmuckanhänger baumelt, der in den 1980er-Jahren in einem Bremer

Schmuckatelier, also ganz in der Nähe, angefertigt wurde. Das gibt einem zu denken, oder?«, folgerte Henrik.

»In der Tat.«

»Hast du die Polizei darauf angesprochen?«

»Noch nicht, ich wollte erst mit dir reden, hören, wie du es einschätzt. Ich habe nämlich Bedenken, dass sie mich als Fabulanten oder Wichtigtuer abtun. Oder dass sie darüber bereits in Kenntnis gesetzt wurden und mir sagen, ich solle mich nicht einmischen. Bis jetzt war unsere Zusammenarbeit ja nicht besonders gut, die Beamten sind eher mürrisch und nicht sehr kooperativ. Tun so, als ob ich schuld an der Misere wäre, obwohl ich überhaupt nichts dafürkann.«

»Jeden als potenziellen Schuldigen anzusehen, ist eine Berufskrankheit in dem Metier«, tröstete ihn Henrik. »Ich neige ebenfalls dazu«, fügte er hinzu und musste wieder an Frau Oppermann denken.

»Kann schon sein. Aber ich habe Schiss, dass sie ihre Suche rein aus Schikane auch auf den Platz in Sandstedt ausweiten.«

»Nein, dafür gibt es derzeit keine Veranlassung«, beruhigte ihn Henrik. »Du solltest das Thema so schnell wie möglich auf den Tisch bringen. Das sieht mir nach einem klassischen Cold Case aus, zu dem plötzlich neue Erkenntnisse aufgetaucht sind. Wie ist die Lage momentan? Sind die Ermittler noch bei dir auf dem Gelände?«

»Ich sitze gerade im Wohnmobil, müsste also rüber nach Rechtenfleth fahren. Doch ich gehe davon aus, dass sie dort bei der Arbeit sind.«

»Rede mit ihnen. Oder ruf den Leiter der Ermittlungen an.«

»Meine Frau hat gestern vorgeschlagen, einen Anwalt zu nehmen«, sagte Harry zerknirscht.

»Den brauchst du nicht, du hast von Rechts wegen nichts zu befürchten«, versicherte ihm Henrik.

»Ich hoffe, die Polizei ist derselben Meinung«, brummte Harry.

»Ganz bestimmt. Aber jetzt muss ich mich wieder um den Brandstifter kümmern«, beendete Henrik das Gespräch. »Bei dem handelt es sich nicht um einen Cold Case, die Angelegenheit ist verdammt *hot*.« Er lachte bitter auf.

»Haltet die Ohren steif.« Harry legte auf.

Kathrin trat ins Wohnmobil und blickte ihn erwartungsvoll an. »Und was ist? Sollen wir zurückkommen?«

»Nein, es ging um den Skelettfund. Es könnte sein, dass er mit einem Vermisstenfall zusammenhängt, der sich vor über dreißig Jahren ereignet hat.«

»Das würde mit den Zeitangaben des Pathologen übereinstimmen«, sagte Kathrin, nachdem sie das nasse Handtuch in ihrem kleinen Bad zum Trocknen aufgehängt hatte.

»Ja, ich nehme an, dass sich zumindest der Fall nun schnell klären wird.«

»Und wie geht es bei uns hier weiter?«

»Ich lege mich ein, zwei Stündchen aufs Ohr.« Henrik stand auf.

»Soll ich dich um zwölf wecken?«, bot Kathrin an.

Henrik nickte. »Ja bitte.« Er öffnete die Wohnmobiltür und stutzte. Eine schlanke Gestalt mit blondem Haar lief, wie es für ihn aussah, suchend über den Platz.

»Das nenne ich dreist! Geht sie etwa am helllichten Tag auf Diebestour?«, presste er zwischen den Zähnen hervor.

»Wer?« Kathrin war an seine Seite getreten und schaute ebenfalls hinaus.

»Janika Witte«, antwortete Henrik.

In dem Moment erblickte ihn das Mädchen, und ihr Gesicht hellte sich kurz auf.

»Sie sucht dich«, sagte Kathrin.

Henrik stöhnte theatralisch auf. »Mir bleibt heute auch nichts erspart.«

24

»Moin.« Janika wirkte unsicher. »Ich bin –«, setzte sie an, doch Henrik unterbrach sie barsch: »Erst klaust du, und nun schwänzt du auch noch die Schule? Du bist mir ja ein feines Früchtchen. Also wenn du mich fragst …«, schnauzte er sie an, verstummte aber abrupt, weil Kathrin ihm den Ellbogen in die Rippen stieß und ihm einen bitterbösen Blick zuwarf.

»Lass sie doch erst mal ausreden«, zischte sie.

Henrik rieb mit der Hand über die schmerzende Stelle und zwang sich zur Ruhe. Kathrin hatte recht, es brachte nichts, wenn er seinen der Müdigkeit geschuldeten Frust an dem Mädchen ausließ. Er gab sich Mühe, seiner Stimme einen versöhnlichen Klang zu verleihen.

»Was gibt es, Janika? Ich hatte nicht damit gerechnet, dich so schnell wiederzusehen.«

»Ich wollte mich entschuldigen«, murmelte sie sichtlich eingeschüchtert. »Dazu bin ich heute früh nicht mehr gekommen.«

»Okay, Entschuldigung angenommen«, antwortete Henrik großmütig. »Aber bei mir bist du damit fehl am Platz. Du solltest die Leute um Verzeihung bitten, denen du die Akkus gestohlen hast.«

Janika trippelte nervös von einem Fuß auf den anderen. »Ich habe gerade alle Akkus zurückgegeben. Ehrlich.« Sie öffnete den Rucksack, den sie in der Hand hielt, und zeigte ihn Henrik. Bis auf eine Geldbörse und eine Eierschachtel aus Pappe war er leer.

»Ich glaube dir. Du hast Glück gehabt, dass du noch alle angetroffen hast«, stellte Henrik fest. »Viele Camper bleiben ja nur eine Nacht und brechen am nächsten Morgen zeitig auf.«

»Ich bin echt froh, dass ich das hinter mir habe«, gestand Janika. »Aber es war nicht so schlimm, wie ich dachte. Bei den ersten Leuten, denen ich die Akkus in die Hand gedrückt habe, hatte ich total Herzklopfen und habe furchtbar rumgestottert.« Sie schnitt eine verlegene Grimasse. »Dann wurde es besser.«

»Wie ich sehe, haben sie dir nicht den Kopf abgerissen.« Henrik musste gegen seinen Willen schmunzeln. Auch wenn Janika etwas getan hatte, das sie nicht hätte tun sollen, besaß sie den Mut, zu ihren Fehltritten zu stehen und Verantwortung dafür zu übernehmen.

»Die meisten waren sogar richtig nett«, sagte Janika, und es klang ein bisschen verwundert. »Sie haben verstanden, warum ich in Versuchung gekommen bin. Ich habe versprochen, es wiedergutzumachen.«

»Warst du schon bei der Polizei? Gestern Nacht, das war ja nicht dein erster Diebeszug, wie du selbst zugegeben hast.«

»Ich habe um Viertel nach elf einen Termin. Deshalb bin ich auch nicht zur Schule gefahren«, sagte Janika leise. »Aber ich muss da nicht allein hin, meine Mutter kommt mit.«

»Ich wünsche dir viel Glück, du bist auf dem richtigen Weg«, sagte Henrik und wandte sich vielsagend ab.

Sobald Janika den Platz verlassen hätte, würde er zu seinem Kastenwagen laufen und ins Bett kriechen. Er hatte das Gefühl, im Stehen einzuschlafen.

Doch Janika machte keine Anstalten zu gehen. »Da ist noch was, das vielleicht wichtig wäre«, sagte sie. »Ich war eben, bevor ich hierhergekommen bin, im Kleen Koophuus.«

Interessiert mich nicht, lass mich in Ruhe, ich will endlich ins Bett, dachte Henrik. Er hüstelte, um ein Gähnen zu überspielen.

»Kleen Koophuus? Was ist das?«, fragte Kathrin an seiner Stelle.

»Unser Tante-Emma-Laden in der Hollannerstraat«, erklärte Janika. »Bei Tante Katharina gibt es dreimal die Woche frische Eier von einem Biohof im Nachbarort. Ich habe welche für meine Mutter besorgt. So vergeht die Zeit …«, sie verstummte und schluckte sichtbar, »bis ich zur Polizei muss schneller.«

»Sie werden schon nicht so streng mit dir sein«, versuchte Kathrin, das Mädchen zu trösten.

»Mal abwarten«, murmelte Janika. Sie schien wie auf dem Erdboden festgewachsen.

Henrik sah sich genötigt, doch wieder am Gespräch teilzunehmen.

»Und? Was ist mit diesem Laden?«, fragte er ungeduldig.

»Ich musste warten, bis ich an der Reihe war«, berichtete Janika. »Tante Katharina hat sich fast eine Viertelstunde mit zwei Touris unterhalten. Was mich nicht gestört hat«, versicherte sie. »Seit dem Tod ihres Mannes, der auch immer im Laden mitgeholfen hat, ist sie oft allein, da kann sie ein bisschen Aufmunterung gut gebrauchen.«

»Und dann?« Henrik trommelte mit den Fingern auf dem Oberschenkel.

»Da habe ich wieder diesen seltsamen süßlichen Geruch bemerkt«, sagte Janika. »Er schien überall in der Luft herumzuwabern, Tante Katharinas Laden ist ja winzig.«

»Was sagst du da?« Henrik hatte das Gefühl, plötzlich einen elektrischen Schlag bekommen zu haben, er war wieder hellwach. »Ging der Geruch von den Touristen aus?«, wollte er aufgeregt wissen.

»Nee, die rochen nach Hering mit Zwiebeln und Bratkartoffeln. Und die Frau hatte vor Kurzem eine Mentholzigarette geraucht«, erwiderte Janika prompt. »Der Typ, dem ich heute Nacht begegnet bin, muss vor denen im Geschäft gewesen sein.«

»Gesehen hast du ihn auch diesmal nicht?«

»Nein. Doch er war im Kleen Koophuus, da bin ich mir hundertprozentig sicher.«

»Dann ist es ein Einheimischer?«

»Gut möglich. Aber es kommen auch viele Touris in den Laden.«

Henrik unterdrückte einen deftigen Fluch. Warum bekam den Kerl nie jemand richtig zu Gesicht? Er war doch kein Geist, sondern ein Mensch aus Fleisch und Blut, der Spuren hinterließ. Warum war es so verdammt schwer, seiner habhaft zu werden? Aber womöglich wusste die Inhaberin des Kleen Koophuus ja mehr. Henrik hatte seine Müdigkeit vergessen.

»Erklärst du mir kurz den Weg zu diesem Laden?«, bat er das Mädchen.

Zehn Minuten später hasteten Kathrin und er auf dem geteerten Weg zur Deichkuppe hinauf und hielten dort einen Moment inne, um zu verschnaufen. Henrik nutzte die Gelegenheit, um sich umzuschauen, er hatte bei Tageslicht ja noch nichts von Ditzum gesehen und wollte das nun trotz der Eile nachholen. Was sich ihm vom Deich aus präsentierte, gefiel ihm.

»Nett hier«, sagte er anerkennend.

Die Fähre hatte den Hafen verlassen und schipperte mittig auf der Ems, die milchig braun war, weil die Flut mit Schlick und Sedimenten angereichertes Meerwasser ins Flussbett drückte. Etwas weiter nordwestlich rotierten Flügel von Windkrafträdern am gegenüberliegenden Ufer, und die Industrieanlagen des neuen Emdener Binnenhafens waren vage auszumachen. Ansonsten lag ein Flickenteppich aus Feldern und Weiden in verschiedenen Grüntönen vor ihnen. Eine Schar Graugänse zog über ihre Köpfe hinweg, drehte einen Halbkreis und ging dann auf einer Wiese im Deichvorland nieder. Die Schafe, die dort weideten, blökten aus Protest. Von irgendwoher ertönte ein Schiffshorn, zweimal, dreimal. Eine frische Brise, die ein bisschen nach Meer und Watt roch, schlug ihnen entgegen.

»Das hat schon was Maritimes, nicht wahr? Man glaubt sich fast an der Nordsee, obwohl das Wattenmeer ja noch ein paar Kilometer entfernt ist«, meinte Kathrin und sog die Luft tief ein.

»So ähnlich riecht es bei uns in Hamburg an der Elbe auch«, sagte Henrik. »Und wenn die großen Pötte an einem vorbeiziehen, bekommt manch einer Fernweh. Oder Meer-Weh.«

Kathrin drehte sich zu ihm hin und strich sich eine Haarsträhne, die ihr ins Gesicht geflattert war, hinters Ohr. »Beabsichtigst du etwa, deinen Kastenwagen gegen ein Boot einzutauschen?«

Nein, gegen ein Gehöft im Alten Land, wäre es ihm beinahe herausgerutscht, doch er biss sich auf die Zunge. Auch jetzt war nicht der richtige Zeitpunkt, Kathrin in seine Pläne einzuweihen. Das musste warten, bis der Brandstifter hinter Schloss und Riegel saß. Alles zu seiner Zeit, dachte er, wünschte sich jedoch sehnlichst, dass sein Auftrag erledigt wäre, er den Fall endgültig abhaken und sich seinem Privatleben widmen könnte.

»Bedeutet dein Zögern etwa, dass das Meer tatsächlich nach dir ruft? Dass du zum Seemann mutierst?«, neckte ihn Kathrin.

Henrik schob die störenden Gedanken beiseite. »Nein, keine Chance«, antwortete er. »Mich bekommst du nur im absoluten Notfall auf ein Boot.«

»Schade«, sagte Kathrin. »Ich bin eigentlich gern auf dem Wasser. Im Moment verspüre ich nicht die geringste Lust, nach Süddeutschland zurückzufahren. Der Norden macht was mit mir, im positiven Sinne.«

»Echt?« Henrik schaute sie eindringlich an.

Kathrin breitete die Arme aus. »Diese Weite, der endlose Himmel und die Luft tun mir gut. Es fühlt sich ein bisschen wie frisch verliebt an. So prickelnd, so beflügelnd.«

Na los, frag sie endlich, jetzt auf der Stelle, forderte eine kleine Stimme in Henrik. Bist du verrückt, widersprach sofort eine andere. Du hast doch alles geplant, es dir genau vorgestellt. Willst du es durch eine unbedachte Entscheidung kaputtmachen? Warte ab, überstürze nichts.

»Verdammt noch mal, Ruhe!«, murmelte er.

»Was hast du gesagt?« Kathrin schaute ihn irritiert an.

»Ich hab Hunger«, sagte er und spürte augenblicklich, wie sich sein Magen schmerzhaft zusammenzog. Seine letzte Mahlzeit war eine gefühlte Ewigkeit her.

»Frau Eilerts hat mir erzählt, dass man im Fischhuus gut essen gehen kann, es liegt gleich da drüben, auf der anderen Seite des Hafenbeckens.« Kathrin wies mit der Hand zum Hafen, wo rote, blaue, grüne und hellbraun gestrichene Kutter vor Anker lagen.

»Nein, das dauert zu lang«, erwiderte Henrik mit Bedauern. »Wir sollten uns besser sputen, dass wir in den Laden von dieser Tante Katharina kommen.«

»Ich glaube, Frau Eilerts hat auch erwähnt, dass es dort frischen Fisch und Krabben und kleine Mahlzeiten zum Mitnehmen gibt.«

Henrik lief allein beim Gedanken daran das Wasser im Mund zusammen, doch er riss sich am Riemen. »Nein, erst sprechen wir mit der Inhaberin von diesem Koophuus. Ich möchte dabei nicht nach Zwiebeln und Bratfisch riechen.«

»Wie du willst«, meinte Kathrin. »Wenn ich Janikas Schilderung richtig in Erinnerung habe, müssen wir runter zum Hafen, uns am Siel links halten und auf der kleinen Brücke das Sieltief überqueren. Von da aus geht es wohl durch eine schmale Gasse an der Kirche vorbei, und ein paar Meter weiter sollten wir die Hollannerstraat mit diesem Koophuus erreicht haben.«

»Dann mal los.« Sie setzten sich wieder in Bewegung.

Henrik stiefelte hinter Kathrin her und überlegte angestrengt, wie er vorgehen sollte. Er konnte diese Tante Katharina ja schlecht direkt damit konfrontieren, dass einer ihrer Kunden höchstwahrscheinlich ein Straftäter, ein notorischer Brandstifter war. Was sollte er sie nur fragen, ohne dass sie misstrauisch würde und ihm die Auskunft verweigerte? Er war so tief in Gedanken versunken, dass er seine Umgebung kaum wahrnahm, hörte Kathrin nur ein paarmal »Oh, wie hübsch!« und »Ist das niedlich!« ausrufen.

Plötzlich blieb sie so abrupt stehen, dass Henrik beinahe mit ihr zusammengestoßen wäre.

»Hier muss es sein«, sagte sie. »Guck mal das Schild!«

Henrik hob den Kopf und sah zwei Flügel einer Windmühle, die sich über dem einstöckigen, ein wenig geduckt wirkenden Klinkerhaus auftürmten. Rechts neben der Eingangstür war ein in Gusseisen eingefasstes Hinweisschild angebracht, das leise im Wind baumelte: »Kleen Koophuus«. Sie waren an ihrem Ziel angekommen.

Kathrin linste durch die Fensterscheibe. »Was es hier alles gibt! Eine wahrhaftige kleine Schatztruhe. Aber sag mal, hast du eine Ahnung, was Schafködel sind? Die sind anscheinend gerade wieder vorrätig.«

Henrik zog eine Grimasse. »Nichts, was ich in einem Lebensmittelladen vermuten würde.«

»Wollen wir reingehen?« Kathrin hatte die Hand auf die

Türklinke gelegt. »Aber schau, wir müssen uns nicht beeilen«, sagte sie mit einem Grinsen. »Hier ist jeden Tag geöffnet, bis der Sandmann kommt.«

»Sandmann ist ein gutes Stichwort«, brummte Henrik. »Mit dem hätte ich jetzt schon gern eine Verabredung. Aber ich befürchte, es wird noch eine Weile dauern, bis wir uns treffen und er seine Sandkörnchen bei mir im Bett ausstreut.«

»Eins nach dem anderen«, sagte Kathrin. »Lass uns erst mit der Inhaberin sprechen, danach eine Kleinigkeit essen, und dann sehen wir weiter.«

Sie hatten Glück: Als sie eintraten, war kein anderer Kunde im Laden. Allerdings glänzte auch Tante Katharina durch Abwesenheit. Henrik blickte sich suchend um. Wo steckte sie? Die Verkaufsfläche war kaum größer als ein normales Wohnzimmer und mit Tischen und Regalen, die bis zur Decke reichten, vollgestellt, da blieb für einen Erwachsenen kein Raum, sich irgendwo verborgen zu halten. Kathrin stand derweil vor einem Bücherregal und studierte die Titel.

»Ziemlich bunt gemischt. Alte Schinken, Neuerscheinungen, Reiseführer über Ostfriesland und Kalender. Da ist für jeden Geschmack was dabei«, sagte sie leise.

»Trifft gleichermaßen auf den Rest des Ladens zu«, meinte Henrik. »Ob Kekse oder Klopapier, hier bekommst du alles.«

»Dazu Dekoartikel, Schulbedarf, Tee, Spirituosen und eine Gefriertruhe mit Eis. Wie schafft sie es nur, so viel hier unterzubringen?«

Henrik zuckte mit den Schultern. »Wo ein Wille ist, ist auch ein Platz?«

Kathrin kicherte.

»Guck dir mal die Bonbongläser auf dem Verkaufstresen an«, raunte Henrik ihr zu. »Da gibt es Süßigkeiten, Lakritze und Brausebonbons einzeln am Stück. Das kenne ich nur aus Erzählungen meiner Eltern, das gab es schon zu meiner Kindheit nicht mehr so.«

»Unverpackt ist derzeit doch total in«, meinte Kathrin. »Und die Kinder freuen sich bestimmt, wenn sie nicht gleich ihr ganzes Taschengeld auf den Kopf hauen müssen, nur ein paar Schleckereien kaufen können.«

»Der Laden ist wie aus der Zeit gefallen. Ich bin gespannt auf die Inhaberin«, sagte Henrik.

»Was willst du sie fragen?«

»Wenn ich's nur wüsste«, stöhnte Henrik leise. »Ich habe mir auf dem Hinweg den Kopf darüber zerbrochen, aber eine zündende Idee ist mir nicht gekommen.«

»Findest du, dass es hier irgendwie ungewöhnlich riecht?«

Henrik schnupperte. »Nein, wie in jedem Lebensmittelladen.«

In dem Moment klapperte es leise hölzern, so als ob jemand durch einen Türvorhang mit Holzperlen geschritten wäre.

»Lass mich mal machen«, flüsterte Kathrin.

»Moin.« Eine ältere Dame, die die siebzig schon weit überschritten haben musste, aber so überhaupt nicht zu dem Bild passte, das Henrik sich vorab von ihr gemacht hatte, war hinter den Verkaufstresen getreten. Er schätzte sie auf kaum größer als einen Meter sechzig. Sie hielt den Oberkörper ein wenig gebeugt, vermutlich bereitete der Rücken ihr Probleme. Außerdem war sie mager wie ein Vögelchen, doch ihre dunklen Augen blitzten wach und intelligent hinter der randlosen runden Brille hervor. Über einem tomatenroten T-Shirt trug sie ein rot-schwarz gemustertes Holzfällerhemd, und sie hatte ein rotes Basecap mit der Aufschrift »Geiht nicht, gifft nicht« auf dem Kopf.

»Moin«, erwiderte Henrik etwas baff den Gruß.

»Möchten Sie Bioeier? Die sind heute ganz frisch reingekommen«, verkündete die alte Dame.

»Ja gern, wir nehmen zehn Stück«, sagte Kathrin, die an Henriks Seite getreten war. »Daraus machen wir uns gleich Rührei mit Krabben, nicht wahr, Schatz?« Sie strahlte Henrik an.

»Aber nicht mit so viel Schnittlauch, du machst immer zu viel Schnittlauch rein«, spielte Henrik das Spiel mit.

»Zu einem anständigen Rührei mit Krabben gehört Dill«, sagte die alte Dame. »Ich habe hinten bei mir in der Küche noch ein Sträußchen stehen. Hat mir eine Nachbarin heute früh vorbeigebracht. Wollen Sie das mitnehmen?«

»Wenn Sie den Dill entbehren können«, antwortete Kathrin.

»Sonst noch was? Butter, Schinken, Tee oder ein schönes Souvenir für zu Hause?«, fragte die alte Dame geschäftstüchtig.

»Es fällt mir schwer, mich zu entscheiden«, sagte Kathrin. »Bei dem Angebot, das Sie hier haben.«

»Postkarten und Briefmarken habe ich auch, falls Sie einen Gruß in die Heimat senden wollen. Der Briefkasten steht gleich um die Ecke. Unsere Poststelle haben sie schon vor Jahren dichtgemacht.«

»Da haben Sie bestimmt viel Kundschaft«, sagte Kathrin im Plauderton.

»Über Langeweile kann ich mich nicht beklagen«, tat die alte Dame kund. »Doch abends merke ich mein Kreuz, und mir tun die Füße weh. Ich bin schließlich nicht mehr die Jüngste.«

»Jetzt, Ende September, ist es sicherlich ein bisschen ruhiger, oder?«, meinte Kathrin und fischte eine weiß-blaue Tüte Ostfriesentee aus dem Regal, die sie auf den Tresen neben den Eierkarton stellte.

»Das täuscht«, widersprach die alte Dame. »Bis eben war noch ordentlich Betrieb.«

»Kommen denn nur Touristen, wie wir es sind, zu Ihnen?«, fragte Kathrin.

»Nicht nur, aber klar, eine ganze Menge. Die holen sich ein Eis oder eine gekühlte Limonade, sind ja viele mit dem Fahrrad unterwegs. Oder sie haben was im Internet über mein Koophuus gelesen und wollen sich das mal mit eigenen Augen ankieken.«

»Dann sind meine Frau und ich heute Morgen also nicht die ersten Gäste, die über Ihren Laden staunen?«, mischte sich Henrik ins Gespräch ein.

»Nein, vorhin war ein Paar da, ein bisschen jünger als Sie, die haben Mentholzigaretten gekauft. Sie hatten Glück, ich hatte noch zwei Schachteln auf Lager, die Sorte läuft bei uns nicht so gut, und ich will die Zigaretten eh bald komplett aus dem Sortiment nehmen. Aber, wie gesagt, die beiden haben das bekommen, was sie wollten, und ein paar meiner Döntjes kostenlos dazu.«

»Döntjes?«, fragte Kathrin.

»Geschichten aus dem Dorf.«

»Ach so.« Kathrin lachte. »Die Döntjes müssen Sie den Einheimischen aber bestimmt nicht mehr erzählen, die kennen die doch alle inzwischen auswendig, oder?«

»Nun, kommt darauf an. Manche von den Einheimischen sind ja noch nicht so lang bei uns einheimisch.« Die alte Dame lächelte verschmitzt. »Die wollen dann schon wissen, wohin es sie verschlagen hat.«

»Kann ich verstehen«, stimmte Kathrin zu. »Ich würde mich auch informieren, wenn ich hierhergezogen wäre. Man will doch dazugehören.«

»Da sagen Sie was.« Die alte Dame nickte bestätigend. »Wir haben hier einige Neuditzumer, die früher Urlaub bei uns gemacht haben und jetzt das ganze Jahr über bei uns wohnen. Wenn es in die Rente geht, wagt ja so mancher noch mal einen Neustart. Viele denken, dass es so wie im Urlaub sein wird, dass man schon in Kontakt kommen wird. Aber so läuft das im Alltag nicht, wenn alle mit Job und Familie beschäftigt sind. Und dann wundern sich die Zugezogenen, wenn sie allein und traurig auf dem Sofa sitzen.«

»Man muss sich kümmern, egal, in welchem Alter«, pflichtete Kathrin ihr bei.

»Ich habe einen relativ neuen Kunden, ein sehr freundlicher und zuvorkommender Mann.« Die Ladeninhaberin war ins Plaudern gekommen. »Der schaut in den letzten Wochen fast täglich bei mir vorbei und ist immer für einen lütten Klönschnack zu haben. Vor einer knappen Stunde war er gerade hier, hatte wohl eine Pause bei der Arbeit.«

Henrik stupste Kathrin unauffällig an, blieb aber stumm, er wollte den Redefluss der Ladeninhaberin nicht unterbrechen.

»Ich glaube, er fühlt sich ein bisschen einsam«, fuhr die alte Dame prompt fort. »Er hat erwähnt, dass er noch keine eigene Wohnung hat, ist fürs Erste in einer Ferienwohnung untergekommen. Die ihm sein Arbeitgeber bezahlt, der sucht händeringend nach Personal. Aus der Stadt will ja keiner zum Arbeiten so weit zu uns rauskommen. Aber unser neuer Mitbürger hat sich ganz bewusst für Ditzum entschieden, wie er mir erzählt hat.«

»Bestimmt eine gute Wahl, auch wenn er sich erst noch einleben muss«, sagte Kathrin. »Was für Jobs sind denn hier gefragt?«

Die alte Dame runzelte nachdenklich die Stirn. »Kann ich im Moment gar nicht so sagen. Klar, in der Gastronomie fehlen immer helfende Hände, doch das sind meist Saisonkräfte. Und unsere Bootswerft hat gerade drei neue Lehrlinge eingestellt, die hatten Glück, dass sich so viele Interessenten gemeldet haben, die brauchen in diesem Jahr niemanden mehr.«

»Er arbeitet bestimmt auf einem der Fischkutter«, warf Henrik ein. »Ich meine gelesen zu haben, dass dort ständig Mitarbeiter und vor allem junge Leute fehlen.«

»Oh nein, das wüsste ich«, widersprach die alte Dame. »Ich kenne jeden Fischer mit Namen, die meisten schon seit ihrer Kindheit. Im Hafen gab es keine Neueinstellungen. Außerdem würde es nicht zu ihm passen. Er ist sehr gepflegt, immer frisch rasiert und adrett.«

»Dann ist es ein Handelsvertreter«, spann Henrik die Geschichte weiter.

»Könnte sein … Obwohl, nein, eher nicht«, sagte die alte Dame. »Er spricht etwas langsam, sehr bedacht, so als ob er sich seine Worte wohl überlegt. Ich vermute, er hatte mal einen Sprachfehler.«

»Wie meinen Sie das?«, hakte Henrik interessiert nach. Wäre das neben dem Geruch ein weiterer Anhaltspunkt, der sie zum Täter führen könnte?

»Wissen Sie, ich gebe den Kindern hier im Rheiderland seit Jahrzehnten Musikunterricht, Akkordeon, Klavier und Orgel«, sagte die alte Dame. »Und da war bei den Lütten öfter mal einer dabei, der anders sprach als der Rest und deswegen gehänselt wurde. Ich könnte mir vorstellen, dass unser Neuzugang früher gestottert, es aber inzwischen überwunden hat. Solang er nicht zu schnell spricht. Deshalb klingt er manchmal ein bisschen gestelzt.«

»Oh, das kenne ich. Ich bin ebenfalls von meinen Mitschülern gefoppt worden, weil ich stark gelispelt habe«, gestand Kathrin.

»Du? Gelispelt?«, rutschte es Henrik erstaunt heraus, und er merkte gleich, dass er einen Fehler begangen hatte. Wenn sie tatsächlich verheiratet gewesen wären, hätte er es wissen müssen.

»Auch nach fast fünfzehn Jahren Ehe muss man nicht alle Geheimnisse des anderen kennen«, bügelte Kathrin seinen Fauxpas galant aus. »Das Lispeln verschwand, als ich eine Zahnspange bekam. Ich habe sie und die Stunden, die ich beim Zahnarzt auf dem Stuhl sitzen musste, gehasst, aber sie hat geholfen. Meine Zähne sind gerade, und meinen Sprachfehler bin ich ein für alle Mal los.«

»Hm, Zahnarzt, das sagt mir was«, murmelte die alte Dame. »Kann gut sein, dass der junge Mann dort in der Praxis arbeitet. Ich habe gleich, als er das erste Mal zu mir kam, gedacht, dass er so was an sich hätte, so was Klinisch-Medizinisches, meine ich.«

»Inwiefern?« Henrik wusste nicht, worauf die Ladeninhaberin hinauswollte.

»Mir sind seine Finger aufgefallen«, erklärte die alte Dame. »Sie sind feingliedrig und lang, dabei sehr agil. Ich habe gedacht, er würde einen guten Organisten abgeben, ich habe dafür ja einen Blick. Aber bei uns in der Kirche spielt er nicht, und dass er es in einer der Nachbargemeinden täte, davon habe ich auch nichts gehört. Ich glaube mich zu erinnern, dass er mal was von einer Praxis gesagt hat, aber sicher bin ich mir nicht.«

»Womöglich ist er ja selbst Zahnarzt? Oder Zahnarzthelfer?«, versuchte Henrik, ihr auf die Sprünge zu helfen.

»Gibt es hier denn eine Zahnarztpraxis?«, erkundigte sich Kathrin.

»Selbstverständlich. Andere Ärzte auch, unsere Versorgung ist tipptopp, besser als in vielen Städten«, antwortete die alte Dame stolz. »Wir leben schließlich nicht hinterm Mond.«

»Schatz«, wandte sich Kathrin an Henrik. »Dein Weisheitszahn hat doch vorgestern wieder gezwickt. Vielleicht solltest du mal mit diesem Neuditzumer reden. So von Mann zu Mann.«

Kathrin beugte sich verschwörerisch zu der Ladeninhaberin über die Theke. »Er hat panische Angst vor dem Zahnarzt«, wisperte sie. »Wenn Sie uns den Namen Ihres Kunden nennen könnten oder uns sagen, wann er normalerweise zu Ihnen kommt, könnte man vielleicht was arrangieren. Wir sind noch ein paar Tage vor Ort.«

»Oh, den Namen, den kenne ich nicht, den hat er mir bis jetzt nicht genannt«, bedauerte die alte Dame. »Aber warum wenden Sie sich nicht direkt an unseren Dr. Ribbels? Er führt die Praxis seit mehr als zwanzig Jahren, da können Sie sich gut aufgehoben fühlen. Ich schreibe Ihnen die Nummer auf, die habe ich im Kopf. Mit meinen kleinen grauen Zellen ist noch alles in bester Ordnung.« Sie klopfte mit dem Zeigefinger vielsagend an ihre Kappe und griff nach einem Abrissblock, auf dem sie die Nummer notierte und den Zettel an Kathrin weiterreichte.

»Vielen Dank, ich werde dort anrufen«, bedankte sich Kathrin.

»Okay, dann hole ich mal den Dill«, sagte die Ladeninhaberin. »Sie können sich ja in der Zwischenzeit umschauen, ob Sie noch was brauchen. Sahne fürs Rührei und für den Tee finden Sie drüben im Kühlschrank, Kluntjes sind im Regal mit den Teesorten, und der Klaas von der Hofbäckerei in Hatzum hat heute früh frisches Bauernbrot mitgebracht. Soll ich Ihnen einen Laib mitgeben?«

Schwer bepackt verließen sie das Kleen Koophuus.

»Unser Brandstifter ein Zahnarzt?«, meinte Henrik verwundert, als sie außer Hörweite waren.

»Warum nicht?«, antwortete Kathrin. »Selbst in dem Metier gibt es, wie in allen anderen auch, ein paar psychisch Gestörte. Vielleicht hat er ein Kindheitstrauma oder so was.«

»Ich werde bei diesem Dr. Ribbels möglichst schnell einen Termin machen.«

»Ja, das kann sicherlich nicht schaden. Aber du wirst dich in Geduld üben müssen«, bremste ihn Kathrin. »Heute ist Freitag.«

»Soll ich etwa bis Montagmorgen dasitzen und Däumchen drehen?«, empörte sich Henrik.

»Dir wird schon was einfallen, womit du dich beschäftigen kannst«, prophezeite Kathrin.

»Für die kommenden drei Stunden bin ich bereits verplant«, verkündete Henrik. »Zuerst esse ich was, und dann haue ich mich aufs Ohr. Das habe ich mir verdient.«

Henrik biss mit Appetit in sein Krabbenbrötchen, das er im Fischhuus am Hafen gekauft hatte. Kathrin mümmelte dagegen lustlos an ihren Fish and Chips, sie schien keinen rechten Appetit zu haben.

»Wie willst du herausbekommen, ob dieser ›junge Mann‹, von dem die Inhaberin des Kleen Koophuus gesprochen hat, tatsächlich in der Zahnarztpraxis arbeitet? Und ob er der ist, dem wir nachspüren?«, wollte sie wissen.

»Nichts leichter als das: Ich suche mir die Öffnungszeiten der Praxis im Internet heraus und gehe Montag frühzeitig dorthin. Wenn er dort auftaucht, spreche ich ihn unter einem Vorwand an.«

»Er wird dir nicht freiwillig sagen, dass er der Brandstifter ist.«

»Was hältst du von mir?« Henrik schaute sie empört an. »Ich stiefele da doch nicht hin und lasse gleich die Katze aus dem Sack. Ich werde ihn in ein Gespräch verwickeln und mir einen ersten Eindruck verschaffen. Kann ja sein, dass er komplett harmlos ist, mit allem nichts zu tun hat. Bis jetzt ist die Faktenlage äußerst dünn. Warten wir's ab, Montagabend sind wir schlauer.«

»Wenn er so einen eigentümlichen Geruch ausströmt, wie das Mädchen behauptet, wirst du ihn auch daran erkennen«, meinte Kathrin und warf einer Silbermöwe, die auf einem Hafenpoller lauerte, eine frittierte Kartoffelspalte zu, die sie gierig verschlang.

»Sofern meine Nase so gut wie die von Janika ist beziehungsweise sie nicht das Blaue vom Himmel gelogen hat. Die Ladeninhaberin hat keinen speziellen Geruch erwähnt, ihr sind nur seine Finger aufgefallen«, gab Henrik zu bedenken. »Wir fischen diesbezüglich in Wasser, das deutlich trüber als das hier im Hafenbecken ist.«

»Könnte es sein, dass ihn gestern Nacht außer Janika noch jemand gesehen hat? Dass es einen weiteren Zeugen gibt? Du hast ja auch was bemerkt, warst sofort beunruhigt.«

»Aber nur, weil ich bereits wach war und in der Angelegenheit sowieso sensibilisiert bin«, widersprach Henrik. »Die anderen Camper haben alle geschlafen oder zumindest nichts gehört. Sonst hätte es doch allein schon wegen der Diebstähle einen Aufschrei gegeben. Oder würdest du seelenruhig im Bett liegen bleiben, wenn du mitbekommst, wie sich draußen jemand an den Wohnmobilen zu schaffen macht?«

»Ich würde niemals rausgehen, um den Dieb zu stellen. Aber ich würde natürlich sofort die Polizei alarmieren.«

»Das hat in der Nacht niemand getan. Nur Janika hat den Mann zu Gesicht bekommen, und das auch nur flüchtig und im Dunkeln.«

»Wirklich schade.« Kathrin warf der Möwe einen weiteren Chip zu, der in Sekundenschnelle in deren Schlund verschwand. Der Vogel stieß einen schrillen Schrei aus, forderte mehr.

»Du musst die Kartoffeln nicht an das gefräßige Vieh verfüttern, ich esse sie, wenn du sie nicht möchtest«, sagte Henrik und langte in die unten spitz zulaufende Papiertüte.

»Schau mal.« Kathrin wies mit dem Kinn in Richtung Sieltor. »Da kommt Frau Eilerts. Sie war bestimmt wieder bei ihrem Vater.«

Henrik musterte die schlanke brünette Frau, die sich ihnen näherte, verstohlen. »Sie sieht ziemlich mitgenommen aus.«

»Ja, sie scheint geweint zu haben. Die Arme!«

»Es war wahrscheinlich kein einfacher Besuch«, meinte Henrik.

Die Frau hastete vorwärts, hatte sie noch nicht bemerkt, obwohl sie fast an der Bank angekommen war, auf der Henrik und Kathrin saßen.

»Hallo, Frau Eilerts«, sagte Kathrin leise, um sie nicht zu erschrecken.

Die Frau stoppte abrupt, schien für einen Moment wie vor den Kopf gestoßen. Erst dann registrierte sie, wer sie angesprochen hatte. »Ach, hallo«, sagte sie verlegen. »Ich war ganz in Gedanken. Und ein bisschen in Eile. Ich habe meinem Mann und den Kindern versprochen, Fischburger mit Pommes mitzubringen. Da muss ich nicht kochen.«

»Bei uns bleibt die Wohnmobilküche heute Mittag auch kalt«, sagte Kathrin und hielt die Chipstüte hoch.

»Guten Appetit, da will ich Sie nicht stören.« Frau Eilerts steckte sich nervös eine Haarsträhne hinters Ohr.

»Sie stören nicht«, versicherte Henrik.

»Wie geht es Ihrem Vater?«, erkundigte sich Kathrin.

Frau Eilerts antwortete nicht sofort, schaute zwei, drei Minuten reglos auf den Hafen, wo einer der Kutter gerade ablegte.

»Ist etwas passiert? Geht es ihm schlechter?«, fragte Kathrin besorgt.

»Nachdem die Diagnose feststand, wussten wir ja, dass es nie wieder so wie früher sein würde, dass wir auf keine Besserung hoffen dürfen«, sagte Frau Eilerts schließlich mit belegter Stimme. »Doch dass er so rapide abbaut, hätte ich nicht gedacht. Ich hatte gehofft, wir hätten noch mehr Zeit.«

»Ist seine Lage inzwischen so kritisch? Das tut mir leid«, sagte Henrik.

Frau Eilerts wischte sich mit dem Handrücken über die Augen. »Rein körperlich ist mein Vater noch einigermaßen gut beisammen, diesbezüglich müssen wir uns keine Sorgen machen. Aber seine Hirnleistung lässt dramatisch nach. Ich stelle mir sein Gehirn wie einen Schweizer Käse vor, der von Mäusen angenagt wird. Die Löcher werden von Woche zu Woche größer, bis nichts mehr als die Rinde übrig bleibt, innen ist alles hohl.«

»Es muss schlimm sein, mitzuerleben, wie ein Mensch, den man liebt, sich so drastisch verändert. Wie er plötzlich nicht mehr der ist, der er einst war«, sagte Kathrin mitfühlend.

»Manchmal habe ich das Gefühl, als ob der Vater, den ich kannte und liebte, überhaupt nicht mehr existiert«, klagte Frau Eilerts.

»Erkennt er Sie denn noch?«, wollte Henrik wissen.

»Im Moment ja. Doch wer weiß, wie lang das anhält.« Frau Eilerts zuckte ratlos mit den Schultern. »Manchmal liege ich nachts wach und denke, dass es für ihn besser wäre, wenn er auf einen Schlag alles vergessen würde. Wenn in seinem Gehirn keine Erinnerungen mehr gespeichert wären.«

»Warum das?«, wunderte sich Henrik.

»Es ist ja nicht so, als ob mein Vater nicht merken würde, was mit ihm geschieht«, erklärte Frau Eilerts. »Er leidet darunter, dass er alles verliert, was ihn zu dem Menschen gemacht hat, der er einmal war. Unglücklicherweise ist er jetzt in einem Stadium, in dem er nicht mehr über seine Gefühle sprechen kann. Sein Frust und seine Ängste äußern sich in Stimmungsschwankungen. Entweder ist er wütend, wird teilweise sogar richtig aggressiv, oder er versinkt in Depressionen.«

»Bekommt er keine Medikamente, um die Psyche zu stabilisieren?«, fragte Kathrin.

»Ja, die Ärzte versuchen schon, gegenzusteuern. Aber ich habe den Eindruck, dass sie letztendlich nicht viel ausrichten können. Mein Vater bricht oft aus heiterem Himmel in Tränen aus, auch wenn jemand von uns bei ihm ist. Er schluchzt wie ein kleines Kind, steigert sich in seine Emotionen hinein und findet kein Ende.« Frau Eilerts war anzumerken, dass sie selbst um Fassung kämpfte. »Sogar ich komme dann nicht mehr an ihn heran. Ich kann nichts tun, um ihm zu helfen«, murmelte sie.

»Er wird ihre Liebe trotzdem spüren«, sagte Kathrin.

»Gerade eben hatte er wieder einen dieser Weinkrämpfe«, berichtete Frau Eilerts. »Ich habe mich bemüht, ihn abzulenken, wie ich es auch bei meinen Kindern tue. Aber er schien untröstlich. Und er hat dauernd etwas von Schuld, ›alles meine Schuld‹ gefaselt. Sich mit den Fäusten gegen den Kopf geschlagen, als könne er die Gedanken, die ihn quälen, dadurch vertreiben. Ich habe seine Hände festgehalten, weil ich es mit der Angst bekam, dass er sich verletzt, dass Blut fließt.«

»Konnten Sie ihn beruhigen?« Kathrin sah jetzt ebenfalls blass aus.

»Nein. Ich musste einen Pfleger herbeirufen, der ihm eine Spritze gegeben hat«, sagte Frau Eilerts. »Er hat mir anvertraut, dass sich diese Zustände in den letzten Wochen häufen, sie kommen inzwischen fast täglich vor. Manchmal schafft er es, meinen Vater zu beschwichtigen, die beiden haben ein gutes Verhältnis, dem Pfleger gelingt es bis zu einem gewissen Punkt, Einfluss auf ihn zu nehmen. Aber leider ist es oft wie heute, da kann er nichts anderes ausrichten, als ihn zu sedieren.«

»Wissen Sie, von welcher Schuld Ihr Vater spricht?«, fragte Henrik.

Frau Eilerts schüttelte den Kopf. »Ich habe nicht die geringste Ahnung. Mein Vater war sein Leben lang ein rechtschaffener, liebenswürdiger und freigiebiger Mensch. Wie sollte er da Schuld auf sich geladen haben? Das macht keinen Sinn.«

»Womöglich sind die Schuldgefühle falsche Signale, die ihm sein krankes Gehirn vorgaukelt«, sagte Henrik.

»Ja, seine Empfindungen müssen nicht zwingend mit der Wahrheit übereinstimmen«, versicherte auch Kathrin.

»Wenn es so weitergeht, werden sie ihn bald in einen Zustand versetzen müssen, in dem er nur noch vor sich hindämmert.« Frau Eilerts schluckte schwer. »Ich könnte mir vorstellen, dass es ihm helfen würde, wenn ich ihn mehrmals täglich besuche. Aber wir müssen doch wieder nach Hause, nach Bielefeld. Ich habe ja noch meine Familie, meine beiden Kinder, um die ich mich kümmern muss.«

»Wenn sich sein Befinden weiter verschlechtert, sollten Sie eine Verlegung in Betracht ziehen«, riet Henrik.

»Leichter gesagt als getan«, stöhnte Frau Eilerts. »Ich möchte mich nicht über seinen ausdrücklichen Wunsch hinwegsetzen. Auch wenn die Krankheit ihm zunehmend die Erinnerung und die Würde nimmt, ist er ja keine gefühllose Puppe, die man von A nach B schiebt. Er ist hier im Norden tief verwurzelt, will nicht weg. Er liebt die raue Landschaft, das Meer, die Moore und Flüsse, wollte auch nie woanders Urlaub machen. Eins unserer letzten Gespräche, bei dem er relativ klar war, drehte sich darum, wie sehr er früher das Campen am Wasser geliebt hat. Er hatte immer davon geträumt, sich noch einmal eine Auszeit wie die vor seiner Hochzeit zu gönnen, meine Eltern haben recht spät geheiratet. Damals hatte er die Sommermonate im Wohnwagen verbracht und es total genossen. So eine Art Sabbatical, wie man heute sagen würde, wollte er unbedingt nochmals erleben. Doch erst machte ihm die Arthrose im Knie Probleme, dann bekam er Herz-Rhythmus-Störungen und litt unter Schwindel, hatte Schwierigkeiten, den Alltag allein zu bewältigen. Und letztlich hat ihm Alzheimer einen Strich durch die Rechnung gemacht. Nein, für meinen Vater wird es nie wieder einen unbeschwerten Sommer geben, die Zeit ist endgültig vorbei. Und für mich wahrscheinlich auch«, fügte sie nach kurzer Pause hinzu. »Seit der Krankheit meines Vaters ist nichts mehr so, wie es einmal war.«

»Es werden wieder bessere Tage kommen. Wenn nicht für Ihren Vater, dann doch für Ihre Familie«, sagte Henrik und merkte gleichzeitig, wie hohl seine Worte selbst in seinen Ohren klangen. Sie schwiegen eine Weile, ein jeder schien seinen Gedanken nachzuhängen. Schließlich gab sich Frau Eilerts einen Ruck.

»Mein Mann und die Kinder werden sicherlich schon auf mich warten. Nicht, weil sie mich vermissen, sondern weil sie Hunger haben«, versuchte sie sich an einem müden Scherz. »Es wird höchste Zeit, dass ich unser Mittagessen im Fischhuus besorge.«

»Ihnen alles Gute«, sagte Kathrin.

»Von mir auch«, schloss sich Henrik an.

»Danke. Wir sehen uns sicherlich noch auf dem Platz.« Frau Eilerts schenkte ihnen zum Abschied ein trauriges Lächeln.

Henrik schaute ihr hinterher, wie sie schnellen Schrittes am Ende der kleinen Autoschlange, die sich vor dem Anleger der Emsfähre gebildet hatte, vorbeiging und auf das Restaurant zueilte.

»Wie heißt es so schön?«, meinte er und schnitt eine Grimasse. »Altwerden ist nichts für Feiglinge.«

»Wenn's ganz dumm läuft, wohl nicht«, stimmte Kathrin zu.

»Doch wie man weiß, gab es schon Hundertjährige, die aus dem Fenster gestiegen und im Abenteuer ihres Lebens gelandet sind.«

Henrik reckte sich und ließ die Schultern kreisen, um die Muskeln zu lockern und die trüben Gedanken loszuwerden. »Ich habe fest vor, mir zu meinem achtzigsten Geburtstag eine Harley zu leisten«, verkündete er.

»Klasse! Nimmst du mich als Sozius mit?« Auch Kathrin war bemüht, die gedrückte Stimmung zu verscheuchen.

»Klar doch«, versicherte Henrik. »Ich bringe dir bei, wie man sich in die Kurven legt, und dann düsen wir ab, irgendwohin, wo die Winter warm sind und die Sonne abends im Meer versinkt.«

»Hört sich nach einem guten Plan an.« Kathrin wies auf die Reste ihres Imbisses. »Was machen wir damit?«

»Deine Freundin, die Möwe, wartet schon. Du solltest sie nicht enttäuschen«, sagte Henrik und erhob sich von der Bank.

25

Auf dem Rückweg zum Wohnmobilstellplatz waren sie beide ungewöhnlich still, die Begegnung mit Frau Eilerts hing ihnen nach. Henrik rätselte außerdem, wie er den Namen des großen Unbekannten, der angeblich einen eigenartigen Geruch ausströmte und möglicherweise in einer Zahnarztpraxis beschäftigt war, noch vor Montag herausbekommen könnte, um die Ermittlungen voranzutreiben. Obwohl ihm inzwischen allein der Gedanke daran albern vorkam.

Wenn er es nüchtern und rational betrachtete, machte es wesentlich mehr Sinn, sich auf die eindeutigen Spuren zu konzentrieren, also nochmals bei den verwendeten Brandbeschleunigern und den Brandsätzen anzusetzen. Gleichwohl wusste er aus Erfahrung, dass es fahrlässig wäre, einem Hinweis nicht nachzugehen. So würde er trotz aller Zweifel den Beschäftigten der Zahnarztpraxis mal selbst ordentlich auf den Zahn fühlen. Er musste über sein eigenes Wortspiel grinsen, brachte seine Gesichtszüge aber schnell wieder in Ordnung, weil er nicht wie ein Idiot wirken wollte. Sie waren nicht allein auf dem Deich.

Es war Freitagmittag, das Wochenende stand vor der Tür, und der Pkw-Parkplatz am Feuerwehrhaus sowie der Wohnmobilstellplatz füllten sich zusehends. Die Leute nutzten das schöne Spätsommerwetter für einen Ausflug, wollten an der frischen Luft und im hübschen Hafenambiente entspannen. Henrik spürte kein Verlangen, es ihnen gleichzutun, er würde den Samstag und den Sonntag sicherlich nicht mit Nichtstun verbringen. Statt Stress abzubauen, würde es bei ihm genau das Gegenteil bewirken, er würde innerlich die Wände hochgehen. Sein Cortisol-Level war momentan höchstwahrscheinlich am Anschlag, er brauchte Action und Beschäftigung, um die Nervenanspannung auf ein normales Maß zu reduzieren. Wäre es ratsam, nach Sandstedt zu fahren und die Tage für weitere Entrümpelungsarbeiten zu nutzen, überlegte er. Gleichzeitig könnte er Harry ein wenig unter die Arme greifen, sich für dessen Hilfe revanchieren. Ja, sie sollten packen und schauen, dass sie so schnell wie möglich an die Weser kamen, beschloss er. In dem Augenblick blieb Kathrin abrupt stehen.

»Ach du schöne Scheiße«, presste sie zwischen den Zähnen hervor.

»Was ist los?« Henrik hatte keinen blassen Schimmer, warum sie plötzlich so aufgebracht war.

»Da vorn.« Kathrin wies mit dem Kinn in die Richtung, wo ihr Wohnmobil geparkt war.

»Ist was mit Töfftöff?«, fragte er besorgt. »Ich kann nichts Außergewöhnliches feststellen.«

»Nicht Töfftöff. Auf der anderen Seite«, murmelte sie.

Henrik beäugte das Wohnmobil, das gegenüber von Kathrins stand. Er sah keinen Grund für ihren Unmut. Das Fahrzeug stach optisch aufgrund seiner lindgrünen, aus GFK gefertigten Monocoque-Aufbaukabine, des aufstellbaren Hochdachs und des Allrad-Fahrgestells wohltuend aus dem Einerlei der anderen Reisemobile heraus.

»Ist doch ein schickes Teil«, sagte er anerkennend.

»Ein wahres Schmuckstück.« Kathrin zog eine Grimasse, als ob sie in eine Zitrone gebissen hätten.

Henrik dämmerte es auf einmal. »Du meinst doch nicht etwa, dass …?«, fragte er ungläubig.

»Ich meine nicht nur, ich bin mir hundertprozentig sicher, dass es sich um Markus' Wohnmobil handelt. Er hat mir doch die Fotos gezeigt.«

»Oh lieber Gott, verschon mich mit diesem aufgeblasenen Lackaffen«, stöhnte Henrik. »Glaubst du, wir hätten eine reelle Chance, von ihm unbemerkt zu unseren Wohnmobilen zu gelangen, einzusteigen und abzuhauen?«

»Nur, wenn du zufälligerweise den Tarnumhang von Harry Potter dabeihast«, spottete Kathrin.

»Damit kann ich leider nicht dienen«, musste Henrik klein beigeben.

»Dann wird er uns entdecken und über Stunden mit seinem hohlen Geschwätz martern«, prophezeite Kathrin düster. »Warum glaubt er, seine Midlife-Crisis ausgerechnet beim Camping zu überwinden?«

Henrik kam ein Gedanke, den er sofort wieder verwarf, weil er ihm eigentlich absurd vorkam. Dennoch wollte er sich bei Kathrin rückversichern.

»Sag mal, du kennst Markus besser als ich. Hältst du es für möglich, dass es sich beim neuen Kunden von Tante Katharina um deinen ehemaligen Nachbarn handeln könnte? Er ist immerhin auch Zahnarzt.«

Kathrin schwieg, nagte an der Unterlippe. »Nein, das halte ich für ausgeschlossen«, sagte sie schließlich. »Markus hat doch beteuert, dass er die Praxis verkauft und mit seinem alten Job abgeschlossen hat. Ich habe ihm angemerkt, dass er voll in seinen neuen beruflichen Plänen aufgeht. Er will diese Luxus-Stellplatzkette ganz groß herausbringen. Wieso sollte er da fremde Wohnmobile und Wohnwagen anstecken? Das macht keinen Sinn.«

»Möglicherweise doch, wir hatten das in Greetsiel schon mal kurz andiskutiert: Die Brände rücken die betroffenen Stellplätze in ein schlechtes Licht, wodurch sich ihr Kaufpreis reduziert. Was wiederum bedeutet, dass die Feel Free Camperplaces GmbH eine Menge Investitionskapital einspart. Das wäre eine perfide, aber durchaus gewinnbringende Taktik. Die gerade bei Grundstücksverkäufen öfter praktiziert wird, als man denkt.«

»Nein, so was Illegales würde er nie tun«, widersprach Kathrin heftig. »Außerdem wäre er dazu gar nicht in der Lage. Ich kann mich noch gut daran erinnern, wie wir mal zusammen mit ein paar Nachbarn gegrillt haben. Da hat sich Markus total ungeschickt angestellt, war tunlichst darauf bedacht, sich nicht die Finger schmutzig zu machen. Ich bezweifele, dass er ein Lagerfeuer in Gang bringen könnte. Einen Brandsatz zu basteln, das würde er nie fertigbringen.«

»Wenn du sicher bist …«

»Bin ich«, sagte Kathrin mit Nachdruck. »Er ist ein Spinner erster Güte, daran hat selbst sein Berufswechsel nichts geändert. Doch er ist kein Brandstifter.«

»Einen süßlichen Geruch hat er auch nicht verströmt. Sein Rasierwasser roch frisch. Und teuer«, murmelte Henrik. »Vergessen wir's, war eine blöde Idee von mir. Aber was machen wir nun?« Henrik schaute sie ratlos an.

»Wir können ja schlecht bis zum Ende aller Tage hier oben auf dem Deich stehen bleiben«, antwortete Kathrin. »Ich befürchte, wir werden uns dem Schicksal stellen müssen.«

»Vielleicht sitzt er ja nicht bei sich im Wohnmobil, sondern in einem Restaurant am Hafen«, sagte Henrik, um sich selbst Mut zuzusprechen. »Dann hätten wir eine Chance, heimlich zu entkommen.«

»Ich schätze, wir werden es gleich herausfinden«, sagte Kathrin und setzte sich in Bewegung. Henrik folgte ihr widerstrebend.

Kathrin hatte kaum den Schlüssel aus der Tasche gezogen, da wurde auch schon die Tür des Wohnmobils gegenüber aufgerissen, und Ritter sprang heraus.

»Da seid ihr ja endlich. Ich warte seit Stunden auf euch.«

Henrik zog die Augenbrauen hoch. »Habe ich etwas verpasst? Waren wir verabredet?«

»Ich habe eine SMS geschrieben«, rechtfertigte sich Ritter.

»An mich?«, fragte Kathrin.

»Ja, ich habe deine Nummer noch gespeichert.«

»Habe ich nicht gesehen, tut mir leid.« Kathrin zuckte mit den Schultern, deaktivierte die Alarmanlage und öffnete die Tür.

Ritter wirkte angespannt, trat von einem Fuß auf den anderen, so als könne er nicht stillstehen. Wenn er es dann doch für einen Augenblick tat, strich er sich fahrig mit der Hand durchs Haar, schien von irgendetwas getrieben. »Wir müssen schleunigst handeln, eh erneut ein Unglück geschieht. Die Zeit drängt«, presste er hervor.

Henrik fragte sich, ob der ehemalige Zahnarzt unter Drogen stand oder krank war. Bei ihrem ersten Treffen in Greetsiel hatte er kernig und fit gewirkt. Jetzt sah er blass und besorgt aus. War ihm der Berufswechsel nicht bekommen? Obwohl er keine Lust verspürte, sich mit Ritter auseinanderzusetzen, sagte er: »Was ist denn los?«

»Ich habe einen ehemaligen Schulfreund. Der war lange Jahre in der IT-Branche tätig, hat auch die Computeranlage in meiner Praxis betreut, war aber nie richtig glücklich mit seinem Job. Dann hat er Knall auf Fall alles hingeschmissen und sich beruflich neu orientiert. Jetzt betreibt er einen Wohnmobilstellplatz im Saterland. Durch ihn bin ich überhaupt erst zum Camping gekommen.«

»Saterland? Nie gehört.« Kathrin schaute Ritter fragend an.

»Sagt mir auch nichts«, schloss sich Henrik an.

»Das macht nichts, ihr werdet es ja in Kürze sehen. Gebt einfach die Adresse ins Navi ein und haltet euch an die Anweisungen, ihr fahrt maximal eine Stunde dahin.«

»Wie bitte?« Henrik glaubte, seinen Ohren nicht zu trauen. »Warum sollten wir ausgerechnet in dieses Saterland fahren?«

»Weil mein Freund euch braucht.«

»Wobei denn?«

Ritter schaute argwöhnisch von rechts nach links. »Um diesen Irren zu stellen«, flüsterte er.

Ist schon geschehen, er steht direkt vor mir, dachte Henrik unwirsch und fragte sich, wie er aus der Nummer rauskommen, Ritter loswerden könnte.

Kathrin schien es ähnlich zu ergehen, sie rieb sich über die Stirn, so als wolle sie Kopfschmerzen vertreiben. »Mal ganz langsam zum Mitschreiben«, bat sie. »Wieso hat dein Freund angeblich mit einem Irren zu tun? Und um wen handelt es sich?«

»Vielleicht sollten wir das besser drinnen diskutieren«, drängte Ritter und wies auf die Wohnmobiltür.

»Dann mal rein in die gute Wohnmobilstube«, lud Kathrin ihn mit einer Handbewegung ein und warf Henrik einen irritierten Blick zu.

Ritter folgte ihrer Aufforderung wortlos und ließ sich gleich auf die Sitzbank der Mitteldinette plumpsen. Henrik blieb wie Kathrin im Gang stehen, lehnte sich mit dem Rücken gegen die Küchenzeile. Er rechnete fest damit, dass Ritter eine spöttische Bemerkung über Kathrins Oldtimer-Wohnmobil machen würde, das seinen Ansprüchen sicherlich nicht genügte, doch Ritter war plötzlich in Schweigen verfallen. Also ergriff Henrik das Wort, wobei er ebenfalls zum vertraulichen Du wechselte.

»Noch mal von vorn«, bat er. »In welcher Hinsicht benötigt dein Freund Hilfe, und warum glaubst du, dass wir sie leisten könnten?«

Ritter stöhnte auf. »Er hat Angst, dass sein Stellplatz abgefackelt wird. Er hat das Gelände erst vor drei Jahren übernommen und viel Arbeit und Geld investiert, um alles neu zu gestalten, einen Topservice anzubieten. Sollte seine Anlage in Flammen aufgehen, steht er vor dem finanziellen Ruin, und sein Lebenstraum ist zerstört.«

»Wer hat es denn auf seinen Platz abgesehen?«, tat Henrik unwissend, obwohl er natürlich eine Ahnung hatte, wie die Antwort lauten würde.

»Ach komm, das weißt du doch selbst«, antwortete Ritter prompt. »Mein Freund befürchtet, dass der Brandstifter, der seit Wochen in der Region sein Unwesen treibt, es jetzt auch bei ihm versuchen wird.«

»Und was haben wir damit zu tun?«, fragte Henrik provokativ, um zu testen, wie weit Ritter im Bilde war.

»Das fragst du?« Ritter klang ungehalten. »Es ist doch ein offenes Geheimnis, dass ihr beide engagiert wurdet, um den Kerl zu schnappen. Jeder Stellplatzbetreiber im Umkreis von dreihundert Kilometern hat es inzwischen mitbekommen. Selbst ich habe nicht lange gebraucht, um herauszufinden, weshalb ihr in Greetsiel wart. Ihr seid nicht in Urlaub, wie ihr behauptet habt, sondern auf Ermittlungstour. Obwohl ich nicht verstehe«, wandte er sich an Kathrin, »warum du dich dafür hergibst. Du hattest doch mal einen anständigen Beruf.«

»Habe ich immer noch«, antwortete Kathrin spitz.

»Also wollt ihr den Typen nun fassen oder nicht?«, blaffte Ritter, der von Minute zu Minute genervter wirkte.

»Selbstverständlich wollen wir das«, beteuerte Henrik. »Aber soweit ich mich erinnere, kommt keiner der Platzbetreiber, die mich vertraglich verpflichtet haben, aus dem Saterland.«

»Du willst meinem Freund die Hilfe verweigern, nur weil er den Vertrag nicht unterschrieben hat?«, empörte sich Ritter. »Als so kleingeistig hatte ich dich nicht eingeschätzt.«

»Bis jetzt habe ich mit keinem einzigen Wort erwähnt, dass ich nicht helfen werde«, protestierte Henrik. »Ich wollte nur zum Ausdruck bringen, dass mich dein Schulfreund weder kontaktiert noch mir einen Auftrag erteilt hat. Ich kenne ihn überhaupt nicht. Und dich eigentlich auch nicht, wir sind uns heute erst zum zweiten Mal begegnet«, fügte er vielsagend hinzu. »Welche Veranlassung sollte ich also haben, hier alles stehen und liegen zu lassen und zu deinem Freund zu fahren?«

Ritter schlug mit der flachen Hand auf den Tisch, wodurch das Wohnmobil wackelte. »Weil bei ihm nachts jemand über den Platz schleicht.«

»Hat dein Freund diesen Jemand gesehen? Kann er ihn beschreiben?«, fragte Kathrin aufgeregt.

»Nein, aber sein Hund hat mehrmals angeschlagen.«

»Das tut meiner auch, wenn eine unbekannte Person meinem Kastenwagen zu nahe kommt«, sagte Henrik spöttisch.

»Die Hündin meines Freundes ist es von klein auf gewöhnt, dass nachts Camper über den Platz laufen. Die Leute kehren spät von einem Ausflug zurück, waren außerhalb essen oder haben die Toiletten benutzt«, sagte Ritter. »In so einer Situation bellt sie nicht, sie merkt sehr schnell, wer auf den Platz gehört und wer nicht. Mein Freund ist sich sicher, dass in den letzten beiden Nächten ein Fremder auf dem Platzgelände herumgestrichen ist. Jemand, der keine guten Absichten hegt.«

»Gibt es dafür konkrete Hinweise, vom Lautgeben des Hundes mal abgesehen?«, fragte Kathrin.

»Wie man's nimmt«, antwortete Ritter. »Mein Freund hat heute Morgen bei seiner Platzrunde ein Feuerzeug neben einem Wohnmobil liegen sehen und es aufgehoben. Im Anschluss hat er den Besitzer des Wohnmobils angesprochen, um es ihm zurückzugeben. Doch der schwor Stein und Bein, dass es ihm nicht gehört.«

Kathrin berührte kurz Henriks Arm.

»Was für ein Typ von Feuerzeug war das?«, fragte Henrik.

»So ein modernes, das man mit einem USB-Stecker wieder aufladen kann.«

»Ein Bogenfeuerzeug?«

Ritter nickte. »Ja, ich glaube, so nennt man es. Ich nutze kein Feuerzeug, bei mir im Wohnmobil ist ein automatischer Zünder installiert.«

Henrik zog sein Handy aus der Hosentasche und rief Google Maps auf. »Wo genau liegt der Platz deines Freundes?«

»In Strücklingen, direkt an der Sagter Ems.«

»Okay, dann ruf ihn bitte sofort an und sag ihm, dass wir kommen«, drängte Henrik. »Er soll sich weiter unauffällig umsehen und auch den Hund nicht einsperren. Uns bleiben noch gut sechs Stunden, bis die Sonne untergeht.«

26

»Es ist so friedlich hier.« Kathrin wies mit der Hand auf das unter ihr leise dahinfließende Gewässer. Sie standen auf der Buschmeede Brääch, einer der Holzbrücken, die über die Sagter Ems führten, und schauten auf das an den Fluss angrenzende Stellplatzgelände.

»Die Gäste kommen wegen der Ruhe zu uns, sie wollen in der Natur entspannen und Kraft tanken«, erklärte Anton Rebosch.

»Nicht nur«, widersprach seine Frau Lara. »Viele unserer Stammkunden sind begeisterte E-Biker und erkunden die Region mit dem Rad. Ein paar der beliebtesten Radrouten im Norden führen direkt bei uns vorbei oder sind von hier aus bequem zu erreichen. Manche Gäste reisen zum Wandern an und bringen den Hund oder gleich mehrere Hunde mit. Es gibt hier so viel zu entdecken: Moorlandschaften, Flüsse, Deiche, aber auch historische Kulturgüter. Wie das Moor- und Fehnmuseum, die Reste eines Johanniter-Klosters und eine Windmühle aus dem 19. Jahrhundert, die toll restauriert wurde.« Laras Enthusiasmus war ansteckend.

»Das Moormuseum würde mich interessieren«, sagte Kathrin. »Ich komme noch mal vorbei, wenn alles überstanden ist und ich rein privat unterwegs bin.«

Henrik deutete eine galante Verbeugung an. »Solltest du Begleitung wünschen, stehe ich gern zur Verfügung.«

»Und abends serviere ich euch meine Spaghetti alla carbonara in der Ems-Taverna«, versprach Lara. »Nach einem Originalrezept meiner römischen Großmutter. So gute Spaghetti werden euch selbst in Italien nicht aufgetischt, manche Gäste reisen dafür sogar aus Holland an.«

»Wie kommt eine waschechte Italienerin nach Ostfriesland?«, erkundigte sich Henrik.

Lara drehte sich zu Anton hin und hauchte ihm einen Kuss auf die Wange. »Was für eine Frage! *A causa dell'amore*, wegen der Liebe. Wir haben uns in München kennengelernt, ich habe dort in einem Hotel gearbeitet, und Anton ist eines Abends als Gast hereingeschneit. Und schon hatte ich mein Herz verloren. Boom.« Lara legte die gekreuzten Hände auf die Brust.

»Uns war schnell klar, dass wir zusammenbleiben und beruflich gemeinsam etwas aufziehen wollen«, fuhr Anton fort. »Wir lieben beide Camping, haben selbst ein Wohnmobil, da lag der Gedanke nahe, uns in die Richtung zu orientieren. Und als wir erfuhren, dass der Platz hier zum Verkauf steht, haben wir hart mit der Bank verhandelt, unsere Eltern angepumpt und letztlich zugeschlagen.«

»Der Platz ist unser *bambino*, unser Ein und Alles«, sagte Lara.

»Wir sind finanziell noch nicht ganz über den Berg. Es darf nichts passieren, was dem Unternehmen schadet.« Anton klang fast flehentlich. »Sollte ein Feuer auf dem Gelände ausbrechen, wäre das für uns ein Desaster. Und sollten dabei die Wohnmobile unserer Gäste zu Schaden kommen, dann …« Anton beendete den Satz nicht, aber sein Gesichtsausdruck sprach Bände.

»Momentan geht es ja lediglich um einen Anfangsverdacht«, versuchte Henrik, ihn zu beruhigen. »Ein auf der Erde liegendes Feuerzeug macht noch keine Brandkatastrophe.« Er hatte mit Kathrin verabredet, den Fund des Bogenfeuerzeuges in Hooksiel fürs Erste unerwähnt zu lassen.

»Wieso glaubt ihr denn, überhaupt ins Visier des Brandstifters geraten zu sein?«, wollte Kathrin wissen. »Es ist ja nicht so, als ob er es auf alle Plätze im Norden abgesehen hätte. Bis jetzt waren hauptsächlich die Sielorte an der Küste betroffen. Davon seid ihr ein ganzes Stück entfernt.«

»Das ist richtig«, sagte Anton. »Aber wer weiß schon im Voraus, wann er zur Zielscheibe eines Irren oder Fanatikers wird? Wahrscheinlich hätten wir uns keine Gedanken gemacht, wenn Stella, unsere Hündin, sich nicht so auffällig benommen hätte. Sie ist abends kaum zu bändigen, will nicht mit uns ins Haus. Sie spürt, dass etwas nicht in Ordnung ist.«

»Ihr wohnt oberhalb der Rezeption? Also auf dem Gelände?«, fragte Kathrin.

»Ja, einer von uns ist eigentlich immer vor Ort.«

»Habt ihr mit jemandem Probleme? Ist euch jemand nicht gut gesonnen?«, erkundigte sich Henrik.

»Im Sommer gibt es ab und zu mal eine Beschwerde von Anwohnern aus der Siedlung da vorn«, antwortete Anton und wies mit der Hand auf eine Ansammlung rot geklinkerter Einfamilienhäuser. »Deshalb bitten wir unsere Gäste, nach zweiundzwanzig Uhr die Lautstärke zu reduzieren. Auch auf der Restaurantterrasse spielen wir dann keine Musik mehr ab. Meistens können wir uns recht gut arrangieren. Viele unserer Nachbarn kommen zum Essen in die Ems-Taverna oder um bei einem Glas Wein gemütlich zusammenzusitzen.«

»Hat euch in den letzten Wochen vielleicht jemand das Angebot gemacht, euch den Platz abzukaufen?«

Anton lachte kurz auf. »Nein, auf die Idee ist selbst Markus nicht gekommen. Dem habe ich angedroht, ihm die Freundschaft zu kündigen, falls er mit seiner Schnapsidee von Feel Free Camperplaces bei mir aufläuft.«

»Markus hat zig Jahre ja immer nur in die Münder anderer Leute geschaut, hatte nichts als Überkronungen, Wurzelbehandlungen, Zahnfüllungen und Prophylaxebehandlungen im Kopf«, sagte Lara mit einem Schulterzucken. »Von Geldangelegenheiten hat er null Ahnung, da fällt er auf ein paar schlau aussehende, bunt eingefärbte Statistiken auf dem Computerbildschirm herein und lässt sich wer weiß was aufschwatzen. Im festen Glauben, sein Geld damit auf sichere Art zu vermehren. Meist ist jedoch das Gegenteil der Fall. Wir haben ihm beide dringend davon abgeraten, bei diesem Unternehmen einzusteigen. Ich habe BWL studiert und kenne mich einigermaßen aus, aber er hat unsere Warnungen in den Wind geschlagen. Ich befürchte, er wird für seinen Leichtsinn finanziell ordentlich bluten, dieses Projekt von FFC wird so niemals funktionieren. Weil kaum einer der Beteiligten Ahnung von Camping hat, das sind keine Insider.«

»Armer Markus«, murmelte Kathrin.

»Er war schon immer ein armer reicher Junge«, sagte Anton.

»Also gab es keine Vorkommnisse, die euch im Nachhinein zu denken geben?«, hakte Henrik nochmals nach.

»Nein.« Anton schüttelte entschieden den Kopf.

»Vielleicht doch«, widersprach Lara und berührte kurz den Arm ihres Mannes. »Erinnerst du dich nicht? Letzte Woche ist dieses junge Pärchen auf den Platz gefahren gekommen. Die mit dem klapprigen VW-Bulli.«

»Stimmt, das hatte ich total verdrängt.«

»Was war mit ihnen?«, fragte Henrik.

»Die waren anfänglich megafreundlich, haben mit Stella rumgeschmust und unsere beiden E-Autos gelobt, die wir den Gästen günstig zur Verfügung stellen. Dann sind sie losgelaufen, um sich den Platz anzuschauen und eine freie Parzelle auszuwählen.«

»Das ist aber nichts Ungewöhnliches, oder?«

»Nein, das empfehlen wir unseren Gästen sogar«, sagte Lara. »Wir haben zwar nur gut fünfzig Stellplätze, das Gelände ist also recht überschaubar, doch wir möchten den Verkehr so weit wie möglich einschränken. Einen Überblick verschafft man sich am besten zu Fuß.«

»Und was hat ihnen daran nicht gefallen?«

Lara zog eine Grimasse. »Letztendlich hatten sie an allem was auszusetzen: Die Parzellen waren ihnen zu versiegelt, weil die Wohnmobile teilweise auf Schotterflächen stehen. Die selbstverständlich wasserdurchlässig sind, aber das haben sie uns nicht geglaubt. Der Strom, den wir an den Stromsäulen anbieten, ist nicht ausschließlich Ökostrom. Außerdem weisen wir, wie sie sagten, unsere Gäste nicht genügend darauf hin, dass ihre Campingklos die reinsten Chemiebomben sind. Was so nicht stimmt, wir bitten jeden Gast beim Einchecken, möglichst nur biologisch abbaubare Zusätze für die Kassettentoilette zu verwenden. Auch an der Speisekarte der Ems-Taverna hatten sie was herumzumäkeln, wir bieten nicht genügend vegane Speisen an. Obwohl ich extra für sie Cappuccino mit Hafermilch zubereitet habe.«

»Puh, das ist ja eine ganz schön lange Liste«, meinte Kathrin.

»Ihr mäkeliges Gehabe macht sie aber nicht automatisch zu

Kriminellen«, stellte Henrik fest. »Was veranlasst euch zu vermuten, dass sie die bisherigen Brände gelegt haben?«

»Hm, sie wirkten auf mich irgendwie überdreht«, sagte Lara, »beinahe fanatisch. Ich war froh, als sie weitergefahren sind, dass sie nicht bei uns übernachtet haben.«

»Aber was hätten sie denn davon, bei euch ein Feuer zu legen? Ich habe Probleme, ihr Motiv zu sehen«, gestand Henrik.

»Es könnte doch sein, dass sie uns abstrafen wollen, weil wir ihnen nicht öko und bio genug sind«, meinte Anton.

»Wenn man ihre Forderungen als Standard definieren würde, hätten viele Campingplätze dasselbe Problem, sie würden den Ansprüchen der beiden auch nicht genügen«, meinte Kathrin. »Sich an allen durch Brandstiftung zu rächen und dabei sogar Verletzte in Kauf zu nehmen, dafür muss man aber schon verdammt hartgesotten sein. Traust du das den beiden wirklich zu?«

»Überlegt doch mal, was bei den Klimaprotesten inzwischen so alles passiert«, ereiferte sich Anton. »Die Auseinandersetzungen werden immer hitziger. Für mich ist es nur eine Frage der Zeit, bis es da den ersten Toten oder die erste Tote gibt.«

»Der Himmel möge es verhindern!«, rief Kathrin entsetzt.

»Lasst uns mal bei den Tatsachen bleiben«, forderte Henrik, um die Gemüter zu beruhigen. »Bis jetzt ist die Faktenlage ziemlich dünn: Eure Hündin benimmt sich anders als sonst, ihr wisst aber nicht so recht, warum sie es tut. Das Feuerzeug, das neben dem Wohnmobil auf dem Boden lag, wird sicherlich dazu genutzt, Feuer zu entzünden, fragt sich nur, wofür. Im Zweifelsfall, um auf dem Gasherd Kaffee zu kochen. Ihr habt den Verdacht, dass nachts jemand über den Platz schleicht, der dort nichts zu suchen hat. Ihr habt denjenigen oder diejenige aber noch nicht in flagranti erwischt.«

»Nein«, murmelte Anton zerknirscht.

»Ein ökologisch angehauchtes Camperpärchen, das an vielem was herumzunörgeln hat, taucht bei euch auf. Entschließt sich aber dann, weiterzufahren. War's das? Oder habe ich was vergessen?« Henrik schaute das Betreiberehepaar herausfordernd an.

Lara lachte verlegen auf. »Ich weiß ja, dass sich die meisten unserer Argumente bescheuert anhören. Trotzdem würde ich meine sündhaft teure Espressomaschine darauf verwetten, dass irgendjemand etwas im Schilde führt. Es ist, als ob plötzlich Böses in der Luft liegt. Stella spürt es wie ich.« Sie zog die Schultern zusammen, schien zu frösteln.

Henrik stützte sich mit den Unterarmen auf der Holzbrüstung ab, schaute grübelnd aufs Wasser und schwieg eine Weile. Auch die anderen blieben stumm. Dann kam er zu einer Entscheidung.

»Also gut, wir machen es so«, verkündete er. »Ihr lasst Stella ihren Willen, sie soll ruhig auch im Dunkeln über den Platz streifen.«

»Okay.« Anton nickte zustimmend.

»Kathrin und ich werden heute Nacht Wache schieben, den Platz im Auge behalten, ohne dass eure Gäste es bemerken. Deshalb möchte ich hier vorab nicht groß in Erscheinung treten. Wäre es möglich, unsere Wohnmobile irgendwo unauffällig abzustellen und zu Fuß zurückzukommen?«

»Was hältst du von den Parkbuchten an der Hauptstraße?«, schlug Lara vor.

»Ja, das wäre eine Möglichkeit«, sagte Henrik.

»Im Industriegebiet am Ortsausgang kann man auf dem Seitenstreifen parken«, sagte Anton. »Von da aus ist es allerdings ein ordentliches Stück zu laufen.«

»Ich weiß was Besseres«, rief Lara. »An der Paddel- und Pedalstation, wo der Utender Kanal in die Sagter Ems mündet, stehen manchmal auch Wohnmobile. Da könnt ihr für die Nacht unterkommen.«

»Wie weit ist das von hier?«

»Wenn ihr den Weg durch das kleine Feriengebiet nehmt und am Fluss entlanggeht, braucht ihr eine Viertelstunde.«

»Perfekt«, sagte Henrik zufrieden.

Lara verschränkte die Hände vor der Brust und verbeugte sich leicht. »*Mille grazie*, dass ihr uns helft. Wir wissen das sehr zu schätzen.«

»Ich kann natürlich nicht garantieren, dass wir heute Nacht jemanden erwischen und dass es sich dann auch noch um den Brandstifter handelt«, dämpfte Henrik vorschnelle Erwartungen. »Es könnte ja sein, dass es jemand auf die Wertsachen oder die E-Bikes der Camper abgesehen hat. Oder dass alles ruhig bleibt und nichts passiert. Unsere Chancen sind eher gering.«

»Ja, das ist uns bewusst«, sagte Lara. »Aber nichts zu tun ist auch keine Option, oder?«

»Nein, das ist es nicht«, stimmte Henrik zu. »Also erklärt uns noch schnell von hier aus, was sich bei euch wo auf dem Platz befindet, und dann machen wir uns auf den Weg.«

Henrik zurrte die Kapuze seiner dunklen Allwetterjacke stramm unter dem Kinn fest und zog die Schultern zusammen. Am Tag waren die Temperaturen spätsommerlich warm gewesen, aber kurz nach Eintritt der Dunkelheit war ein Regengebiet durchgezogen, und die Nacht war herbstlich frisch. Über dem Fluss waberten Nebelschwaden, und von den Bäumen, unter denen er stand, platschten Wassertropfen auf seine Jacke. Am linken Schulterblatt war die Nässesperrmembran anscheinend nicht mehr intakt, Feuchtigkeit drang ins Innere und ließ ihn frösteln.

Am liebsten hätte er ein paar Kniebeugen gemacht oder wäre auf der Stelle gerannt, um wieder warm zu werden, doch er hatte Angst, sich damit zu verraten. So trat er noch tiefer in das Dunkel der Bäume am Stellplatzrand und zwang sich, die Müdigkeit und die Kälte zu ignorieren. Was ihm nur bedingt gelang. Er vermutete, dass es Kathrin ebenso erging, sie hatte sich auf dem Teil des Geländes versteckt, wo die hölzernen Miethüttchen standen. Am Anfang ihrer Nachtwache war Stella, Antons und Laras Hündin, ein paarmal bei Henrik vorbeigekommen und hatte ihn jedes Mal überschwänglich begrüßt, bis Anton ihr befohlen hatte, auf der Restaurantterrasse liegen zu bleiben. Was sie vermutlich auch tat, Henrik hatte die Hündin seitdem nicht mehr gesehen.

Verstohlen warf er einen Blick auf das Display seines Handys: Viertel vor drei. Es würde eine lange Nacht werden. Eine einsame noch dazu. In den letzten zweieinhalb Stunden hatte sich nichts und niemand auf dem Platz bewegt. Nicht ein Camper hatte die Toilette im Sanitärgebäude aufgesucht, kein Raucher hatte seiner Sucht vor dem eigenen Wohnmobil gefrönt. Henrik fragte sich so allmählich, was er hier tat.

Mittlerweile hatte ihn die Vermutung beschlichen, dass er sich von Markus und den Reboschs hatte verrückt machen lassen, dass er wegen eines harmlosen Feuerzeuges überreagiert hatte. In der ganzen Zeit, in der er jetzt Wache schob, hatte es nur einen einzigen Vorfall gegeben, bei dem er kurz geglaubt hatte, dass ihre Nacht-und-Nebel-Aktion Sinn machte. Gegen Mitternacht war ein klappriger VW-Bulli auf den Platz gefahren. Natürlich hatte er sofort an das Öko-Pärchen denken müssen. Leise hatte er sich an den Bulli herangeschlichen, um herauszufinden, wer sich darin befand. Durch die selbst genäht aussehenden und inzwischen fadenscheinigen Gardinen vor den Fenstern hatte er einen Mann mit schlohweißem Haar und Vollbart erkennen können, der sich bettfertig machte. Der Schlafanzug, in den er schlüpfte, stammte, wie Henrik schätzte, ungefähr aus demselben Jahr wie der Bulli und war an mehreren Stellen gestopft. Der Mann, der Bulli und der Schlafanzug machten den Eindruck, als ob sie gemeinsam in Würde gealtert wären.

Henrik hatte grinsen müssen und Kathrin eine SMS mit nur einem einzigen Wort geschickt: »Entwarnung«. Der Mann im Bulli hatte bald das Licht gelöscht, und seitdem stand sich Henrik die Beine in den Bauch. Sollten sie die Aktion abbrechen? Weil sowieso nichts passieren würde? Weil er sich zur falschen Zeit am falschen Ort befand?

Wenn der Brandstifter wüsste, wo ich bin, dachte Henrik verbittert, würde er sich höchstwahrscheinlich kaputtlachen. Zu Recht. Sich die Nacht um die Ohren zu schlagen und darauf zu warten, dass etwas eintrat, womit er eh nicht rechnete, war idiotisch.

Henrik ließ eine stille Fluchtirade los. Ihm wurde dadurch zwar nicht wärmer, doch der Frust klang ein wenig ab, und sein müdes Gehirn wurde wieder munterer, brachte ihm sein verschüttgegangenes Pflichtbewusstsein in Erinnerung. Alle Gedanken, klein beizugeben und aufzuhören, waren passé. Das war nicht seine Art. Wenn er ein Versprechen gab, hielt er es. Punkt.

Aber es wurde allerhöchste Zeit, wieder einmal bei Kathrin vorbeizuschauen. Er duckte sich unter einem niedrig hängenden Ast durch, um auf die Rasenfläche zu gelangen, als leise eine Wohnmobiltür zuschlug. Er erstarrte, wartete mucksmäuschenstill. War da ein Frühaufsteher aus dem Bett gefallen, oder plagte jemanden ein dringendes Bedürfnis? Hinter einem der Büsche raschelte es. Stella bellte kurz auf, verstummte dann wieder.

Henrik reckte sich, um besser zu sehen. Die Nacht war wolkenverhangen und mondlos, nur die zwischen den Parzellen verteilten Stromsäulen gaben ein schwaches Licht. Soweit er das von seinem Standort aus beurteilen konnte, war außer ihm niemand hier draußen. Da raschelte es nochmals. Ihm kam ein Verdacht: Pieselte da etwa jemand gegen die Büsche, weil er zu faul war, die eigene Toilette zur Entsorgungsstation zu schleppen und zu entleeren? So ein Ferkel, grummelte er innerlich.

In dem Moment sah er den kleinen hellbraunen Hund, der zwischen den Sträuchern herumstreifte und sein Hinterbeinchen hob. Henriks Pulsschlag normalisierte sich augenblicklich wieder. Fehlalarm! Er hoffte nur, dass der Hund, ein Pinschermischling, ihn nicht wittern und auf ihn zukommen würde. Er wollte nicht in die Verlegenheit geraten, dem Frauchen oder Herrchen erklären zu müssen, warum er zu nachtschlafender Stunde hier herumlungerte. Der Hund ließ sich beim Erledigen seiner Geschäfte Zeit, war von den Sträuchern abgezogen und stromerte über den Platz. Was streng genommen auch nicht in Ordnung war, dachte Henrik, da erstens Leinenpflicht herrschte und zweitens alle Hundebesitzer angehalten wurden, dafür zu sorgen, dass sich die Vierbeiner außerhalb erleichterten. Es lag ihm in diesem Moment jedoch fern, sich den Besitzer, der wahrscheinlich gemütlich im warmen Wohnmobil saß, vorzunehmen und ihn auf den Verstoß gegen die Platzordnung hinzuweisen. Mit einem Mal drehte sich der Pinschermischling abrupt um und kam wieder näher. Henrik wich so weit zurück, bis er den Stamm einer Birke im Kreuz spürte. Los, hau ab, flehte er stumm.

Da drang ein Geräusch zu ihm, so als ob Metall gegen Metall klapperte. Kurz darauf zischte es leise, und ein Lichtschein, der nicht von den Stromsäulen herrührte, flackerte über den Boden. Henrik benötigte drei, vier Sekunden, um zu realisieren, was da vor sich ging, dann spurtete er los. Neben einem großen vollintegrierten Liner, der auf einer Parzelle direkt an der Hauptzufahrt stand, kauerte eine dunkle Gestalt, hatte ihm den Rücken zugewandt. Mit einem Hechtsprung überwand Henrik die letzten paar Meter und landete auf dem Mann, der sofort zu Boden ging.

Henrik riss seine Arme nach hinten und presste sein Knie hart auf die untere Wirbelsäule. Dann ließ er die Handschellen zuschnappen, die er in der Jackentasche mitgeführt hatte. Auf die Diskussion, ob er rechtskonform gehandelt hatte oder nicht, würde er es später gern ankommen lassen. Nach den ersten Schrecksekunden setzte sich der Mann zur Wehr, versuchte, auf die Beine zu kommen, doch Henrik hielt ihn eisern fest. Plötzlich spürte er, wie neben ihm jemand auftauchte. Weißer Schaum spritzte auf, ein beißender Geruch machte sich breit. Das Feuer flackerte kurz, dann erloschen die Flammen. Der Pinschermischling lief aufgeregt im Kreis um sie herum und winselte.

»Hab ich's doch gewusst«, sagte Anton und legte den Feuerlöscher auf die Erde.

»Ich habe die Polizei angerufen«, verkündete Kathrin atemlos.

»Soll ich seine Beine damit fesseln?« Lara hielt ein Juteseil in der Hand.

»Nur zu«, ermunterte sie Henrik. »Und sei nicht zimperlich, schnür das Seil fest zusammen.«

27

Eine Dreiviertelstunde später saßen sie alle gemeinsam im Gastraum der Ems-Taverna. Die beiden Beamten, die aus der Polizeistation Ostrhauderfehn herbeigeeilt waren, schienen es nicht sonderlich eilig zu haben, die warme und gemütliche Stube wieder zu verlassen. Lara servierte schon die zweite Runde Kaffee, und auch der Mann, den sie in Gewahrsam genommen hatten, hielt in der freien rechten Hand eine Tasse mit dem schwarzen, starken Gebräu. Sein linkes Handgelenk umschloss eine Handschelle, die an der metallenen Umrandung der Stuhllehne befestigt war.

Der Mann machte auf Henrik jedoch nicht den Eindruck, als ob er zu fliehen gedachte. Er wirkte gefasst und ruhig, hatte sich, vom Augenblick kurz nach seiner Ergreifung abgesehen, nicht mehr gewehrt. Überhaupt stimmte das Bild, das er abgab, nicht mit dem überein, das sich Henrik vorab von dem Brandstifter gemacht hatte: Claas Menke war, wie er ausgesagt hatte, fünfundsechzig Jahre alt, studierter Diplomkaufmann, verheiratet und Vater von zwei Töchtern. Er stammte aus Oldenburg, war dort noch in einem Vorort wohnhaft, was ein Blick in seinen Personalausweis, den er, ohne zu murren, vorgezeigt hatte, bestätigte. Er trug eine Halbglatze und ein Wohlstandsbäuchlein, das er unter einer weit geschnittenen Strickjacke zu kaschieren versuchte. Seine graublauen Augen waren freundlich und aufmerksam. Wenn er gefragt wurde, antwortete er höflich und wohlformuliert. Alles in allem präsentierte er sich als zuvorkommender Mitbürger, ein Typ, den man gern als Nachbarn oder gar als Freund gehabt hätte. Was hatte den Mann nur dazu getrieben, Campingfahrzeuge in Brand zu stecken, wunderte sich Henrik zum wiederholten Mal und ergriff nochmals das Wort, da sich die Beamten bis jetzt eher maulfaul gezeigt hatten. Sie wollten, wie sie gleich nach ihrer Ankunft verkündet hatten, die eigentliche Vernehmung den Kollegen von der Polizeidirektion Osnabrück überlassen, die noch nicht eingetroffen waren.

»Herr Menke«, sagte Henrik. »Sie haben ja bereits zugegeben, mehrere Brände gelegt zu haben.«

Menke nickte.

»Den heutigen eingeschlossen.«

Menkes Lippen umspielte ein leises Lächeln. »Was würde es für einen Sinn machen, es zu leugnen? Es gibt ja genügend Zeugen.«

»Es zu bestreiten wäre in der Tat müßig, das würde Ihnen niemand abnehmen«, stimmte Henrik zu. »Ich frage mich nur, warum Sie es getan haben.«

»Ich hatte meine Gründe.«

»Das glaube ich Ihnen gern«, sagte Henrik. »Wären Sie bitte so freundlich, sie uns zu erklären? Ich meine«, er wies mit dem Kinn zu Lara und Anton, »die Familie Rebosch hat ein Recht zu erfahren, warum bei ihnen ein teures Wohnmobil in Flammen hätte aufgehen sollen.«

»Meine Auswahl war dem Zufallsprinzip geschuldet«, gestand Menke. »Ich hatte mehrere Orte ausgewählt, die mir für ein Feuer geeignet erschienen, habe aber vorab keinen festen Plan gemacht, wann ich wo tätig werden wollte. Ich war da eher spontan. Hier an der Sagter Ems passte es heute Abend für mich gerade am besten.«

»Es passte gerade am besten?«, wiederholte Anton und starrte Menke entgeistert an. »Was soll das bedeuten? Himmel, wir hätten durch einen Ihrer verdammten Zufälle womöglich dichtmachen können. Ist Ihnen das bewusst?« Er hielt die Kaffeetasse so fest umklammert, dass die Knöchel weiß hervortraten.

Menke schwieg, vermied es, Anton anzusehen, starrte auf seine Schuhspitzen.

Kathrin, die ebenfalls mit am Tisch saß, beugte sich ein wenig zu ihm hinüber. »Könnte es sein, dass Sie Camper nicht mögen, Herr Menke?«

Menke hob den Kopf, blickte ein paar Sekunden stumm in die Runde. Dann räusperte er sich und sagte: »Ich war immer ein guter Bürger.«

Anton schnaubte verächtlich. »Ja klar. Das hat man heute Nacht auch gemerkt. Bravo!«

»Ich kann Ihren Unmut durchaus verstehen«, räumte Menke ein. »Aber lassen Sie mich meine Sicht der Dinge schildern.«

»Nur zu«, ermunterte ihn Henrik.

»Wissen Sie«, sagte Menke mit gefasster Stimme, »ich habe nach Schule und Studium immer gearbeitet, habe nie jemandem auf der Tasche gelegen, ganz im Gegenteil, ich habe stets pünktlich meine Steuern und Abgaben bezahlt. Kurzum, ich habe mir nie etwas zuschulden kommen lassen. Und wie hat man mir das hier in Deutschland gedankt?«

»Wenn Sie sauer auf Vater Staat sind, hätten Sie, statt uns zu schaden, besser das Finanzamt ins Visier nehmen sollen«, spie Lara wütend aus. »Wir sind ebenfalls unbescholtene Bürger.«

»Na, na, ich bitte Sie, Frau Rebosch«, sagte einer der Beamten und warf ihr einen tadelnden Blick zu.

»Ist doch wahr. Warum müssen wir darunter leiden, wenn er gefrustet ist?«, grummelte Lara, verstummte aber dann.

»Am Finanzamt wollte ich mich nicht rächen«, beteuerte Menke, »das hat mir ja nichts weggenommen, wenigstens nicht direkt, Steuern müssen wir schließlich alle zahlen.« Er wandte sich Anton zu. »Sie und Ihre Kollegen waren es, die meine Zukunft, mein Recht auf ein Altersleben in Würde und Sicherheit zerstört haben.«

»Ich?« Anton hob abwehrend die Hände. »Ich hatte mit Ihnen bis jetzt doch nichts zu schaffen.«

»Nicht direkt. Aber ich hatte trotzdem unter Ihnen zu leiden«, beharrte Menke.

Henrik merkte, dass ihn das Geschwafel des Mannes ungeduldig machte. »Das alles erklärt nicht, woher Ihre kriminelle Energie stammt. Welchen Sinneswandel haben Sie da vollzogen? Vom ordentlichen Bürger zum gefährlichen Feuerteufel, das muss doch einen Grund haben.«

Menke antwortete nicht sofort, fuhr mit dem Zeigefinger nachdenklich über den Rand der Kaffeetasse, schien sich sammeln zu wollen.

»Es verhält sich so«, sagte er schließlich. »Mir wurde früh klar, dass die staatliche Rente trotz aller Beteuerungen von politischer Seite allein nicht ausreicht, um im Alter ein gutes Leben zu führen«, erklärte er. »Deshalb haben meine Frau und ich vorgesorgt. Haben schon vor der Geburt unserer ersten Tochter geknapst, jeden Euro dreimal umgedreht, um das Startkapital für den Kauf einer kleinen Wohnung an der Küste zusammenzubekommen. Eigentlich hatten wir vor, sie ganz normal zu vermieten. Doch dann merkten wir, dass es profitabler ist, Feriengäste aufzunehmen. Das machen ja viele in der Region so.«

»Richtig. Ich besitze auch ein Zwei-Zimmer-Apartment in Norddeich«, pflichtete der ältere Beamte ihm bei.

»Unser mühsam erarbeitetes Geld in Ferienimmobilien anzulegen, erschien uns als sichere Bank«, fuhr Menke fort. »Also investierten wir hier und dort, haben aber selbst stets auf Urlaub verzichtet, um die fälligen Zinszahlungen pünktlich zu leisten. Reisen, es uns gut gehen lassen, das wollten wir später nachholen, wenn wir die Immobilien abbezahlt hätten. So war zumindest der Plan.«

»Und was ist schiefgegangen?«, wollte Henrik wissen.

»Zuerst kam Corona«, sagte Menke düster.

»Ja, aber dafür konnte niemand etwas. Davon waren wir alle betroffen«, hielt Kathrin dagegen.

»Wie man's nimmt. Manche mehr, manche weniger.« Menke klang zynisch.

»Was hat Ihnen die Corona-Krise denn genommen?«, fragte Henrik.

»Mein Erspartes, meine sichere Bank. Alles, für das wir uns abgerackert hatten.«

»Wie das?«, fragte der erste Beamte, ein junger, hochgewachsener Kerl mit schlaksigen Armen und Beinen und rotem Haar.

»Weil Sie in der Zeit nicht wie sonst arbeiten konnten und somit weniger oder keine Einnahmen hatten?«, mutmaßte Kathrin.

»Ach, es war einfach schrecklich. Ein Alptraum«, rief Menke erregt aus. »Ich bin seit langen Jahren Versicherungsberater, habe ein alteingesessenes Büro und eine gute Reputation. Aber plötzlich blieben meine Kunden weg, und ich durfte aufgrund der Corona-Beschränkungen nicht zu ihnen nach Hause, um ihnen dort ein Angebot zu machen. Das Online-Geschäft funktionierte nur schleppend, bei uns wollen die Leute ihren Versicherungsmakler noch sehen, sich mit ihm von Angesicht zu Angesicht austauschen. Innerhalb weniger Wochen brach für mich alles wie ein Kartenhaus zusammen, ich konnte keine Neukunden mehr akquirieren, saß am Schreibtisch und drehte Däumchen.«

»Sie waren nicht der Einzige, der während der Corona-Krise Probleme bekam. Fragen Sie mal, wie es uns ergangen ist«, sagte Lara vorwurfsvoll. »Wir mussten unser Restaurant auch schließen.«

»Ich weiß, aber Sie sind jung, Sie haben noch ihr halbes Leben vor sich«, erwiderte Menke und machte eine Handbewegung, als wolle er ihren Einwand wegwischen. »Mich hat Corona vier Jahre vor der Rente erwischt. Jahre, in denen ich noch mal alles geben, mein finanzielles Polster vergrößern wollte.«

»Aber Sie hatten doch bereits vorgesorgt«, erinnerte ihn Kathrin.

»Genau das hat meine Frau auch gesagt. Mach dir keinen Kopf, wenn es für ein paar Monate nicht wie sonst läuft, hat sie gemeint. Wir haben zum Glück die Mieteinnahmen aus den Ferienwohnungen, davon können wir gut leben.«

»Womit sie recht gehabt haben dürfte«, sagte Henrik.

»Nein, falsch!« Menke war jetzt laut geworden. »Erinnern Sie sich nicht mehr, was damals los war? Erst kam der x-te Lockdown, darauf folgten die Beherbergungsverbote. Der Tourismus bei uns an der Küste wurde brutal abgewürgt, lag über Monate brach. Unsere Ferienwohnungen standen leer. Wir wollten Touristen aufnehmen, durften es aber nicht.«

»Von den Verboten waren Sie nicht allein betroffen«, warf Anton ein. »Wir durften auch keine Gäste empfangen, hatten finanzielle Ausfälle.«

»Wenn es nur das gewesen wäre!«, stöhnte Menke. »Bei meiner Frau und mir tickerten daneben täglich die Kreditzinsen.

Wissen Sie, nicht alle unsere Wohnungen sind komplett abbezahlt und getilgt. Außerdem hatten wir ein halbes Jahr vor Ausbruch der Pandemie in ein kleines Hotel garni in Krummhörn investiert. Wie hätten wir denn ahnen können, was geschieht?«

»Mit der Pandemie hat niemand gerechnet«, sagte Kathrin. »Aber keiner von uns«, sie blickte vielsagend in die Runde, »ist später losgezogen und hat Campingfahrzeuge in Brand gesteckt.«

»Richtig«, der rothaarige Beamte nickte heftig. »Persönliche Probleme rechtfertigen keine Straftat.«

»Ihr habt gut reden«, empörte sich Menke. »Niemand von euch sieht so aus, als ob er das, was er sich hart erarbeitet hat, verloren hätte. Eure Schäfchen sind alle noch schön im Trockenen.«

»Das mag ja sein«, sagte Henrik. »Dennoch verstehe ich nicht, warum sich Ihre Wut ausgerechnet gegen die Camping- und Stellplatzbetreiber und die Camper richtet. Was haben sie Ihnen getan?«

»Das fragen Sie noch?«, brauste Menke auf.

»Ja, und ich erwarte eine Antwort«, konterte Henrik scharf.

»Die Ungerechtigkeit schrie doch zum Himmel«, spie Menke aus. »Während ich von Woche zu Woche mehr Kunden verlor und meine Ferienimmobilien wegen der Corona-Auflagen nicht vermietbar waren, fuhren diese verdammten Camper in ihren Wohndosen locker-flockig durch die Republik.« Menkes Gesicht war vor Erregung rot angelaufen. »Wenn man sie darauf ansprach, redeten sie sich damit heraus, dass sie nur Tagesausflüge unternähmen und abends brav wieder zu Hause wären. Dabei standen sie auch des Nachts überall auf den Parkplätzen an der Küste herum, machten Urlaub und amüsierten sich prächtig. Für uns Besitzer von Ferienimmobilien war das ein Schlag ins Gesicht, eine bodenlose Frechheit.«

»Dass die Camper zu den Zeiten, in denen es bei uns verboten war, uneingeschränkt Urlaub machen konnten, stimmt so nicht«, widersprach der rothaarige Beamte. »Wir haben Kontrollen durchgeführt und die Leute weggeschickt. Es ist uns nicht immer leichtgefallen, aber wir hatten unsere Anweisungen, wir haben uns gekümmert.«

»Dann wart ihr wohl nicht nur auf einem, sondern gleich auf beiden Augen blind«, zischte Menke. »Die Wohnmobilflut, die über die Küste und die Seen hier in der Region hereingebrochen ist, war doch nicht zu übersehen.«

»Nun, es ist gut möglich, dass wir nicht alle Camper, die sich hier widerrechtlich aufhielten, erwischt haben«, räumte der zweite Beamte ein. »Wir hatten ja auch andere Aufgaben zu erledigen. Aber warum sollen wir darauf jetzt noch herumhacken, das ist alles Schnee von gestern, zum Glück ist längst wieder Normalität eingekehrt.«

»Nein!«, rief Menke und hieb mit der freien Hand auf den Tisch, wodurch die Tassen auf und ab hüpften. »Diese vermaledeiten Wohnmobile fallen noch immer wie die Heuschrecken über die Küste her, es werden von Jahr zu Jahr mehr. Jede Gemeinde bemüht sich, weitere Wohnmobilstellplätze auszuweisen oder Campingplätze zu erweitern. Sogar in Landschaftsschutzgebieten wollen sie neue Plätze bauen. Dafür habe ich kein Verständnis. Die Camper sind zu einer wahrhaftigen Plage geworden!«

»Sie sind zahlende Gäste – wie andere Touristen auch«, erwiderte Anton.

»Quatsch! Den anderen Touristen sind sie ein Dorn im Auge«, behauptete Menke. »Wer will schon neben einem Gelände mit Hunderten von Wohnmobilen und Wohnwagen Urlaub machen? Die verschandeln die Landschaft, zerstören unsere einzigartigen Küstenorte.«

»Ich persönlich finde diese mehrstöckigen Betonbauten, diese Urlaubswohnsilos aus den 1970er- oder 1980er-Jahren wesentlich schlimmer«, meinte Kathrin. »Gerade wir Camper sind doch sehr naturverbunden. Wir wollen erhalten, was wir schätzen und wo wir uns wohlfühlen. Und die Platzbetreiber sind verpflichtet, strenge Auflagen einzuhalten, das sind keine Umweltfrevler. Manche unternehmen in Sachen Umwelt- und Klimaschutz sogar mehr, als sie müssten.«

Lara legte die rechte Hand aufs Herz. »Danke, dass das mal jemand in aller Deutlichkeit gesagt hat. Wir geben uns viel Mühe, unseren Platz so naturnah wie möglich zu gestalten.«

»Ich empfinde den Campingboom als Bereicherung für die Region«, tat der rothaarige Beamte kund. »Die Leute kommen zu uns, lassen ihr Urlaubsgeld hier, wo sie früher ins Ausland geflogen sind.«

»Und was ist mit uns? Mit den Besitzern von Ferienimmobilien?«, begehrte Menke auf. »Seitdem Wohnmobilurlaub so in ist und die Camper von allen Seiten gepampert werden, schauen wir in die Röhre. Plötzlich redet jeder Urlauber nur noch von der großen Freiheit, die er angeblich in diesen rollenden Kolossen, die unsere Straßen versperren und die Luft verpesten, erlebt. Das ist Nonsens, ich weiß, wovon ich spreche.«

»Weil Sie sozusagen Feldstudien betreiben?«, spottete Henrik. »Sie sind doch mit Hund und Wohnmobil hier, oder?«

Für einen Augenblick schien sich Menke zu beruhigen, er blickte suchend um sich. »Ach du liebe Güte, der Charlie, den habe ich glatt vergessen. Wo ist er denn jetzt? Meine Frau wird mir den Kopf abreißen.«

»Wir haben Ihren Hund zu unserer Hündin gebracht. Die beiden haben sich auf Anhieb verstanden, es geht ihm gut«, sagte Lara. »Wir sind schließlich keine Unmenschen«, fügte sie hinzu, wobei sie ›wir‹ besonders betonte.

»Ich werde meine Frau anrufen, dass sie Charlie abholen kommt«, sagte Menke. »Wenn ich darf«, wandte er sich an die Beamten.

»Sicher doch«, antwortete der rothaarige Polizist.

»Warum fahren Sie ein Wohnmobil, wenn Sie es angeblich so hassen?«, kam Henrik auf das vorherige Thema zurück.

»Ich habe den Wagen nur gemietet«, verteidigte sich Menke. »Ein Wohnmobil erschien mir als die beste Tarnung, da war ich ein Gleicher unter Gleichen. Es hat niemanden gewundert, wenn ich auf dem Gelände herumgeschlendert bin und dabei heimlich meine Ziele ausgespäht habe. Wenn mich jemand angesprochen hat, habe ich Interesse geheuchelt, habe vorgegeben, mir ein eigenes Wohnmobil zulegen zu wollen. Und wenn ich die Brände nachts gelegt habe, war mir der Hund eine wertvolle Hilfe. Wer wird schon misstrauisch, wenn man zu später Stunde mit dem Hund Gassi geht? Nur einmal bin ich an jemanden geraten, der argwöhnisch reagiert hat, der wissen wollte, was ich da treibe. Auf einem Campingplatz direkt an der Weser, etwas nördlich von Bremen. Da habe ich behauptet, Charlie hätte Verdauungsbeschwerden. Daraufhin hat mich der Typ ziehen lassen. Aber ich habe meinen Plan dann sicherheitshalber geändert und bin dort nachts nicht aktiv geworden.«

»Sie waren also auch auf dem Campingplatz in Sandstedt?«, hakte Henrik schnell nach.

»Ja, vor gut zwei Wochen«, gab Menke freimütig zu. »Allerdings ist mir da ein kleines Malheur passiert. Eigentlich wollte ich nur eine Kiste mit Feuerholz für den Grill, die neben dem Vorzelt stand, anzünden. Leider habe ich zu viel Spiritus verwendet, und die Flammen sind recht schnell auf das Vorzelt übergesprungen, haben es zerstört. Das war so nicht meine Absicht.«

»Na prima, sagen Sie das mal den Söllers«, presste Henrik sarkastisch hervor.

»Ich verstehe es trotzdem nicht«, wandte sich Kathrin an Menke. »Warum haben Sie ausgerechnet uns Camper im Visier? Nur weil ein paar von uns im Lockdown angeblich Urlaub gemacht haben? Das kann doch nicht der alleinige Grund sein, oder?«

»Nein, aber es hat bei mir was ins Rollen gebracht. Ich wurde mit der Zeit immer verzweifelter und dann wütend. Schließlich wollte ich Rache«, gestand Menke. »Für meine Frau und mich ist nichts mehr, wie es war, und all unsere schönen Pläne für den Ruhestand können wir getrost vergessen. Inzwischen haben wir sogar zwei Apartments verkaufen müssen, um uns nicht zu überschulden, einen Bankrott abzuwenden. Wenn wir nicht höllisch aufpassen, rutschen wir in die Altersarmut. Trotz all unserer Vorsorge. Das ist doch nicht fair!«

»Was Ihnen persönlich passiert ist, tut mir leid«, sagte Henrik. »Aber es rechtfertigt nicht Ihr Tun. Denken Sie an all die Sachschäden, die Sie verursacht haben. An den Schrecken, den Sie durch die Brände verbreitet haben. Und an das Menschenleben, das Sie auf dem Gewissen haben«, fügte er nach einer kurzen Pause hinzu.

Menke stutzte, schaute Henrik überrascht an. »Ich soll einen Menschen getötet haben? Das ist doch Blödsinn!«, widersprach er heftig. »Was die Brände angeht, da bin ich geständig. Aber dabei ist niemand verletzt worden.«

»Haben Sie etwa nicht gehört, dass in Hooksiel ein Mann in den Flammen umgekommen ist?« Kathrin klang fassungslos. »Darüber wurde doch im Radio und Fernsehen berichtet.«

»Hooksiel?« Menke wirkte aufrichtig erstaunt. »Ich war nicht in Hooksiel. Da haben wir nie investiert, weil uns die Immobilienpreise dort schon vor Jahren zu hoch erschienen. Der Ort interessiert mich nicht, der war nicht Teil meines Rachefeldzuges.«

»Das glaube ich Ihnen nicht, Herr Menke«, sagte Henrik in scharfem Ton. »Aber alle Lügen und Ausflüchte werden Ihnen nicht helfen. Die Kripo wird die DNA-Spuren abgleichen und bestätigen, dass Sie am Tatort waren. Aus der Nummer kommen Sie nicht raus.«

Menke rutschte unruhig auf seinem Stuhl hin und her, schien um Fassung zu ringen. »Ich versichere Ihnen, dass ich seit Ewigkeiten nicht mehr im Wangerland war«, beteuerte er. »Als wir das letzte Mal einen Ausflug dorthin unternommen haben, ging meine jüngste Tochter auf die Oberstufe des Gymnasiums. Inzwischen ist sie zweifache Mutter.«

»Erzählen Sie uns keine Märchen«, zischte Henrik.

»Tue ich nicht!«, entrüstete sich Menke. »Ich habe Ihnen gleich nach meiner Festnahme versichert, dass ich kooperieren werde. Ich habe Ihnen gesagt, wo ich die Brände gelegt habe. Sie haben jeden einzelnen Ort dort notiert.« Menke wies auf einen auf dem Tisch liegenden Block, den Henrik benutzt hatte. »Der Sachschaden, der dabei entstanden ist, war bis auf das Vorzelt, das unabsichtlich zerstört wurde, eher gering«, fuhr er fort. »Den Campingtisch und die beiden Stühle, die ich heute angezündet habe, kann man leicht ersetzen, das kann sich der Besitzer des Liners locker leisten.«

»Das stimmt wohl«, meinte der ältere Beamte. »Wenn man bedenkt, was er allein für das Fahrzeug bezahlt hat.«

»Verstehen Sie doch!« Menke blickte fast flehentlich in die Runde. »Ja, ich wollte Dampf ablassen, mir Genugtuung verschaffen, das hat meiner Seele gutgetan. Aber ich wollte auch ein Zeichen setzen. Ich wollte erreichen, dass sich die Camper bei uns nicht mehr so wohlfühlen, dass sie nicht weiter in Scharen über uns herfallen. Meine Message an sie war: Fahrt woandershin, irgendwohin, wo ihr willkommen seid. Bei uns seid ihr es nicht. Wir wollen wieder echte Touristen. Touristen, die unser Angebot an Hotels und Ferienwohnungen zu schätzen wissen.«

»Ich fasse es nicht.« Lara schüttelte den Kopf.

»Ach, kommen Sie! Ich lasse mir von Ihnen doch keinen Bären aufbinden«, herrschte Henrik Menke an, um ihn aus der Reserve zu locken. »Sie wollten nicht nur ein bisschen zündeln, Sie wollten töten. Nur ein toter Camper ist für Sie ein guter Camper, darum geht es Ihnen doch, oder?«

Menke war blass geworden. »Ich schwöre hoch und heilig, keiner Menschenseele etwas zuleide getan zu haben«, sagte er mit rauer Stimme.

»Warum musste Sören Becker sterben?«, beharrte Henrik.

»Wer ist das?« Menke schaute ihn fragend an. »Den Namen habe ich noch nie gehört.«

»Das ist der Mann, der durch Sie qualvoll in seinem Wohnwagen verbrannt ist.«

»Aber ich kannte ihn doch gar nicht«, begehrte Menke auf. »Sie sind derjenige, der hier Lügen auftischt. Weil Sie mich fertigmachen wollen. Aber das schaffen Sie nicht, das schwöre ich Ihnen.« Er schien wieder in den Angriffsmodus gewechselt zu sein.

Henrik ließ sich nicht provozieren. »Was ist mit Inka Oppermann? Warum wollten Sie sich an ihr rächen?«

»Sie reden in Rätseln«, beschwerte sich Menke.

»Dann erkläre ich es Ihnen in aller Ausführlichkeit, weil Sie anscheinend unter Gedächtnisverlust leiden«, sagte Henrik in verächtlichem Ton. »Frau Oppermanns Wohnmobil ist ebenfalls in Flammen aufgegangen, und sie ist nur unverletzt geblieben, weil sie ungewöhnlich früh zu einer Wanderung aufgebrochen ist. Hätte sie das nicht getan, hätte sie höchstwahrscheinlich dasselbe Schicksal wie Sören Becker ereilt, sie wäre mausetot.«

»Auch wenn ich mich wiederhole«, bellte Menke. »Ich kenne keinen Sören Becker und keine Frau Oppermann. Und wo soll das mit dem Wohnmobil überhaupt passiert sein? Auch in Hooksiel?«

»Nein, in Greetsiel.«

Menke gab ein verächtliches Schnauben von sich und verdrehte die Augen zur Decke.

»Lassen Sie mich raten«, sagte Anton. »In Greetsiel waren Sie natürlich auch nicht.«

»So ist es.« Menke nickte.

»Beweisen Sie es!«, forderte Henrik.

»Wann soll ich angeblich in Hooksiel und in Greetsiel gewesen sein?«

Henrik holte sein Handy hervor, öffnete eine Datei und nannte das jeweilige Datum.

Auf Menkes Gesicht machte sich ein süffisantes Lächeln breit. »Es tut mir aufrichtig leid, Sie enttäuschen zu müssen, aber als vermeintlicher Killer komme ich definitiv nicht in Frage. An den betreffenden Tagen war ich weder in Hooksiel noch in Greetsiel. Ich lag zu der Zeit im Klinikum Oldenburg, wie das Personal Ihnen sicherlich gern bestätigen wird.«

Henrik glaubte, nicht richtig gehört zu haben. Mist, fluchte er innerlich, das darf doch wohl nicht wahr sein. Mit einem Mal kam er sich vor wie im falschen Film. Er hatte Mühe, seine Gesichtszüge unter Kontrolle zu bringen, sich sein Erstaunen und die Enttäuschung nicht zu deutlich anmerken zu lassen.

»Ich werde selbstverständlich nachfragen«, sagte er.

»Tun Sie das.« Menke lächelte noch immer. »Man wird Ihnen im Klinikum mitteilen, dass ich unter Colitis ulcerosa, einer chronisch-entzündlichen Darmerkrankung, leide. In den letzten Wochen hatte ich einen neuen heftigen Schub, womöglich stressbedingt. Ich musste einige Untersuchungen über mich ergehen lassen, die allesamt, wie ich Ihnen versichern kann, nicht angenehm waren. Deshalb der stationäre Aufenthalt. Die Brände hatte ich, bis auf den heutigen, vor meinem Krankenhausaufenthalt gelegt. Die anderen Straftaten gehen nicht auf mein Konto. Auch wenn es Ihnen gut in den Kram passen würde.«

»Das gibt es doch nicht«, murmelte Kathrin.

Anton blickte fragend in die Runde, wirkte ebenfalls geschockt. »Aber wer war es dann?«

»Ich schätze, da liegt noch ein ganzes Stück Arbeit vor Ihnen, um genau das herauszufinden«, sagte Menke. Es klang schadenfreudig. »Und jetzt sage ich nichts mehr ohne einen Anwalt«, fügte er hinzu. »Ich möchte auf der Stelle mit meiner Frau telefonieren, damit sie mir einen Rechtsbeistand beschafft.«

28

Henrik starrte trübsinnig auf die Flasche Whisky, die vor ihm auf dem Tisch des Kastenwagens stand. Noch war sie ungeöffnet. Doch es juckte ihn in den Fingern, den Schraubverschluss aufzudrehen und sich einen ordentlichen Schuss des schottischen Feuerwassers zu genehmigen. Oder besser gleich zwei oder drei. Ob er heute einen klaren Kopf bewahrte oder benebelt ins Bett wankte, darauf kam es weiß Gott nicht mehr an.

Der Alkohol würde ihm helfen, über sein Selbstmitleid und sein Gefühl des Versagens hinwegzukommen. Er benötigte dringend eine Auszeit von diesem verdammten Fall. Selbst wenn es nur ein paar wenige Stunden wären, die er im Rausch verschliefe. Müde genug war er, nach der zweiten durchwachten Nacht in Folge war er noch zurück zum Sandstedter Campingplatz gefahren, wo er wieder seinen Stammplatz direkt am Ufer bezogen hatte.

Kathrin war eben erst dort angekommen. Sie hatte sich im Anschluss an das Frühstück, das Lara ihnen in der Ems-Taverna zubereitet hatte, ein bisschen hingelegt, weil sie sich durch den Schlafmangel und all die Aufregung in den vergangenen Stunden nicht mehr fahrtüchtig gefühlt hatte. Nun unternahm sie einen Spaziergang mit Leo, den sie seit Tagen sträflich vernachlässigt hatten.

Henrik gähnte nochmals, hing weiter seinen trüben Gedanken nach. Spätestens morgen müsste er sich wieder um das Haus seines Onkels kümmern. Er hoffte inständig, dass Harrys Leute weiterhin fleißig gewesen waren und die lästige Haushaltsauflösung bald ein Ende nahm. Inzwischen war er allem überdrüssig: des Feuerteufels, dessen er nicht habhaft werden konnte, der posthumen Forderungen seines Onkels, Harrys Skelett, das ihn eigentlich nichts anging, und auch der beengten Verhältnisse in seinem Kastenwagen. Er wünschte, er hätte den Vertrag für das Gehöft bereits unterschrieben und könnte es sich in seinem neuen Schlafzimmer gemütlich machen. Wo nicht, wie in seinem derzeitigen Hamburger Apartment, eine altertümliche Mischung aus Jugendbett und Holzliege stehen, sondern ein Kingsize-Bett thronen würde, worin er sich vorzugsweise nicht allein zu tummeln gedachte.

Für ein paar Sekunden spann er den verheißungsvollen Gedanken weiter, dann riss er sich zusammen. Schluss damit! Dazu würde es nie kommen. Träume waren bekanntlich Schäume. Wieder beäugte er die Whiskyflasche, streckte die Hand danach aus. In dem Moment wurde die Tür geöffnet, und der Beagle sprang in den Wagen. Kathrin hängte die Leine über die Rückenlehne des Beifahrersitzes und zog fragend die Augenbrauen hoch.

»Was treibst du denn hier?«

»Johnnie Walker is my best friend«, antwortete er.

»Und der Garant für Kopfschmerzen am nächsten Morgen«, erwiderte Kathrin. »Solltest du nicht besser was essen? Unser Frühstück liegt Stunden zurück.«

»Keinen Hunger«, brummte Henrik.

»Ich schon«, sagte Kathrin und zog ihr Handy aus der Jeanstasche. »Ich bestelle jetzt zwei Flammkuchen in dem Pub, wo Harry Stammkunde ist. Sie haben mir gut geschmeckt, als Harry uns eingeladen hatte.«

»Hätte ich mich damals bloß nicht von ihm bequatschen lassen«, jammerte Henrik.

»Hätte, hätte, Fahrradkette.« Kathrin zuckte mit den Schultern.

»Ach komm, ein bisschen Mitleid würde dir ganz gut stehen«, empörte sich Henrik und vergaß augenblicklich seine Phantasien von gerade eben.

»Glaub mir, ich bin über den Lauf der Dinge ebenfalls nicht erfreut. Aber es hilft ja nichts, den Kopf in den Sand zu stecken.«

»Wir waren uns so sicher, sind fest davon ausgegangen, dass wir ihn gepackt hätten.«

»Haben wir ja. Nur ist Menke nicht der Einzige, der hier Feuer legt. Wer hätte auch ahnen können, dass es zwei Brandstifter gibt, die zur gleichen Zeit unterwegs sind. Ist dir so etwas schon mal untergekommen?«

»Nein.« Henrik schüttelte den Kopf. »Klar gab es ab und an Mittäter. Oder Mitwisser. Dass zwei Leute im selben Zeitraum in derselben kriminellen Angelegenheit, aber unabhängig voneinander aktiv waren, nein, das habe ich so noch nicht erlebt.«

»Anscheinend gibt es für alles ein erstes Mal«, meinte Kathrin lakonisch.

»Und wir stehen wieder am Anfang«, stellte Henrik resigniert fest.

»Nun ja, ein paar mehr Fakten als zu Beginn der Ermittlungen können wir mittlerweile schon vorweisen«, widersprach Kathrin. »Denk doch nur an den Brandbeschleuniger und diesen Typen mit dem komischen Geruch.«

»Letzteres muss nicht der Wirklichkeit entsprechen, es kann auch das Hirngespinst eines hormonell gestörten Teenagers sein«, warnte Henrik.

»Was abzuwarten bleibt. Montag werden wir nach deinem Zahnarztbesuch mehr wissen.«

»Montag kaufe ich möglicherweise nicht nur eine einzelne Flasche, sondern gleich ein ganzes Fass Whisky«, knurrte Henrik.

»Willst du eine Party geben, weil der Fall dann gelöst ist?«

»Ha, ha.« Henrik zog genervt die Mundwinkel nach unten.

Kathrin schlüpfte aus der Jacke und nahm ihm gegenüber Platz. »Es muss sich um so eine Art Trittbrettfahrer handeln«, sagte sie. »Die Frage ist nur, wer zuerst angefangen hat. Menke oder der andere Brandstifter.«

»Und warum er nicht davor zurückschreckt zu töten«, fügte Henrik hinzu. »Darin unterscheidet er sich von Menke.«

»Wir müssen dringend herausbekommen, wie die Vorfälle zusammenhängen.« Kathrin schob die Whiskyflasche ein wenig zur Seite. »Wenn wir das wissen, findet sich auch der Rest. Und wir den Brandstifter.«

»Womöglich ist alles ganz anders, als wir bisher angenommen haben«, meinte Henrik. »Ich halte es mittlerweile nicht für ausgeschlossen, dass wir auf der total falschen Spur sind.«

Es klopfte, und Harry steckte den Kopf ins Wohnmobil. Kathrin reagierte blitzschnell, griff nach der Whiskyflasche, schob sie an den Rand der Sitzfläche und legte ihre Jacke darüber.

»Moin, Harry! Schön, dich zu sehen«, sagte sie und strahlte ihn mit Unschuldsmiene an. »Was gibt's denn?«

Hoffentlich soll ich mich jetzt nicht wieder um dieses verdammte Skelett kümmern, dachte Henrik missmutig.

Harry hielt sich nicht lang mit der Vorrede auf. »Ich habe eben jemanden gesprochen, der eine Ahnung haben könnte, wo sich der Airstream befindet.«

Henrik vergaß schlagartig seine Müdigkeit und die schlechte Laune. »Echt? Das wäre ja toll. Um wen handelt es sich denn?«

»Um eine …« Harry zögerte kurz. »Eine ältere Dame«, sagte er schließlich.

»Wo finde ich sie?« Henrik sprang so ungestüm auf, dass sein Kastenwagen wie ein Schiff im Sturm schaukelte.

»Am Ortseingang von Sandstedt. Ich habe dir die Adresse aufgeschrieben, du kannst sofort hinfahren, wenn du möchtest.« Harry reichte ihm einen Zettel.

»Ich bin schon unterwegs.« Henrik schlüpfte in seine Jacke und fragte sich gleichzeitig, wie er die Whiskyflasche von Harry unbemerkt verschwinden lassen könnte. Obwohl er keinen einzigen Tropfen Alkohol getrunken hatte, würde es sicherlich nicht den besten Eindruck machen, wenn sein Auftraggeber ihn schon nachmittags mit Hochprozentigem erwischte.

Harry ließ einen Schlüsselbund vor seinen Augen baumeln und half ihm damit unwissentlich aus der Patsche. »Nimm meinen Geländewagen, dann kannst du mit deinem hier am Landstrom angeschlossen bleiben.«

»Danke.« Henrik schnappte sich die Schlüssel und spurtete los.

Das Haus, zu dem ihn das Navi führte, lag etwas abseits der Hauptstraße zwischen hoch aufragenden Bäumen. Auf der Zufahrt holperte er über mehrere tiefe Schlaglöcher hinweg. Henrik war froh, Harrys Angebot angenommen zu haben, der

Unterboden und die Stoßdämpfer seines Kastenwagens hätten sicherlich Schaden genommen. Der Geländewagen meisterte die kleine Offroad-Einlage routiniert, und Henrik erreichte eine ehemals geschotterte, inzwischen mit kniehohen Unkräutern überzogene Fläche, die früher wohl als Parkplatz gedient hatte.

Er stieg aus und warf einen Blick hoch zum auskragenden Giebel einer stattlichen zweistöckigen Jugendstilvilla, bei der der einst blütenweiße Putz vergraut war und bröckelte. Eine breite, von hüfthohen Steinsäulen eingerahmte Treppe führte zur Eingangstür, vor der Blätter und dünne Zweige lagen, die der Wind dort angehäuft hatte. Vor den Fenstern hingen rote Vorhänge aus einem schweren Stoff, vielleicht aus Samt oder Brokat, überlegte Henrik. Er konnte nirgends ein Licht ausmachen und fragte sich, ob Harry ihm die richtige Adresse aufgeschrieben hatte.

Eine Klingel schien es nicht zu geben, an der dunkel gestrichenen Holztür war ein schmiedeeiserner Türklopfer angebracht, den er betätigte. Nichts geschah. Henrik versuchte es nochmals, mit demselben Ergebnis. Er machte kehrt, um zum Auto zurückzugehen. Das Haus war definitiv nicht mehr bewohnt, er musste Harry anrufen und fragen, ob er sich geirrt hätte.

In dem Moment vernahm er hinter sich ein Knarzen, drehte sich überrascht um und sah, dass die Haustür geöffnet worden war. Im schwachen Schein einer altertümlichen Deckenlampe konnte er eine rothaarige, ein wenig gebeugt dastehende Frau ausmachen, die sich auf einen Gehstock stützte.

»Kommst du von Harry?«

Henrik nickte.

»Dann mal rein mit dir.« Die Frau gab ihm durch ein Handzeichen zu verstehen, ihr zu folgen. Sie schritten durch eine Art Salon mit hoher Stuckdecke, einem imposanten Kronleuchter und plüschigen Sofas. Auf den vor den Sofas aufgestellten Tischen im Biedermeierlook lag eine dicke Staubschicht, und es roch muffig. Henrik rümpfte unbewusst die Nase.

Die Frau, die vor ihm herging und trotz des Stockes ein flottes Tempo vorlegte, schien seine Reaktion erwartet zu haben, denn sie drehte sich kurz um und sagte: »Den Teil des Gebäudes und das Obergeschoss nutze ich nicht mehr. Ich habe es mir in den hinteren Räumen gemütlich gemacht.«

»Schade, das Ambiente hat durchaus Charme«, meinte Henrik. »Für Altbaufans wäre das hier sicherlich das Paradies.«

Die Frau lachte keckernd auf. »Oh ja, wie wahr. Ein Paradies haben wir damals hier tatsächlich erschaffen, samt Sündenfall.« Das Lachen mündete in trockenen Husten. »Wir sind gleich da«, verkündete sie und trat in einen kleinen Flur, von dem eine weiß lackierte Tür abging, die sie einladend öffnete.

»Mein Reich.«

Henrik stutzte, damit hatte er nicht gerechnet. Vor ihm lag ein lichtdurchfluteter, fast quadratischer Raum, der anscheinend als Küche, Wohn- und Schlafzimmer gleichzeitig diente. Obwohl er zum Hinterhof führte und aus derselben Epoche wie der Rest des Hauses stammte, hatte er etwas Loftartiges. Die Schränke der kleinen Nischenküche waren modern und aus heller Eiche gefertigt, die Arbeitsplatte aus weißgrauem Granit. Eine Kochinsel, die mit einem Zwei-Flammen-Induktionsherd und einem Waschbecken aus weißer Emaille ausgestattet war, diente auch dazu, die Küche optisch vom Wohn- und Essbereich zu trennen. Um einen hölzernen Esstisch waren vier bequem aussehende Stühle gruppiert, auf deren Sitzflächen weiße Schaffelle lagen. Bunte Kissen türmten sich auf einem hellgrauen Ledersofa. Der Schlafbereich war durch einen mit grobem Leinen bezogenen Paravent abgeteilt, Henrik konnte lediglich das hintere Ende eines Boxspringbettes erkennen, auf dem sich eine braun getigerte Katze zusammengekringelt hatte und schlief.

»Setz dich doch.« Die rothaarige Frau wies auf einen Schwingsessel, der, wie Henrik vermutete, von Ikea stammte.

»Nett haben Sie es hier«, sagte er anerkennend.

»Meine Tochter war dagegen, dass ich mich so einrichte«, bekundete die Frau und strich sich eine Strähne des langen hennarot gefärbten Haars, das sie mit einem lilafarbenen Schal aus der Stirn hielt, über die Schulter. »Sie meinte, ich solle mich mit dem alten Krempel, den du im roten Salon gesehen hast, zufriedengeben, bis ich in die Kiste komme.«

Henrik musste schmunzeln. »Aber das wolltest du nicht?«, fragte er und wechselte ebenfalls zum Du, was die Frau nicht zu stören schien.

»Nein. Als ich endlich zu ein bisschen Geld gekommen war, habe ich mit meinem Enkel, der mehr Grips als seine Mutter hat, hier hinten alles ausgeräumt, habe die Wände frisch gestrichen und mir was Neues gegönnt. Das ist jetzt mein Eden.«

Erneut gab sie das keckernde Lachen von sich, ließ sich aufs Sofa fallen und stopfte sich ein paar Kissen in den Rücken. Sie griff nach einer Zigarillopackung, die auf dem runden schwarz lackierten Sofatisch lag, und hielt Henrik die Schachtel entgegen.

»Auch einen?«

»Danke, ich rauche nicht.«

»Sollte ich ebenfalls nicht, tut meinen Bronchien nicht gut«, sagte die Frau und zündete sich einen Zigarillo an. »Behauptet zumindest mein Hausarzt. Doch ich paffe schon mein ganzes Leben. Warum sollte ich mit knapp achtzig damit aufhören?« Sie hob das Kinn und pustete den Rauch mit offensichtlichem Genuss zur Zimmerdecke. »Ich bin übrigens Friederike«, sagte sie zwischen zwei Zügen. »Aber Rike reicht völlig aus. Und wer bist du? Harry hat nur erwähnt, dass du der Neffe vom Steff wärest. Dich um den Nachlass kümmerst.«

»Richtig. Ich bin Henrik und wohne in Hamburg, meine Familie stammt von dort. Mein Onkel und ich hatten in den letzten Jahren keinen Kontakt mehr, wir hatten uns schon länger aus den Augen verloren. Was mir in Anbetracht der jetzigen Umstände natürlich leidtut. Hätte ich gewusst, was passiert …« Er verstummte.

»Ja, manche Dinge sollte man besser nicht aufschieben«, meinte Rike. »Die Zeit vergeht schneller, als uns allen lieb ist. Und das macht was mit uns, das geht an niemandem spurlos vorbei.« Sie nahm einen weiteren Zug vom Zigarillo.

»Da hast du recht«, stimmte Henrik zu und fragte sich gleichzeitig, wie er am geschicktesten zu dem Thema kommen könnte, das ihm unter den Nägeln brannte. Er wollte nicht gierig oder unverschämt wirken. Aber verdammt noch mal, wo war der Airstream? So allmählich war er mit seiner Geduld am Ende, wollte den Wohnwagen endlich mit eigenen Augen sehen.

»Der Steff, der hat sich im Alter auch ziemlich verändert«, unterbrach Rike seine Gedanken.

Henrik musste sofort an den Vater von Frau Eilerts denken. »Hat sein Gehirn nicht mehr richtig funktioniert, ist er dement geworden?«

Rike lachte erneut. »Der Steff senil? Nein, der war im Oberstübchen noch so fit wie früher, der hat uns alle, was das Denkvermögen betrifft, in den Sack gesteckt.«

»Mich wundert, dass sich sein Haus in einem derart fürchterlichen Zustand befindet. So lebt man normalerweise nicht, wenn ...« Henrik stockte, weil er nicht wusste, wie er es ausdrücken sollte. »Wenn noch alles in Ordnung ist«, schloss er ein wenig lahm.

Rike drückte den Zigarillo auf einer Untertasse aus, auf der bereits mehrere Stummel lagen. »Der Steff hat angefangen, sich zu sehr mit der Vergangenheit zu beschäftigen«, sagte sie. »Das hat ihm nicht gutgetan, daran ist er fast zerbrochen.«

»Tut mir leid, das verstehe ich nicht«, erwiderte Henrik. »Mein Onkel hatte doch allen Grund, glücklich und zufrieden zu sein: Er war als Künstler anerkannt, hatte finanziell keine Sorgen und verbrachte die Sommer auf Sylt oder in Südfrankreich. Davon können viele nur träumen. Was hat ihn denn so geplagt, dass sein Leben, wie es auf mich wirkt, eine komplette Kehrtwendung genommen hat?«

»Der Steff war einsam.«

Henrik hielt Rike zugute, dass sie es nicht vorwurfsvoll gesagt hatte. »Aber er hatte doch Freunde«, widersprach er. »Seinen Nachbarn, die Herren von der Doppelkopfrunde und wahrscheinlich auch dich, weil du so viel von ihm weißt.«

»Ja, wir waren befreundet«, stimmte Rike zu. »Eine Zeit lang sogar mehr als das.« Für ein paar Sekunden schaute sie versonnen aus dem Fenster. »Aber ich war nicht die, nach der er sich wirklich sehnte.«

Also hatte Aschbrenner doch recht gehabt, schoss es Henrik durch den Kopf. Sein Onkel hatte seiner Jugendliebe nachgetrauert, war daran womöglich zugrunde gegangen.

»Wer hätte diese Sehnsucht denn erfüllen können?«, fragte er.

»Sie nannten sie Babe oder Baby«, antwortete Rike. »Nach diesem albernen Film, auf den sie damals alle abgefahren waren. Babe verbrachte wie dein Onkel den Sommer auf dem Campingplatz. Dort tanzten sie die Nächte durch, sie war die Mambo-Queen, hat mit ihren Kurven und den aufreizenden Tanzfiguren allen Männern den Kopf verdreht. Dabei wollte sie nur einen: deinen Onkel. Sie hatten eine heiße Affäre, wie er mir später anvertraut hat. Die deinem Onkel jedoch mehr bedeutete als ihr. Eines Tages hat sie ihren Wohnwagen an den Pkw gehängt und war für immer verschwunden.«

Henrik horchte auf. Wo hatte er diese Worte schon einmal gehört? Es wollte ihm in dem Moment partout nicht einfallen. Dennoch lag ihm daran, das Ende der Geschichte zu erfahren.

»Die beiden haben sich also nie wiedergesehen?«

»Soviel ich weiß, nicht«, sagte Rike. »Der Steff schien anfänglich ganz gut darüber hinwegzukommen, hat Trost in anderen offenen Armen gesucht und gefunden. Er war bei meinen Mädels sehr beliebt.«

»Bei deinen Mädels?« Henrik glaubte, nicht richtig zu hören. »Mein Onkel hatte zuerst eine Affäre mit deinen Töchtern und dann mit dir? Oha, ich bin weiß Gott kein Moralapostel, aber das ist ziemlich starker Tobak.«

Rike brach in schallendes Gelächter aus, das nach ein paar Sekunden in einen weiteren Hustenanfall mündete. »Du hast keinen blassen Schimmer, oder?«, krächzte sie, als sie wieder einigermaßen sprechen konnte.

»Nein. Was sollte ich denn wissen?«

»Also an meine Tochter hätte ich deinen Onkel, so gern ich ihn auch mochte, nie rangelassen«, stellte Rike klar. »Aber als zahlender Kunde in der Villa Eden war er mir sehr willkommen.«

Henrik dämmerte es. »Das hier war mal ein Bordell?«

»Die Villa Eden war im Norden gut bekannt, hatte einen exzellenten Ruf. Meine Mädels hatten stets ordentliche Arbeitsverträge, was in unserer Branche noch heute nicht selbstverständlich ist. Ich habe mit Argusaugen darauf geachtet, dass alle Hygienevorschriften peinlich genau eingehalten werden. Bei mir gab es keinen Schmuddel, keinen Ekelfaktor und auch keine Gewalt. Wenn einer von den Freiern Stress gemacht hat, ist er rausgeflogen. Für immer.«

»Wann hast du dichtgemacht?«

»Vor gut sechs Jahren. Ich bin ja nicht mehr die Jüngste, die ständig durchwachten Nächte machten meinem Herzen zu schaffen, und eine Nachfolgerin oder einen Nachfolger gab es nicht. Meine Tochter ist übrigens Buchhalterin.« Rike schnitt eine Grimasse.

»Und mein Onkel?«

»Der war auch im Alter noch recht aktiv. Doch er war, wie man so schön sagt, meist nur körperlich anwesend. Selbst als wir unseren Spaß im Bett hatten, habe ich ihm anmerken können, dass er eigentlich an die andere denkt.«

»Diese Babe oder Baby. Wie war denn ihr richtiger Name?«

»Irgendetwas Nordisches, mehr weiß ich nicht mehr.«

»Für meinen Onkel gab es also kein Happy End«, stellte Henrik fest.

»Das gab es im Film ja auch nicht«, konterte Rike. »Aber je älter der Steff wurde, desto stärker hat er darunter gelitten, es war wie ein Trauma, das ihn verfolgte. Mir kam es manchmal vor, als ob er den Lebensmut verloren hätte. Er ließ alles nur noch schleifen. Was ihm vorher etwas bedeutet hatte, war ihm nun egal, seine Kunst, der Zustand des Hauses. Sogar seine Freunde hat er vernachlässigt.«

»Gesundheitliche Probleme scheint er auch schon länger gehabt zu haben.«

»Ach?« Rike schaute ihn erstaunt an. »Davon wusste ich nichts.«

»Er ist an einem Schlaganfall gestorben. Vermutlich hatte er

Bluthochdruck und Atherosklerose, so ein tödlicher Hirnschlag kommt bei den meisten ja nicht aus heiterem Himmel.«

Rike zog einen weiteren Zigarillo aus der Schachtel, zündete ihn an, inhalierte und blies den Rauch in den Raum, schien nachzudenken.

»Das ist seltsam«, sagte sie schließlich. »Wir waren beide beim selben Hausarzt, Dr. Südermann. Im August habe ich ein großes Blutbild machen lassen, um abzuchecken, was mein Rheuma und die Gicht in meinem Körper so treiben. Die Werte waren, sagen wir mal, nicht ganz optimal.« Sie beförderte die Asche auf die Untertasse. »Darüber habe ich mich bei deinem Onkel beklagt, als wir uns zufällig beim Bäcker getroffen haben«, fuhr sie fort. »Und da hat der Steff damit geprahlt, dass seine Blutwerte, die er ebenfalls vor Kurzem hatte abchecken lassen, bestens wären. ›Der rote Saft, der durch meine Adern fließt, ist der eines jungen Mannes‹, hat er gesagt.«

»Hm, das ist wirklich seltsam«, stimmte Henrik zu. »Wenn seine Cholesterinwerte zu hoch und seine Gefäße verkalkt gewesen wären, hätte man das am Blutbild erkennen müssen. Hat er dir die Wahrheit gesagt oder aus Gründen, die wir nicht kennen, vielleicht geflunkert?«

»Warum sollte er mir nicht die Wahrheit sagen?«, wunderte sich Rike. »Ich habe in dem Moment allerdings nicht nachgehakt, was mir jetzt leidtut. Der Steff war damals in Eile, musste zurück nach Hause. Er hatte, wie er mir erzählte, nur schnell Kuchen besorgt, er erwartete Besuch. Damenbesuch, habe ich ihn noch geneckt.«

»Ist diese Babe wiederaufgetaucht?«

»Nein, es war jemand, der sich für seine Bilder interessierte. Er hatte beim Steff in den letzten Wochen wohl öfter vorbeigeschaut, was ihn freute, er wirkte richtig aufgekratzt.«

»Vom Fünfzig-Euro-Schein abgesehen, der im Portemonnaie meines Onkels steckte, habe ich im Haus kein weiteres Bargeld gefunden«, sagte Henrik. »Von daher habe ich keine Ahnung, ob dieser Besucher ein Bild gekauft hat oder nicht.«

»Es könnte ja sein, dass der Käufer die Summe überwiesen hat.«

»Ja, das werde ich sehen, wenn ich mir die Kontoauszüge vornehme. Das habe ich bis jetzt nicht geschafft, es war so viel zu erledigen.« Henrik seufzte. »Ich wünschte, mein Onkel und ich hätten uns unter anderen Umständen wiedergetroffen.«

»Das hätte ich euch auch gewünscht«, sagte Rike. »Aber da wir gerade beim Thema Geld sind.« Sie spielte etwas verlegen mit dem inzwischen erloschenen Zigarillostummel zwischen ihren Fingern. »Harry hatte am Telefon erwähnt, dass du nach diesem Wohnwagen suchst.«

»Ja, nach dem Airstream.« Henrik klang nicht sonderlich begeistert. Er hatte plötzlich Mühe, sich auf den ursprünglichen Grund seines Kommens zu besinnen. Sein Gehirn war vollends damit beschäftigt zu verarbeiten, was er soeben von Rike erfahren hatte. Irgendetwas stimmte da nicht. Wieso war sein Onkel an einem Schlaganfall gestorben, wenn er, den Blutwerten nach, kerngesund gewesen war? Sich wie ein junger Mann gefühlt hatte? Das passte nicht zusammen. Sein Bauchgefühl teilte ihm mit, dass hier etwas oberfaul war. Er musste unbedingt mit Dr. Südermann, dem Hausarzt seines Onkels, sprechen und erfahren, was er über den unerwarteten Tod seines ehemaligen Patienten dachte.

»Henrik? Ist was?«, fragte Rike besorgt.

»Nein, ich hatte nur so einen Gedanken«, antwortete er. »Aber nicht wichtig. Was ist mit dem Airstream?«

»Tut mir leid, aber den Wohnwagen gibt es nicht mehr«, sagte Rike zerknirscht. »Zumindest nicht hier bei mir.«

Damit hatte Henrik nicht gerechnet. »Wie meinst du das?«

Rike legte den Zigarillostummel auf die Untertasse und wischte sich die Finger an der in allen Regenbogenfarben schillernden weiten Hose ab. »Es ist so: Dein Onkel und ich, wir haben regelmäßig zusammen Karten gespielt. Doppelkopf und Poker. Beim Poker haben wir uns mit drei Bekannten zusammengetan, da ging es auch um Geld.«

»Ihr habt gezockt?«

»So würde ich das nicht nennen«, widersprach Rike. »Aber wir haben das Spiel sehr ernst genommen.«

Henrik hatte plötzlich ein flaues Gefühl im Magen. »Ging es bei euch um große Summen?«

»Anfänglich nicht. Aber irgendwann steigerten sich die Einsätze, und ich hatte gerade eine Glückssträhne.«

»Wie schön für dich«, murmelte Henrik.

»Erst habe ich gedacht, wir sollten vernünftig sein und aufhören«, gestand Rike. »Dann sind die Pferde mit mir durchgegangen, und ich wollte es bis zum Ende durchziehen. Nur dein Onkel und ich spielten noch, die anderen sind vorher ausgestiegen.«

»Wie hoch war der Einsatz?«

»Zwölftausendfünfhundert Euro.« Rike lachte, diesmal verlegen. »Ich konnte es selbst kaum glauben, da hatte sich zwischen halb acht und Mitternacht enorm was aufgeschaukelt. Normalerweise ging es bei uns nicht um so hohe Einsätze, aber plötzlich war es wie eine Sucht, wir konnten nicht aufhören. Und dann hatte ich dieses Wahnsinnsblatt in der Hand, einen Royal Flush. Da habe ich auf fünfzehntausend erhöht.«

»Fünfzehntausend Euro.« Henriks Stimme klang rau.

»Dein Onkel hat verloren, obwohl er ein Full House hatte, also an sich auch keine schlechten Karten. Aber er war ein Ehrenmann.«

»Hatte er denn so viel Geld flüssig?«

»Nein. Er war ja nicht mehr so gut im Geschäft.«

Henrik ahnte, wie sein Onkel die Spielschulden beglichen hatte. »Er hat dir den Airstream überlassen.«

»Richtig.« Rike nickte. »Das erschien uns in der Situation das Sinnvollste, dein Onkel hatte ja keine Verwendung mehr dafür, die Zeit war für ihn vorbei. Aber was hätte ich mit einem Wohnwagen gesollt? Ich habe mich mein Lebtag nicht für Camping interessiert, wenn ich Urlaube mache, buche ich ein Hotel. Mein Enkel hat für mich in einem dieser Verkaufsportale ein Inserat aufgesetzt, und innerhalb von nur drei Tagen hatte ich den Wohnwagen an einen Holländer vertickt. Der deutlich mehr als die ursprüngliche Gewinnsumme bezahlt hat. Diese Fahrzeuge werden ja hoch gehandelt, wie mir mein Enkel vorher erzählt hatte.«

»Ja, das werden sie«, sagte Henrik betrübt. Jetzt, wo er die Gewissheit hatte, dass der Airstream ihm niemals gehören würde, traf ihn die Enttäuschung doch hart. Er riss sich zusammen, um nicht aufzuspringen und die Villa Eden fluchtartig zu verlassen.

»Wenn ich gewusst hätte, dass es noch einen Neffen gibt, der mit dem Wohnwagen was anfangen kann, hätte ich anders gehandelt, dann hätte ich ihn dir überlassen«, beteuerte Rike.

Henrik atmete ein paarmal tief durch und schluckte seinen Frust hinunter. »Geht schon in Ordnung«, versicherte er. »Der Airstream gehörte nicht mir, sondern meinem Onkel, und er durfte damit tun und lassen, was er wollte. Dasselbe gilt für dich.«

»Vielleicht tröstet es dich zu erfahren, dass ich das Geld nicht verprasst habe«, sagte Rike. »Einen Teil davon habe ich einem meiner ehemaligen Mädels überlassen, sie ist krank und kann nicht mehr arbeiten, die Finanzspritze hat ihr gutgetan. Und den Rest«, Rike beschrieb mit der Hand einen Halbkreis, »siehst du hier. Dein Onkel hat dafür gesorgt, dass ich mir diese kleine Wohlfühloase einrichten konnte. Wofür ich ihm sehr dankbar bin.«

Henrik verfiel in Schweigen, musste alles erst einmal sacken lassen. Auch Rike blieb bis auf ein gelegentliches Husten stumm, spürte wohl, dass in dem Moment keine Worte angebracht waren. Nach drei, vier Minuten klopfte sie sich auf die Schenkel.

»So, auf den Schreck hast du dir einen Schnaps verdient.«

»Besser nicht, ich muss noch fahren.«

Henrik dachte an die Flasche Whisky, die bei ihm im Kastenwagen stand. Nun hatte er mehr Grund denn je, sich den Inhalt nach der Rückkehr zum Campingplatz zu Gemüte zu führen, seine Enttäuschung und seinen Kummer im Alkohol zu ertränken. Er hätte den Airstream so gern zumindest einmal gesehen, herausgefunden, was für einen Schatz auf zwei oder vier Rädern sein Onkel gehütet hatte. Und erst das Geld! Was hätte er nicht alles damit anstellen können. Doch sämtliche Pläne, die er heimlich im Kopf geschmiedet hatte, waren hinfällig, denn der Airstream gehörte inzwischen einem Holländer. Ausgerechnet! Hoffentlich baut er ihn nicht zur Imbissbude um, von der aus er Bitterballen, Kroketten und Fritten am Strand anbietet, schickte Henrik ein stilles Stoßgebet zum Himmel, weil er wusste, dass vielen ausrangierten Airstream-Wohnwagen genau dieses Schicksal widerfuhr.

»Schade, ich trinke um die Zeit immer einen Kleinen«, drängte sich Rike in seine trüben Gedanken. Mit Hilfe des Stocks kam sie auf die Beine und ging zum Kühlschrank, aus dem sie eine schlanke Glasflasche entnahm. Sie goss zwei Fingerbreit einer klaren Flüssigkeit in ein Wasserglas und kehrte zum Sofa zurück.

»Prösterchen«, sagte sie und leerte das Glas in wenigen Schlucken.

Henrik hatte höflich gewartet, bis sie ausgetrunken hatte, und erhob sich dann vom Schwingsessel. »Ich muss mich leider verabschieden, ich habe noch einiges zu erledigen. Danke, dass du dir so viel Zeit genommen hast. Ich habe eine Menge über meinen Onkel erfahren.«

»Gern geschehen. Schade, dass ich euch nicht habe zusammen erleben dürfen. Ihr seid euch ein bisschen ähnlich, weißt du. Wie du den Kopf hältst und dabei so streng in die Gegend guckst. Das hat der Steff am Anfang auch immer getan, bis ich es hingekriegt habe, dass er lockerer wurde.« Rike grinste.

Henrik grinste zurück. »Ich werde an meiner Mimik arbeiten«, versprach er.

»Ich bringe dich zur Tür. Nicht, dass du dich in dem alten Gemäuer verläufst.« Rike rappelte sich erneut vom Sofa hoch und glättete ihre kunterbunte Hose. »Ach, mir fällt gerade was ein«, verkündete sie und berührte Henrik kurz am Arm. »Der Alkohol scheint meine kleinen grauen Zellen auf Trab zu bringen.«

»Da bin ich aber gespannt.«

»Wenn der Steff Grünkohlschnaps getrunken hatte, und ich meine deutlich mehr als ich eben, da wurde er manchmal gefühlsduselig, war nah am Wasser gebaut. In den letzten Monaten hat er in einer solchen Stimmung öfter was von Schuld gefaselt. ›Alles unsere Schuld‹, hat er wie ein Mantra wiederholt, ich konnte es schon nicht mehr hören.«

»Hat er gesagt, warum er sich schuldig fühlte?«

Rike schüttelte den Kopf. »Nein, wenn er das Stadium erreicht hatte, machte es keinen Sinn, mit ihm zu reden, da bekam man nichts Gescheites aus ihm raus. Und wenn er nüchtern war, hat er sich dagegen gewehrt, dass ich das Thema anspreche, er konnte da echt stinksauer werden. Also habe ich es gelassen. Ich konnte ja nicht ahnen, dass sich mir nie wieder die Gelegenheit bieten würde, ihn danach zu fragen. Jetzt fühle ich mich meinerseits ein bisschen schuldig.«

Zum wiederholten Mal war sich Henrik sicher, ähnliche Worte in den letzten Tagen schon einmal vernommen zu haben, doch auch jetzt konnte er sich nicht erinnern, wo und wer sie geäußert hatte. Himmel, er brauchte dringend Schlaf, anstelle von Gehirnzellen hatte er Watte im Kopf. Es kostete ihn zunehmend Mühe, Rike weiter zuzuhören.

»Auch die Sache mit diesem angeblichen Freund hätte ich vielleicht noch klären können«, meinte sie nachdenklich. »Damals habe ich es als Gestammel eines Besoffenen abgetan. Aber jetzt, wo wir so miteinander reden ... Womöglich wäre es doch wichtig gewesen, ich hätte genauer hinhören sollen.«

»Was hat er denn gesagt?«, zwang sich Henrik zu fragen.

»Dass sein Freund Glück hätte, er wäre nun für immer darüber hinweg, dem ginge es in seinem Zustand deutlich besser.«

»Das klingt tatsächlich sehr verworren. Von welchem Freund sprach er denn? Von jemandem hier aus Sandstedt?«

»Nein, glaube ich nicht. Wie gesagt, wenn beim Steff der Grünkohlschnaps die Oberhand gewonnen hatte, war es schwer, ihn richtig zu deuten. Ich meine verstanden zu haben, dass der Freund nicht von der Weser, sondern von der Ems kam. Aber da muss der Steff was verwechselt haben. Die wenigen Freunde, die ihm blieben, sind alle hier.«

»Ja, mit x Promille im Blut wird er so einiges durcheinandergebracht haben. Schade, dass es mit ihm so enden musste.

Er war eigentlich ein intelligenter und kultivierter Mann. Aber jetzt muss ich wirklich los.«

Rike hauchte ihm zum Abschied einen Kuss auf die Wange, und Henrik nahm ihr Parfüm wahr, das süßlich nach Veilchen duftete. »Komm mich demnächst noch mal besuchen«, sagte sie. »Dann lade ich dich zu Kaffee und Kuchen ein.«

»Mache ich«, versprach er.

»Aber warte nicht zu lange. Meine Tochter redet in den letzten Wochen öfter davon, das Haus zu verkaufen und mich in ein Seniorenheim zu verfrachten. Der alte Schuppen wäre nur ein finanzieller Klotz am Bein, behauptet sie, obwohl das Haus seit drei Generationen in der Familie ist.«

»Seniorenheim?«, wiederholte Henrik. Da machte es bei ihm klick. »Wir sehen uns«, rief er und eilte zum Auto. Er ließ den Motor an, gab Gas und heizte in einem Tempo über die Schlaglöcher, das selbst die robusten Stoßdämpfer des Geländewagens an ihre Grenzen brachte. Als er auf der Hauptstraße angekommen war, fummelte er das Handy aus der Hosentasche und wählte Kathrins Nummer.

»Pack alles zusammen«, bat er sie, »wir müssen sofort zurück nach Ditzum.«

29

»Wir brauchen Ihre Hilfe, Frau Eilerts«, sagte Henrik sanft und legte seine Hand kurz auf die ihre. Sie fühlte sich kalt an. Frau Eilerts sah verheult aus, sie hatte Kathrin und Henrik, die an ihr Wohnmobil geklopft hatten, zunächst nicht öffnen wollen. Erst Henriks behutsames Drängen hatte sie umgestimmt. Nun saßen sie sich auf der schicken Sitzgruppe ihres neuen Wohnmobils gegenüber, und Frau Eilerts schaute ihn skeptisch an.

»Wobei sollte ausgerechnet ich Ihnen helfen können?«

»Es geht um Ihren Vater«, sagte Henrik.

»Wegen meines Vaters hat mein Mann heute die Kinder in einen Mietwagen gepackt und ist nach Hause gefahren. Er hat gemeint, es wäre nicht mehr zum Aushalten, das wäre kein Urlaub. Außerdem wären wir eh schon viel zu lang unterwegs, die Kinder müssten wieder in die Schule. Womit er recht hat. Um über ein verlängertes Wochenende wegzufahren, hatten wir der Schulleitung mitgeteilt, sie wären krank.«

Kathrin lächelte verständnisvoll. »Das Blaumachen hat den Kindern bestimmt gefallen.«

Frau Eilerts fischte ein Papiertaschentuch aus der Hosentasche und putzte sich die Nase. »Ja, am Anfang schon. Aber gestern wollten die beiden auch nicht mehr hierbleiben, haben den ganzen Tag gequengelt und sich geweigert, den Opa zu besuchen. Was ich aus ihrer Sicht verstehen kann, die Veränderungen, die mein Vater durchgemacht hat, sind ja beängstigend. Aber ich bringe es einfach nicht übers Herz, ihn im Stich zu lassen. Deshalb bin ich nicht mitgefahren, ich werde noch ein paar Tage in Ditzum bleiben.«

»Hat sich sein Zustand weiter verschlechtert?«, fragte Henrik besorgt.

»Die Ärzte verstehen auch nicht, warum es mit einem Mal so rapide bergab geht«, klagte Frau Eilerts. »In den letzten Tagen hat er viel Zeit im Bett verbracht und die Zimmerdecke angestarrt. Und dann bekommt er plötzlich so eine Art Koller, fängt an zu weinen und zu schreien, lässt sich ohne eine Spritze oder Infusion nicht mehr beruhigen. Es ist ein Elend.« Sie fuhr sich mit der Hand über die Augen.

»Das tut mir leid«, sagte Henrik. »Die Chancen, dass wir mit ihm reden könnten, gehen damit wohl eher gegen null, oder?«

»Vereinzelt hat er noch lichte Momente«, antwortete Frau Eilerts. »Doch sie sind rar geworden, und man weiß nie, wann sie auftreten. Aber warum wollen Sie ihn denn sprechen? Sie kennen ihn ja gar nicht. Und sind Sie nicht eigentlich damit beschäftigt, den Brandstifter zu finden? War das nicht Ihre Aufgabe?«

»Richtig«, sagte Henrik. »Ich stecke mitten in den Ermittlungen. Dabei versuche ich auch herauszufinden, ob es einen Zusammenhang zwischen dem Brandsatz bei Ihnen und den anderen Vorfällen gibt. Irgendeine Verbindung muss da ja existieren.«

»Das ist anzunehmen«, stimmte Frau Eilerts zu. »Ich habe bloß keine Ahnung, welche es sein könnte. Und ich verstehe nicht, warum er es ausgerechnet auf unser Wohnmobil abgesehen hatte, es war ja nicht das einzige auf dem Platz. Oder hat er nach dem Zufallsprinzip gehandelt, und wir hatten einfach nur Pech?«

»Für mich hatten Sie eher Glück«, erwiderte Kathrin. »Der Brandsatz hat sich nicht entzündet, Ihnen und dem Wohnmobil ist nichts passiert.«

»Mir liegt viel daran, den Täter so schnell wie möglich zu fassen«, bekundete Henrik. »Damit mir das gelingt, muss ich allen Spuren nachgehen, auch denen, die in die Vergangenheit führen.«

»Und da glauben Sie, dass mein Vater Ihnen von Nutzen sein könnte?« Frau Eilerts klang verwundert.

»Nein, Ihr Vater hat mit den Bränden an sich bestimmt nichts zu tun, deshalb möchte ich ihn nicht sprechen«, räumte Henrik ein. »Es geht um etwas anderes. Eine Angelegenheit, die ebenso vertrackt ist. Es hängt damit zusammen, dass mein Onkel Anfang des Monats verstorben ist.«

»Mein Beileid«, sagte Frau Eilerts.

»Danke. Wir standen uns zwar nicht sonderlich nahe, aber sein Tod lässt mich natürlich nicht kalt.«

»Das kann ich gut nachvollziehen. Ich mag mir gar nicht ausmalen, wie ich reagieren werde, wenn mein Vater uns verlässt.« Frau Eilerts schluckte schwer.

»Noch ist es ja nicht so weit«, tröstete Kathrin.

»Ja, lassen wir das Thema besser«, sagte Frau Eilerts. »Was ist denn mit Ihrem Onkel?«, wandte sie sich an Henrik.

»Wie gesagt, es ist komplizierter, als ich anfangs dachte«, antwortete Henrik. »Seit gestern habe ich nämlich Grund zur Annahme, dass mein Onkel nicht, wie wir alle bis dahin angenommen hatten, eines natürlichen Todes gestorben ist. Ich befürchte, er wurde Opfer eines Verbrechens. Leider habe ich bis jetzt null Beweise, mit denen ich mich an die Polizei wenden könnte.«

»Puh, das ist eine schwierige Situation«, sagte Frau Eilerts mitfühlend. »Da möchte ich nicht in Ihrer Haut stecken. Was ist mit Ihrem Onkel geschehen, dass Sie einen solchen Verdacht hegen?«

»Auf dem Totenschein, den der Notarzt ausgestellt hat, steht, dass mein Onkel an den Folgen eines Hirnschlags gestorben ist«, berichtete Henrik. »Der Nachbar, der ihn sterbend in seinem Haus aufgefunden hat, bestätigte dies aufgrund der Symptome, die mein Onkel zeigte. Gestern habe ich dann mit einer engen Freundin meines Onkels gesprochen, die die Diagnose aufgrund ihrer Kenntnisse vehement in Frage stellt. Und auch dem Hausarzt, mit dem ich mittlerweile telefoniert habe, sind inzwischen Zweifel gekommen. Beim letzten Check-up gab es keinen Hinweis darauf, dass mein Onkel gefährdet war, schwer an einer Herz-Kreislauf-Schwäche zu erkranken. Nach Aussage des Arztes war er kein Risikopatient. Sein Tod kam völlig unerwartet.«

»Plötzliche Sterbefälle gibt es leider immer wieder«, wandte Frau Eilerts ein. »Vermeintlich kerngesunde Sportler kippen von einer Sekunde auf die andere um und sind tot.«

»Das stimmt«, räumte Henrik ein. »Aber ich habe mir im

Laufe meiner jahrelangen Tätigkeit einen Berufsinstinkt zugelegt, der mich bis auf wenige Ausnahmen nie im Stich gelassen hat. Mein Gespür sagt mir, dass mein Onkel nicht an einem Schlaganfall gestorben ist. Und deshalb benötige ich dringend die Hilfe Ihres Vaters. Ich bin mir sicher, dass es in der Vergangenheit meines Onkels und der Ihres Vaters irgendetwas gibt, das die beiden verbindet.«

»Nein, das halte ich für ausgeschlossen!« Frau Eilerts klang empört.

Henrik ließ sich nicht beirren. »Erinnern Sie sich an unsere Begegnung am Hafen?«

»Als ich zum Fischhuus wollte?«

»Ja.«

»Ich kam von meinem Vater, der gerade wieder einen seiner Anfälle erlitten hatte, das vergisst man so schnell nicht.«

»Sehen Sie, auch ich habe es nicht vergessen«, sagte Henrik mit einem leisen Lächeln. »Bei unserem Gespräch hatten Sie nämlich etwas erwähnt, das mich hat aufhorchen lassen. Sie sagten, dass Ihr Vater in letzter Zeit ständig von Schuld oder einer Schuld spricht.«

»Ja, das tut er.«

»Die Freundin meines Onkels hat mir berichtet, dass mein Onkel in den letzten Monaten ein ähnlich seltsames Verhalten an den Tag gelegt hat: Immer wenn er zu viel getrunken hatte, und das geschah wohl häufiger, jammerte er, dass er schuldig wäre. Er benutzte beinahe dieselben Worte wie Ihr Vater. Nun frage ich mich, wieso zwei alte Männer plötzlich von so heftigen Schuldgefühlen übermannt werden, dass sie höllisch darunter leiden beziehungsweise litten.«

Frau Eilerts schwieg einen Moment, schien nachzudenken. »Ich nehme an, es ist Zufall. Wir wissen alle, dass ältere Menschen mitunter ein wenig wunderlich werden, selbst wenn sie nicht an Demenz leiden. Bei Ihrem Onkel kam hinzu, dass er unter Alkoholeinfluss stand, wenn er von Schuld sprach. Seine Sinne waren vom Alkohol benebelt, er hat sicherlich Unsinn geredet, so wie viele Betrunkene es tun.«

»Manchmal ist es aber genau umgekehrt. Manchmal bringt einen der Alkohol dazu, die Wahrheit zu sagen«, widersprach Kathrin.

»Hat Ihr Vater mal von einem Stefan oder Steff Krüger gesprochen?«, wollte Henrik wissen. »Er war ein recht bekannter Karikaturist, hatte viele Ausstellungen in der Region.«

»Mir sagt der Name nichts. Ob es bei meinem Vater anders ist …« Frau Eilerts zuckte mit den Schultern.

»Deshalb würde ich ihn ja gern persönlich danach fragen.«

»Sie können es versuchen, doch ich glaube nicht, dass Sie eine brauchbare Antwort bekommen werden.«

»Ja, viel Hoffnung habe ich ebenfalls nicht«, räumte Henrik ein. »Aber womöglich könnten wir auf andere Weise herausbekommen, ob die beiden sich kannten. Wovon ich mittlerweile fest ausgehe. Sie deuteten in unserem vorherigen Gespräch an, dass Ihr Vater davon träumte, noch einmal einen Sommer im Wohnwagen zu verbringen, so wie vor seiner Hochzeit. Und dass die Krankheit ihm diesen Traum genommen hat.«

»Ja, er wird nirgendwo mehr hinreisen.«

»Dieser Sommer, von dem er sprach. Wissen Sie, wann das genau war und wo er ihn verbrachte?«

»Da werde ich Ihnen nicht behilflich sein können. Mein Vater und ich haben so gut wie nie darüber gesprochen. Wir haben uns eher über die Zeit unterhalten, in der wir als Familie Campingurlaub gemacht haben, aber das war ja viel später.«

»Hat er nie einen konkreten Ort genannt? Oder von Freunden berichtet, die er damals getroffen hat?«, wollte Kathrin wissen.

»Nein, mein Vater war nicht so der redselige Typ. Er hat die Dinge immer mit sich selbst ausgemacht. Womöglich hätte meine Mutter Ihnen mehr sagen können, aber sie ist vor ein paar Jahren verstorben.«

»Gibt es vielleicht noch Souvenirs aus der Zeit?«, versuchte es Kathrin nochmals.

»Oder Fotos? Haben Sie ein Familienalbum?«, drängte Henrik.

Frau Eilerts angespanntes Gesicht hellte sich auf. »Ach herrje, warum bin ich nicht gleich darauf gekommen?« Sie stand von der Sitzgruppe auf. »Beim Umzug ins Seniorenheim hat mein Vater ein Fotoalbum mitgenommen, das in keinem guten Zustand mehr ist. Deshalb habe ich es vorige Tage eingepackt, um die Fotos zu Hause in Bielefeld zu digitalisieren. Damit Ben und Mia später Bilder von ihren Großeltern und von mir als Kind haben.« Sie reckte sich und zog ein dickes, in beigefarbenes Leder eingebundenes Album aus einem der Oberschränke, legte es auf den Tisch und schlug es auf, wobei das Transparentpapier, das die einzelnen Seiten trennte, knisterte.

»Hm, das ist mein Vater bei seiner Kommunion. Da bei seiner Schulabschlussfeier und hier mit Freunden.« Das Foto zeigte drei über beide Backen grinsende junge Männer, die sich vor der Bronzeskulptur der Bremer Stadtmusikanten aufgestellt hatten. »Bis jetzt sehe ich nichts von Camping.« Sie blätterte weiter.

»Da!«, riefen Henrik und Kathrin beinahe gleichzeitig.

Auf dem Foto stand Frau Eilerts Vater mit vor Stolz geschwellter Brust vor einem kleinen Wohnwagen.

»Das ist ein Knaus Schwalbennest«, sagte Kathrin. »So einen habe ich mal im Erwin Hymer Museum in Bad Waldsee gesehen.«

»Ja, jetzt erinnere ich mich«, sagte Frau Eilerts. »Mein Vater hat von seinem ›Schwälbchen‹ geredet. Der Wohnwagen hatte damals bestimmt schon zwanzig Jahre auf dem Buckel.«

»Gibt es noch mehr Fotos dieser Art?«, fragte Henrik.

»Schauen wir mal.« Frau Eilerts schlug eine Seite nach der nächsten um.

»Stopp!«, rief Kathrin. »Hier steht der Wohnwagen an einem Fluss, direkt am Ufer mit einem kleinen Sandstrand. Am Strandende kann ich ein Leuchtfeuer erkennen.«

»Da im Hintergrund, sind das Ladekräne? Von einem Verladekai?« Henrik beugte sich hinunter, um besser zu sehen.

»Also für mich gibt es keinen Zweifel«, sagte Kathrin. »Der Wohnwagen steht auf einer Parzelle der Weserhenne.«

»Der was?« Frau Eilerts schaute sie verständnislos an.

»Ein Campingplatz an der Unterweser, der seit Kurzem einen neuen Betreiber und damit auch einen neuen Namen hat«, antwortete Kathrin. »Der Platz wurde in den 1960er-Jahren gegründet, damals hieß er, wie ich glaube, einfach nur Campingplatz Sandstedt.«

»Nein, der Name ist mir noch nie untergekommen«, sagte Frau Eilerts.

Henrik hatte vorsichtig weitergeblättert und stieß plötzlich hörbar den Atem aus. »Da, mein Onkel! Hab ich's doch gewusst!«

»Echt?«, sagte Kathrin perplex.

»Ja, hier in der Gruppe, die sich um das Lagerfeuer versammelt hat. Ihr Vater sitzt in der Mitte, nicht wahr?«, fragte er Frau Eilerts.

»Ja.«

»Der Mann links daneben ist mein Onkel.« Henrik tippte mit dem Zeigefinger auf die betreffende Person. »Er muss damals so um die dreißig gewesen sein.«

»Dein Instinkt hat dich nicht getäuscht«, sagte Kathrin. »Die beiden haben sich tatsächlich gekannt. Und sie sehen ziemlich vergnügt aus, so als ob sie sich gut verstünden.«

»Die Frau dort vorn, in der Caprihose und mit der unter der Brust verknoteten Bluse, kommt mir ebenfalls bekannt vor«, meinte Henrik nachdenklich.

»Mir auch«, stimmte Frau Eilerts zu. »Aber das liegt sicherlich daran, dass sie ein bisschen wie die Schauspielerin in ›Dirty Dancing‹ aussieht. Ich habe den Film mindestens zehn Mal angeguckt.«

»Wie diese Babe oder Baby?«, hakte Henrik nach.

»Ja, die beiden Hauptfiguren hießen Baby und Johnny.«

»Sieh mal an.« Henrik pfiff durch die Zähne. »Das war also die ehemalige Geliebte meines Onkels, von der die Freundin, mit der ich mich gestern unterhalten habe, gesprochen hat. Mein Onkel hat ihr angeblich bis zu seinem Tod nachgetrauert. Was ich verstehen kann, sie wirkt sehr sexy. Leider weiß ich nicht, wie sie mit richtigem Namen heißt.«

Kathrin hatte die Stirn grübelnd krausgezogen. »Das ist Frau Oppermann«, sagte sie schließlich und klang selbst verwundert.

»Frau Oppermann? Nie und nimmer.« Henrik lachte auf.

»Doch«, beharrte Kathrin. »Denk dir mal ihre große Brille weg. Und stell dir vor, sie hätte nicht diesen Kurzhaarschnitt, der bei Senioren anscheinend so beliebt ist. Damals war sie noch deutlich schlanker. Aber die Nase und der Mund, das passt. Ich bin mir hundertprozentig sicher, dass es sich um Frau Oppermann handelt.«

»Du könntest recht haben«, räumte Henrik ein. »Wie heißt Ihr Vater mit Vornamen«, wandte er sich an Frau Eilerts.

»Enno.«

»Enno Eilerts. Stefan Krüger. Inka Oppermann alias Babe oder Baby. Und wer ist der Vierte im Bunde, der rechts neben Enno Eilerts sitzt?«

»Keine Ahnung. Da muss ich passen«, sagte Kathrin.

»Mannomann, das ist eine Wendung, mit der ich so nicht gerechnet habe«, gestand Henrik. »Um das alles nachvollziehen zu können, muss ich es zuerst gedanklich Schritt für Schritt aufdröseln.«

»Ja, es ist wirklich erstaunlich.« Kathrin nickte.

»Also gut, fangen wir mit Ihrem Vater an«, sagte Henrik zu Frau Eilerts.

»Okay, wenn Sie meinen …« Sie klang verunsichert.

»Es steht somit außer Zweifel, dass Ihr Vater und mein Onkel sich kannten«, begann Henrik. »Die beiden haben zusammen am Lagerfeuer gesessen und Bier getrunken, sehen sehr entspannt aus. Demnach dürfte auch geklärt sein, wo sich Ihr Vater in dem Sommer aufhielt, den er so gern wiederholt hätte.«

»Richtig.« Frau Eilerts nickte.

»Der Film ›Dirty Dancing‹ kam – ich habe gestern extra nachgeschaut – Anfang Oktober 1987 in die deutschen Kinos. Da hatte der Campingplatz in Sandstedt aber schon Winterpause, also muss es sich hier«, Henrik zeigte auf das Foto, »um den Sommer 1988 handeln. Ihr Vater und mein Onkel kennen sich demnach seit fünfunddreißig Jahren.«

»Das wusste ich wirklich nicht«, beteuerte Frau Eilerts.

»Ob sie zwischenzeitlich den Kontakt gehalten haben?«

»Keine Ahnung.«

»Das tut aber höchstwahrscheinlich auch nichts zur Sache«, meinte Henrik. »Wichtiger ist in dem Zusammenhang, dass Ihr Vater und mein Onkel seit Monaten von unerklärlichen Schuldgefühlen heimgesucht werden. Die so heftig sind, dass Ihr Vater darüber in Tränen ausbricht, sogar versucht, sich selbst zu verletzen, und dass mein Onkel Vergessen im Grünkohlschnaps gesucht hat. Woher stammen diese Gewissensqualen? Die Antwort darauf hat mein Onkel mit ins Grab genommen, und es steht zu befürchten, dass Ihr Vater es uns ebenfalls nicht sagen kann oder will. Wir dürfen aber annehmen, dass es sich um ein sehr einschneidendes Erlebnis gehandelt hat, sonst würden die beiden ja nicht am selben Trauma leiden.«

»Wie Sie es darstellen, hört es sich ziemlich schlimm an«, sagte Frau Eilerts bedrückt.

»Ich fürchte, es kommt noch schlimmer, denn die Geschichte ist damit nicht zu Ende«, warnte Henrik. »Im September 1988 fährt ein Siebzehnjähriger mit seinem Mofa morgens vom Campingplatz Sandstedt los und kehrt abends nicht mehr heim, gilt seitdem als vermisst. Sein Mofa wird noch am selben Tag am Weserufer gefunden, was die Vermutung nahelegt, er wäre im Fluss ertrunken. Gut dreißig Jahre später wird ein Skelett auf dem Schwestercampingplatz in Rechtenfleth entdeckt, die Plätze liegen nur zwei Kilometer auseinander. Laut Aussage des Pathologen, der noch dabei ist, die abschließenden Untersuchungen vorzunehmen, ist die Wahrscheinlichkeit sehr groß, dass es sich bei den gefundenen Überresten um die des vermissten Jugendlichen handelt. Seine Leiche wurde damals unter einer dicken Betonschicht versteckt, die nun bei Renovierungsarbeiten hatte entfernt werden sollen.«

»Wie schrecklich! Der arme Junge.« Frau Eilerts schlug die Hand vor den Mund.

»Nun frage ich mich«, Henrik schaute Frau Eilerts bedeutungsvoll an, »ob es zwischen der skelettierten Leiche und den

Schuldgefühlen Ihres Vaters und meines Onkels einen Zusammenhang gibt.«

Frau Eilerts wurde blass. »Wollen Sie damit andeuten, dass mein Vater etwas mit dem Tod des Jugendlichen zu tun hat?«

»Ich möchte es nicht ausschließen«, sagte Henrik ernst. »Und ich habe den Verdacht, dass auch mein Onkel daran beteiligt war. Weshalb sich nun jemand an ihm gerächt hat. Jemand, der nicht vergessen konnte oder wollte.«

Frau Eilerts starrte ihn mit weit aufgerissenen Augen an. »Das würde ja bedeuten, dass mein Vater ebenfalls in Gefahr ist.«

Henrik nickte. »So ist es.«

Frau Eilerts sprang auf. »Ich muss sofort zu ihm. Wenn Sie bitte gehen würden.«

»Einen Moment noch«, bat Henrik. »Ich möchte, dass Sie sich den Rest meiner Vermutungen anhören, damit Sie komplett im Bilde sind.«

Frau Eilerts setzte sich widerstrebend, rutschte jedoch unruhig auf der Bank hin und her.

»Frau Oppermann«, sagte Kathrin.

»Ja, gut kombiniert«, sagte Henrik. »Was Frau Oppermann, die sie damals Babe oder Baby nannten, passiert ist, dürfen wir ebenfalls nicht außer Acht lassen: Ihr Wohnmobil wurde vor Kurzem in Greetsiel durch ein Feuer zerstört, das durch einen Brandsatz ausgelöst wurde, der dem ähnelt, den Ihr Mann unter Ihrem Wohnmobil entdeckt hat.«

»Oh Gott, oh Gott«, stammelte Frau Eilerts.

»Für mich spricht viel dafür, dass Frau Oppermann ebenfalls an dem Ereignis beteiligt war, das Ihren Vater und meinen Onkel schwer traumatisiert hat.«

»Daran habe ich, nachdem ich die Fotos hier gesehen habe, keinen Zweifel mehr«, stimmte Kathrin zu. »Erinnerst du dich, wie sie uns in Greetsiel, direkt nach dem Brand, von ihren Schlafstörungen berichtet hat? Weshalb sie so früh aufgestanden ist? Die müssen ja eine Ursache haben.«

Henrik nickte. »Ja.«

»Und bei unserem letzten Telefongespräch hat sie so komisch

betont, dass man die Vergangenheit besser ruhen lassen soll. Ich hatte mich schon gewundert, was sie damit gemeint hat. Jetzt habe ich so eine Ahnung.«

»Verdammt noch mal, was haben sie bloß mit dem Jugendlichen angestellt?«, fragte Henrik grimmig.

»Ich will jetzt zu meinem Vater.« Frau Eilerts war erneut aufgestanden.

Henrik erhob sich ebenfalls. »Eine gute Idee. Wir begleiten Sie. Und nehmen Sie bitte das Fotoalbum mit.«

30

Sie folgten Frau Eilerts, die sie an der Rezeption als Freunde vorgestellt hatte, über die Flure der »Oase hinterm Deich«. Trotz des flotten Tempos, das Frau Eilerts aus Sorge um ihren Vater vorlegte, hatte Henrik Gelegenheit, sich diskret umzuschauen. Bis auf die runden Handgeländer aus Edelstahl, die sich rechts und links an den Flurwänden entlangzogen, und den pflegeleichten hellgrauen Linoleumboden ließ das Interieur kaum darauf schließen, dass sie sich in einem Seniorenheim befanden. Es hätte sich ebenso gut um ein Hotel handeln können. Die weiß getünchten Wände schmückten gerahmte Fotos mit maritimen Motiven, anscheinend waren jeder einzelne Kutter, der im Hafen vor Anker lag, und auch die Fähre abgelichtet worden. Möwen segelten bei Sonnenuntergang über den Dollart, und mehrstöckige Kreuzfahrtschiffe ragten über den Emsdeich. Ein Robbengesicht grinste Henrik frech an, und weiß gelockte Schafe reckten ihm fragend den schwarzen Kopf entgegen.

Die Fotografin oder der Fotograf hat Talent, dachte Henrik anerkennend. Große, teils bodentiefe Fenster ließen alles weiter und lichter erscheinen, anders als auf den meisten Krankenhausfluren bekam Henrik hier keine Beklemmungen. In Nischen luden kleine Sitzgruppen zum Verweilen ein. Die Sessel waren blau-weiß gestreift, die Tische weiß lackiert, auf jedem Tisch standen frische Blumen, meist eine einzelne Sonnenblume in einer handgetöpferten Vase, von der keine der anderen glich. Henrik vermutete, dass die Gäste – so betitelte man hier die Senioren – sie selbst im Werkraum angefertigt hatten.

Frau Eilerts blieb vor einer hellblau gestrichenen Tür stehen, schien sich kurz zu sammeln, drückte die Klinke hinunter und trat ein.

»Hallo, Paps«, sagte sie sehr laut und betont munter.

Enno Eilerts lag nicht, wie Henrik erwartet hatte, im Bett, sondern saß in kurzärmeligem T-Shirt und Jogginghose in einem

Ohrensessel, den er wie den Wohnzimmerschrank und den Sofatisch offensichtlich aus seinem alten Zuhause mitgenommen hatte. Auf den Knien hatte er ein Magazin ausgebreitet, auf dessen Titelseite ein breit grinsender Mann einen kapitalen Hecht vor die Kameralinse hielt. Anscheinend interessierte sich Herr Eilerts fürs Fischen.

Frau Eilerts beugte sich zu ihm hinunter und gab ihm einen Kuss auf die Wange.

»Wie fühlst du dich heute, Paps?«

»Moin, min Deern«, antwortete Enno Eilerts und schaute fragend zu den unbekannten Besuchern.

»Das sind Kathrin und Henrik«, stellte Frau Eilerts die beiden vor. »Wir haben uns auf dem Wohnmobilstellplatz kennengelernt, und ich habe ihnen erzählt, dass du mal so einen hübschen kleinen Wohnwagen hattest. Vielleicht kannst du ihnen ein bisschen davon erzählen, ich habe extra das Fotoalbum mitgebracht.«

Kathrin drückte kurz die faltige Hand des alten Mannes. »Es freut mich, Sie kennenzulernen, Herr Eilerts. Ich habe übrigens ein Oldtimer-Wohnmobil, einen gut dreißig Jahre alten Dethleffs Globetrotter. Ich mag so Fahrzeuge, für mich haben sie noch eine Seele.«

Enno Eilerts nickte. »Kein neumodischer Kram.«

Henrik überreichte ihm eine Schachtel Nusspralinen, die sie auf dem Weg ins Seniorenheim bei Tante Katharina im Kleen Koophuus gekauft hatten. »Ich hoffe, Sie schmecken Ihnen«, sagte er im gleichen Tonfall wie die beiden Frauen, weil er vermutete, dass der alte Herr ein wenig schwerhörig war.

»Bestimmt. Nicht wahr, Paps?« Frau Eilerts war hinter seinen Sessel getreten und wuschelte ihm zärtlich durch das schüttere graue Haar.

»Heute gab es Nudeln. Und Schokopudding«, sagte Enno Eilerts.

»Du hast was gegessen?«

»Ja, wollte Nachschlag.«

Frau Eilerts schaute ihn erstaunt an. »Das ist ja eine tolle

Nachricht. Geht es dir besser? Die letzten Tage hattest du kaum Appetit. Hast gegessen wie ein Spatz.«

Enno Eilerts grinste und zeigte dabei ein für sein Alter erstaunlich robustes Gebiss. »Heute wie ein Wolf. Happs.« Er tat, als wolle er in die Hand seiner Tochter beißen, die sie ihm auf die Schulter gelegt hatte.

Frau Eilerts schien aus allen Wolken zu fallen.

»Haben die Ärzte dir etwa neue Tabletten gegeben?«, fragte sie.

»Hab die alten nicht genommen, schon ein paar Tage.«

»Wie? Überhaupt keine mehr?« Frau Eilerts löste die Hand von der Schulter und eilte zum Nachttischchen, auf dem eine Medikamentenbox lag. »Nur die Vitaminpillen, die der nette Pfleger dir mitgebracht hat, hast du übrig gelassen«, stellte sie fest. »Warum willst du sie plötzlich nicht mehr? Ich habe ihm schon das Geld für zwei Monatspackungen gegeben.«

Enno Eilerts senkte den Kopf. »Nicht gut«, murmelte er.

Kathrin trat an Frau Eilerts Seite, drehte dem alten Mann den Rücken zu. »Könnte ich mal einen Blick auf die Vitamintabletten werfen?«, fragte sie leise.

Frau Eilerts reichte ihr stumm die Box, und Kathrin musterte den Inhalt. Nahm eine der länglichen Tabletten heraus und hielt sie näher an die Augen, um besser zu sehen. Tat dasselbe mit einer zweiten und dritten, legte sie zurück und schloss den durchsichtigen Kunststoffdeckel.

»Das sind keine Vitamintabletten«, sagte sie im Flüsterton.

»Doch. Herr Husmann hat mir den Beipackzettel mitgegeben«, widersprach Frau Eilerts. »Das sind hoch dosierte Vitamine, hauptsächlich der Vitamin-B-Gruppe, Mineralstoffe und bestimmte Aminosäuren, die der Körper nicht von allein bilden kann. Alles, was meinem Vater in der Situation guttut.«

Henrik warf Kathrin einen fragenden Blick zu. In ihren Augen konnte er Sorge lesen. Sie war zwar keine studierte Ärztin, kannte sich aufgrund ihrer Ausbildung zur Heilpraktikerin jedoch bestens in dem Metier aus, hatte in den letzten Jahren viel Erfahrung gesammelt und bildete sich ständig weiter. Wenn sie sagte, dass es keine Vitamintabletten seien, glaubte er ihr. Sie gab ihm durch eine Kinnbewegung zu verstehen, er solle kommen. Henrik zögerte, weil er nicht einzuschätzen vermochte, wie viel der alte Herr noch mitbekam. Er wollte ihn nicht beunruhigen, es wäre besser, wenn er ganz natürlich wirkte. Er zog die Klarsichtfolie von der Pralinenpackung, klappte den Deckel hoch und hielt die Schachtel Eilerts einladend unter die Nase.

»Oh, die sehen aber lecker aus. Möchten Sie mal probieren?«

Enno Eilerts fischte eine Praline aus der Packung.

»Nussnugat. Eine gute Wahl«, beglückwünschte ihn Henrik. »Gleich noch eine? Auf einem Bein kann man, wie man so schön sagt, nicht stehen.«

Enno Eilerts bediente sich erneut und steckte sich das erste Konfektstück in den Mund.

»Soll ich den beiden Damen auch was anbieten?«, fragte Henrik.

Eilerts nickte zustimmend, und Henrik schlenderte betont lässig zum Kopfende des Bettes, wo Frau Eilerts und Kathrin auf ihn warteten. »Was darf es denn sein? Walnusssplitter, Mandelcreme oder Haselnuss-Toffee?«, fragte er in lautem Ton. »Was ist los?«, flüsterte er sodann.

»Ich glaube, das sind Beruhigungsmittel«, gab Kathrin leise zurück. »Es könnte sich um sogenannte Z-Drugs wie Zolpidem und Benzodiazepine handeln.«

»Nein, da muss ein Irrtum vorliegen«, beharrte Frau Eilerts mit gesenkter Stimme. »Mein Vater bekommt ein Schmerzmittel für seine Arthrose, Betablocker und ACE-Hemmer für den Bluthochdruck und ein Mittel, das seine Hirnleistung steigert. Der Rest sind Vitamine.«

»Einer der Ärzte hier im Haus sollte sich die Tabletten so schnell wie möglich ansehen«, drängte Henrik.

»Sie sagten doch, dass Ihr Vater in den letzten Wochen so immens abgebaut hat«, flüsterte Kathrin. »Ich vermute, dass ihm die Beruhigungsmittel zu schaffen gemacht haben. Wie viele soll er denn davon nehmen?«

»Morgens und abends eine von jeder Sorte.«

»Lieber Himmel.« Kathrin war sichtlich geschockt.

»Sie haben die Tabletten von einem der Pfleger sozusagen unter der Hand bekommen?«, vermutete Henrik.

Frau Eilerts sah ein wenig schuldbewusst aus. »Herr Husmann ist sehr engagiert und hat sich von Anfang an blendend mit meinem Vater verstanden. Mit dem Rest vom Pflegepersonal kommt er nicht so gut klar. Aber Herr Husmann kümmert sich aufopfernd um ihn. Und er hat richtig mitgelitten, als es mit meinem Vater so schnell bergab ging. Deshalb hat er mir ja die Vitamine empfohlen. Er sagte, er habe bei anderen Patienten sehr positive Erfahrungen damit gemacht. In so einer Situation greift man doch nach jedem Strohhalm«, rechtfertigte sie sich.

»Ja, das kann ich verstehen.« Kathrin fuhr ihr kurz beruhigend über den Arm. »Aber Sie sollten trotzdem schnellstens was unternehmen. Ihr Vater hat instinktiv richtig gehandelt, vielleicht ist er klarer im Kopf, als Sie dachten.«

»Er wirkt heute ungewöhnlich munter, der Unterschied zu den vorigen Tagen ist frappierend«, flüsterte Frau Eilerts.

»Das ist natürlich erfreulich«, sagte Kathrin. »Aber er hat die Tabletten, wenn ich Sie korrekt verstanden habe, ja schon eine Weile genommen, und man kann schnell süchtig davon werden. Ein kalter Entzug, wie ihn ihr Vater gerade unabsichtlich vollzieht, kann höchst gefährlich sein, vor allem, wenn man an Herzproblemen leidet. Sie müssen es den Ärzten melden.«

»Und wenn es doch nur Vitamine sind?« Frau Eilerts war noch immer nicht hundertprozentig überzeugt. »Ich möchte Herrn Husmann nicht in die Pfanne hauen. Wer soll sich denn dann um meinen Vater kümmern? Das macht niemand so geschickt und liebevoll wie er.«

»Sie müssen ja nicht sofort sagen, dass die Tabletten von ihm stammen«, riet Henrik. »Geben Sie vor, dass Sie sie von den Angehörigen eines anderen Patienten empfohlen bekommen haben, aber nennen Sie keinen Namen.«

»Hm, das wäre eine Möglichkeit«, sagte Frau Eilerts.

»Will noch eine Praline«, meldete sich ihr Vater zu Wort.

»Kriegst du.« Mit zitternden Händen griff Frau Eilerts nach der Packung und kehrte zu ihrem Vater zurück.

»Diesen Pfleger sollten wir uns genauer anschauen«, raunte Henrik Kathrin zu. »Warum tut er so etwas Niederträchtiges? Und was ist, wenn Eilerts nicht der erste Patient ist, dem er Beruhigungspillen untergejubelt hat?«

»Ich hoffe wirklich, dass nicht schon Schlimmeres passiert ist«, wisperte Kathrin.

»Wir lassen Frau Eilerts gleich mit ihrem Vater allein und erkundigen uns an der Rezeption nach dem Pfleger, okay?«, flüsterte Henrik.

»Okay.«

Henrik setzte ein Lächeln auf und ging zu Frau Eilerts und ihrem Vater. »Wir haben uns noch gar nicht über den Wohnwagen unterhalten«, sagte er im Plauderton.

»Ist da drin.« Enno Eilerts öffnete das Fotoalbum, blätterte ungeduldig durch die Seiten. »Mein Schwälbchen«, murmelte er. Plötzlich hielt er inne, wurde kreidebleich. Gab einen Laut, halb Stöhnen, halb Schluchzen, von sich.

»Was ist mir dir, Paps?« Frau Eilerts kniete sich neben ihn hin, schaute besorgt zu ihm auf und streichelte mit den Fingerspitzen über seinen Oberschenkel. »Ist dir nicht gut? Soll ich nach einem Pfleger klingeln?«

Henrik warf einen Blick auf das Foto, das Eilerts zuletzt angeschaut hatte. Es war das, auf dem auch sein Onkel abgelichtet worden war. Konnte das Foto der Grund für den abrupten Stimmungswechsel des alten Herrn sein?

Er gab vor, die Aufnahme zum ersten Mal zu sehen. »Was für eine lustige Runde«, sagte er betont fröhlich.

Kathrin reagierte ebenso geistesgegenwärtig. »Auf dem Foto sind Sie ja auch, Herr Eilerts, ich habe Sie gleich erkannt. Sie haben so ein hübsch gemustertes Hemd an.«

»Die Leute kenne ich gar nicht.« Frau Eilerts schien sich ein Beispiel an Kathrin und Henrik zu nehmen, gab sich ebenfalls locker. »Hast du mir schon von denen erzählt, Paps?«

Ihr Vater reagierte nicht, er ließ den Kopf hängen und wirkte wieder wie der tatterige Greis, als den sie ihn vorher beschrieben hatte.

»Sollen wir uns lieber ein anderes Foto anschauen?«, schlug Kathrin vor.

Durch das auf Kipp geöffnete Fenster drang plötzlich laute Musik vom Parkplatz zu ihnen in den ersten Stock hinauf. Henrik erkannte das Lied sofort, es handelte sich um eine Schnulze aus den Sechzigern, die seine Mutter ab und an auf dem alten Plattenspieler laufen ließ, wenn sie ein Gläschen Weißwein zu viel getrunken hatte. Der Song und vor allem die Liedzeile »Come here, Loverboy!« passten so gar nicht zu seiner ansonsten hanseatisch kühlen Mutter. Henrik vermutete, dass es sie an eine verflossene Jugendliebe erinnerte.

Enno Eilerts hob kurz den Kopf. »Aufhören. Sören mag es nicht.«

»Sören mag das Lied nicht?«, wiederholte Frau Eilerts stirnrunzelnd. »Welcher Sören?«

»Sören Becker«, nuschelte Eilerts.

Henrik fiel die Kinnlade hinunter, und auch Kathrin stand das Erstaunen ins Gesicht geschrieben.

In dem Moment wurde die Tür geöffnet, und ein Mann etwa in Henriks Alter trat ein. Der weiße Kittel spannte ein wenig um seine Hüften, weshalb er die unteren beiden Knöpfe offen gelassen hatte. Das hellbraune, lockige Haar trug er aus der Stirn gekämmt. Seine Lippen umspielte ein freundliches Lächeln, er wirkte sympathisch, fand Henrik.

»Moin zusammen.«

Frau Eilerts kam auf die Beine. »Herr Husmann«, sagte sie und versuchte, ihre Verlegenheit zu überspielen.

»Kein Wort, dass Sie es wissen«, raunte Henrik ihr zu.

Husmann setzte das Tablett, das er in den Händen hielt, auf dem Nachttisch ab. Er zog ein Plastikfläschchen aus der Kitteltasche, drückte eine milchige Flüssigkeit auf seine gewölbte Handfläche und verrieb sie ein wenig umständlich zwischen den langen, schmalen Fingern. Ein süßlich holziger Geruch, der Henrik an das Parfüm von Rike erinnerte, aber wesentlich intensiver war, verbreitete sich im Raum. Husmann schien Henriks Blick registriert zu haben.

»Ein Desinfektionsmittel, das ich mir selbst zusammengemischt habe«, erklärte er. »Wir bekommen hier im Haus zwar ein handelsübliches zur Verfügung gestellt, doch das vertrage ich nicht, das verursacht bei mir einen nässenden Ausschlag. Womit ich nicht arbeiten kann. Aber ich will meine Patienten nicht im Stich lassen. Nicht wahr, Herr Eilerts?« Er strahlte den alten Herrn herzlich an. »Not macht bekanntlich erfinderisch.«

Herr Eilerts antwortete nicht.

Husmann wiegte mitleidig den Kopf. »Oje, geht es uns heute wieder nicht so gut? Ist heute einer von den schwierigen Tagen?«

»Bis eben war er ganz okay«, sagte Frau Eilerts etwas lahm.

Henrik klappte das Fotoalbum zu. »Wir haben ihn wahrscheinlich mit unserem Besuch überfordert.«

»Ja, ich glaube, Herrn Eilerts würde ein bisschen Ruhe guttun. Er sollte sich ein Weilchen hinlegen.«

»Ja, das sollte er«, stimmte Henrik zu.

Er griff nach der Pralinenpackung, um sie wieder zu schließen, und musterte dabei verstohlen den Pfleger. Seine Handbewegungen waren routiniert, er machte einen kompetenten Eindruck und schien ganz in seinem Element. Nur seine Worte wirkten etwas gestelzt, und er sprach sehr langsam, ließ zwischen den Sätzen mitunter Pausen. Ein Tick von ihm? Oder war Deutsch nicht seine Muttersprache? War er womöglich Niederländer? Oder Belgier mit flämischen Wurzeln? Egal, dachte er und schüttelte die Gedanken ab. Die Sprechweise des Pflegers interessierte ihn im Prinzip nicht, seine eigenmächtige Verordnung von angeblichen Vitamintabletten dagegen sehr.

Husmann machte sich an dem Blutdruckmessgerät, das auf dem Tablett lag, zu schaffen. »Vor dem Nickerchen schauen wir mal, wie der Blutdruck so ist. In den ersten Wochen war er ein bisschen zu hoch, doch inzwischen liegt er fast im Normalbereich. Das haben wir prima hinbekommen, nicht wahr, Herr Eilerts?«

»Mit diesen speziellen Vitaminen?«, hakte Henrik sofort nach. »Frau Eilerts hat uns gerade von den Vitaminen vorgeschwärmt, die Sie ihr empfohlen haben. Könnte ich die auch meiner Mutter geben? Sie ist fünfundsiebzig, und ihr Blutdruck ist ebenfalls erhöht. Ich habe Angst, dass sie einen Herzinfarkt oder einen Schlaganfall bekommt.«

»Vitamine sind immer gut, in jedem Lebensabschnitt«, antwortete Husmann ausweichend und rollte die Manschette des Blutdruckmessgerätes auseinander.

»Könnten Sie mir den Namen des Präparates nennen?«, spielte Henrik sein Spielchen mit leutseliger Miene weiter. »Oder besser: Könnte ich die Tabletten direkt bei Ihnen beziehen? Das wäre am einfachsten.«

»Im Augenblick ist es eher ungünstig.«

»Schade.« Henrik tat bekümmert. »Mein Urlaub ist leider morgen zu Ende, da muss ich zurück nach Kiel. Ich stehe mit dem Wohnmobil auf dem Wohnmobilstellplatz hinterm Deich. Den kennen Sie als Einheimischer bestimmt.«

»Nein, ich bin noch nicht so lange hier. Ich habe die Stelle erst vor Kurzem angetreten.«

»Aber aus dem Norden stammen Sie im Gegensatz zu mir schon, oder?«, wandte sich Kathrin mit einem Lächeln an ihn. »Wissen Sie, das höre ich sofort am Akzent. Der hat so was Erfrischendes, wie die Luft hier. Ich mag das.«

»Ich komme ursprünglich aus Bremen. Bremen-Mahndorf«, antwortete Husmann.

»Ach, das wusste ich gar nicht«, sagte Frau Eilerts. »Dann hätten wir ja fast Nachbarn sein können. Ich bin in Achim geboren.«

»So ein Zufall«, nuschelte Husmann.

»Sören sagt Nein. Nein, nein«, meldete sich Enno Eilerts plötzlich zu Wort.

»Welcher Sören?« Husmann blickte den alten Mann mit zusammengezogenen Augenbrauen an. Der blieb ihm die Antwort schuldig.

»Ein Freund von früher«, erklärte Frau Eilerts. »Den er schon seit Ewigkeiten nicht mehr gesehen hat. Sie wissen ja, wie das in seinem Zustand ist.«

Husmann legte das Blutdruckmessgerät auf den Nachttisch und trat neben Eilerts, so als wolle er ihn abschirmen. »Sie sollten jetzt besser gehen«, sagte er ruhig, aber bestimmt. »Wenn Sie möchten, können Sie heute Abend nochmals vorbeischauen. Wir sind ja ein offenes Haus, haben keine festen Besuchszeiten.«

Der Typ will uns eindeutig loswerden, dachte Henrik alarmiert. Was hatte er vor? Wollte er den alten Herrn, sobald sie gegangen wären, wieder mit Beruhigungstabletten vollpumpen? Aber warum machte er das? Hatte ihn Eilerts vielleicht in seinem Testament berücksichtigt, ohne dass seine Tochter davon wusste? Das Geld vom Hausverkauf war bestimmt noch nicht komplett für die Pflege draufgegangen. Wollte Husmann da absahnen? Oder gehörte er zu der Sorte Perverser, die einen hilflosen Schützling mit Tabletten oder einer Spritze an den Rand des Todes brachten, nur um ihn dann wiederzubeleben und bei den Kollegen als Held dazustehen?

Was stimmte nicht mit dem Mann? Dass er Dreck am Stecken hatte, stand für Henrik außer Zweifel. Er wirkte inzwischen auch ein bisschen fahrig, nicht so professionell wie am Anfang. Henrik überlegte fieberhaft, wie er vorgehen sollte. Sollte er Husmann direkt konfrontieren? Ihm klipp und klar mitteilen, dass er, was die Tabletten betraf, im Bilde war? Oder wäre es besser, so zu tun, als ob nichts geschehen wäre? Sollten er und Kathrin sich freundlich verabschieden und auf dem schnellsten Weg zur Polizei gehen? Die Entscheidung, wie mit Husmann zu verfahren wäre, in offizielle Hände legen? Aber was würde der Pfleger in der Zwischenzeit mit dem alten Herrn anstellen?

Nein, das Risiko war Henrik zu groß. Er beschloss, Husmann aufs Glatteis zu führen. Er zog sein Portemonnaie aus der Hosentasche und legte einen Fünfzig-Euro-Schein auf das Tablett.

»Bevor wir gehen, würde ich gern noch eine Monatspackung der Vitamine kaufen«, sagte er. »Für meine Mutter will ich nur das Beste. Egal, was es kostet.«

Husmann antwortete nicht, warf ihm einen Blick zu, den Henrik nicht so recht deuten konnte. Das Lächeln war aus seinen Augen gewichen. Er ging zurück zum Nachttisch und griff nach einer gläsernen Ampulle, die auf dem Tablett lag, brach die Spitze ab und zog die klare Flüssigkeit mit einer Einwegspritze auf. Henrik spürte, wie sich sein Puls beschleunigte. Was hatte Husmann vor? Wollte er Eilerts wieder einmal sedieren? Oder ihn ein für alle Mal ruhigstellen?

»Was ist jetzt mit den Tabletten? Bekomme ich sie oder nicht?«, fragte er barsch, um Husmann aus dem Konzept zu bringen. Der reagierte nicht, war ganz in sein Tun vertieft. Er hielt die Spritze mit der Kanüle nach oben und drückte den Kolben langsam hoch. Dann schnippte er mit dem Zeigefinger leicht gegen das Gehäuse, wahrscheinlich, um mögliche Luftbläschen hinauszubefördern.

Frau Eilerts schluckte, ihr war anzumerken, dass Husmanns Treiben sie ebenfalls nervös machte.

»Sind Sie sicher, dass mein Vater eine Spritze braucht?«, protestierte sie. »So schlecht geht es ihm heute doch nicht. Als wir kamen, war er so klar wie lang nicht mehr.«

»Er muss sich entspannen. Sehen Sie nicht, wie verkrampft er ist?«, antwortete Husmann schneidend.

»Bringen Sie ihn ins Bett und lassen Sie ihn schlafen«, mischte sich Kathrin ein.

»Nein, das ka… das kann ich nicht verantworten.« Husmann schüttelte energisch den Kopf. »Ich kenne meinen Pa… Patienten.«

»Und ich meinen Vater«, konterte Frau Eilerts.

Husmann blieb kurz regungslos stehen, so als wolle er sich sammeln, atmete hörbar durch.

»Im Moment wirkt er friedlich. Aber das täuscht«, sagte er schließlich, wobei er jede Silbe überdeutlich formulierte, sich fast wie ein Roboter anhörte. »In ein paar Minuten wird Ihr Vater außer sich sein«, behauptete er. »Da werde ich ihn mit Reden allein nicht mehr in den Griff bekommen. Ich spritze ihm nur eine niedrige Dosis, es ist zu seinem Besten.«

Der Pfleger schien es mit einem Mal eilig zu haben. Er ging auf Eilerts zu, packte dessen Arm und drehte ihn so, dass die Armbeuge sichtbar wurde.

»Sollten Sie nicht eine Staubinde anbringen? Und die Einstichstelle vorab desinfizieren?«, fragte Kathrin irritiert und machte einen Schritt auf Eilerts zu.

Der alte Mann versuchte, sich aus der Umklammerung zu lösen. Husmann verstärkte seinen Griff, und Eilerts schrie vor Schmerz auf.

»Sie tun ihm weh!«, rief Frau Eilerts anklagend.

»Lassen Sie das!«, bellte Henrik und setzte an, Husmann die Spritze aus der Hand zu schlagen. Der reagierte blitzschnell. Er ließ von Eilerts Arm ab, vollführte eine geschmeidige Drehung und kam hinter Kathrin zum Stehen. Bevor sie hätte realisieren können, was geschah, hatte er sie in den Schwitzkasten genommen, presste sie an sich und hielt die Spritze gegen ihren Hals.

»Noch einen Sch... Schritt und ich ramme ihr die Na... Nadel in die Halsvene.«

Henrik wollte vorwärtsstürmen, zwang sich aber zur Ruhe. »Das würden Sie nicht wagen.«

»Sie können es darauf an... ankommen lassen«, sagte Husmann mit einem wölfischen Grinsen. »Wenn ich alles spritze, ist sie in zwei Mi... Minuten tot.«

»Was ist in der Spritze?«, fragte Henrik heiser.

»Mein Ge... Geheimnis.« Ohne seinen Griff zu lockern, wandte sich Husmann zur Tür. »Wenn Sie uns ge... gehen lassen, wird ihr nichts pa... passieren.«

Henrik blickte in Kathrins panikerfüllte Augen, wollte sie aus Husmanns Umklammerung reißen und wusste doch, dass er sich geschlagen geben musste. Frau Eilerts schluchzte leise. Er hob die Hände. »Okay, Sie haben das Sagen.«

Husmann bugsierte Kathrin vor sich her, den Flur entlang und die Treppe hinunter. Henrik ballte seine Finger zu Fäusten. Sein Kiefer malmte. Die Angst um Kathrin nahm ihm fast den Atem. Er zwang sich zu warten, bis Husmann außer Sichtweite war.

»Rufen Sie die Polizei und sagen Sie ihnen, was geschehen ist«, sagte er mit heiserer Stimme zu Frau Eilerts.

Dann rannte er los. Husmann hatte einen beachtlichen Vorsprung und eine hilflose Geisel in seiner Gewalt. Doch Henrik konnte nicht zulassen, dass er Kathrin auch nur ein Haar krümmte. Er hatte sie in diese Situation gebracht, und er würde sie da auch wieder herausholen. Er durfte sie nicht verlieren.

31

»Lassen Sie mich gehen«, bat Kathrin.

Husmann schwieg. Er hatte sie in sein Auto, einen alten amerikanischen Pick-up, bugsiert und sie auf dem Beifahrersitz mit einem breiten Klebeband festgebunden, das er hinter dem Sitz hervorgefischt hatte. Sie hatte versucht, die Fixierungen zu lösen, doch das Panzertape klebte höllisch, sie hatte selbst eine Rolle davon im Wohnmobil, um kleinere Notreparaturen durchzuführen. Die Chance zu entkommen, lag momentan bei null. Obwohl Husmann ihr derzeit kaum Beachtung schenkte.

Nachdem er mit quietschenden und, wie sie vermutete, qualmenden Reifen losgefahren und wie die gesengte Sau durch den Ort gerast war, hatte er seinen Cowboy-Boliden hinter dem Supermarkt plötzlich nach links geschwenkt. Auf der Molkereistraße war er zurück in Richtung Ortsmitte gefahren, diesmal in einem etwas moderateren Tempo. Nun stand er auf dem Seitenstreifen einer Anliegerstraße und starrte durch die Windschutzscheibe und wirkte wie weggetreten. Gern hätte Kathrin ihn gebeten, die Fenster ein Stück herunterzulassen, der Geruch seines Desinfektionsmittels war so penetrant, dass sie davon Kopfschmerzen bekam. Doch diese Malaise war eher zweitrangig.

»Wenn Sie mich jetzt freilassen, wird Ihnen die Polizei nicht viel anhaben können«, unternahm sie einen weiteren Versuch, zu ihm vorzudringen. Nachdem sich der erste Schock gelegt hatte, war sie etwas ruhiger geworden. Checkte innerlich alle Optionen, um Husmann zum Aufgeben zu bewegen. Reden erschien ihr derzeit als die beste Lösung. Denn selbst wenn es ihr gelänge, das elendige Panzertape loszuwerden, wäre sie ihm körperlich unterlegen. Und er führte die Spritze bei sich, die, wie er behauptete, ein tödliches Mittel enthielt. Die Probe aufs Exempel, ob die Substanz tatsächlich die Wirkung entfaltete, mit der er drohte, wollte sie nicht machen. »Geben Sie sich einen Ruck, noch kann alles gut werden«, drängte sie.

Husmann schnaubte verächtlich.

»Ich muss Sie warnen. Mein Partner wird Himmel und Hölle in Bewegung setzen, um mich zu befreien. Er ist Profi und hat beste Kontakte zur Polizei, auch zu den Spezialeinheiten«, bluffte sie.

Husmann reagierte noch immer nicht. Sein Kiefer malmte, so als ob er alle Möglichkeiten, die ihm blieben, gründlich durchkaute.

»Hier weiter so herumzustehen, macht keinen Sinn. Lösen Sie das Klebeband. Ich werde die Tür öffnen, langsam die Straße hinuntergehen, und Sie können abhauen. Noch ist Ihnen die Polizei nicht auf den Fersen, noch haben Sie einen gehörigen Vorsprung.«

»Halt die Kla... Klappe.« Husmann startete den Motor.

Er fuhr auf die Molkereistraße zurück und drückte das Gaspedal bis zum Anschlag durch. Der Pick-up schoss wie eine Rakete vorwärts. Kathrin klammerte sich trotz der Fesseln mit den Händen am Sitz fest, sah das Feuerwehrhaus und den Wohnmobilstellplatz aus den Augenwinkeln vorbeischnellen. Ob sie Töfftöff, ihr geliebtes Wohnmobil, jemals wiedersehen würde? Dass der Tag eine solche Wendung nehmen würde, damit hatte sie, als sie mit Frau Eilerts und Henrik zur Seniorenresidenz aufgebrochen war, nicht gerechnet. Hatte nicht geahnt, dass sie nur kurze Zeit später in Lebensgefahr schweben würde. Obwohl die Gefahr momentan nicht von Husmanns Spritze, sondern eher von seinem Fahrstil ausging. Mit Vollgas überholte er in einer nicht einsehbaren Kurve einen langsam dahinzockelnden Traktor. Kathrin schloss die Augen und schickte ein stilles Stoßgebet zum Himmel – der ihr gut gesonnen war. Husmann ließ den Traktor, ohne mit einem entgegenkommenden Fahrzeug zu kollidieren, hinter sich.

»Festhalten!«, schrie er plötzlich und riss das Lenkrad nach links.

Sie bretterten einen schmalen holperigen Weg entlang, an einem Gehöft und Kuhweiden vorbei, direkt auf den sich vor ihnen auftürmenden Deich zu. Will er uns etwa in die Ems katapultieren, fragte sich Kathrin bang. Nach einer lang gezogenen Rechtskurve tauchte ein Viehgatter vor ihnen auf. Husmann schien erst gar nicht zu erwägen, es von Hand zu öffnen, er drückte den Fuß aufs Gaspedal und umklammerte das Lenkrad so fest, dass die Knöchel weiß hervortraten. Es gab ein hässliches Geräusch, das von der Motorhaube ausging, Metall traf knirschend auf Metall, der Wagen brach kurz aus der Spur, aber Husmann gelang es, ihn wieder zu stabilisieren. Irgendetwas Metallenes flog durch die Luft, Kathrin konnte nicht sagen, ob es vom Pick-up oder vom Gatter stammte.

Ein paar Schafe tauchten in ihrem Blickfeld auf, die entweder direkt auf dem asphaltierten Weg standen oder rechts und links davon grasten. Husmann bremste kurz, drückte auf die Hupe, und die Schafe galoppierten blökend den Hang hinunter. Husmann gab erneut Gas, und Kathrin erkannte, was sein Ziel war. Vor ihnen tauchte ein imposantes Bauwerk auf, das sich von Ufer zu Ufer über die Ems erstreckte: das Emssperrwerk, das, wie sie am Hafen gelesen hatte, errichtet worden war, um das Landesinnere vor Sturmfluten zu schützen und Schiffsüberführungen von der Meyer Werft in Papenburg in die Nordsee zu ermöglichen.

Was will er ausgerechnet hier, fragte sie sich. Sie würde es gleich erfahren, denn Husmann rammte den Fuß aufs Bremspedal, und der Wagen kam höchstens zwanzig Zentimeter vor einem gut zwei Meter hohen weiß gestrichenen Metallzaun schlingernd zum Stehen. Kathrin stieß erleichtert die Luft aus. Auch Husmann wirkte froh, nicht in den Zaun gekracht zu sein, er fuhr sich mit der rechten Hand übers Gesicht, während die linke noch immer das Lenkrad festhielt.

»Raus«, befahl er mit heiserer Stimme.

»Wie denn?« Kathrin wies mit dem Kinn auf das Panzertape, das um sie und den Sitz geschlungen war. Husmann stieg aus, kam rüber auf die Beifahrerseite, öffnete das Handschuhfach und zog ein großes Klappmesser hervor, mit dem er ihre Fesseln durchtrennte. Dann drückte er die Messerspitze warnend an ihren Hals.

»Wenn du versuchst wegzulaufen, bist du tot.«

»Okay«, presste sie zwischen den Lippen hervor.

Husmann schob sie rückwärts zum Zaun, so weit, bis sich die Stäbe in ihren Rücken drückten.

»Stillstehen«, verlangte er und fesselte sie mit dem Klebeband an den Zaun, fixierte sogar ihre Handgelenke an jeweils einer Metallstrebe.

Es schmerzte, und Kathrin stöhnte auf, aber Husmann reagierte nicht. Kathrin wurde es nun doch mulmig. Was hatte er mit ihr vor? Würde er in sein Auto steigen und wegfahren, sie hilflos ihrem Schicksal überlassen? Sie blickte über den Deich, der bis auf die Schafe verlassen vor ihr lag. War das Emssperrwerk nicht ein bekanntes und daher beliebtes Ausflugsziel in der Region? Obwohl sich das Besucherzentrum, wie Luitger ihnen erzählt hatte, am gegenüberliegenden Ufer in Gandersum befand, kamen hier sicherlich auch Touristen zu Fuß oder mit dem Rad vorbei. Würde einer von ihnen sie aus ihrer misslichen Lage befreien? Oder musste sie die ganze Nacht hier ausharren?

Gab es auf den Deichwiesen, von den Schafen abgesehen, noch andere Tiere? Wilde Tiere? Erst kürzlich hatte sie gelesen, dass sich der Wolf in Nordniedersachsen breitmachte und sogar ein Goldschakal gesichtet worden war. Wären Wolf oder Schakal auf ein leicht zu erlegendes Nachtmahl aus, hätte sie durch die Fesseln keine Chance, sich zu wehren.

Kathrin fröstelte, auch weil sie ihre Jacke in Eilerts Zimmer zurückgelassen hatte. Husmann hatte sich derweil ein paar Schritte von ihr entfernt, hielt die Hände in den Hosentaschen vergraben und blickte auf die Ems hinaus. Er machte nicht den Eindruck, in Eile zu sein. Was wäre, wenn er überhaupt nicht die Absicht hatte zu fahren, fragte sie sich. Wenn er auf eine offene Konfrontation mit der Polizei aus war? War ihm bewusst, dass er hier wie in einem Flaschenhals festsaß? Dass er keine Chance hatte, mit dem Pick-up zu fliehen? Will er etwa sterben, schoss es ihr durch den Kopf. Und wollte er sie mit in den Tod nehmen?

Ihr wurden die Knie weich, doch die Fesseln hielten sie aufrecht. Sie schluckte, weil sich ihr Mund trocken anfühlte. Gib jetzt nicht auf, befahl sie sich. Versuch, noch einmal mit ihm ins Gespräch zu kommen, auch, um Zeit zu schinden. Henrik und die Polizei waren ihm mittlerweile sicherlich auf den Fersen. Sie räusperte sich.

»Haben Sie vielleicht was zu trinken im Auto? Ich habe so schrecklichen Durst.«

Husmann drehte sich langsam um, schien erst durch ihre Worte ins Hier und Jetzt zurückzufinden. Er ging zum Pick-up, kramte hinter der Sitzbank herum und kehrte mit einer halb gefüllten Colaflasche zurück. Er schraubte den Verschluss ab und hielt die Flaschenöffnung an ihre Lippen. Kathrin trank gierig, obwohl die Cola warm und schal war.

»Danke.«

Husmann nahm selbst einen Schluck aus der Flasche, wischte sich mit dem Handrücken über den Mund.

»Warum haben Sie das gemacht, Herr Husmann? Warum haben Sie Herrn Eilerts die vielen Beruhigungsmittel gegeben?«, fragte Kathrin sanft. »Sie sind doch eigentlich ein guter Mensch, haben sich, wie ich vermute, immer fürsorglich um Ihre Patienten gekümmert. Man kann Ihnen anmerken, dass Ihnen Ihr Beruf Spaß macht, dass Sie gern helfen. Wieso wollten Sie Herrn Eilerts schaden? Was hat Ihnen der alte Mann getan?«

Husmann antwortete nicht, brachte die Flasche zurück ins Auto.

»Oder fühlten Sie sich im Job überfordert?«, versuchte es Kathrin erneut. »Wollten Sie einfach mal Ihre Ruhe haben und haben mit Zolpidem nachgeholfen? Ohne so recht auf die Dosierung zu achten?«

Husmann warf ihr einen verächtlichen Blick zu. »Sie können mir glauben, ich wusste genau, was ich tat«, sagte er bedächtig. »Bevor ich die Ausbildung zum Pfleger machte, habe ich ein paar Semester Medizin studiert. Ich musste das Studium abbrechen, weil meine Pflegemutter unter massiven gesundheitlichen Problemen litt, ich musste mich um sie kümmern. Meine leiblichen Eltern sind bei einem Autounfall ums Leben gekommen, als ich drei war. Meine Tante und mein Onkel haben mich bei sich aufgenommen, mich wie einen zweiten Sohn behandelt.«

»Ein Mann mit Ihrer Ausbildung und Empathie, der will normalerweise Gutes tun, der will heilen, helfen. Warum wollten Sie Eilerts töten? Das war doch Ihre Absicht, oder?«, fragte Kathrin.

»Ja, das war es«, gab Husmann unumwunden zu. Er schien sich wieder gefangen zu haben, wirkte ruhig, fokussiert. Auch das nervöse Stottern hatte sich gelegt. »Aber Eilerts sollte nicht sofort sterben, es sollte quälend langsam geschehen«, fuhr er fort. »Ich wollte seine Demenz so weit vorantreiben, bis er ein physisches und psychisches Wrack gewesen wäre. Seine Tochter sollte spüren, wie es ist, einen geliebten Menschen zu verlieren. Der Schmerz sollte sich in jede Pore ihres Körpers fressen.«

»Aber warum?«, fragte Kathrin fassungslos. »Warum hassen Sie Eilerts und seine Tochter dermaßen?«

»Ich gebe zu, dass seine Tochter im Grunde nichts für die Taten ihres Vaters kann. Aber Enno Eilerts hat wie die anderen schwere Schuld auf sich geladen. Lebt seit Jahren damit.«

Schuld, da war er wieder, der Begriff, der nicht nur in Zusammenhang mit Eilerts, sondern auch mit Henriks Onkel aufgetaucht war. Aber wieso glaubte Husmann sich befugt, Eilerts für dessen Schuld zu richten? Wie passte das alles zusammen?

»Woraus besteht denn diese angebliche Schuld?«, fragte sie. »Was ist, wenn Sie den krankhaften Phantasien eines dementen Patienten aufgesessen sind?«

»Nein, das bin ich nicht«, widersprach Husmann heftig. »Als Eilerts sich mir anvertraute, war er noch relativ klar im Kopf. Ihm war bewusst, warum er bei uns gelandet ist, dass sich seine Lebensspanne dem Ende entgegenneigt. In der Situation wollen viele reinen Tisch machen, sich durch eine Beichte Erleichterung verschaffen. Manche gehen zu einem Priester, Eilerts wandte sich an mich, höchstwahrscheinlich, weil ich ihm sympathisch bin und wir uns fast täglich sehen. Eines Morgens begann er plötzlich zu erzählen, war nicht mehr zu stoppen. Was er da berichtete, hat mich beinahe umgehauen, ich glaubte, meinen

Ohren nicht zu trauen. Ich hatte vermutet, er wäre vielleicht fremdgegangen und hätte irgendwo ein uneheliches Kind. Aber nein, was er getan hatte, war viel abscheulicher. Doch für mich war es gut, dass er sich alles von der Seele redete, es hat mir eine große Last genommen. Nach all den Jahren wusste ich durch ihn endlich Bescheid.«

»Worüber wussten Sie Bescheid?«

»Dass Eilerts und die anderen drei meinen Cousin auf dem Gewissen haben.«

»Wie bitte?« Kathrin starrte ihn unverhohlen an.

»Was glauben Sie denn, wer ich bin?«, empörte sich Husmann. »Ich will doch nicht irgendeinen x-Beliebigen umbringen. Ich habe meine Gründe, gerechtfertigte Gründe.«

»Wenn Enno Eilerts tatsächlich ein Verbrechen begangen haben sollte, hätten Sie mit dem Wissen zur Polizei gehen müssen«, konterte sie. »Die und unsere Justiz sind dafür zuständig, ihn zur Rechenschaft zu ziehen. Das ist nicht Ihre Aufgabe.«

»Die Polizei hat doch schon damals nichts unternommen.« Husmann spuckte verächtlich auf den Asphalt. »Ein verschwundener Jugendlicher hat sie nicht sonderlich interessiert. Er hatte Stress mit den Eltern und hat sich über die holländische Grenze abgesetzt, haben sie gesagt. In einem Jahr ist er eh volljährig, kann tun und lassen, was er will, haben sie bestimmt gedacht. Nachdem sie sein Mofa gefunden hatten, hieß es plötzlich, es wäre ein Badeunfall gewesen. Mit einem Herzleiden hätte er nicht ins Wasser gehen dürfen, schon gar nicht an einer Stelle, wo die Strömung so stark ist, das war ihre Aussage. Ich habe den Beamten in die Augen geschaut und konnte ihnen ansehen, dass es sie einen Dreck scherte, was mit Jörn geschehen ist. Meine Tante und mein Onkel, also meine Pflegeeltern, sind über den Verlust nie hinweggekommen. Meine Tante leidet seitdem an Depressionen, und ich habe ständig Angst, dass sie sich etwas antut. Irgendwann wird sie es schaffen, ihrer Trauer für immer ein Ende zu bereiten, da bin ich mir sicher. Obwohl ich wie ein zweiter Sohn für sie bin, kann ich ihr den Schmerz über den Verlust des leiblichen Kindes nicht nehmen. Als Eilerts mir sein Geständnis geradezu auf dem Präsentierteller überreichte, konnte ich mir die einmalige Gelegenheit, endlich für Gerechtigkeit zu sorgen, nicht entgehen lassen. Das müssen Sie verstehen.«

Er sah sie fast flehentlich an.

Kathrin konnte nicht sofort antworten, musste erst alles im Kopf ordnen. Vieles von dem, was Husmann ihr berichtet hatte, kam ihr bekannt vor, weil sie es an anderer Stelle schon einmal gehört hatte. Trotzdem hakte sie noch einmal nach.

»Ihr Cousin, ist er etwa in Sandstedt an der Weser umgekommen?«

Das wäre ein irrer Zufall, aber sie wollte es nicht ausschließen, vieles passte zu dem, was sie und Henrik bereits erfahren hatten.

Husmann starrte sie perplex an. »Woher wissen Sie das? Haben Sie etwa auch was damit zu tun?« Er ballte die Hände zu Fäusten.

Kathrin zwang sich zur Ruhe. »Gehe ich recht in der Annahme, dass Ihr Cousin Jörn im Sommer '88 ums Leben gekommen ist?«

»Ja.«

»Da war ich dreizehn und ging in Lorsch aufs Gymnasium. Wie sollte ich da am Tod Ihres Cousins beteiligt gewesen sein?«

»Woher sind Sie dann so gut informiert? Der Fall ist doch längst zu den Akten gelegt worden.«

Kathrin beschloss, sich bedeckt zu halten. »Ich war durch Zufall auf dem Campingplatz, als dort bei Bauarbeiten ein Skelett entdeckt wurde. Wie ich jetzt weiß, sind es die sterblichen Überreste Ihres Cousins.«

»Wie ein Tier haben sie ihn verscharrt und dann Beton über ihn gegossen«, spie Husmann bitter aus.

»Was ist damals geschehen? Was hat Eilerts Ihnen erzählt?«

»Geben Sie mir Ihr Handy!«, befahl Husmann plötzlich.

»Wofür? Es ist in meiner Hosentasche. Sie müssen die Fesseln lösen, damit ich darankomme.«

Husmann tastete ihre Jeans ab, bis er auf das Handy stieß. »Sagen Sie mir den Sicherheitscode und wie Ihr Mann heißt.«

Kathrin tat zähneknirschend wie ihr geheißen. Husmann fand in den Kontakten Henriks Nummer und führte das Handy ans Ohr. Innerhalb weniger Sekunden konnte sie Henriks Stimme vernehmen.

»Kathrin, wie geht es dir?«

Husmann antwortete an ihrer Stelle. »Ihrer Frau geht es gut. Noch. Aber ich habe Forderungen, die Sie erfüllen werden. Falls nicht, wird Ihre Frau sterben. Versuchen Sie nicht, mich auszutricksen, ich sitze am längeren Hebel.«

Henrik schwieg einen Moment, dann hörte ihn Kathrin sagen: »Also gut, was wollen Sie?«

Husmann gab kurze, präzise Anweisungen. Er beendete das Gespräch, ohne dass Kathrin Henrik hätte etwas zurufen können. Sie spürte, wie ihr die Tränen in die Augen schossen, sie liefen ihr die Wangen hinunter, und sie konnte sie noch nicht einmal wegwischen. Würde sie Henrik jemals wiedersehen? Müsste sie hier am Emssperrwerk sterben? Weil sie in eine Sache hineingeraten war, die sie eigentlich nichts anging? Kathrin wünschte sich sehnlichst, sie hätte sich, wie ursprünglich geplant, mit Töfftöff zum Kaiserstuhl aufgemacht, würde jetzt den Oberrhein entlangradeln oder in den Weinbergen eine Wanderung unternehmen. Dann wäre das alles nicht passiert, und sie müsste nicht um ihr Leben bangen.

»Ich bin mir sicher, dass er tun wird, was ich von ihm verlangt habe«, sagte Husmann. Es klang, als wolle er sie beruhigen.

Kathrin schniefte. »Machen Sie mich los.«

»Sie wissen, dass ich das nicht kann«, erwiderte Husmann sanft. »Aber lassen Sie uns die Zeit nutzen. Ich werde Ihnen die ganze Geschichte erzählen. Ich möchte nicht als Unmensch dastehen, möchte, dass Sie verstehen, warum ich so gehandelt habe.«

»Also gut.« Kathrin fügte sich dem Unvermeidlichen. »Wie ist Ihr Cousin damals zu Tode gekommen?«

»Sie waren zu viert in dem Auto, Eilerts und die drei anderen«, begann Husmann. »Alle, auch die Fahrerin, hatten jede Menge Alkohol intus, sie kamen aus einer Kneipe in Rechtenfleth, waren vom Frühschoppen auf dem Rückweg zum Campingplatz. Jörn war mit dem Mofa auf der einspurigen Straße unterhalb des Deiches unterwegs. Wir vermuten, er wollte nach Dedesdorf, wo ein Bekannter von ihm wohnte. Jörn hatte von Geburt an ein schwaches Herz, das Fahrradfahren strengte ihn oft zu sehr an, deshalb hatte ihm mein Onkel gleich zu seinem sechzehnten Geburtstag ein Mofa besorgt. Das nutzte er, um auch mal vom Campingplatz wegzukommen.«

»Ihre Pflegeeltern hatten also in Sandstedt einen Saisonplatz angemietet?«

»Ja, wir waren von April bis Oktober jedes Wochenende und in den Schulferien an der Weser. Es war unsere zweite Heimat.«

»Und Jörn wollte mit dem Mofa einen Ausflug machen«, knüpfte Kathrin wieder an den Anfang der Geschichte an.

»Ja. Es war ein strahlender Spätsommertag, aber die Sonne stand schon etwas tiefer«, fuhr Husmann fort. »Sie blendete die Fahrerin, wie Eilerts mir erzählt hat, sodass sie Jörn, der ihr entgegenkam, nicht bemerkte. Oder erst zu spät, was sicherlich auch dem Alkohol geschuldet war. Jörn muss noch versucht haben zu bremsen, auf der schmalen Straße konnte er ja nicht ausweichen. Er wurde vom Auto erfasst und in die Luft geschleudert. Beim Aufprall auf den Asphalt fiel er so unglücklich, dass er sich trotz des Helmes das Genick brach, er muss auf der Stelle tot gewesen sein.«

»So hat es auch der Pathologe vermutet«, murmelte Kathrin.

»Das Richtige wäre gewesen, einen Krankenwagen und die Polizei zu rufen«, setzte Husmann seine Schilderung fort. »Doch die vier hatten Schiss, dass die Polizei merkt, in welchem Zustand sie den Unfall gebaut hatten. Außerdem steckten sie nach Eilerts Aussage alle gerade in einer Lebenssituation, in der sie sich keinen Ärger leisten konnten oder wollten. Er selbst wollte heiraten, ein anderer hatte vor Kurzem einen neuen Job angenommen, und beim dritten ging es wohl um ein politisches Amt. Deshalb haben sie, ohne lange zu fackeln, beschlossen, die Angelegenheit zu vertuschen. Sie haben das Mofa und Jörn in den Kofferraum gesteckt, alle Spuren des Unfalls beseitigt. Das Mofa haben sie am

Weserufer abgestellt, was die Polizei zu der Annahme veranlasst hat, dass Jörn durch einen Badeunfall zu Tode gekommen ist. In Wirklichkeit haben die vier die Bauarbeiten auf der Parzelle in Rechtenfleth genutzt, um Jörn in der Nacht von Sonntag auf Montag, als die meisten Camper wieder zu Hause waren, unter einer dicken Betonschicht verschwinden zu lassen.«

»Da kam schon ziemlich viel kriminelle Energie zusammen«, räumte Kathrin ein.

»Ja, doch sie hatten Glück, niemand schöpfte Verdacht. Jörn galt als vermisst und hätte es, wie Eilerts freimütig zugab, auch für immer bleiben sollen.«

»Bis ein Bagger die Betonplatte entfernte und ein alter Mann sein Gewissen erleichterte.« Kathrin konnte es nicht fassen.

»Ich wusste, dass ich Jörn nicht wieder zum Leben erwecken konnte«, sagte Husmann. »Aber ich wollte wenigstens dafür sorgen, dass die Schuldigen eine gerechte Strafe bekamen. Das war ich auch meiner Tante schuldig, wenn Sie mir das Wortspiel erlauben.«

»Gerechte Strafe? Das glauben Sie doch selbst nicht!«, brauste Kathrin auf.

»Was hätte ich denn machen sollen?«, ereiferte sich Husmann. »Bis den vieren der Prozess gemacht worden wäre und sie ihre Haftstrafen hätten antreten müssen, wäre der eine oder andere von ihnen vielleicht schon verstorben. Es sind ja alles alte Leute. Mir war klar, dass ich, um Rache zu üben und Gerechtigkeit walten zu lassen, schnell handeln musste.«

»Und dann haben Sie was gemacht?« Kathrin war fasziniert und angewidert zugleich.

»Ich habe mit Eilerts angefangen, das erschien mir logisch, ich war ihm ja als Pfleger zugeteilt«, sagte Husmann. »Das Märchen von den Vitamintabletten hat mir seine Tochter prompt abgenommen, da hatte ich leichtes Spiel. Bis Sie hier aufgetaucht sind und ihr die Wahrheit auf die Nase gebunden haben«, fügte er düster hinzu.

»Mir wäre es auch lieber, wenn wir uns nie begegnet wären«, erwiderte Kathrin sarkastisch.

»Ohne Sie hätte ich meine Aufgabe in Ruhe zu Ende bringen können«, seufzte Husmann. »Aber gut, ich wusste ja von vornherein, dass es nicht einfach werden würde. Dass ich vielleicht nicht alles würde vollenden können, was ich mir vorgenommen hatte.« Für einen Moment blickte er versonnen auf den Fluss.

»Wie ging es dann weiter?«

»Bei den anderen dreien war es komplizierter«, gestand Husmann. »Eilerts hatte mir ihre Namen genannt, aber sie wohnten natürlich nicht bei uns im Heim. Ich musste eine Weile recherchieren, bis ich ihre Wohnorte herausbekommen und mich mit ihren Gewohnheiten vertraut gemacht hatte. Mir kam zugute, dass sie fast alle noch Camping machten und ich mich da auskenne. Ich ersann einen Plan, wie ich Rache üben könnte, ohne selbst aufzufallen.«

Für Kathrin fügten sich die einzelnen Puzzleteile zu einem Ganzen zusammen: Die Brandstiftungen in Hooksiel und Greetsiel, die nicht auf Menkes Konto gingen. Janikas Hinweis auf Husmanns eigenartigen Geruch, der von seinem Desinfektionsmittel stammte. Tante Katharinas gutes Ohr für Melodien und Sprache, das Husmanns ehemaliges Stottern herausgehört hatte. Ihre eigene Vermutung, dass der Brandstifter selbst Camper war. Dahinter steckte eine schreckliche, eine tödliche Logik. Sie schwieg betroffen. Was Husmann nicht zu stören schien, er erzählte selbstzufrieden weiter.

»Es lief recht gut für mich«, sagte er. »Nur in einem Fall hatte ich Pech. Die Betreffende war zu einer Zeit, zu der normale Menschen noch im Bett liegen, zu einer Wanderung aufgebrochen. Leider konnte ich den Brandsatz nicht mehr deaktivieren, das Wohnmobil ist abgefackelt, ohne dass ihr etwas passiert ist. Schade um die Mühe und das Risiko, das ich eingegangen bin. Danach wollte ich es so schnell wie möglich nochmals angehen, doch sie scheint wie vom Erdboden verschluckt, ich habe sie bis jetzt nicht auffinden können.«

Sie ist im Allgäu, versucht in den Bergen zu vergessen, was sie nicht wird vergessen können, dachte Kathrin, hütete sich aber tunlichst, diese Information an Husmann weiterzugeben.

»Gehe ich recht in der Annahme, dass es sich um die Fahrerin des Unfallfahrzeuges handelt?«, fragte sie stattdessen.

»Jawohl. Inka Oppermann. Sie hieß früher Bruns, hat ihren Ehenamen nach der Scheidung beibehalten.«

Kein Wunder, dass Frau Oppermann unter Schlafstörungen leidet, dachte Kathrin. Ein schlechtes Gewissen ist kein sanftes Ruhekissen. Aber sie wusste, dass Husmanns Geschichte damit noch nicht am Ende war. »Was haben Sie mit den anderen am Unfall Beteiligten gemacht?«, fragte sie.

»Da war ich erfolgreicher«, sagte Husmann mit einem Hauch von Stolz in der Stimme. »Ich hatte mir ein kleines Wohnmobil ausgeliehen und bin damit nach Hooksiel gefahren, wo Becker, der neben Inka Oppermann auf dem Beifahrersitz gesessen hatte, die Sommermonate verbrachte.«

Kathrin schluckte schwer, weil ihr plötzlich wieder die Bilder des verkohlten Wohnwagengerippes in den Kopf schossen.

Husmann schien ihre Reaktion nicht bemerkt zu haben, er fuhr unbeirrt fort: »Ich habe mich an Becker herangemacht, bin mit ihm ins Plaudern gekommen. Er war zwar ein echter Naturbursche, ging täglich bei jedem Wetter schwimmen und gab sich recht cool, doch im tiefsten Inneren war er ein einsamer Mensch. Er freute sich über meine Aufmerksamkeit, ich habe stets eine gute Flasche Wein mitgebracht, wenn ich ihn im Wohnwagen besuchte. Er erzählte mir viel aus seinem Leben und was er damals in seiner Jugend so getrieben hat. Dabei kam die Rede auch auf die Zeit, die er auf dem Campingplatz in Sandstedt verbracht hatte. Er betonte immer wieder, was für tolle Freunde er dort gefunden hätte. Von dem Unfall hat er natürlich nichts gesagt, da schwieg er sich aus.«

»Wie haben Sie sich an ihm gerächt?«, fragte Kathrin, obwohl sie bereits wusste, was Becker widerfahren war. Doch sie wollte es von Husmann selbst hören.

»Ich habe ihm ein starkes Schlafmittel in den Wein gemischt, er war schnell betäubt, hat nichts mehr mitbekommen. Dann habe ich die mit Brandbeschleuniger getränkten Lappen, die ich vorbereitet hatte, im Vorzelt und Wohnwagen verteilt, die

Lunten, die zu ihnen führten, angezündet und habe schleunigst das Weite gesucht. Als Beckers Wohnwagen explodierte, bin ich gerade mit dem Mietwohnmobil vom Platz gefahren.«

»Was haben Sie als Brandbeschleuniger verwendet?«

»Isopropanol, das wird bei uns im Heim als Desinfektionsmittel benutzt, dazu hatte ich freien Zugang, das gibt es bei uns in rauen Mengen.«

Kathrin wurde es immer flauer im Magen, doch sie zwang sich, ihn weiter am Reden zu halten. »Ich glaube gelesen zu haben, dass es in Hooksiel öfter gebrannt hat«, sagte sie.

»Ja, ich wollte meine Spuren verwischen, deshalb habe ich vorab zwei Jungs engagiert, die ein bisschen gezündelt haben. Sie hatten einen Heidenspaß, sind in ihrer Rolle voll aufgegangen, haben sogar einen Drohbrief an den Campingplatzleiter geschrieben und noch allerlei Schabernack getrieben, um eine falsche Fährte zu legen. Der Spaß hat mich ordentlich was gekostet. Aber wie sagt man so schön: Der Zweck heiligt die Mittel.« Husmann stoppte, ging kurz zum Rand der Asphaltfläche und suchte die Wasseroberfläche mit den Augen ab, wippte dabei nervös mit dem Fuß.

Wo steckt Henrik, fragte sich Kathrin verzweifelt. Wieso braucht er so lang, um Husmanns Forderungen zu erfüllen? Ihre Beine zitterten, doch sie wollte, sie durfte keine Schwäche zeigen. »Danach gab es also nur noch einen, dem Sie es nicht heimgezahlt hatten«, sagte sie mit betont lässiger Stimme, als Husmann zu ihr zurückgekehrt war.

»Der Künstler, ein ganz spezieller Fall«, antwortete Husmann. »Er hatte mit Camping nichts mehr am Hut, deshalb musste ich ihn bei sich zu Hause aufsuchen. Ich habe vorgegeben, mich für seine Bilder zu interessieren, obwohl sie überhaupt nicht meinem Geschmack entsprechen. Ich mag eher die Fotos, die bei uns in der Residenz auf den Fluren hängen.«

»Haben Sie sein Haus angezündet?«, tat Kathrin unwissend.

»Nein, der Aufwand erschien mir zu hoch«, winkte Husmann ab. »Es ging auch anders. Wir saßen am Küchentisch, er hat von diesem widerlichen Grünkohlschnaps gepichelt und geprahlt, was er früher alles für Weiber hatte. Im Ort gab es wohl ein Etablissement, wo er Stammkunde war. Irgendwann konnte ich seine aufgedunsene und vom Alkohol gerötete Visage nicht mehr ertragen, habe gedacht, dass er und die anderen Jörn auch die Möglichkeit genommen haben, die Liebe kennenzulernen. Während dieser alte Sack alles gevögelt hat, was nicht bei drei auf den Bäumen war.«

Husmann fuhr sich erregt mit der Hand durchs Haar und schaute nochmals auf den Fluss. Kathrin folgte seinem Blick, aber auf der Ems war nichts zu erkennen, nicht einmal ein Schiff, das sich anschickte, durch die Öffnung des Sperrwerkes zu fahren. Husmann wandte sich ihr erneut zu.

»Am liebsten hätte ich dem Alten die Schnapsflasche über seinen hohlen Kopf gezogen«, sagte er. »Aber ich hatte Angst, dadurch zu viele Spuren zu hinterlassen. Ich erinnerte mich an etwas, das mir ein Kollege vor Kurzem erzählt hatte, es gab wohl mehrere solcher Fälle in Amerika, worüber er gelesen hatte.«

»Haben Sie ihn mit einer Spritze vergiftet?«, provozierte ihn Kathrin.

»Nein, mit Wasser.«

»Mit Wasser?« Kathrin starrte ihn ungläubig an. »Von Wasser stirbt man doch nicht.«

»Falsch«, sagte Husmann mit einem leisen Lächeln. »Man kann sich sehr wohl an Wasser vergiften, die Dosis macht das Gift, und die Zeit spielt ebenfalls eine Rolle. Wenn man nämlich innerhalb kürzester Zeit große Mengen Wasser zu sich nimmt, werden die Nieren überfordert, und der Körper ist nicht mehr in der Lage, die Salzkonzentration auf Normalniveau zu halten. Ein gefährliches Konzentrationsgefälle zwischen Blut und Körperzellen ist die Folge. Damit setzt ein komplexer Prozess ein, von dem ich Ihnen die Einzelheiten ersparen will«, dozierte er. »Auf den Punkt gebracht ist es so, dass das Wasser in die Zellen eindringt und sie zum Anschwellen bringt. Was vor allem beim Gehirn fatale Auswirkungen hat, es kann sich ja nicht beliebig ausdehnen. So ein Hirnödem äußert sich in Schwindel, Kopfschmerzen, Atemnot, Erbrechen und cerebralen Krämpfen und führt, wenn man nicht medizinisch eingreift, zum Tod. Für meine Zwecke war die Methode einfach perfekt, ich hätte selbst nicht gedacht, dass sie so zuverlässig funktioniert.«

Vor Kathrin taten sich Abgründe auf, sie mochte sich gar nicht ausmalen, was Henriks Onkel erlitten hatte. Doch Husmann ersparte ihr auch nicht die letzten erschütternden Details.

»Ich habe Krüger so lang mit Wasser abgefüllt, bis ich sicher sein konnte, dass er es nicht überlebt«, sagte er selbstgefällig. »Dann bin ich raus aus dem Haus. Zuerst wollte ich unauffällig wieder durch die Haustür verschwinden. Doch vor dem Haus lungerte ein Nachbar herum, da bin ich durch die Terrassentür und habe mich durch die Gartenhecke verdrückt, bin über die Wiesen zurück zum Auto gelaufen, das ich am Hafen geparkt hatte. Später habe ich gehört, der Nachbar hätte Krüger gefunden und gedacht, er wäre an einem Schlaganfall gestorben.«

Kathrin spürte, wie sich eisige Kälte in ihrem Körper breitmachte. Sie war erschüttert, wie kaltblütig Husmann vorgegangen war. Es ließ sie nichts Gutes erahnen, er würde auch sie sicherlich nicht schonen. Sie flehte still, dass Henrik und die Polizei ihm überlegen wären. Oder sollte sie noch einmal den Versuch unternehmen, ihm zu entkommen? Sie rüttelte an ihren Fesseln, doch das Tape gab keinen Millimeter nach.

»Machen Sie mich los«, flehte sie.

»Ich denke nicht daran«, erwiderte Husmann scharf. »Wenn Sie mir heute nicht dazwischengefunkt hätten, hätte ich bei Eilerts und der Oppermann das beenden können, was ich angefangen habe. Und Eilerts Tochter hätte ich ebenfalls einen Denkzettel verpasst. Ich hätte dafür gesorgt, dass der Brandsatz beim zweiten Mal tatsächlich hochgeht. Beim ersten Mal wollte ich ihr ja nur einen Schrecken einjagen, sie nervös machen, auch wegen der Kinder. Diesmal hätte ich …« Er stoppte mitten im Satz. Jede Faser seines Körpers schien plötzlich angespannt.

Kathrin hatte das Motorengeräusch ebenfalls vernommen. Zwei Schlauchboote näherten sich ihnen mit hoher Geschwindigkeit von der Flussbiegung bei Oldersum her. Eins trug die Aufschrift »Wasserschutzpolizei«, im zweiten saß Henrik hinten am Ruder. Kathrin schlug das Herz im Hals. Auf Husmanns Gesicht machte sich ein Lächeln breit.

»Wir unternehmen jetzt einen Bootsausflug.«

Er eilte an ihre Seite und zerschnitt das Panzertape, band ihre Handgelenke aber flugs hinter dem Rücken zusammen. Sein linker Arm umfing ihren Hals, in der rechten Hand hielt er die Spritze, die in seiner Kitteltasche gesteckt haben musste. Er schob sie vorwärts, hin zur Treppe, die zu einer unterhalb liegenden Aussichtsplattform führte. Stufe für Stufe schritten sie langsam hinunter, während die Boote vor dem hüfthohen Zaun, der die Plattform zum Fluss hin begrenzte, Aufstellung genommen hatten. Die Motoren brummten.

»Wenn Sie sie gehen lassen, bekommen Sie mein Boot«, rief Henrik.

»Nein, sie fährt mi… mit«, widersprach Husmann. Die Erregung ließ ihn wieder stottern.

»Okay, aber ich begleite Sie«, schlug Henrik vor. »Einer muss ja steuern, Sie haben die Hände nicht frei.«

»Ver… Verarschen kann ich mich selbst.«

»Im Boot sind Schwimmwesten«, sagte Henrik. »Sie sollten sich die Zeit nehmen, eine davon überzuziehen.«

Husmann ging auf seinen Ratschlag nicht ein. »Ma… Machen Sie das Boot am Geländer fest und dann raus.«

Henrik manövrierte das Schlauchboot dort an die Uferböschung, wo der Zaun endete, und schlang ein Tau um den äußeren Zaunpfeiler.

»Motor anlassen«, befahl Husmann.

Henrik kletterte langsam aus dem Boot, schien darauf bedacht, genügend Abstand zu Husmann und Kathrin zu wahren. Sie versuchte, Henrik ein beruhigendes Lächeln zuzuwerfen, was ihr kläglich misslang. Husmann gab ihr mit dem Knie einen Schubs.

»Rein ins Bo… Boot!«

Kathrin wollte seiner Forderung Folge leisten, doch die nassen Steine am leicht abfallenden Uferbereich waren glitschig, und sie kam ins Straucheln, zog Husmann unabsichtlich mit nach hinten, zurück in Richtung Plattform. Aus den Augenwinkeln sah sie, wie Henrik mit einem Hechtsprung auf sie zuschnellte. Er prallte gegen Husmanns Schulter, der zu Boden ging. Der Würgegriff um ihren Hals lockerte sich. Sie wollte sich von Husmann wegdrehen, da spürte sie den Stich im Hals. In ihren Ohren dröhnte es jäh, so als ob jemand die Bootsmotoren auf Höchstgeschwindigkeit gestellt hätte. Die Konturen der Dinge um sie herum fingen an zu verschwimmen. Sie sah nur noch, wie Husmann Henrik einen Faustschlag ins Gesicht verpasste und auf das Boot sprang. Mit einem Mal fühlte sie sich seltsam leicht, schien zu schweben.

Henrik schrie: »Kathrin! Nein! Bitte nicht!«

Dann wurde alles dunkel um sie herum.

32

Ein Matrose löste die Taue der »Germania« von den dicken Eisenpollern am Ankerplatz. Das Schiff drehte langsam in den Emdener Außenhafen und nahm Fahrt auf. Die Flagge war auf halbmast gehisst, die Stimmung an Bord, dem Anlass entsprechend, gedrückt, aber auch ehrfürchtig. Henrik stand allein hinten am überdachten Achterdeck und sah das Ufergelände an sich vorbeiziehen. Am Emskai herrschte reges Treiben, nigelnagelneue Pkws wurden in den Bauch eines riesigen, vor Anker liegenden RoRo-Schiffes verladen. Am gegenüberliegenden Ufer ragte die dunkle Seebestattungs-Gedenkbake auf dem Middelmantje auf, wo er später ebenfalls ein Gedenkschild anbringen würde. Auf der Höhe des rot gestrichenen Leuchtturms an der Westmole kam ihnen die Borkumfähre entgegen, es waren kaum Passagiere an Bord. Nach Backbord hin öffnete sich ihm der Blick auf die fast hundert Quadratkilometer große Dollartbucht, die, wie ihm der Kapitän vorab erklärt hatte, im 13. und 14. Jahrhundert durch mehrere Sturmfluten der Nordsee entstanden war. Bei klarem Wetter und ruhiger See, so hatte der Kapitän behauptet, zeichneten sich die in den Fluten versunkenen Häuser und Kirchtürme am Meeresgrund ab.

Heute war die See aufgewühlt, so als teile sie Henriks Stimmung. Obwohl er in dem Augenblick nicht hätte benennen können, was genau er empfand, es war eine Mischung aus Trauer, Schicksalsergebenheit und Abwehr. Er hätte viel dafür gegeben, nicht hier zu sein. Er wünschte, er stände mit dem Kastenwagen an irgendeinem Strand in Frankreich oder Dänemark, würde mit Leo durch den Sand stapfen, die salzige Seeluft einatmen und die Sonne auf dem Gesicht spüren. Das Wasser des Dollarts war braun, an einigen Stellen wirkte es bleiern, wie die Müdigkeit, die Henrik umfing. In den letzten Tagen war er kaum zum Schlafen gekommen. Ihm drängte sich das Gefühl auf, dass alles sinnlos gewesen war. Nur mit Mühe unterdrückte er ein lautes

Seufzen, denn er sah seine Mutter auf sich zukommen, die mit den anderen Trauergästen bis dahin im gediegenen Salon der »Germania« gesessen hatte. Sie trat an seine Seite und berührte kurz seinen Arm.

»Schicker Anzug«, meinte sie. »Ich kann mich nicht erinnern, wann ich dich das letzte Mal so anständig angezogen gesehen habe. Selbst auf unserer goldenen Hochzeit bist du in Jeans erschienen.«

Henrik zog eine Grimasse, weil seine Mutter ihm ins Gedächtnis gerufen hatte, warum er den Anzug gekauft hatte. Liebend gern hätte er ihn bei einem freudigeren Ereignis eingeweiht.

»Wie geht es dir?« Seine Mutter musterte ihn besorgt. Sie hatten sich am Anleger des Seebestattungsschiffes getroffen und wegen der anderen Gäste bis jetzt keine Gelegenheit gefunden, länger miteinander zu sprechen.

»Ich muss mich wohl oder übel damit abfinden.«

»Es gibt also noch immer keine Spur von dem Flüchtigen?«

»Nein, Husmanns Schlauchboot ist auf der holländischen Seite der Bucht bei Eemshaven angespült worden. Was bedeuten könnte, dass er sich in die Niederlande abgesetzt hat. Oder dass er von einem Frachter oder einem anderen größeren Schiff auf dem Wasser entdeckt und mitgenommen wurde. Womöglich schippert er gerade in der Nordsee oder im Atlantik und lacht sich über unsere Unfähigkeit scheckig. Aber was hätten wir in der Situation denn machen sollen? Unsere erste Priorität galt Kathrin.«

»Du hast völlig richtig gehandelt«, versicherte ihm seine Mutter.

»Wie dem auch sei …« Henrik schluckte das Gefühl von Versagen und Wut hinunter. »Nach Husmann läuft eine internationale Fahndung, ihn zu fassen, liegt nicht mehr in meinen Händen. Ich möchte aber nicht ausschließen, dass es sich ganz anders verhalten hat, dass er über Bord gegangen ist, er war ja kein erfahrener Bootsführer. Dann befindet er sich jetzt womöglich auf dem Grund der Außenems oder ist ins Wattenmeer abgetrieben worden.«

»Apropos«, sagte seine Mutter. »Hat dir der Kapitän gesagt, wie lang wir fahren werden?«

»Etwa eine Stunde, hat er gemeint.«

»Dann wird es bald so weit sein. Ich gehe trotzdem zurück in den Salon, hier zieht es mir zu sehr.«

»Okay.«

Henrik schaute wieder aufs Wasser hinaus. Ihm fiel siedend heiß ein, dass er dem Vermieter seines Onkels noch nicht den Hausschlüssel zurückgegeben hatte. Auch mit dem Notar musste er dringend einen Termin vereinbaren, um den Rest der Erbschaftsangelegenheit zu klären. Wenn er das erledigt hatte, musste er mit dem Galeristen aus Leer sprechen, der sich unerwartet gemeldet und Interesse an den Bildern seines Onkels bekundet hatte. Und dann wäre da noch Harry.

Von Harry musste er sich ordentlich verabschieden und ihm vor allem gebührend danken. Ohne Harrys Hilfe hätte er es nicht geschafft, das Haus in einen einigermaßen akzeptablen Zustand zu versetzen. Er war ihm und seinen Mitarbeitern eine Menge schuldig. Hatte er ihnen im Überschwang der Gefühle nicht ein Grillfest versprochen? Das musste er schnellstens organisieren.

Plötzlich roch er Kaffee, frisch aufgebrühten Kaffee. Er wandte sich vom Wasser ab und sah Kathrin auf sich zukommen. Sie trug wie er dunkle Kleidung und hielt in jeder Hand einen Henkelbecher. Um auf dem schaukelnden Boot nichts von der Flüssigkeit zu verschütten, ging sie betont vorsichtig.

»Ich dachte mir, den hättest du nötig.« Sie reichte ihm einen Becher.

»Danke dir. Ich habe heute Morgen nur ein bisschen Mineralwasser getrunken, weil ich nicht wusste, wie sich mein Magen auf hoher See benimmt.«

»Hoher See?« Kathrin zog spöttisch die Augenbrauen hoch. »Wir befinden uns in der Emsmündung, sind nach wie vor unter dem Schutz der Küste.«

»Egal. Ich stehe hier auf einem Boot in einem Gewässer, von dem ich nicht weiß, wie tief es ist und wo eventuelle Gefahren lauern. Ich habe lieber festen Boden statt Schiffsplanken unter den Füßen.«

»Danke, dass du mich trotzdem mit dem Schlauchboot gerettet hast.«

»In dem Moment ist so viel Adrenalin durch meinen Körper gepumpt, da hätte mich selbst der weiße Hai nicht in Schrecken versetzt.«

»In der Nordsee gibt es höchstens Katzenhaie und in der Ems gar keine«, sagte Kathrin und gähnte herzhaft. »'tschuldigung, die Reste von Husmanns Spritze sitzen mir noch in den Knochen.«

»Kein Wunder, das war ja eine echte Hammerdosis, die er dir verpasst hat. Zum Glück war es tatsächlich nur ein Beruhigungsmittel und nichts Gefährlicheres.«

»Ich war mir die ganze Zeit über nicht sicher, ob er blufft oder nicht. Aber als ich die Nadel im Hals spürte, dachte ich: Das war's dann. Zum Glück bin ich achtzehn Stunden später wieder im Krankenhaus aufgewacht.«

»Du ahnst nicht, wie erleichtert wir alle waren.«

»Du hast mit den Schwestern am Bett gestanden und applaudiert«, erinnerte sich Kathrin.

»Leider hatte ich in dem Moment keinen Schampus und keine Luftballons dabei«, meinte Henrik. »Ich hätte mich allerdings auch nicht getraut, dein Zimmer zu verlassen, um beides zu besorgen.«

»Der Schampus hätte mich gleich wieder ausgeknockt. Und jetzt brauche ich ebenfalls eine große Dosis Koffein.« Kathrin nahm einen Schluck aus dem Becher. »Im Krankenhaus hatte ich die meiste Zeit das Gefühl, mich in so einer Art Zwischenwelt zu befinden. Ich schlief nicht mehr fest, war aber auch nicht richtig wach.« Sie lachte plötzlich auf. »Ich hatte unter dem Einfluss der Spritze übrigens einen total ulkigen Traum.«

»Ach ja?«

»Ich habe geträumt, du hättest mich gefragt, ob wir zusammenziehen wollen. Du sagtest etwas von einem Gehöft im Alten Land, das du günstig kaufen könntest. Du wolltest dich beruflich verändern, raus aus der Stadt, mehr Natur um dich haben, hast du behauptet.«

Henrik spürte, wie seine Ohren rot anliefen. Hatte sie das tatsächlich mitbekommen? Er hatte ihr die Frage im Flüsterton gestellt, als er an ihrem Bett saß, sozusagen als Probelauf für später, wenn er sein Anliegen in aller Form und im nachtblauen Anzug erneut äußern wollte. Er war fest davon ausgegangen, dass sie ihn nicht hörte. Anscheinend hatte er sich geirrt. Oh Gott, wie kam er aus der Nummer bloß wieder raus? Sein Hemdkragen schien ihn plötzlich zu strangulieren, er löste die oberen beiden Knöpfe.

»Interessant«, nuschelte er verlegen. »Und was hast du geantwortet?«

»Das fragst du mich?« Kathrin blickte ihn erstaunt an. »Ich habe natürlich abgelehnt.«

Henrik fühlte sich, als ob er einen Schlag in den Magen erhalten hätte.

»Warum denn?«, fragte er mit rauer Stimme.

Kathrin knuffte ihn spielerisch in die Seite. »Ach komm, ich kenne dich doch. Du und sesshaft, mit Haus und Garten, womöglich mit Hühnern und Katzen oder anderem Getier, das man auf dem Land hält, nein, das konnte ich mir sogar im Traum nicht vorstellen. Nach spätestens sechs Wochen würdest du die Wände hochgehen und schreiend die Flucht ergreifen.«

»Meinst du wirklich?«

»Ja, davon bin ich hundertprozentig überzeugt.« Kathrin nickte so heftig, dass etwas vom Kaffee überschwappte. »Und für mich wäre das ebenfalls nichts. Wenn ich aufs Land will, schnappe ich mir Töfftöff und fahre los. Aber nicht, um ständig an einer Stelle zu bleiben, das ist mir zu langweilig. Ich brauche die Abwechslung. In meinem Herzen bin ich wie du ein Nomade. Deshalb verstehen wir uns ja so blendend. Ich finde, wir sollten nichts ändern, es ist gut so, wie es ist.«

»Na, da kannst du ja froh sein, dass es nur ein Traum war«, sagte Henrik mit einem etwas gequälten Lächeln.

»Ich habe das Gefühl, das Schiff wird langsamer«, wechselte Kathrin abrupt das Thema.

»Wahrscheinlich nähern wir uns der Beisetzungsposition.«

»Puh, ich glaube, ich muss noch mal tief durchatmen, bevor es losgeht«, sagte Kathrin. »Ich kannte deinen Onkel zwar nicht persönlich, aber so eine Beerdigung lässt einen ja nicht kalt.«

»Nein, ganz im Gegenteil.«

Sie schauten schweigend auf die Wasseroberfläche, hingen beide ihren Gedanken nach. Henrik merkte, dass ihn weniger die bevorstehende Seebestattung seines Onkels als das, was Kathrin soeben gesagt hatte, beschäftigte. Was wäre, wenn sie recht hätte? Wenn er tatsächlich nicht zu einem Leben taugte, das für andere normal war? Wenn ihn das Nine-to-five im Job schnell anöden, ihm selbst die vermeintlich so gesunde Landluft den Atem nehmen würde, weil er sich nach mehr Abwechslung und Action sehnte? Hatte er damals nicht sein Jurastudium geschmissen, weil er nicht von morgens bis abends am Schreibtisch sitzen wollte? Weil ihn das Abenteuer lockte?

Verdammt, Kathrin kannte ihn inzwischen besser als er sich selbst. Er hatte sich von den Schwärmereien eines Kollegen anstecken lassen, der beabsichtigte, den Ruhestand im sonnigen Südspanien zu verbringen, und der deshalb so schnell wie möglich seinen Hof loswerden wollte. Um ein Haar hätte ihm der Kollege einen vermeintlichen Lebenstraum aufgeschwatzt, der für ihn in einem Alptraum geendet hätte.

Dem Himmel sei Dank, dass er sich vor Kathrin nicht zum Affen gemacht und sie tatsächlich gefragt hatte. Dass das Schicksal oder Husmann ihn daran gehindert hatten, etwas in die Wege zu leiten, das überhaupt nicht zu ihm passte. Mit einem Mal spürte Henrik, wie sich die Niedergeschlagenheit und die Müdigkeit legten. Er fühlte sich energiegeladen und konnte es kaum abwarten, in seinen Kastenwagen zu steigen und sich des nächsten Falls anzunehmen.

»Da kommt der Kapitän mit der Urne«, sagte Kathrin leise.

Die Crew und die Trauergäste versammelten sich im Halbkreis auf dem Achterdeck. Viele waren nicht gekommen, nur Henriks Eltern, der Nachbar seines Onkels und drei weitere Mitglieder der Doppelkopfrunde sowie Rike, die mit dem roten

Haar und im kunterbunten Hippiekleid wie ein Pfau aus der dunkel gekleideten Menge herausstach.

Das Boot stand still, und der Kapitän ergriff das Wort: »Liebe Trauergemeinde …«

Er beschrieb das Bild eines Mannes, den Henrik so nicht gekannt hatte, seine Mutter hatte dem Kapitän vorab die Eckdaten für die Rede zusammengestellt. Darin fanden weder der Zustand seines Hauses noch der hohe Alkoholkonsum, sein gewaltsames Ende oder sein düsterer Gemütszustand eine Erwähnung. Auch Babe, die Liebe seines Lebens, kam darin nicht vor. Ob Frau Oppermann um ihn trauert, fragte sich Henrik. Er hatte ihr per WhatsApp mitgeteilt, dass sein Onkel gestorben war, doch sie hatte nicht geantwortet. Wahrscheinlich war sie zu sehr damit beschäftigt, Himmel und Hölle in Bewegung zu setzen, um der Gefängnisstrafe zu entkommen, die ihr drohte.

Der Kapitän hatte seine Trauerrede beendet, öffnete die Hintertür am Achterdeck und ließ die mit einem Blumenkranz aus gelben Moosröschen geschmückte Seeurne an einem Seil langsam ins Meer gleiten. Sie ging sofort unter, nur der Kranz blieb an der Wasseroberfläche, trieb auf den Wellen. Seine Mutter warf die gelbe Rose, die sie in der Hand gehalten hatte, hinterher, und die anderen taten es ihr gleich. Nur Rike verabschiedete den Freund mit einer Handvoll rosa Muschelschalen.

»Mach's gut, Onkel Stefan«, murmelte Henrik, als auch seine Rose im Wasser landete.

Der Schiffsmotor begann erneut zu rattern, und die »Germania« setzte sich wieder in Bewegung, drehte drei Ehrenrunden um die Stelle, wo die Urne versunken war. Der Kapitän folgte dem alten Seemannsbrauch, nahm seine Kapitänskappe ab, hisste die Fahne und vollzog mit vier Doppelschlägen auf die Schiffsglocke symbolisch das Ende der Seewache.

Henriks Mutter tupfte sich die Augen mit einem Taschentuch ab, und auch Rike vergoss ein paar Tränen. Die »Germania« tuckerte zurück in Richtung Emdener Außenkai, und die Gäste trotteten in den Salon, wo Kaffee und Ostfriesentee aufgetischt waren. Rike tuschelte mit einem der Crewmitglieder. Der junge

Mann entfernte sich flotten Schrittes und kam kurz darauf mit zwei Glasflaschen und einigen Schnapsgläsern zurück.

»Oh nee, muss das sein?«, stöhnte der Nachbar von Henriks Onkel.

»Glaubst du allen Ernstes, der Steff hätte sich mit Tee zufriedengegeben?«, konterte Rike und goss vom Grünkohlschnaps ein. Sie hob ihr Glas. »Auf Steff. Möge er im Himmel das finden, was ihm hier auf Erden verwehrt war.«

»Auf Stefan«, echote Henriks Mutter.

»Nich lang schnacken, Kopp in'n Nacken«, sagte einer der Doppelkopfspieler und machte kurzen Prozess mit dem Schnaps in seinem Pinnchen.

»Auf das Leben«, sagte Henrik.

»Und neue Abenteuer.« Kathrin zwinkerte ihm zu.

»Hast du wirklich Lust darauf?«, fragte Henrik leise. »Nach all dem, was passiert ist?«

»Aber so was von«, bekundete Kathrin und leerte ihr Glas in einem Zug.

Henriks und Kathrins Roadtrip zum Nachfahren

Auf diesem Roadtrip lassen sich Henrik und Kathrin den frischen Nordwind um die Nase wehen und erleben spannende Abenteuer an den Ufern von Weser und Ems und an der ostfriesischen Küste. Wieder einmal sind sie auf meinen Spuren unterwegs, weil ich die Schauplätze vor dem Schreiben des Manuskripts mit dem eigenen Wohnmobil erkundet habe. Ein herzliches Dankeschön geht an alle Beteiligten, die meine Recherchetour unterstützt haben und von denen ich viel über die regionalen Gegebenheiten erfahren durfte. Die zahlreichen Gespräche, Tipps und der Austausch haben mir sehr dabei geholfen, aus einer Idee im Kopf ein Krimimanuskript entstehen zu lassen.

Meinen Leserinnen und Lesern, von denen, wie ich weiß, viele in der Freizeit ebenfalls mit einem Campingfahrzeug unterwegs sind, wird es vielleicht Spaß machen, ein paar der Roadtripstationen von Henrik und Kathrin nachzufahren. Deshalb folgen hier nun die Adressangaben zu den Campingplätzen und Wohnmobilstellplätzen, die im Buch eine Erwähnung finden.

WESERHENNE® Camping Sandstedt
Am Fähranleger
27628 Hagen im Bremischen
OT Sandstedt
Längengrad: 8.5061172
Breitengrad: 53.3631856

Wohnmobilstellplatz 1 Sandstedt
(Nur Wohnmobile bis circa 8 Meter)
Am Radarturm 5
27628 Hagen im Bremischen
OT Sandstedt

WESERHENNE® Camping Rechtenfleth
Zum Weserblick 31
27628 Hagen im Bremischen
OT Rechtenfleth
Längengrad: 8.5063367
Breitengrad: 53.3766497

Wohnmobilstellplatz 2 Rechtenfleth
(Grünfläche an der Weser Free Flow)
Zum Weserblick 31
27628 Hagen im Bremischen
OT Rechtenfleth

Wohnmobilparkplatz Hagen im Bremischen
Burgallee 2
27628 Hagen im Bremischen
Längengrad: 8° 38' 30" E
Breitengrad: 53° 21' 15" N

Nordseecamping Hooksiel
Straat över't Diek
26434 Wangerland
Längengrad: 8° 2' 6" E (8.03523333)
Breitengrad: 53° 38' 30" N (53.6417)

Wohnmobilhafen an der Ostdüne Hooksiel
Straat över't Diek
26434 Wangerland
Längengrad: 8° 2' 30" E
Breitengrad: 53° 38' 26" N

Reisemobilhafen Greetsiel
Mühlenstraße 22
26736 Krummhörn-Greetsiel
Längengrad: 7° 6' 14" E
Breitengrad: 53° 29' 53" N

Reisemobilhafen Ditzum – Am Deich
An't Spittland 3
26844 Jemgum
Längengrad: 7° 17' 12" E
Breitengrad: 53° 18' 56" N

Reisemobilpark Sagter-Ems
Hauptstraße 608
26683 Saterland
Längengrad: 7° 40' 6" E
Breitengrad: 53° 7' 17" N

H. K. Anger
TOD BEIM CAMPING-DINNER
Broschur, 304 Seiten
ISBN 978-3-7408-1415-1

Auf einem Campingplatz mit Seeblick will Privatermittler Henrik Richtersen die Idylle genießen, doch die wird jäh zerstört, als er beim Angeln die abgetrennte Hand eines Event-Gastronomen an Land zieht. Kurz darauf wird ein Teilnehmer eines Camping-Dinners erstochen aufgefunden. Hat es hier jemand gezielt auf Feinschmecker abgesehen? Henrik begibt sich gemeinsam mit Freundin Kathrin Schäfer, die aus ihrem geliebten Oldtimer-Wohnmobil noch einmal alles herausholt, auf einen rasanten Roadtrip – denn es gilt, ein dreißig Jahre altes Geheimnis zu lüften.